广视角 · 全方位 · 多品种

皮书系列为
“十二五”国家重点图书出版规划项目

中国农村妇女发展蓝皮书

BLUE BOOK OF
RURAL WOMEN DEVELOPMENT IN CHINA

丛书主编／谢丽华　执行主编／刘筱红　吴治平

农村流动女性城市生活发展报告（2014）

REPORT ON DEVELOPMENT OF RURAL-TO-URBAN FEMALE MIGRANTS (2014)

著　者／姚德超　张　琳　邹伟全

社会科学文献出版社
SOCIAL SCIENCES ACADEMIC PRESS (CHINA)

图书在版编目(CIP)数据

农村流动女性城市生活发展报告. 2014/姚德超，张琳，邹伟全著.
—北京：社会科学文献出版社，2014. 12
（中国农村妇女发展蓝皮书）
ISBN 978 - 7 - 5097 - 6854 - 9

Ⅰ. ①农… Ⅱ. ①姚… ②张… ③邹… Ⅲ. ①农村 - 女性 - 人口流动 - 城市 - 生活 - 研究报告 - 中国 - 2014 Ⅳ. ①C924. 24

中国版本图书馆 CIP 数据核字（2014）第 276032 号

中国农村妇女发展蓝皮书
农村流动女性城市生活发展报告（2014）

著　　者 / 姚德超　张　琳　邹伟全

出 版 人 / 谢寿光
项目统筹 / 邓泳红　陈晴钰
责任编辑 / 陈晴钰

出　　版 / 社会科学文献出版社 · 皮书出版分社（010）59367127
　　　　　地址：北京市北三环中路甲 29 号院华龙大厦　邮编：100029
　　　　　网址：www. ssap. com cn
发　　行 / 市场营销中心（010）59367081　59367090
　　　　　读者服务中心（010）59367028
印　　装 / 北京季蜂印刷有限公司

规　　格 / 开　本：787mm × 1092mm　1/16
　　　　　印　张：21. 75　字　数：350 千字
版　　次 / 2014 年 12 月第 1 版　2014 年 12 月第 1 次印刷
书　　号 / ISBN 978 - 7 - 5097 - 6854 - 9
定　　价 / 79. 00 元

皮书序列号 / B - 2014 - 403

作者简介

姚德超　男，1975年生，湖南益阳市人。云南师范大学讲师，管理学博士，上海高校智库·复旦大学政党建设与国家发展研究中心博士后。长期从事政府发展与社会政策、政党建设与国家发展、社会组织与社会治理研究。近年来先后主持或参与国家社科基金项目、省部级人文社科基金项目、联合国妇女署社会性别宣传与倡导基金项目等10余项。在《城市问题》《湖北社会科学》《湖南科技大学学报》等核心期刊发表论文20余篇，分别获得云南省哲学社会科学研究优秀成果奖1项、云南省教育厅教学成果奖1项。

张　琳　女，1982年生，吉林省吉林市人。西南大学文化与社会发展学院讲师，管理学博士，美国明尼苏达大学（双城）访问学者。长期从事社会治理与发展政策的研究。主持国家社科基金青年项目、教育部社科基金青年项目、重庆市社科青年项目、教育部中央高校基本科研业务专项项目各一项；另外主研并参研国家社科基金项目、教育部社科基金项目、重庆市社科规划项目、教育部重大项目子项目课题等10余项。相关成果均以论文的形式公开发表或以研究报告的形式提供给相关部门参考。至今已有多篇论文被有关期刊发表、全文转载或被其他作者引用，调研报告和政策建议被区县政府机关采纳。

邹伟全　女，1977年生，广东省湛江市人。广州中山大学人类学专业博士毕业，曾任教于中山大学。现任广东省绿芽乡村妇女发展基金会副秘书长兼项目主管，致力于开展乡村妇女儿童公益服务行动及乡村发展研究。2013～2014年负责执行“广州流动女性青少年发展项目”及“广州市流动少年儿童综合服务项目”等公益项目。

摘　要

本书是国内首部关注农村流动女性发展的蓝皮书。调研团队对广州、北京、武汉、西安等四大流动人口相对集中的城市进行了实地调查，回收3000余份有效问卷，对近300人进行了深度个案访谈。本书剖析了农村流动女性的城市生存现状及其城市融入与发展的制约因素，并试图提出相应的政策或服务建议。同时，针对农村流动女性占据主要比例的家政行业进行了跨地域的检视，在研究流动女性职业化发展方面具有内容上的创新意义。

农村女性的乡－城流动，意味着她们从家庭走向社会，实现了发展意义上质的飞跃。但目前有流动无突破，还处于量的积累阶段。这是我国当前流动女性发展的基本态势。流动女性整体上仍处于向现代转型的过渡期或转折点，彻底市民化是她们实现跨越式发展的最大机遇，而可行能力贫困是流动女性市民化的现实困境。进城务工女性以婚育的新生代为主，绝大多数属于家庭离散式流动状态，家庭羁绊、社会固化致使她们迟迟难以实现城镇融入。然而，对于在学或打工的流动女性青少年而言，调查显示她们在城市的生存并不是一个特别困难的问题，但她们也还没来得及触及发展的问题。

对于绝大多数从业者为农村流动女性的家政工群体，要实现职业化发展和体面劳动，应从工作原则和基本权利、平等就业和生产性就业、社会保护、社会对话四方面得到制度和社会环境的支持。目前，在法律和制度、社会和文化、个人和家庭层面，都存在实现家政行业体面劳动的诸多障碍，因此，我国在顶层设计与制度安排、政策执行与监督反馈、个体的努力三大层面都应做出推动家政工职业化发展及实现家政工体面劳动的积极改变。

Abstract

The Report on Development of Rural-to-urban Female Migrants is the first blue book in China which focuses on rural-to-urban female migrants. Our research team has conducted field study in Guangzhou, Beijing, Wuhan, Xi'an, the four main cities where migrants comparatively densely populated. During the research, we have carried out on-site investigations in which over 3000 validated questionnaires were collected. In-depth interviews were also conducted with nearly 300 people. This report has analyzed the current living status and the restrict factors to the development of rural-to-urban female migrants and has tried to put forward some suggestions on social services and social policies. By examining on the transregional domestic industry that employed a large percentage of rural female migrants, the research could be seen as an innovation in contents of the study of the professional development of female migrants.

From families to society, the rural-to-urban female migrants have realized a quantitative change to the development of themselves. However, restricted by some reasons, they have achieved few breakthroughs, which restrained the development process on quantity accumulation. This was the current situation confronted by the rural-to-urban female migrants in mainland China. The group of migrant women was living under the social background of the transitional period or turning point in the modernization of China. The biggest opportunity to achieve leap-forward development is realizing thorough urbanization. But the weak capability and the lack of available accesses are the realistic difficulties for rural women to urbanize. On the one hand, as most of the rural-to-urban female migrants were the new generation of migrant workers, who lived far from their original families, the fetter by their families and social class cursing resulted in the frequent failure in urban-rural integration. On the other hand, in terms of the female adolescents who were still in school or at work, the research has shown that living in the cities were actually not very difficult for them, although they might be too young to worry about the issue of development.

By the fact that most of the domestic workers are rural-to-urban female migrants in mainland China, to promote the professional development and decent work for female migrants, we should focus on such dimensions as the working principles and fundamental human rights, equal employment and productive employment, social protection and social dialogue, from which to strive for institutional and social support. Up till the present moment, the promotion of decent work of the domestic workers has been heavily hindered in legal, institutional, social, individual and family dimensions. Comparatively, the dimension of top-level design and system arrangement, the dimension of policy implementation, supervision and feedback, and the dimension of individual efforts are three dimensions in which we should make a difference to promote the professional development and decent work of rural-to-urban female domestic workers.

目录

B Ⅰ 总报告

B Ⅱ 专题篇

B Ⅲ 案例篇

CONTENTS

𝔹 I General Report

𝔹 II Special Topics

BⅢ Case Studies

总 报 告

General Report

B.1

健全市民化制度与政策，促进农村流动女性发展

摘 要：

农村女性的乡-城流动，即意味着女性从家庭走向社会，实现了质的飞跃，但有流动无突破，还处于量的积累阶段。这是我国当前流动女性发展的基本态势。流动女性整体上并没有实现从传统到现代的转型，仍处于向现代转型的过渡期或转折点。流动女性彻底市民化是她们实现跨越式发展的最大机遇，而可行能力贫困是流动女性市民化的现实困境。流动女性被剥夺了或限制了促进发展所需的实质自由，具体表现在政治参与度低、经济权益得不到保障、社会机会相对匮乏、防护性保障缺失等方面。因此，促进流动女性发展的政策建议包括：加快户籍改革，实现户籍的职能回归；健全城市公共决策机制，保障流动女性决策参与权；健全劳动就业制度，消除劳动力市场性别歧视；加强职业教育与培训工作，提升流动女性文化与技能水平；完善发展型家庭政策，帮助流动

女性实现家庭责任与工作平衡；加大性别宣传力度，营造两性和谐发展的社会环境。

关键词：

市民化　可行能力贫困　实质自由

农民工从农村向城市的流动不仅是地域的流动、职业的变化，也是他们获得新的社会位置和社会地位的过程。[①] 那么，对于农村流动女性而言，她们从农村向城市的流动除了地域、职业的变化之外，是否意味着新的社会地位的获得？她们在城市的生存发展状况如何？是否实现了“在流动中发展”？在我国工业化、城镇化进程不断加快的今天，全面市民化转型与城市融入既是衡量农村流动女性发展的重要标志之一，也是她们进一步改善生存环境、实现持续发展的前提，是她们真正实现“在流动中发展”面临的第一要务。那么，农村流动女性在全面市民化转型与融入城市过程中还存在哪些障碍？如何突破瓶颈，促进农村流动女性发展？当前，这些问题尚未进入国内学者研究的主流领域，因此，加强对农村流动女性发展相关问题研究，无疑具有十分重要的理论意义与政策启示。这里本报告主要根据国家统计局、全国妇联发布的相关数据以及广东省绿芽乡村妇女发展基金会、湖北省如若妇女发展研究中心与华中师范大学妇女研究中心于2013年联合开展的流动女性问卷调查数据，对我国流动女性发展的相关问题进行探讨，提出促进流动女性进一步发展的对策建议，以期推动流动女性共同发展与共享现代化成果。

一　文献综述

自20世纪80年代初期农民工概念[②]产生以来，农民工群体就成为我国社

---

① 李培林：《流动民工的社会网络和社会地位》，《社会学研究》1996年第4期。

② 关于农民工概念的来源问题，有学者认为是中国社会科学院小城镇研究课题组于1983年首次提出“农民工”这个概念（参见马智宏《对农民工概念的商榷与扬弃》，《企业文（转下页注）

会科学界研究的重要对象，社会流动、社会地位与社会分层，就业与劳动权益维护，社会资本、社会关系与社会网络，自我认同、社会适应与城市融入以及社会保障、政治权利等若干相关问题成为农民工问题研究的热点领域，极大地激发了学者的研究热情与兴趣。农民工问题吸引了经济学、社会学、人口学、政治学、心理学、人类学、法学、统计学等众多领域学者的深度关注，成为社会科学研究的主流话语，并且产生了丰硕的理论成果。以学术论文为例，中国知网学术期刊检索系统显示，自 2000 年以来，关于农民工问题的研究热潮持续升温，截至 2013 年，学术论文总量达到了近 6 万篇（见图 1）。

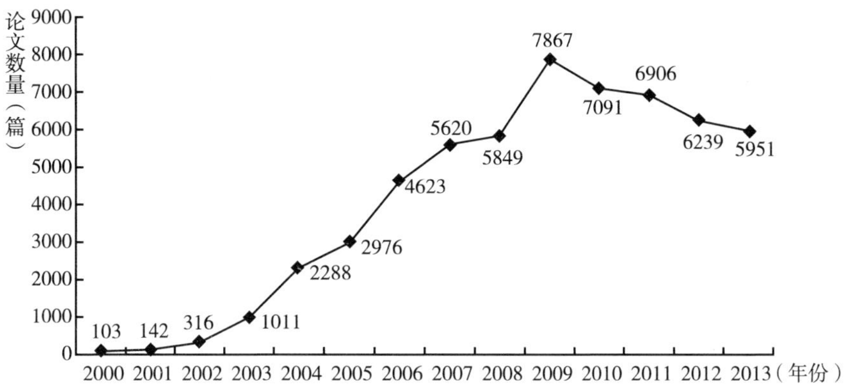

图 1　农民工问题研究状况

资料来源：中国知网（CNKI）检索；主题词：农民工；类别：全部期刊；时间：2000～2013 年；显示结果：57995 篇。

然而，与多如牛毛的农民工问题研究成果相比，农村流动女性问题研究几乎是一个被遗忘的领域。同样以学术论文为例，截至 2013 年，中国知网学术

（接上页注②）明》2012 年第 8 期）。有学者认为是社会学家张玉林于 1983 年首先提出这个概念（参见南文化《一个尴尬范畴的批判：基于农民工概念研究的内涵和语境》，《江苏科技大学学报（社会科学版）》2013 年第 3 期；薛翔：《企业内农民工工作满意度影响因素分析——基于湖南、黑龙江、浙江三省的实证研究》，《科技和产业》2007 年第 2 期）。还有学者认为，“农民工”概念最早来源于 1984 年《社会学通讯》（参见冯奎《中国城镇化转型研究》，中国发展出版社，2013）。笔者通过 CNKI 检索发现，农民工概念出现的时间其实更早，《计划经济研究》杂志在 1982 年第 1 期刊登的庄启东、张晓川等人的调研报告中，就已使用“农民工”一词（参见庄启东等《关于贵州省盘江、水城矿务局使用农民工的调研报告》，《计划经济研究》1982 年第 1 期）。

期刊检索系统显示，以“女性流动人口”为主题的论文数量为1865篇；再分别以“流动女性”、“流动妇女”、“女性农民工”为主题检索，所得结果分别为107篇、290篇和321篇。即便不考虑重复因素，农村流动女性相关论文总量也仅2646篇，不及农民工问题研究论文总量的5%（见图2）。可见，与农民工问题研究相比，流动女性发展问题研究成果可谓是凤毛麟角，流动女性发展问题尚未引起学界的重视。

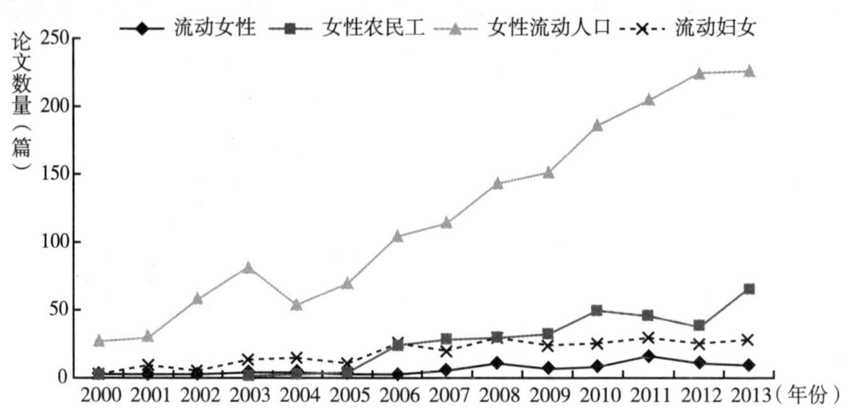

图2　流动女性问题研究状况

资料来源：中国知网（CNKI）检索；主题词：流动女性、女性农民工、女性流动人口、流动妇女；类别：全部期刊；时间：2000～2013年；显示结果分别为：107篇、321篇、1865篇、290篇。

（一）研究现状与进展

20世纪90年代初期，全国女性流动人口为978万人，到90年代中期，女性流动人口达2506.7万人，部分学者随即开始关注女性流动人口相关问题。1992年，中国妇女管理干部学院课题组（1992a；1992b）采取问卷调查、访谈的方式对北京市农村女性流动人口的生活、就业与社会交往开展了调查研究。研究认为，妇女所从事职业的特点，决定了她们在城乡流动大军中的重要地位，同时农村女性流动人口的大量涌现，意味着人们的传统观念受到冲击，也意味着农村妇女家庭和社会地位的变化。课题组还指出了在女性流动人口管理过程中所存在的由户籍管理制度导致的农村女性流动人口循环性强、对妇女流动人口的管理缺乏制度化手段、对女性流动人口的培训工作非正规化等相关问题。黄润龙、顾大男（1999）对20世纪90年代女性流动人口的基本构成、在流动过程中存在的问题进行了整体考察。他们认为，女性流动人口为经济欠发达的流出地、经济发达的流入地以及社会稳定和城市繁荣做出了很大贡献。他们进一步指出，女性流动人口是一个特殊的社会群体，需要全社会给予关心和爱护。为了使女性流动人口群体真正扎根城市，需要从四个方面做好女性流动人口管理工作，包括提高她们的经济地位和社会地位、关心她们的生殖健康、提高她们的文化和科技水平、提高她们在家庭中的地位并保证她们的合法权益。

进入21世纪，学界对女性流动人口的研究逐步深入，研究领域不断拓展，包括流动动机与影响因素、就业、权益保障、计划生育与生殖健康、社会支持、城市适应性与城市融入等众多领域。从研究视角看，在农民工研究中与性别或妇女相关的部分涉及性别差异、妇女问题、妇女经验与性别关系四类。[①] 从“过程-结果”角度进行梳理，农村女性流动人口研究在内容上大致可划分为以下两个方面。

第一，农村女性流动人口城乡迁移问题研究，主要涉及流动原因、流动的影响因素、流动对女性自身的影响等内容。首先，就农村女性劳动力流动的原因来看，学界一般认为，与男性劳动力相同，农村女性劳动力流动的一个重要动机也是因为流出地工业欠发达、农业收入低、相对贫困且发展机会少。受经济利益驱使，获得较高的经济收入是农村女性人口流动的主要原因（郑真真、解振明，2004）。农村女性劳动力流动的另一个重要原因是为了体验外面精彩的世界，在城市获得新的知识和新的人生体验以寻求更好的发展机会（Zhang，1999）。其次，就农村女性劳动力流动的影响因素来看，个人素质、婚姻家庭状况通常被认为是影响女性劳动力流动迁移决策的重要因素，比如受教育程度、技能素质、婚姻状况、子女数量等。

就受教育程度而言，有学者认为，具有较高文化程度的农村女性更有可能

① 谭深：《家庭策略，还是个人自主？——农村劳动力外出决策模式的性别分析》，《浙江学刊》2004年第5期。

实现流动迁移，更有资本进城寻找发展机会。不过也有研究指出，教育与流动之间并非简单的线性关系（李实，2001）。技能因素是农村劳动力在城市就业的关键制约因素，而且对农村妇女城市就业的影响远远大于对农村男性劳动力的影响（赵卫红、徐东升，2012），接受技能培训对农村女性流动迁移具有促进作用，可以弥补正式教育的不足（陈春霞，2006；李聪、黎洁，2010）。此外，绝大多数学者认为，婚姻状况对农村女性劳动力流动迁移有很强的负向作用（朱农，2005），已婚女性流动的可能性要比未婚女性低，随着家庭内学龄儿童数量的增加，女性流动的意愿反而降低（苏群、刘华，2003）。那么，农村女性劳动力流动迁移到底对女性自身产生了怎样的影响？对该问题的回答自然是农村女性流动问题研究的题中应有之义，部分学者对此开展了积极的探索性研究（郑真真，2001；郑真真、解振明，2004；刘宁，2005；谭克俭，2009），此处不再赘述。

第二，农村女性流动人口生存发展状况研究，研究范围涉及就业与收入、权益保障、心理与生理健康、城市适应性与城市融入等众多领域。学界普遍认为，农村女性流动人口在就业过程中遭受了性别歧视等多重歧视，导致就业选择空间比较狭小、就业层次偏低且不稳定、工资水平偏低且与男性存在一定的差距（李芬、慈勤英，2002；高贵军，2007；孙燕娟、秦彤，2009；国晓丽，2010；重庆市妇联课题组，2011；张琼，2013）。由于制度、社会性别文化等多方面原因，农村女性流动人口在城市的社会保障与福利等合法权益得不到应有的保障（钱雪飞，2004；吕学静，2005；伏春兰、李蕾，2007；徐磊，2010；郝亚冰，2010；董晓庆、陈岱云，2011），而且往往还因为劳动时间长、劳动强度大、劳动条件差、劳动环境恶劣而遭遇极高的安全与健康风险（谭深，2005；刘越、尹勤，2010；刘越、林朝政，2010；张秋石、孙淑敏，2010），女性流动人口的生殖健康状况更是令人担忧（姜秀花，2006；谭琳、宋月萍，2004）。农村女性流动人口面临的种种问题与生存障碍，使她们扎根城市、融入城市社会的步履十分艰难，直接阻碍了她们的市民化进程。尽管女性流动人口完全融入城市具有至关重要的经济社会意义，但是进城农民城市融入指数依然具有十分显著的性别差异，女性农民工的城市融入明显滞后于男性，她们整体上处于“不融入”状态（陆福兴、刘宁，2007；李强，2011；吴伟东，2012）。

除了上述各个维度的专门性研究之外，也有学者对女性流动人口在城市的

生存发展状况进行宏观研究。赵银侠等（2007）认为，低水平的人力资本、同质性较高的私人关系网络、较低程度的社会参与、不完善的制度等因素导致了流动女性所拥有的私人关系型社会资本、组织型社会资本与制度型社会资本存量相对不足，致使她们处于城市社会的边缘状态。伍慧铃、陆福兴（2007）的研究指出，女性流动人口在城市社会的边缘化主要体现在就业渠道、职业角色、情感婚姻、生存身份、社会保障与社会地位等方面，女性流动人口的边缘化地位与其在城镇化过程中的社会资源配置、城乡二元结构、流动女性自身素质、城市包容度等因素密切相关。吕青（2010）则认为，流动妇女面临的两性就业机会不均等与收入差距拉大的现实环境，使得她们更容易从事职业地位低、收入低、社会保障缺乏的工作，经济地位的边缘化致使她们发展受阻，而户籍制度、身份制度、父系制等进一步强化了流动妇女的边缘地位；流动妇女的边缘化与社会制度、文化相关。总之，学界总体上趋向于认为，女性流动人口是弱势中的弱势群体，由于受到身份与性别的双重歧视以及低性别敏感度制度的影响，她们在城市的生存状况趋于边缘化。

（二）简要评价

从理论角度看，农村流动女性研究既是人类学、人口学、社会学、妇女学等学科的重要内容，也是理论研究中的薄弱环节。从实践角度看，由于女性在婚姻家庭、子女教育、家庭消费和社会稳定中的重要作用，农村人口流动中的女性流动更能体现农民自身现代化的过程，农村女性流动已经成为中国现代化的重要途径[①]。因此，加强对农村流动女性问题的研究既具有十分重要的理论价值，又具有极强的现实紧迫性。当前，国内学术界对农村流动女性问题进行了积极的探索，并且产生了一些极富开拓性的理论成果，为后续研究奠定了坚实的基础。但是，也应注意到，无论是与流动人口研究状况相比，还是与农村女性人口迁移流动的实践地位相比，流动女性问题研究都呈现相当程度的滞后性。因此，对流动女性问题给予更多的关注，使其与流动人口问题研究处于基本同等的理论地位，在全面、系统的研究中取得更加丰硕的成果，为党和政

① 梁华林：《农村女性流动：中国现代化的重要途径》，《中共山西省委党校学报》2008 年第 6 期。

府、社会组织、公民团体齐心协力解决流动女性发展问题提供对策建议、操作方案，理应成为学界进一步努力的方向。与此同时，在今后的研究中应注意以下几个方面的问题。

一是深化流动女性全面发展研究。从现有研究成果来看，学界对于流动女性的研究分散在就业、社会保障、生殖健康、城市融入等多个领域，虽然研究领域比较广泛，但是研究成果整体水平偏低、缺乏系统性，而且对于流动女性全面发展的宏观、整体性研究寥寥无几。因此，对于流动女性问题既要进一步深化现有领域的研究，提高研究的系统性并多出高水平成果，又要加强对流动女性全面发展问题的研究。性别平等与妇女发展原本就是妇女学、性别社会学的永恒主题，在我国社会流动性特征不断增强的今天，流动女性发展问题理应成为上述相关学科主攻的核心领域。

二是加强流动女性市民化问题研究。在当前和今后相当长一段时间里，解决与农业转移人口相关的民生问题，推进农业转移人口市民化，是我国社会治理与社会建设的重要任务，是党和政府的工作重心之一，也是全社会关注的热点问题。然而，如果不考虑近似领域——城市融入或城市适应的研究，流动女性市民化问题研究尚属空白。流动女性市民化在农业转移人口市民化进程中处于什么地位，有何重要意义？流动女性的市民化现状如何，她们在市民化过程中遇到了哪些障碍或阻力？如何加快流动女性市民化进程，推动流动女性现代化转型？从某种意义上讲，市民化是流动女性自身发展面临的重要机遇，争取完全的、真正的市民化是当前流动女性实现自身发展的首要任务。因此，高度重视流动女性市民化的关键地位与重要意义、有效解决流动女性在市民化过程中遇到的各种问题、努力满足流动女性市民化的现实诉求、切实维护流动女性市民化的权益，是真正推动流动女性发展的内在要求。加强流动女性市民化问题研究，是理论工作者的重要使命。

三是强化政策研究，提高研究的可操作性。政策研究是理论指导实践、服务实践的重要方式和途径，流动女性问题的政策研究亦是如此。理论工作者在深入、细致的调查研究基础上所形成的咨询报告、政策建议书等研究成果是人大、党政部门、妇联等组织机构制定法律法规、方针政策的重要参考依据。性别不平等与性别歧视现象依然比较普遍、妇女发展难以取得实质性突破、流动女性

的边缘化生存困境等问题长期得不到根本改善固然是若干因素共同作用的结果，但其中也不乏理论研究不到位这个原因。比如，社会性别既是一个重要的研究视角，也是一个重要的理论工具。学界致力于宣传倡导社会性别主流化，然而对于如何将社会性别意识纳入决策主流等问题并没有形成系统的研究，所形成的政策建议、方案设计在可操作性上也存在一定的缺陷。因此，流动女性问题研究应进一步强化政策研究并提高政策方案、对策建议的可操作性。

二　流动女性的基本特征与发展态势

（一）流动女性的基本特征

1. 女性流动人口的总体规模

国家统计局发布的《2013 年全国农民工监测调查报告》显示，全国农民工总量达到 2.69 亿，农民工规模连续多年呈增长态势。农村人口流动趋势除规模持续增长之外，还有一个特征值得关注，那就是人口流动的家庭化。监测数据显示，与 2012 年相比，举家外出的农民工增长了 4.4%，而同期农民工总量、住户中外出农民工数分别仅增长了 2.4% 与 1.0%。这意味着农村进城务工人口的家庭化流动趋势已初见端倪，同时也意味着越来越多的农村女性已加入“流动”行列，成为乡城迁移大军中的一员。1990 年第四次全国人口普查和 1% 人口抽样调查数据显示，全国女性流动人口数量为 949 万，2005 年达到 7350 万，2011 年为 8619 万人（见图 3）。近年来女性流动人口在全部流动人口中所占比例基本保持在 34% 左右，按照这个比例计算，2013 年我国女性流动人口已接近 1 亿人。可见，随着流动人口总规模的扩大，女性流动人口规模也相应增长。

2. 女性流动人口的年龄结构

女性流动人口集中于 20 世纪七八十年代出生的人群，所占比例达 79%，其结构接近金字塔形状，即年龄越小，所占比例越低。虽然整体结构特点类似于男性，但也存在明显的差异，男性流动人口中以“80 后”居多，所占比例为 45.6%，其次为“70 后”，所占比例为 31.8%（见表 1）。流动女性体现的

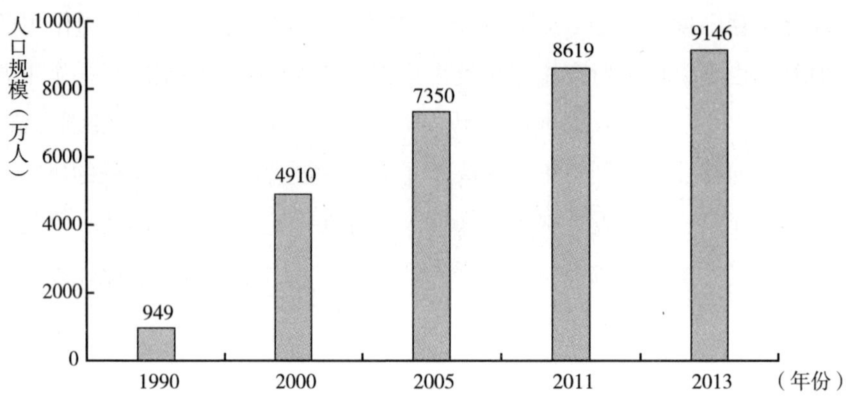

图 3　我国流动女性人口变化状况

数据来源：1990 年、2000 年、2005 年数据引自段成荣等：《中国女性流动人口状况研究》，《妇女研究论丛》2009 年第 4 期；2011 年、2013 年数据分别根据国家统计局《2011 年全国农民工监测调查报告》、《2013 年全国农民工监测调查报告》计算而得。

年龄结构特点与学者的研究结论存在一定的差异①，可能的解释有三方面：一是流动人口所从事职业的性别差异，传统意义上，男性多从事工程建造、建筑、交通运输等行业，这些行业劳动强度大，对体力要求高。相反，女性从事的电子加工、纺织服装、餐饮、美容美发等行业对年龄与体力并没有严格的要求。二是近年来新兴服务业发展迅速，比如家政服务、营养保健、物业、环卫等，这些行业虽然女性比男性更占优势，但年轻女性往往就业意愿低。与年轻女性相比，具有丰富阅历的年长女性对于某些工作岗位反而更青睐，比如保姆、营养师、催乳师等工作。三是随着我国教育事业的发展，18～64 岁女性的平均受教育年限达到了 8.8 年，比 2000 年提高了 2.7 年，性别差距缩短到了 0.3 年。② 可以推断，由于农村女性受教育水平的提高，女童辍学率有所降低，女大学生的比例及其正规就业率都有所提高。

① 有学者认为，与男性相比，女性流动人口年龄结构更为年轻，年龄结构的集中程度更高，流动人口中平均年龄男女性别比为 31.45∶30.04；有学者则指出，女性流动人口年龄高度集中在 20～24 岁。参看段成荣等《中国女性流动人口状况研究》，《妇女研究论丛》2009 年第 4 期；郑真真：《中国女性人口流动与变化趋势分析》，《中国妇女报》2013 年 3 月 26 日，第 B01 版。

② 全国妇联、国家统计局：《第三期中国妇女社会地位调查主要数据报告》，中国网，http：//www.china.com.cn/zhibo/zhuanti/ch-xinwen/2011-10/21/content_ 23687810.htm。

表 1　流动人口的年龄结构

年龄	女　性		男　性	
	频率(N=984)	比重(%)	频率(N=296)	比重(%)
>32 岁	396	39.9	94	31.8
23 岁~32 岁	385	39.1	135	45.6
<22 岁	206	20.9	67	22.6

注：数据来源于广东省绿芽乡村妇女发展基金会、湖北省如若妇女发展研究中心与华中师范大学农村妇女研究所课题组调查问卷。本文所采用的数据，除有特殊说明之外，均来源于课题组调查数据。

3. 女性流动人口的素质状况

女性流动人口的受教育程度以初中或高中学历为主，其中初中学历者所占比例为 37.9%，高中学历者所占比例为 31.2%。高学历的流动女性比例偏低，拥有大专以上学历者仅占 17%。女性流动人口平均受教育年限为 10.2 年，略高于初中学历，远低于高中学历；跨省流动女性平均受教育年限为 9.85 年，略低于省内流动者受教育年限 10.67 年。女性流动人口的受教育程度存在较大的地区差异，其中东部地区的女性流动人口受教育程度较高，其平均受教育年限为 11.43 年，中部地区的女性流动人口平均受教育年限为 9.47 年。从性别角度看，女性流动人口受教育程度略低于男性，但是差距并不大，这和国内学者基于第三期中国妇女社会地位调查数据所得出的结论类似。此外，流动女性受教育程度存在较大的代际差异，这种差异在小学及以下学历层次中尤为明显，其所占比例随着代际更替呈显著降低态势。

女性流动人口的技能素质较低，仅有 23.6% 的人拥有职业资格或技术等级证书，男性流动人口拥有职业资格或技术等级证书的比例为 30.2%，比女性高 6.6 个百分点（见表 2）。

表 2　流动人口技能素质情况

单位：%

性　别	技能素质				
	没有	初级资格证	中级资格证	高级资格证	其他
女性	76.4	12.3	6.0	1.9	3.4
男性	69.8	12.2	11.2	4.4	2.4

4. 女性流动人口的工作变动情况

从就业的稳定性来看，女性流动人口在近 3 年中更换工作单位数平均为 1.82 个，没有更换过工作单位的人数比例为 57.7%，在更换过工作单位的流动女性中更换过 1 个工作单位的人数最多，比例为 15.9%。男性流动人口近 3 年中更换工作单位数平均为 2.08 个，没有更换过工作单位的人数比例为 53.6%，在更换过工作单位的男性中更换过 2 个的人数最多，比例为 14.7%（见表 3、表 4）。可见，男性流动人口的工作变动性更高，稳定性略低于女性。可能的解释是，女性流动人口多从事加工制造、纺织服装、餐饮与美容美发服务业，与主要从事工程建设、建筑业的男性相比，行业就业稳定性更高。

表 3　流动人口就业稳定性情况

单位：个

更换工作单位数	女性（N = 986）	男性（N = 293）
均　值	1.82	2.08
众　数	1	1
标准差	1.127	1.367
极小值	1	1
极大值	5	5

表 4　流动人口近 3 年更换工作情况

更换工作单位数（个）	女　性		男　性	
	频率（N = 986）	比重（%）	频率（N = 293）	比重（%）
没有更换过	569	57.7	157	53.6
1 个	157	15.9	36	12.3
2 个	154	15.6	43	14.7
3 个	79	8.0	33	11.3
4 个及以上	27	2.7	24	8.2

5. 女性流动人口的流动时间特点

与男性类似，女性流动人口离开农村进入当前所在城镇生活的时间较长，呈现“不流动”特点。课题组问卷调查数据显示，女性流动人口在当前城镇生活的平均时间为 7.24 年，男性流动人口则为 9.84 年，比女性多 2.6 年（见表 5）。多数女性流动人口在当前所在城镇生活时间为 1 年，男性

为3年。从各个时间段的分布情况来看，女性流动人口在当前城镇生活时间为1～5年的比例最高，达到57.7%，其次为6～10年，所占比例为21.4%，二者均略高于男性。但是在当前城镇生活20年以上的流动女性所占比例明显低于男性（见表6）。

表5　流动人口在目前工作的城镇生活的时间

单位：年

流动时间	女　性		男　性	
	修正前(N＝992)	修正后(N＝941)	修正前(N＝296)	修正后(N＝271)
缺　失	51	0	22	0
均　值	7.24	7.24	10.34	9.84
众　数	1	1	3	3
标准差	7.35	7.35	11.79	10.86
极小值	0	0	0	0
极大值	48	48	58	51

表6　流动人口流动时间分布

流动时间(年)	女　性		男　性	
	频率(N＝941)	比重(%)	频率(N＝271)	比重(%)
1年以下	7	0.7	2	0.7
1～5年	543	57.7	143	52.8
6～10年	201	21.4	48	17.7
11～15年	66	7.0	22	8.1
16～20年	70	7.4	17	6.3
20年以上	54	5.7	39	14.4

（二）流动女性发展的基本态势

1995年北京第四次世界妇女大会通过的《行动纲领》将妇女发展聚焦于贫困、教育与培训、保健、暴力、人权、经济、参与权力与决策等重点领域。《中国妇女发展纲要2011～2020年》对妇女发展的目标定位是全面发展、两性和谐发展、与经济社会同步发展，并将推进妇女发展的重点领域确定为健康、教育、经济、决策与管理、社会保障、环境、法律七个方面。可见，发展是一个外延十分宽泛且涉及领域众多的概念。发展也是一个连续不断的变化过程，其中既有量的积累，又有质的变化。本书仅从发展变化过程的角度进行概括和分析，以便从整体上把握农村流动女性发展的基本态势，至于流动女性在教育、经济、决策与管理等各个具体领域的发展状况，暂且不论。如果从最为宽泛、抽象的角度来理解发展的内涵，那么农村女性流动人口的城乡流动本身就是一种发展，这是确凿无疑的。不过，从较为狭义的层面来理解发展，农村女性流动人口虽然实现了城乡迁移，但是并没有因为流动而带来发展的质的飞跃。换言之，质的飞跃与量的积累的叠加，便是当前我国农村流动女性发展的基本态势。

1. 从家庭到社会：发展的质的飞跃

由男女两性之间的劳动分工方式及角色扮演所形成的性别分工模式是衡量性别平等程度的重要方式，它直接体现了两性在家庭内外的地位。从这个角度来衡量，我国改革开放以来流动女性从家庭“内”走向家庭“外”，再从家庭“外”走向社会的过程及其结果是农村流动女性自身发展的质变。总体而言，正是因为性别分工模式的变化，才使得农村流动女性在家庭内外的地位有了显著的提高。自20世纪80年代农村大量富余男性劳动力成为乡城迁徙大军之后，他们留下了大量的生产劳动与家庭对外交往事务，农村留守女性或主动或被动地承担起了一切家庭“外”事务，成为农业生产的主力军。大量农村富余男性劳动力进城务工经商的直接后果就是不仅产生了一个独特的“三留”群体，而且也严重冲击了农村外出户家庭的性别分工模式，中国农村家庭传统的“男主外、女主内”的性别分工格局逐渐演变为“男工女耕”的格局。所谓“男工女耕”，简而言之就是农村男性外出务工或经商，农村留守妇女从事农业生产这样一种劳动性别分工形式。这种性别分工格局从农业生产劳动角度看，就是从20世纪90年代中期至21世纪初学界相关学科学者普遍关注和热衷研究的“农业女性化”现象①。

① 农业女性化就是指农村农业生产和农业劳动越来越多地由妇女承担和完成的现象（参见刘筱红、姚德超《农业女性化现象及其形成机制》，《湖南科技大学学报》2012年第4期）。

尽管学界关于“男工女耕”性别分工格局产生的原因、造成的影响，特别是对农村女性发展的意义还存在争论[①]，但有一点是可以明确的，那就是这种性别分工格局为农村妇女从家庭内走向社会、从“留守”走向“流动”奠定了坚实的基础。正如恩格斯所言，“妇女解放的第一个先决条件就是一切女性重新回到公共的劳动中去”。[②] 农村男性劳动力进城务工，从“私域”中的家庭“外”事务真正走向了“公共领域”，而女性亦从家庭“内”事务走向了家庭“外”事务。正是这一小小的转变，对农村女性发展产生了深远意义：它不仅摧毁了农村女性依赖男性的根基，增长了她们的才干，积累了她们在家庭中的权力，而且促进了她们独立人格的发展，大大提高了她们的社会声望与自我评价[③]。

正是因为农村女性的独立性增强与独立人格的发展，才使得越来越多的农村女性由“留守”走向“流动”，从家庭“外”事务进一步走向“公共领域”。全国妇联与国家统计局发布的《第三期中国妇女社会地位调查主要数据报告》显示，妇女在家庭中的地位发生了显著变化，她们在生产、经营和买房盖房、家庭投资等事务中的决策权比十年前均有显著提高，而近年来农村人口流动的家庭化正是农村女性决策权提高的有力佐证。当然，需要注意的是，农村女性的“流动”与“留守”之间并非一定就是一一对应关系。流动女性不一定都经历了“留守”阶段，她们进城后也并非人人都走向了真正意义上的“公共领域”，而是从事传统意义上的计酬劳动。从“留守”到“流动”、从家庭走向社会仅仅只是对农村女性流动人口地位变迁或发展的整体判断。

2. 有流动无突破：发展的量的积累

毋庸置疑，从农村走进城市、从家庭走向社会，这对于流动女性而言是自身发展的重大进步，是一种质的飞跃。这种进步和质变，帮助农村流动女性获得了恩格斯所指出的真正意义上的、完全的解放的第一个先决条件。那么，农

---

① 学界关于“农业女性化”现象的相关争论，可参看姚德超、汪超《农业女性化研究文献回顾和展望》，《农业展望》2012 年第 2 期。

② 恩格斯：《家庭、私有制和国家的起源》，人民出版社，1972，第 72 页。

③ 孟宪范：《改革大潮中的中国女性》，中国社会科学出版社，1995，第 7 ~ 8 页。

村女性流动后的结果又如何，她们是否实现了发展的又一次跨越？农村女性的乡城流动使她们有了更多的发展机会，而且从微观、具体的角度考察，她们也确实获得了某种程度的发展，这一点也是不用质疑的：她们虽然就业层次低、工资收入偏低且低于男性，但她们毕竟已经从家庭“内”事务走向了社会，她们通过自己的辛勤劳动获得了一定的收入从而经济独立性明显提高、经济地位明显改善；她们的性别意识、主体意识、权利意识都因在城市的工作生活经历而明显提高，她们的思想观念更加开放和趋近城市现代文明，她们的生活消费方式更加具有现代特征；她们不仅开阔了眼界、增加了见识，而且增强了自身能力，提高了文化与技术水平，这使她们看到了自己的能力与潜力，进一步增强了自信①；等等。总之，农村流动女性积极参与城市的劳动力市场，不仅挑战了传统的性别角色，冲破了空间和制度的障碍，也为自身增加了权力谈判和生活选择的机会。②

流动本身意味着发展，但不必然带来质变性发展结果。虽然农村女性人口向城市的流动对她们自身发展产生了上述诸多积极意义，给她们的发展创造了机会，但是从流动的结果来看，女性流动人口并没有实现发展的质的飞跃，她们仍处于发展的量的积累阶段。借用著名学者徐勇教授在研究农村人口流动给乡村治理带来的影响时所用的语言来说，就是“有流动无发展”③。当然，这里的发展是从宏观的意义上、从发展的阶段性特征角度而言的，即农村流动女性整体上并没有实现从传统到现代的转型这一转变，她们仍处于向现代转型的过渡期或转折点。对农村流动女性基本发展态势的这种判断，既完全符合事物发展过程中质与量统一的哲理，也与实际状况十分吻合。从事物发展角度来看，任何事物的发展都是一个由量变到质变，再由质变到新的量变的循环往复、螺旋式上升的过程。在我国，传统性别观念、性别文化根深蒂固，与之相应的社会性别制度又具有“路径依赖”与“路径锁定”特性，要实现性别平

① 蔡昉、白南生：《中国转轨时期劳动力流动（关注民生系列）》，社会科学文献出版社，2006，第296～321页。

② Davin D. Women and Migration in Contemporary China, *China Report*, 2005, 41 (1): 29－38.

③ 徐勇：《挣脱土地束缚之后的乡村困境及其应对：农村人口流动与乡村治理的一项相关性分析》，《华中师范大学学报》2000年第2期。

等与妇女独立、全面发展自然不是一件容易的事情，它必然要经历一个曲折甚至是反复的艰难过程。从实践角度看，与男性一样，流动女性彻底的市民化转型无疑是她们实现跨越式发展的最大机遇，也是她们当前实现突破性发展所面临的最大任务。然而，农村流动女性在城市的生存发展遭遇了比男性流动人口更多、更大的困难，她们面临着市民化转型的深层困境，这恰恰是流动女性实现再一次质变性发展的瓶颈。

三　流动女性发展的当前任务及其困境

（一）市民化转型：流动女性发展的首要任务

1. 市民化的基本内涵

早在20世纪80年代，我国学者就开始关注农民市民化问题。浙江农业大学黄祖辉等学者于1989年在《经济研究》杂志上发表题为《农村工业化、城市化与农民市民化》一文，指出应推动农村工业化、城市化与农民市民化进程协调一致，要在农村大力发展非农产业，促使大量剩余劳动力从农业中转移出来，同时应逐步使农村的非农产业特别是乡镇工业和转移劳动力向城镇发展或向新建的城市聚集，使农业转移劳动力转变为城市市民。[①] 21世纪第二个十年伊始，我国社会结构发生了历史性变化——我国社会结束了以乡村型社会为主的时代，进入了以城市型社会为主的城市时代。[②] 2011年，我国城镇化率首次突破50%，达到了51.3%。2012年，我国城镇化率继续提高，达到52.6%。随着我国城镇化的快速发展，城镇化过程中存在的“人—城”矛盾问题逐渐显现出来，吸引了社会各界的广泛关注和讨论。2012年，党的十八大报告首次明确提出，要“加快改革户籍制度，有序推进农业转移人口市民化，努力实现城镇基本公共服务常住人口全覆盖”。党和国家关于农业转移人口市民化的顶层设计，使农民市民化问题再次成为社会关注的焦点，也再度引

① 黄祖辉、顾益康等：《农村工业化、城市化与农民市民化》，《经济研究》1989年第3期。
② 《中国城镇化率首次突破50%》，《民生周刊》2012年第35期。

发了学界的研究热潮。

什么是农民（工）市民化？学界并没有形成统一的观点。其中具有代表性的观点包括：郑杭生认为，农民市民化主要体现为农民在转变身份和职业过程中，逐渐拓展出的潜在能力，在通过学习获取市民基本资格的基础上，适应城市生活并养成城市市民基本素养的过程①；刘传江基于“农民非农化 + 农民工市民化”的两步转移理论，指出农民工市民化是离农务工经商的农民工克服各种障碍最终逐渐转变为市民的过程和现象，它具体包括四层含义。一是职业由次属的、非正规劳动力市场上的农民工转变成首属的、正规的劳动力市场上的非农产业工人；二是社会身份由农民转变成市民；三是农民工自身素质的进一步提高和市民化；四是农民工意识形态、生活方式和行为方式的城市化②。冯奎认为，用宽泛的标准来看，农民获得本地城市户籍，也就是在社会身份上获得认可，就可以算作是市民化。用严格的标准来看，农民工市民化是指在一定时间段内，从生存职业、社会身份、自身素质到意识行为多种层面，都完成市民化的转型。③ 上述关于农民（工）市民化的解释基本上都指出了身份转变、职业转变、思想观念与生活方式转变对于农民（工）市民化的重要意义，不同之处在于有的考虑到了户籍对于农民（工）社会身份转变的关键影响，有的则没有考虑户籍问题。

从本源意义上说，市民化就是指农民市民化，只是由于在我国工业化与城市化过程中出现了一个独特的农民工群体，所以才有农民工市民化这一概念。正是因为有这个独特群体的存在，我国的农民市民化并不仅仅是农民工市民化，事实上，相对于已经转移出来的农业人口（即农民工）而言，还没有从农业中转移出来的潜在转移人口才是我国市民化的主体。当然，虽然所涉对象不同，但是市民化的基本内涵是一致的。简而言之，市民化就是农民转变为市民，它不仅强调转变的过程，更强调转变的结果。这里有两个问题不容忽视，一是只有具备了市民的相应素质与特征，农民才可能转型为市民，包括习得城

① 郑杭生：《农民工市民化：当代中国社会学的重要研究主题》，《甘肃社会科学》2005 年第 4 期。

② 刘传江、程建林等：《中国第二代农民工研究》，山东人民出版社，2009，第 27 ~ 31 页。

③ 冯奎：《中国城镇化转型研究》，中国发展出版社，2014，第 135 ~ 142 页。

市生活理念与生活方式、从事比较稳定的正规非农职业、拥有市民应有的素质和行为。二是农民要成为市民，还得获得市民资格。尤其是在我国，农民获得市民资格就意味着拥有市民的身份与地位，这就涉及城市户籍与户籍制度的问题。那么获得城市户籍是市民化的必要条件吗？不然！在我国各种级别和规模的城市中，户籍之所以重要，是因为它的社会福利功能。因此，即便是没有户籍，也可以做到使城市中没有户籍的居住人口享有与拥有户籍的居住人口同等的权利与利益；相反，如果不能获得同等的权利待遇，拥有城市户籍也没有意义。当然，市民资格条件的获得必须遵循一定的制度规则。因此，农民市民化的关键是身份与地位的获得，即享有与市民同等的权利待遇，而不是户籍本身。从这个角度来看，所谓市民化就是农业转移人口获得市民的资格条件、习得市民的生产生活方式与价值观念、具备现代城市文明素养与行为、享受市民权利待遇的过程。

2. 流动女性市民化及其意义

诺贝尔经济学奖获得者约瑟夫·斯蒂格利茨（Joseph E. Stiglitz）指出，中国的城镇化是21世纪影响人类进程的两件大事之一。21世纪中国的城镇化，是与工业化、信息化、农业现代化协调发展齐头并进的城镇化，是以人为本、追求质的飞跃的全新城镇化。城镇化的本质是人的城镇化，人的城镇化的核心要义又是农民的城镇化，城市化的终极价值在于为人的全面发展服务。因此，与其说21世纪影响人类进程的大事之一是中国的城镇化，不如说是中国农民的市民化，而中国农民的市民化重点是农民工的市民化。当前，我国农业转移存量人口（农民工）数量达到2.69亿人，相对于尚未实现流动的农业转移增量人口而言，这个庞大的进城农民群体理所当然地成为市民化的首要对象，他们的成功市民化转型道路能够为未来若干年我国农民市民化奠定坚实基础、积累丰富经验。

流动女性是进城农民工的重要组成部分，可以说，她们的市民化程度在某种程度上直接决定了当下农民工市民化的整体进程、实现程度乃至成败。从某种意义上说，我国新一轮以人为本的城镇化的关键就在于流动女性的市民化，没有流动女性的市民化，农民工市民化必将阻力重重，而整个农民市民化也终将难以取得突破性进展。流动女性市民化在我国农业转移人口市民化伟大工程中的独特地位，是由女性在婚姻家庭、子女教育、家庭消费和维护社会稳定中扮演的重要角色所决定的。流动女性市民化，在本质内涵上与农民（工）市民化是一致的，只不过所涉及的主体不同而已。因此，所谓流动女性市民化，是指从农村转移到城市（镇）、从事非农职业、在城市（镇）居住半年以上的女性人口实现从农民到市民的现代化转型过程。实现流动女性市民化转型不仅对于推动我国农业转移人口市民化进程具有重大现实意义，对于流动女性人口自身发展更是十分关键。

市民化对于流动女性发展的意义是不言而喻的。首先，市民化有利于流动女性顺应经济社会发展潮流，实现从传统到现代的转型。城市是人类文明的产物，也通常被认为是现代文明的聚集地。实现从农民到市民的转变，享受先进的现代城市生活，享受发达的现代城市文明，是包括流动女性在内的农业转移人口梦寐以求的事情。通过市民化转型，流动女性可以习得现代城市生产生活方式，树立现代城市居民所具有的思想意识与价值观，过上人们有理由珍视的现代城市生活。其次，市民化有利于流动女性切实维护各项基本权利，平等分享现代化成果。市民化转型的过程不仅是城市民生问题逐步得到解决、城市经济社会持续和谐发展的过程，也是流动女性人口所享有的就业、教育、培训、医疗卫生、社会保障、社会参与等各项基本权利得以维护与发展的过程。尤为关键的是，市民化转型具有更加深远的社会性别意义。流动女性的市民化转型可以加快男女平等、两性和谐发展的进程，缩小在经济社会各领域普遍存在的巨大性别鸿沟；可以帮助流动女性切实提高经济社会地位，使她们能够和男性一样平等地参与到现代化进程之中，保障她们和男性一样平等地分享现代化成果。

（二）可行能力贫困：流动女性市民化的现实困境

可行能力与可行能力贫困是诺贝尔经济学奖获得者阿马蒂亚·森在阐述其发展观——自由是发展的首要目的，自由也是促进发展的不可或缺的重要手段——时所使用的概念。森是从“实质的”（substantive）意义上定义“自由”概念的，即自由就是享受人们有理由珍视的那种生活的可行能力。可行能力因此是一种自由，是实现各种可能的功能性活动组合——吃、穿、住、行、读书看报、投票选举、参与市场交易等的实质自由，是一种能过有价值的生活的实质自由。[①] 当人们处于实现各种可能的功能性活动组合的实质自由被剥夺或受限制的状态的时候，也就意味着某种程度的可行能力贫困。森认为，有很强的理由可以用一个人所具有的可行能力来判断其个人的处境。可行能力贫困既表明人们实际享有实质自由的水平，也意味着发展的“自由”手段存在严重缺陷，即工具性自由被剥夺或受限制，由此阻碍人们的发展。在若干工具性自由中，政治自由、经济条件、社会机会、透明性担保以及防护性保障对于促进发展最为重要。

森的自由发展思想为我们探究流动女性发展问题提供了全新的理论工具和分析视角。从森的观点出发，不难理解，实现市民化转型、享受人们有理由珍视的现代城市文明生活，这对于流动女性而言无疑是一种实质自由，因此市民化就成为流动女性发展的首要任务与阶段目标，而可行能力贫困正是流动女性市民化面临的现实困境，是流动女性市民化转型困难的症结所在。流动女性的可行能力贫困，亦可理解为对于促进发展具有重要作用的工具性自由的被剥夺或受限制，具体表现在以下几方面。

第一，流动女性的政治参与度较低。作为普通公民，积极有效的政治参与是实现各种政治权益和公民权利的重要途径。然而，由于缺乏制度化参与渠道、参与意识和效能感不强、流动导致参与操作困难等因素的影响，流动女性的政治参与明显不足，她们处于政治参与的边缘化状态[②]。流动女性参与率非常低，以社区选举和社区民主管理为例，其中参与社区选举（如选举居民代表、居民委员会成员等）频率为“很少/偶尔”、“比较多”、“非常多”的比例共计 25.6%，绝大多数流动女性完全没有参加过社区选举活动。与参加社区选举类似，流动女性参加社区民主管理（社区听证会、社区评议会、民情恳谈会等）的频率也很低，其中表示从来没有参加过社区民主管理的比例高达 73.2%。流动女性政治参与不足表明她们在城市公共决策与管理中处于某种“失语”状态，这不仅直接影响了其经济社会活动的效率，也严重阻碍了

① 〔印度〕阿马蒂亚·森：《以自由看待发展》，中国人民大学出版社，2002，第 5 ~62 页。

② 伍慧铃、陆福兴：《女性农民工城市生存边缘化及其防范》，《中共济南市委党校学报》2007 年第 1 期。

其市民化进程。

第二，流动女性的经济权益得不到保障。由于市场机制不健全、性别歧视等因素的影响，多数流动女性的就业选择、工资待遇、劳动保护等权益无法得到保障。在就业选择过程中，用人单位明确规定“男性优先”或“限男性”、“合同期内不得生育”等性别歧视现象的普遍存在，使得流动女性多集中于销售、收银、酒店服务等职业层次较低的岗位。在工资收入方面，流动女性又经常遭受与男性同工不同酬的待遇。调查数据显示，流动女性平均月收入仅为男性的88.8%①，即便是在这种情况下，仍有14.2%的人遇到了工资被拖欠或克扣的问题②。此外，流动女性几乎是在没有劳动安全保护措施的环境下工作，而且被无端地拖延工时，她们在“四期”（经期、孕期、产期与哺乳期）内应享有的权益、休息日、带薪休假等也均不同程度地被侵害。

第三，流动女性的社会机会相对匮乏。社会机会指的是在社会教育、医疗保健及其他方面所做的安排③，社会机会的获得对于流动女性市民化及其全面自由发展具有基础性意义。然而，社会机会匮乏恰恰成了流动女性发展的重要障碍。以技能培训为例，调查数据显示，比例高达52.9%的流动女性没有接受过任何就业或技能培训。在接受过培训的人中，仅有8.7%参加过政府组织的就业培训，7%参加过政府组织的技能培训。参加企业组织的技能培训或自费参加技能培训的比例明显高于参加政府组织的就业或技能培训比例，分别达到36.3%、14.8%，但整体而言比例仍然较低。此外，流动女性医疗保健方面的公共服务也不容乐观。调查数据表明，没有享受过计划生育和生殖健康服务的流动女性比例高达73.8%，同时在享受过该项服务的流动女性中，仅43.7%的人表示对该项服务满意。另外，女性流动人口中只有27.3%的人表示享受过健康讲座或社区免费健康检查。职业病防治方面，有超过九成的样本表示没有享受过该项服务。可见，从社会教育与医疗保健状况看，流动女性的

① 本课题组调查问卷数据显示，进城务工女性平均月收入为2276元，男性平均月收入为2563元。

② 全国妇联、国家统计局：《第三期中国妇女社会地位调查主要数据报告》，中国网，http://www.china.com.cn/zhibo/zhuanti/ch-xinwen/2011-10/21/content_23687810.htm。

③ 〔印度〕阿马蒂亚·森：《以自由看待发展》，中国人民大学出版社，2002，第32页。

社会机会明显不足。

第四，流动女性的防护性保障缺损。防护性保障即社会保障，它提供社会安全网，可以防止受到影响的人遭受深沉痛苦，或在某些情况下挨饿甚至死亡。农民工社会保障缺失是一个普遍存在的事实，在各项社会保障中，以工伤保险参加率比例为最高，但也仅仅为28.5%，尚不及农民工群体的1/3，其中又以流动女性特殊保障类型即生育保险为最低，仅6.6%。[①] 从性别统计角度看，流动女性参与养老保险、工伤保险、医疗保险与失业保险的比例分别为33.9%、25.3%、48.3%、18.8%，而男性农民工的比例分别为40.5%、35.7%、56.7%、25.4%。可见，流动女性社会保障参加率整体较低，而且与男性存在较大的差距。相比男性而言，流动女性社会保障脆弱性程度更高，不"安全"状态令人担忧。

四　促进流动女性发展的政策建议

如前文所言，农村女性人口的城乡流动整体而言是一种发展和进步，然而在实现了流动之后，女性流动人口面临着跨越式发展的瓶颈，她们正处于自身发展的转折点。由于实现进一步发展所需的政治参与、经济条件、社会机会与防护性保障等工具性自由被剥夺或受限制，流动女性陷入了市民化转型的深层困境，这种困境可以归结为可行能力贫困。因此，要促进流动女性发展，关键在于提高她们的可行能力，帮助她们摆脱可行能力贫困的处境。"除其他因素外，个人的可行能力严重依赖于经济的、社会的、政治的安排。在制定适当的制度性安排时，必须超越个人全面自由的基础性意义，去考虑不同类型自由的工具性作用。"[②] 因此，促进流动女性发展的要义就在于以流动女性的全面自由发展为价值标准，以市民化转型为阶段目标，以提升和增进可行能力为核心任务，不断完善与健全市民化制度与政策措施，帮助流动女性摆脱种种现实困境，实现流动女性的现代化转型。

① 国家统计局：《2013 年全国农民工监测调查报告》，国家统计局网，http：//www. stats. gov. cn/tjsj/zxfb/201305/t20130527_ 12978. html。

② 〔印度〕阿马蒂亚·森：《以自由看待发展》，中国人民大学出版社，2002，第 42 页。

（一）加快推进户籍制度改革，实现户籍的职能回归

城乡分割的二元户籍制度及其对于我国新型城镇化、农业转移人口市民化、城市社会建设等产生的负面影响及其改革策略，一直是社会关注的焦点问题。然而，虽然多年来户籍制度改革步伐一直没有停止，但改革举措收效甚微。实际上，户籍制度改革的整体方向是明确的，那就是分离户籍制度的人口管理与福利分配功能，彻底实现户籍制度的职能回归，使户籍不再成为流动人口与市民在身份与地位、资源占有、社会福利享受上“二元分割”、差别对待的制度障碍。户籍改革的举措也是明确的，那就是取消户籍制度，建立全国统一的居民证制度。既然如此，户籍制度改革何以迟迟难以取得实质性进展？究其原因，利益及其分配格局调整是影响户籍制度改革成败的关键性因素。正是因为户籍的福利分配、利益绑定功能，使得户籍制度改革遭到了来自既得利益集团的重重阻力。户籍制度造成的利益固化，反过来强化了制度本身的惯性，致使制度变迁难以发生，这正是户籍制度改革难的症结所在。

户籍制度虽已呈“路径锁定”态势，但打破“锁定”的改革趋势依然不可阻挡。2014 年 7 月，国务院印发的《国务院关于进一步推进户籍制度改革的意见》（以下简称《意见》）指出：第一，要建立城乡统一的户口登记制度。取消农业户口与非农业户口性质区分和由此衍生的蓝印户口等户口类型，统一登记为居民户口，体现户籍制度的人口登记管理功能。第二，建立居住证制度。在城市居住半年以上的居住证持有人可以申请登记常住户口，享有与当地户籍人口同等的劳动就业、基本公共教育、基本医疗卫生服务、计划生育服务、公共文化服务、证照办理服务等权利；同时根据居住年限等条件，逐步享有与当地户籍人口同等的其他公共服务和权利。国务院户籍改革《意见》的出台，无疑是到目前为止我国户籍制度改革取得的最为重要的进展。当然，《意见》能在多大程度上推动改革进程，能在多大程度上突破改革瓶颈取得实质性成果，还有待后续的深入观察。

当前，我国户籍制度改革已迈出历史性的一步，不过在后续推进改革的过程中，仍有几个问题值得关注：一是户籍制度改革的核心在于剥离其

利益绑定与社会福利分配功能，其实质是一种利益格局调整，因此户籍制度改革成功的关键在于以改革的巨大勇气打破固化的利益分配格局。二是与前述密切相关，取消户口分类、建立统一的居住证仅仅是户籍制度改革的形式，其实质还是在于消除利益与社会福利分配的城乡或群体间差异，在于在流动人口与市民之间实现利益整合。三是《意见》要取得预定目标，需要加大执行力度，加强政策执行监督，消减政策执行阻力。要防止城市（镇）政府滥用“因地制宜、差别对待”原则，随意“差别化”落户政策、随意附加居住证持有者享受基本公共服务和其他权利的“条件”。四是要加强对地方政府，特别是城市（镇）政府贯彻落实《意见》中规定的政策措施的跟踪监测，及时掌握各地区、各城市推进基本公共服务常住人口全覆盖的进度、存在的问题，及时总结经验教训，并根据实际需要调整政策措施。

（二）健全城市公共决策机制，保障流动女性决策参与权

“人们可以成功地实现什么受到经济条件、政治自由、社会权力、促进良好健康的条件、基本教育以及开创性行为的鼓励和培养等等因素的影响。提供这些机会的制度性安排，又取决于人们对其自由的实施，即人们是否运用其自由来参与社会选择、参与促进这些机会发展的公共决策。”① 由此可见，保障政治参与权，既是人们享受真实的政治自由的体现，又对促进发展具有极其重要的建设性作用。这种建设性作用，是通过政治自由与其他类型工具性自由的积极关联所表现出来的，即作为一种工具性自由，政治自由可以保障其他工具性自由，从而使人们获得全面发展的工具性自由条件。政治参与的这种建设性作用学界早有过类似的阐述，如美国政治学界戴维·伊斯顿认为，政治是对于社会价值物的权威性分配的决策活动②。故此，保障女性流动人口在城市公共决策中的参与权，对于促进她们发展的意义是不言而喻的。

从有效的公民决策参与角度来看，女性流动人口自身素质的提升当然是必

① 〔印度〕阿马蒂亚·森：《以自由看待发展》，中国人民大学出版社，2002，第3页。
② 王浦劬：《政治学基础（第二版）》，北京大学出版社，2006，第3页。

要的，但并不是最关键的。要保障流动女性的决策参与权，关键在于城市政府主动更新观念，以巨大的勇气改革和完善公共决策机制，在此基础上提高公共决策的社会性别敏感性，对决策活动可能给男女两性产生的不同影响做出积极回应。首先，城市政府公共决策和管理者应树立与公民分享决策权的理念，以开阔的胸襟与公民分享决策权。这里的公民不仅仅是城市居民，而且还包括女性在内的流动人口，她们在城市公共事务决策活动中应该享有与城市居民同等的参与权利，相关市民化议题决策活动更应该广泛吸纳她们参与，听取她们的意见。其次，城市决策和管理者应培育发展公民参与和与公民建立合作关系的基本技能。除了观念上的排斥公民参与之外，城市公共决策和管理者缺乏实际操作技能也是导致公民决策参与不足的重要原因①。因此，开发和培养协商谈判、沟通促进、授权、倾听等技能，引导好、组织好、发展好包括女性在内的流动人口的决策参与是城市决策和管理者的重要责任。此外，增强城市公共决策过程的透明度、优化公共决策流程对于发展有效的公民参与都是必要的。当然，上述措施对于全体城市公民都具有普适性，要充分保障女性流动人口的决策参与权，还需要城市公共决策与管理者增强公共决策的社会性别意识，采取一些具体措施对女性流动人口的参与诉求做出回应，比如提高听证会、民主座谈会、决策方案意见征集等决策活动中女性流动人口的比例，增强她们在决策活动中的影响力。

（三）健全劳动就业制度，消除劳动力市场性别歧视

按照市场的逻辑，不同性别的报酬与职业差异并不能成为歧视的证据，只有与生产无关的因素才能导致歧视。然而，正是因为若干与生产无关的因素造成了劳动力市场中的性别歧视。婚育时间被严格限制、招聘过程或工作场所中的性骚扰、职业性别隔离、被迫出席唱歌跳舞甚至陪酒等活动……多种形式的性别歧视或隐蔽或赤裸裸地存在于女性流动人口就业选择、劳动过程、劳动关系变更等领域。然而，自由就业对于妇女发展具有重要意义，“在家庭之外就业并挣得独立的收入，一般而言对增强妇女在家庭和社会中的地位具有明显的

① 姚德超：《邻避现象及其治理》，《城市问题》2014 年第 4 期。

影响……更进一步地，在家庭之外的就业，就了解家庭之外的世界而言，常常有一种有益的‘教育’效果，会使她的主体地位更有成效。”① 除了其他因素（如城乡壁垒、地区壁垒）之外，性别歧视是女性流动人口就业过程中面临的最大障碍，它不同程度地剥夺了她们的就业自由。因此，要促进女性流动人口发展就必须健全就业体制机制，消除劳动力市场中的性别歧视，保障女性流动人口的就业自由。

保障女性流动人口就业自由，关键是建立平等就业制度。建立平等就业制度，关键在于在遵循市场规律的条件下推进企业社会责任建设。首先，要健全企业劳动用工制度，取消对流动女性劳动就业的不合理限制。要以《劳动合同法》、《妇女权益保障法》等法律法规以及各地出台的相关政策措施为依据，采取劳动就业机构监督检查、企业自清自查、劳动者投诉检举、媒体监督等多种形式，全面审查企业劳动用工规则规章，取消违反劳动就业法规的条款，清理不合理的性别次序规则，特别要引导企业消除劳动用工习俗惯例中存在的隐性歧视，保障女性流动人口与进城务工男性、城市居民平等享有劳动就业权益。其次，要加大企业社会责任缺失治理，保障女性流动人口的合法权益。企业是市场经济的主体，也是社会主义和谐社会建设的重要力量，维护和发展流动女性劳动者合法权益是企业义不容辞的责任。然而在我国企业生产经营实践中，社会责任缺失现象普遍存在，女性流动人口集体协商权利得不到保障、劳动保护水平低、劳资关系不平等就是其突出体现。因此，要充分发挥政府在企业社会责任建设中的主导地位，进一步完善企业社会责任标准体系，引导企业吸纳女性劳动者参与管理、健全工会组织并提高女性比例、建立女工委员会，促使企业逐步提高流动女性劳动者在劳资协商、劳资关系建立与变更中的主体地位。

（四）加强职业教育与培训工作，提升流动女性文化与技能水平

人们在分析农村妇女相关问题时，常常将问题产生的原因归结为她们的文化程度、技能素质。比如，文化素质偏低是制约农村留守妇女城乡迁移的重要因素之一；又如，文化素质偏低是导致女性农民工城市生存发展状况及其地位边缘

① 〔印度〕阿马蒂亚·森：《以自由看待发展》，中国人民大学出版社，2002，第190页。

化的重要原因之一。不可否认，农村女性的文化素质整体上还不容乐观，这确实是她们实现城乡社会流动与发展的制约因素。可是如果深入挖掘问题的根源，也许更有利于找到问题的症结。为什么农村女性文化素质偏低？究其原因，还是由不合理的制度安排与不平等的性别文化共同造成的。教育公共资源配置在城乡间、群体间与性别间产生的三重差异是导致农村流动女性文化与技能水平低并且长期得不到提升的重要根源。要消除上述差异，有必要统筹城乡发展，实现城乡基本公共服务一体化，更有必要消除公共资源占用的性别差异。

教育与培训对于女性流动人口发展的重要意义在于帮助她们提高职业素质与职能技能水平，在此基础上提高人力资本，增强就业核心竞争力，进一步拓展职业发展空间。因此，有必要进一步完善制度安排，缩小并最终消除职业教育与培训资源分配的性别差异。首先，要充分发挥各级妇联组织的优势与重要作用，加强妇联在女性流动人口职业教育与培训中的需求调研、宣传动员、资源整合、监测评估等职能。其次，要提高流动人口职业培训的社会性别敏感性，建立针对女性流动人口的专项社会性别公共预算计划。同时要扩大资金来源渠道，通过企业出资、社会捐赠等多渠道筹集资金，并健全资金监管制度，做到专款专用，保障教育培训工作的针对性，切实服务于女性流动人口人力资本积累。再次，要建立起包括政府、职业院校、培训机构、社会组织、企业等在内的多方合作机制，提高教育培训工作的连续性与稳定性。最后，要开发较为灵活的培训项目，针对女性流动人口工作与家庭生活特点，灵活选择教育培训内容、方式，调动她们的参与积极性，提高服务的实效性。

（五）完善发展型家庭政策，帮助流动女性实现家庭责任与工作平衡

在持续不断增长且规模日益庞大的农村人口城乡流动潮中，有一种现象近年来已被学者敏锐地察觉到。这个现象就是“家庭离散”①，它是指农村家庭

---

① 有关农村人口流动过程中的家庭离散及其成因，请参考刘筱红、施远涛《“四化同步”发展背景下留守妇女家庭离散问题治理研究——基于中西部六省农村的实地调查》，《人口与发展》2014 年第 1 期；施远涛：《农村留守家庭离散问题的形成与治理——基于四化同步的视角》，《江西社会科学》2014 年第 3 期。

中男性劳动力进城务工，其父母、妻儿留守农村从而造成的家庭成员城乡分离现象。实际上，家庭离散还有两种状况值得注意，一种是农村女性劳动力进城务工而其家庭成员留守农村，另一种是即便是家庭式流动，农村流动家庭也可能处于“离散”状态，他们要么不在一个城市（镇），要么即便在一个城市（镇）也不居住在一起。这就产生了一个问题，即流动人口如何平衡家庭责任与工作的问题。很显然，妇女在家庭中的独特角色决定了平衡家庭与工作关系的问题更可能是流动女性所面临的问题。也正因为这样，流动女性陷入了兼顾家庭与工作的两难境地。因此，完善发展型家庭政策，帮助流动女性平衡好工作与照顾家庭的关系，无疑是促进流动女性发展的重要举措。

发展型家庭政策中的“发展”，本质在于帮助与扶持家庭发展能力，其要义在于“投资”。从家庭构成角度看，投资主要是对流动女性家庭成员，包括对父母、子女及其自身的投资。首先，投资流动女性父母无非是照料老人生活问题，其政策启示就是要完善养老制度。其次，投资流动女性子女无非是子女成长问题，其政策启示就是要完善公共教育特别是义务教育制度。最后，投资于流动女性自身则是她们自身发展的问题，其政策启示是要投资于女性流动人口人力资本培育，因此要加大女性流动人口的职业教育与技能培训力度，这一点前文已经论及，不再赘述。从养老制度来看，党中央、国务院及有关部门已经出台了统筹城乡养老保险政策措施，后续的工作重点一是要加强政策的贯彻落实，二是随着新的迁移落户政策的实施，养老保险的异地转接问题将不可避免，因此必须认真研究养老保险异地转接的操作性方案。从义务教育制度来看，女性流动人口子女上学难、赞助费用高、遭受制度与社会双重排斥这些老大难问题依然没有得到很好的解决，修建子弟学校固然是解决流动女性子女教育问题的一个有效途径，但不应过于依赖，应当考虑就近入学制、配额制或比例制等多种制度的结合，以便防止在义务教育领域产生新的城乡二元结构。总之，发展型家庭政策强调投资于家庭，培育家庭发展能力，扶持家庭发展。

（六）加大性别平等宣传力度，营造两性和谐发展的社会环境

妇女的发展水平，是社会发展的重要标志，是衡量社会进步程度的尺

度；反过来，促进妇女的发展，又需要和谐的社会环境与文化氛围。自新中国成立，特别是改革开放以来，我国的妇女发展事业取得了举世瞩目的成就，性别平等与妇女发展综合指数不断提高，妇女的经济社会地位显著提升。但遗憾的是，性别平等在就业、资源占有与收入、教育与卫生健康、社会保障与社会交往、公共决策与管理等关键领域还存在严峻挑战，生活工作环境恶劣、性骚扰与性侵害、男尊女卑与重男轻女、针对女性的暴力、公共决策与管理话语权不足、传媒领域参与度低、灾害脆弱性高等性别不平等与不公正现象在众多领域仍然广泛存在甚至有的还比较严重，妇女发展的社会环境亟待进一步优化，妇女全面发展事业仍然任重道远。因此，有必要采取有效的策略措施，大力宣传与倡导性别平等，营造性别平等、两性和谐发展的社会环境。

加强性别平等宣传倡导工作，首先要进一步拓宽宣传倡导渠道。随着计算机、移动通信工具的不断普及，我国已进入了一个以网络为轴心的新媒体时代。如今，包括网站、博客、播客、网络论坛、手机短信、手机彩信、手机报纸、各种即时聊天视频工具在内的新兴媒体已经成为人们工作生活的主要组成部分。新兴媒体的快速普及与社会化，无疑为性别平等观念的传播提供了更多便捷高效的工具。因此，要在继续发挥电视、广播、报纸等传统媒体作用的基础上，充分利用新媒体的优势开展男女平等观念的宣传倡导工作，提高宣传实效。其次，加强性别平等宣传倡导工作，需要充实宣传内容和丰富宣传形式。性别平等涉及家庭内外、工作与生活、经济与社会多个层面众多领域，男女不平等现象随处可见，宣传素材随手可得，宣传倡导内容可以是正面的积极主张，也可以是对负面事例的批驳。宣传内容的制作方式要多元化，可以是手机短信、报纸评论或网络新闻，可以是电视广告、纪录片、动漫或者网络视频，也可以是标语、横幅、画报或者节目表演等。最后，加强性别平等宣传倡导工作，要建立多方合作机制。要积极动员企业、妇女研究机构、新闻媒体、非政府组织、公民特别是男性公民等力量的参与。实践表明，近年来国内一些民间团体、社会组织开展的妇女发展干预项目，比如，湖北省如若妇女发展研究中组织开展的“终止对农村贫困地区老年妇女暴力侵害的政策干预与行动支持”项目，华中师范大学妇女研究中心组织开展的“进城务工女

性的心理健康与自杀防范”项目，均引起了较大的社会反响，收到了良好的实际效果。

五　结论与展望

我国女性流动人口正处于发展的转折点——她们实现了从农村到城市的流动，面临着实现现代化转型的巨大机遇；然而她们在城市的生存发展仍处于争取可持续生计状态，她们遭遇了市民化转型的重重困境和严峻挑战。这些困境从表面形式看只是政治参与、经济条件、社会机会、防护性保障等工具性手段的缺损，但从内在本质看却是一种促进发展所需的实质自由的被剥夺或受限制。实现发展所需的实质自由被剥夺或受限制，使女性流动人口不能过上人们有理由珍视的有价值的现代城市生活。女性流动人口发展受阻的症结在于可行能力贫困，破解女性流动人口发展困境之道，在于增进她们的可行能力和实质自由。当然，发展永无止境。对于农村流动女性而言，市民化转型并非意味着发展的终结，而恰恰是发展的新起点。

随着党的十八大以及十八届三中全会以人为本新型城镇化、推进农业转移人口市民化等系列方针政策的出台，可以预期未来数年内我国农村女性流动人口的规模仍将呈持续扩大趋势，农村流动女性的生存与发展将成为一个无法回避的现实问题而备受社会的关注。如何看待农村流动女性的发展问题？用自由全面发展、经济社会地位提升、男女平等、两性和谐发展、平等参与现代化进程和分享现代化成果等词语来形容也许都过于抽象或者缺乏可操作性。虽然在发展研究中运用整体考察与宏观把握的方法是十分必要的，但是采用具体分析与见微知著手段未尝不是理想的选择。农村流动女性的发展应该是实实在在的、可以感受到的利益，是可以客观衡量的进步。在这些利益或者进步组合集中，市民化可能是一个恰当的子集，但绝不是唯一。事实上，生活品质（或生活质量）、幸福指数（或幸福感）等衡量现代性、发展进化程度的词语已越来越为人们所熟悉和认同。因此，生活品质与幸福指数可以成为与市民化并行不悖的考察视角，为学界研究流动女性发展问题开创一片新天地。

参考文献

[1] Davin, D., Women and migration in contemporary China, *China Report*, 2005, 41 (1): 29 -38.

[2]〔印度〕阿马蒂亚·森:《以自由看待发展》，中国人民大学出版社，2002。

[3] 蔡昉、白南生:《中国转轨时期劳动力流动（关注民生系列）》，社会科学文献出版社，2006。

[4] 巢小丽:《农村妇女人力资源现状调查与分析——以浙江宁波为例》，《农业考古》2007 年第 3 期。

[5] 陈春霞:《农村女性劳动力外出就业倾向影响因素分析》，《农村经济》2006 年第 11 期。

[6] 董晓庆、陈岱云:《女农民工权益保护问题探析》，《中共青岛市市委党校青岛行政学院学报》2011 年第 1 期。

[7] 段成荣等:《中国女性流动人口状况研究》，《妇女研究论丛》2009 年第 4 期;

[8] 恩格斯:《家庭、私有制和国家的起源》，人民出版社，1972。

[9] 冯奎:《中国城镇化转型研究》，中国发展出版社，2014。

[10] 伏春兰、李蕾:《女性农民工城市生存困境分析》，《天津市工会管理干部学院学报》2007 年第 4 期。

[11] 高贵军:《关注女性农民工的就业歧视问题》，《劳动保障世界》2007 年第 5 期。

[12] 国晓丽:《我国女性农民工就业特点与对策》，《现代经济探讨》2010 年第 3 期。

[13] 郝亚冰:《女性农民工权益保障现状及对策分析》，《中华女子学院山东分院学报》2009 年第 4 期。

[14] 何晓红:《和皆社会构建中女性农民工市民化保障探究》，《商业研究》2007 年第 7 期。

[15] 黄润龙、顾大男:《90 年代我国女性流动人口状况》，《人口与计划生育》1999 年第 5 期。

[16] 黄祖辉、顾益康等:《农村工业化、城市化与农民市民化》，《经济研究》1989 年第 3 期。

[17] 姜秀花:《社会性别视角在人口学领域的渗透》，《妇女研究论丛》2004 年第 4 期。

[18] 姜秀花:《维护流动妇女计划生育/生殖健康权益: 路有多远? ——基于北京和厦门的调查》，《浙江学刊》2006 年第 5 期。

[19] 李聪、黎洁等:《个人与家庭: 西部贫困山区女性劳动力外出务工的影响因素分析——基于陕西秦岭山区的调查》，《妇女研究论丛》2010 年第 4 期。

[20] 李芬、慈勤英：《农村女性非农转移和流动的父权制因素研究》，《中华女子学院学报》2002 年第 4 期。

[21] 李培林：《流动民工的社会网络和社会地位》，《社会学研究》1996 年第 4 期。

[22] 李强：《双重迁移女性的就业决策和工资收入的影响因素分析——基于北京市农民工的调查》，《中国人口科学》2012 年第 5 期。

[23] 李强：《中国城市化进程中的“半融入”与“不融入”》，《河北学刊》2011 年第 5 期。

[24] 李实：《中国农村女劳动力流动行为的经验分析》，《上海经济研究》2001 年第 1 期。

[25] 梁华林：《农村女性流动：中国现代化的重要途径》，《中共山西省委党校学报》2008 年第 6 期。

[26] 刘伯红：《农村流动人口与性别：中国农村劳动力流动国际研讨会有关论点综述》，《妇女研究论丛》1996 年第 4 期。

[27] 刘传江、程建林等：《中国第二代农民工研究》，山东人民出版社，2009。

[28] 刘宁：《山西省城市化进程中的农村女性人口迁移》，《中共山西省委党校学报》2005 年第 2 期。

[29] 刘筱红、施远涛：《“四化同步”发展背景下留守妇女家庭离散问题治理研究——基于中西部六省农村的实地调查》，《人口与发展》2014 年第 1 期。

[30] 刘筱红、姚德超《农业女性化现象及其形成机制》，《湖南科技大学学报》2012 年第 4 期。

[31] 刘越、林朝政等：《流动妇女心理健康状况分析》，《人口学刊》2010 年第 6 期。

[32] 刘越、尹勤等：《流动妇女与流动男性的心理健康与社会支持》，《中国心理卫生杂志》2010 年第 8 期。

[33] 陆福兴、刘宁：《边缘化生存：农村女性融入城市面临的困境》，《中共山西省委党校学报》2007 年第 4 期。

[34] 吕青：《流动妇女的边缘化与性别敏感干预机制的建立》，《科学、经济、社会》2010 年第 1 期。

[35] 吕学静：《城市农民工社会保障问题的现状与思考——以对北京市部分城区农民工的调查为例》，《学习论坛》2005 年第 12 期。

[36] 孟宪范：《改革大潮中的中国女性》，中国社会科学出版社，1995。

[37] 钱雪飞：《进城农民工收入的实证分析——基于南京市 578 名农民工的调查》，《南通师范学院学报》（哲学社会科学版）2004 年第 1 期。

[38] 任慧玲、陆福兴：《女性农民工城市生存边缘化及其防范》，《中共济南市委党校学报》2007 年第 1 期。

[39] 施远涛：《农村留守家庭离散问题的形成与治理——基于四化同步的视角》，《江西社会科学》2014 年第 3 期。

[40] 苏群、刘华：《农村妇女劳动力流动的实证研究》，《农业经济问题》2003 年第 4 期。

[41] 孙燕娟、秦般：《农村女性流动人口的现状及研究》，《学术论丛》2009年第14期。
[42] 谭克俭：《山西农村女性流动人口的人口学分析》，《中共山西省委党校学报》2009年第3期。
[43] 谭琳、宋月萍：《贸易自由化环境中的女性迁移流动及其对生殖健康的影响》，《人口研究》2004年第4期。
[44] 谭深：《家庭策略，还是个人自主？——农村劳动力外出决策模式的性别分析》，《浙江学刊》2004年第5期。
[45] 谭深：《外出和回乡——农村女性流动的经历》，《农村·农业·农民（B版）(三农中国)》2005年第10期。
[46] 王黎芳：《非农化进程中农村劳动力转移的性别分析》，《甘肃理论学刊》2006年第1期。
[47] 王浦劬：《政治学基础（第二版）》，北京大学出版社，2006。
[48] 吴伟东：《农民工社会融入的性别差异——来自五大城市的证据》，《兰州学刊》2012年第6期。
[49] 徐磊：《关于女性农民工社会保障问题的若干思考》，《商业经济》2010年第11期。
[50] 徐勇：《挣脱土地束缚之后的乡村困境及其应对：农村人口流动与乡村治理的一项相关性分析》，《华中师范大学学报》2000年第2期。
[51] 姚德超：《邻避现象及其治理》，《城市问题》2014年第4期。
[52] 姚德超、汪超：《农业女性化研究文献回顾和展望》，《农业展望》2012年第2期。
[53] 张风华：《女农民工的城市适应》，《学习论坛》2007年第12期。
[54] 张风华、曾一帆：《社会性别理论视野中的女性农民工劳动权益及其应对——以武汉市为例》，《社会主义研究》2007年第5期。
[55] 张琼：《农民工工资性别差异的实证研究——基于珠江三角洲和长江三角洲的问卷调查》，《广东社会科学》2013年第3期。
[56] 张秋实、孙淑敏：《流动人口生育保障状况调查——以上海市为例》，《人民论坛》2010年第29期。
[57] 赵卫红、徐东升：《城市外来农村已婚女性劳动力就业的制约因素分析——基于河北省的实证分析》，《中国农学通报》2012年第14期。
[58] 赵银伙、班理等：《城市女农民生存状况的社会资本理论》，《宝鸡文理学院学报》（社会科学版）2007年第6期。
[59] 郑杭生：《农民工市民化：当代中国社会学的重要研究主题》，《甘肃社会科学》2005年第4期。
[60] 郑真真：《关于人口流动对农村妇女影响的研究》，《妇女研究论丛》2001年第6期。

［61］郑真真、解振明：《人口流动与农村妇女发展》，社会科学文献出版社，2004。

［62］郑真真：《外出经历对农村妇女初婚年龄的影响》，《中国人口科学》2002 年第 2 期。［63］郑真真：《中国女性人口流动与变化趋势分析》，《中国妇女报》2013 年 3 月 26 日第 B01 版。

［64］中国妇女管理干部学院：《北京市农村女性流动人口状况的调查与研究（续）》，《中国妇女管理干部学院学报》1992 年第 3 期。

［65］中国妇女管理干部学院：《北京市农村女性流动人口状况的调查与研究》，《中国妇女管理干部学院学报》1992 年第 2 期。

［66］朱农：《中国劳动力流动与“三农”问题》，武汉大学出版社，2005。

专　题　篇

Special Topics

B.2

进城务工女性城镇融入调研报告

摘　要：

对湖北省和广东省1300多名进城务工的流动女性开展多层次、多维度的问卷调查与访谈，从家庭视角进行分析，结果发现：进城务工女性以婚育的新生代为主，绝大多数属于家庭离散式流动状态。进城务工女性城镇融入水平（经济、社会、文化、心理）总体偏低，经济发达地区进城务工女性的城镇融入状况要劣于经济欠发达地区，女性的融入程度要比男性偏低。家庭羁绊是她们融入难的直接原因。社会固化是融入难的根本原因，其中包括：性别歧视导致的女性弱势地位固化、城乡二元结构产生的资源配置固化、政策理念和管理思维固化。实现进城务工女性全面城镇化融入的政策建议是：将家庭理念纳入社会政策过程；实施分层分类的差别化推进路径；多管齐下，实现进城务工女性以家庭为单位的城镇融入。

关键词：

家庭视角　城镇融入　社会固化

一 引言

半个世纪前，法国著名农村社会学家H. 蒙德拉斯以欧洲乡村社会变迁与乡村现代化为背景和依据，高屋建瓴地指出，“一二十亿农民站在工业文明的入口处：这就是在20世纪下半叶当今世界向社会科学提出的主要问题”①。据此，蒙德拉斯大胆预言，农民将会“终结”，并且提出了一个引人入胜又令人浮想联翩的问题：没有农民的世界将会是什么样的世界呢？20年后，蒙德拉斯的预言不仅在以欧洲大陆为主的西方世界得到了证实，也即将成为以中国为主的发展中世界的现实。目前在中国，与农民终结的命运一样，作为农民共同体的村落也正在经历着相似的命运。国内著名社会学家李培林的研究得出了类似的结论：村落的终结。“它们悄悄地逝去，没有挽歌、没有诔文、没有祭礼，甚至没有告别和送别，有的只是在它们的废墟上新建的文明的奠基、落成仪式和伴随的欢呼。”②

如今，站在中国新“四化”的战略基点之上，中国踏上了人类最后阶段的大迁徙之路。“农民的终结”的世界看起来是那么的触手可及，“村落的终结”的社会已近在咫尺。我们都被这一占据站在工业文明世界入口处的农民群体四成还多的宏伟壮观的乡城运动所鼓舞，以至于来不及去设想“没有农民的世界”，也来不及去回味村落的数千年古老文明。我们更加急切地想知道：如果农民真的可以终结，那么是怎样终结的呢？或者更加直接明了一些，如果农民延续了上千年的传统乡村生活可以终结，那么他们崭新的现代文明生活又从哪里开始呢？如果村落终结了，农民又何去何从呢？所有的问题都指向了一个共同的对象：城市与城市化。毋庸置疑，上述问题的理论诠释是，如若农民及其赖以生存的村落共同体都将终结，那么取代他们的无疑是“市民”及其城市共同体。那么，如何使终结“农民”身份的人口转变为“市民”，享受先进城市文明并融入现代城市社会？始于家庭，便是这一重大现实问题的实践逻辑。

---

① 〔法〕H. 蒙德拉斯：《农民的终结》，李培林译，中国社会科学文献出版社，1991，第1页。

② 李培林：《村落的终结：羊城村的故事》，商务印书馆，2010，第1页。

二　研究缘起与方案设计

（一）研究背景与意义

1. 时代背景

（1）实现民族复兴的“中国梦”：贯穿新世纪的主题

“实现中华民族伟大复兴，就是中华民族近代以来最伟大的梦想”，我们一直在为实现这个最伟大的梦想而奋斗，并且成功探索出了一条中国特色社会主义的圆梦之路。不仅如此，实现这个最伟大的梦想仍将贯穿整个21世纪，成为时代的主旋律，激励近14亿人为之贡献自己的智慧与才华，为之付出巨大且持久的努力。中国梦是民族的梦，也是每个中国人的梦。“中国梦”的本质是实现国家富强、民族复兴、人民幸福、社会和谐。国家、民族、人民、社会四个方面有着天然的内在联系。一方面，国强是民族兴旺、人民幸福的基本保障。中华民族近代以来的历史证明，国家不富强，就难以摆脱落后挨打、遭受列强欺凌的命运，那么民族复兴就是一句空话，人民幸福和社会和谐也就失去了最基本的安全基础。另一方面，民富是国强的内在动力。人民不富裕，必然遭受饥饿、疾病、犯罪的困扰，也就无幸福感可言，而社会亦会处于动荡不安之中，民族复兴就不算完成，国家即便富强也难以长久。

“人民幸福”是“中国梦”的重要时代特征之一。实现民族伟大复兴的“中国梦”的根本目的，就是要实现好、维护好、发展好最广大人民群众的根本利益，并进而提升全社会的幸福指数，提高“社会和谐”的水平。但是，不容否认的是，我们离“梦想”还有差距，甚至在某些方面与“梦想”差距巨大：我们还没有建成小康社会，贫富差距、城乡差距还比较大，社会中种种不和谐的因素依然存在，甚至在某些领域、某些方面还存在矛盾进一步扩大的趋势。有极少一部分人仍然在饥饿、疾病中挣扎，他们连基本的生存需求都没有得到保障，根本没有幸福感可言，有的只是对社会的不满与怨恨；相当多农村人口正期盼着“更好的教育、更稳定的工作、更满意的收入、更可靠的社会保障、更高水平的医疗卫生服务、更舒适的居住条件、更优美的环境，期盼孩子们能成长得更好、工作得更好、生活得更好”。而对于像农村妇女、残疾人群、孤寡老人等很多弱势群体而言，幸福更是一件遥不可及的奢侈品；对于女性进城务工群体而言，完全的城镇融入正是她们追逐的伟大梦想。

（2）提升城镇化质量：从规模扩张到以人为中心

国家权威机构的统计数据显示，截至2012年，我国城镇人口为7.11亿人，占总人口比重的52.6%。[①] 这也意味着我国的城镇化率由改革开放前（1978年）的17.92%提升到了52.6%，城镇空间与规模扩大了近3倍，城镇化率年均以1%的速度增长。学界对于我国的城镇化速度褒贬不一，但是就我国的实际城镇化水平而言，学者的观点是基本一致的。学者比较普遍地认为，中国的城镇化还有很大的水分，是“半拉子”城镇化，其中有一部分人是“被城镇化”、“伪城镇化”的。其依据是统计部门将在城镇居住半年以上的农民工也纳入了城镇常住人口的计算范围，而这部分人口有2.62亿之多，因此，按城镇户籍人口算，中国的城镇化率仅为36%左右。客观地评价，如果流动人口不拥有城镇户籍，但在城镇居住半年以上且能享受与城镇居民同等的待遇，是可以纳入城镇化率范畴的。这样做的好处是可以使人们淡化户籍身份，也可以消除户籍改革的阻力。但事实恰恰相反，流动人口并不能平等地享受市民待遇，因此将这部分人口纳入城镇化率，是不恰当的。

更为关键的问题是，与城镇数量、空间规模扩展速度相比较，人的城镇化问题显得尤为滞后。过去我们常常强调城镇化要与城镇的容纳、承载能力相适应，以免出现与西方城市化过程中类似的“城市病”。但是，从改革开放以来我国的城镇化整体情况来看，我国在城镇化过程中出现了一种相反的情况，即城镇容纳与承载能力过剩。这种过剩并不是绝对过剩，而是相对过剩，即城镇建设得很宽阔、很漂亮甚至具有“现代感”，但入住人口不足，致使城镇住房、基础设施等大量闲置，像媒体报道的“鬼城”、“空城”鄂尔多斯并不只是特例，它仅仅是“代表”而已。另外，在既有的城市常住人口中，虽然农村进城务工人口占据1/3强的比例，但这个庞大的群体既没有在城镇扎根并完

① 国家统计局：《中华人民共和国2012年国民经济和社会发展统计公报》，http：//www.stats.gov.cn/tjsj/tjgb/ndtjgb/qgndtjgb/201302/t20130221_ 30027.html。

成市民化转型，也并不能像真正意义上的市民一样生活与工作，享受城市先进的社会服务体系与城市文明，他们中的大多数仍然只是在城镇居住了较长时间的“过客”。总之，我国的城市化质量仍然亟待提升，而提升城镇化质量的关键是要实现从物的城镇化、空间规模与数量的城镇化到人的城镇化的转变。

党的十八大明确指出，要“坚持走中国特色新型工业化、信息化、城镇化、农业现代化道路，推动信息化和工业化深度融合、工业化和城镇化良性互动、城镇化和农业现代化相互协调，促进工业化、信息化、城镇化、农业现代化同步发展”。中央经济工作会议也明确要求，要“积极稳妥推进城镇化，着力提高城镇化质量，构建科学合理的城市格局”。那么，新型城镇化新在哪里？新型城镇化的本质是什么？我们认为，新型城镇化应该是注重内涵提升而不是外延扩张的城镇化。站在这样的认识基点上，理解新型城镇化之“新”就是要由过去片面注重追求城市规模扩大、空间扩张，转变为以提升城市的文化、公共服务等内涵为中心，真正使城镇成为具有较高品质和先进城市文明的适宜人居场所。城镇化的本质是农村人口转移到城镇，完成农民到市民的转变。也正是在这样的指导思想下，我国的新一轮城镇化建设应强调以人为本，以“有序推进农业转移人口市民化”为基本原则，以加速解决农民工群体城镇融入为切入点和突破口。在切实抓住农民工城镇融入这个突破口时，女性又是一个特别关键的群体，如若不能切实促进女性群体的城镇融入，整个农民工群体的城镇融入都将受到牵制。也正是在这样的背景下，如何帮助和支持女性进城务工群体实现完全的城镇融入成为摆在我们面前的紧迫问题。

（3）加强社会建设：以保障和改善民生为重点

自党的十七大之后，民生问题成为党和政府高度关注的问题，也成为社会各界讨论的焦点。党的十八大更是在“五有”施政目标的基础上，对保障和改善民生提出了更高的要求。党的十八大不仅做出了“经济建设、政治建设、文化建设、社会建设、生态文明建设”五位一体的战略性总体布局，提出了“在改善民生与创新社会管理中加强社会建设”的总方向，而且进一步规定了“加强社会建设，必须以保障和改善民生为重点”的总要求，明确指出“要多谋民生之利，多解民生之忧，解决好人民最关心最直接最现实的利益问题，在学有所教、劳有所得、病有所医、老有所养、住有所居上持续取得新进展，努力让人民

过上更好生活”的战略目标。民生工程不仅直接关系到人民幸福感的强弱，关系到社会和谐的程度，而且直接关系到“美丽中国”建设的成败，关系到实现“中国梦”的进程。对于广大农民工群体而言，民生工程直接影响到他们融入城镇的数量与质量，是决定他们的“城市梦”能否实现的关键因素。

从最基本的获得就业岗位、劳动合同签订到获得各种公共服务，从最基本的工资保障到工作环境、生活条件改善，涉及农民工群体的“学、劳、病、老、住”等民生问题都与市民存在较大的差距。相关部门公布的数据显示，截至2011年，在上述五项民生工程中，农民工社会保险参保率不足15%，城镇自有住房拥有率仅为0.7%。他们的平均月工资收入仅为2049元，另有0.8%的人被雇主或单位拖欠工资。与此形成鲜明对照的是，他们中有近85%的人平均每周工作44小时以上。在农村进城务工人员群体中，女性同样面临着上述问题，但由于受到社会性别歧视等因素的影响，她们在某些方面的处境甚至更艰难。比如，同一份官方数据显示，雇主或单位为农民工缴纳养老保险、工伤保险、医疗保险、失业保险和生育保险的比例分别为13.9%、23.6%、16.7%、8%和5.6%，[①] 其中生育保险比例最低。另外，在城镇就业过程中，农村进城务工女性在遭受的歧视或排斥整体上比男性更严重，这已经是人们普遍认可的事实。这些足以说明，与男性相比，进城务工女性在城镇融入过程中承担着额外的融入成本，即因性别歧视或性别排斥所付出的代价。可见，对于现有农业转移人口或农民工群体而言，消除社会建设与改善民生过程中的性别差异，同样是摆在我们面前的重要任务。

2. 研究价值

我国在新时代即将开展以人为中心的新型城镇化建设，在其背后，是6.42亿农业转移增量人口与2.6亿农业转移存量人口，他们将登上“圆梦城市”的大舞台，成为中国最后阶段大迁徙这出时代剧的主角。他们将完成从“乡”到“城”、从“农民”到“市民”的彻底转变，享受中国现代化的成果与向往已久的城市文明。在9亿多农业户籍人口中，女性约占一半，她们与男

---

① 国家统计局：《2012年全国农民工监测调查报告》，http://www.stats.gov.cn/tjsj/zxfb/201305/t20130527_12978.html。

性一样，正在或即将经历融入城镇的进程。就现有流动人口群体来看，随着近年来全国农民工数量的增长，进城务工女性群体的比例也在不断增加。国家统计局针对2012年全国流动人口的调查数据显示，女性农民工比例占46.9%。依此推算，目前全国农民工中约有1.22亿人为女性，这个庞大的女性群体往往是理论界与实践工作者忽略的对象。因此，以进城务工女性为对象，对其城镇融入问题开展研究，既可以丰富该领域研究对象，又可以拓展该领域研究视角。此外，开展进城务工女性城镇问题研究，还具有十分重要的时代价值与政策启示。

第一，开展进城务工女性城镇融入问题研究，有助于深化对进城务工女性城镇融入问题的认识，并为破解农民工城镇融入难题找到突破口。学界现有关于进城务工群体城镇融入的理论研究多以农民工个体为对象和视角，政府的政策过程与管理行为也主要关注如何满足农民工个体的需求。同时，基于个体的理论研究与政府管理实践，往往又忽视了女性个体的差异性与特殊诉求。因此，基于个体视角的理论诠释与政策举措，忽视了两性差异及由其构成的共同体——家庭所产生的阻力及其消解。事实上，家庭是构成社会的细胞和基本单位，它既是考察进城务工女性城镇融入问题时不可回避的要素，也是破解农民工群体城镇融入难的突破口。只有充分认识进城务工女性群体的重要性，才能牢牢把握有效推动进城务工群体城镇融入的关键着力点，而家庭则是这一关键着力点发挥效力的杠杆。故此，本研究从家庭视角来探讨农民工的城镇融入问题，并将关注的焦点集中于女性。在综合考量进城务工女性群体特征及其家庭取向的基础上，提出实现“个体”到“家庭”的城镇融入模式转变的政策思路，将以家庭为单位的融入作为推动进城务工女性城镇融入的主要渠道，以健全家庭政策作为提升进城务工女性城镇融入程度的基本手段。总之，本项目研究视角的转换及对进城务工女性城镇融入的必要性与战略地位的强调，对家庭理念及家庭政策的倡导，有助于进一步提高人们对进城务工女性城镇融入问题的认识。

第二，开展进城务工女性城镇融入问题研究，有利于将社会性别意识纳入政府政策与行动的主流，缩小进城务工群体城镇融入中的性别鸿沟。学界现有相关研究成果颇丰，但依然存在性别盲区。一些学者甚至在潜意识中以男性群体取代整个进城务工人群，仅有极少数学者以进城务工女性这一特殊而又关键的群体为研究对象，但遗憾的是他们仍专注于从个体角度寻找解决问题的途径。从实践情况来看，受制于传统社会性别架构的政府政策与规划不仅使进城务工女性融入城镇的客观需求与渴望被满足的程度明显区别于男性，而且缺乏社会性别意识的大一统的政策举措与行动还造成了性别之间资源配置的二次固化。因此，采取有效措施消除性别歧视，实现性别平等，既是推动进城务工女性城镇融入的内在要求，也是贯彻落实1995年北京世界妇女大会以来我国政府性别平等国策的客观需要。本项目研究的价值恰恰在于，一方面，通过检视农民工城镇融入领域中的性别平等状况，揭示该领域存在的性别差异，为各级政府进一步贯彻实施性别平等国策提供参考依据；另一方面，倡导社会性别意识主流化，提出将性别平等意识纳入政府决策与规划的主流、健全和完善具有性别意识的家庭政策体系、形成以家庭为单位的乡城流动模式等政策建议以及可操作的行动方案，切实维护被普遍忽视的进城务工女性群体的利益和诉求，逐步缩小并消除城镇融入进程中的性别鸿沟。

第三，开展进城务工女性城镇融入问题研究，有助于预防社会问题，消解社会矛盾，促进社会主义和谐社会的构建。家庭和谐是社会和谐的基石，家庭问题是社会问题的主要来源，也是引发社会矛盾的温床。研究表明，很多问题并不是只存在于单个家庭之中的个别现象，而是众多家庭中普遍存在的社会问题。实践也充分表明，致使进城务工女性城镇融入程度低的主要掣肘因素，绝大多数可以归咎于家庭因素或家庭问题，如子女、老人留守引发的抚养赡养问题，夫妻分居引发的情感问题，等等。因此，如何促进女性进城务工人员城镇融入的问题，本质上是一个帮助她们处理好工作与家庭责任之间矛盾的问题，即如何服务、支持女性务工人员家庭，帮助她们解决家庭矛盾。换言之，单纯从个体角度是难以解决农民工城镇融入问题的，对于女性而言尤其如此。在当前中国传统性别文化氛围无法实现根本性转变的前提下，从家庭角度出发，实现农民工由个体流动模式到以家庭为单位流动模式的转变，是推动女性进城务工人员城镇融入的必要条件。基于此，本项目研究侧重于从家庭视角出发探索进城务工女性城镇融入的路径，这对于防止家庭问题衍化为社会问题，促进社会良性运行与和谐社会建构无疑是有利的。

第四，开展进城务工女性城镇融入问题研究，有利于构建符合国情并具有性别敏感的城镇融入模式，为有序推进农业转移人口市民化提供可操作性方案。党的十八大及十八届三中全会做出了“有序推进农业转移人口市民化”的顶层设计，为了保障党的战略决策目标的实现，探索一条适合中国国情的市民化道路就成为各级政府面临的急迫任务。在探寻符合中国国情的市民化道路过程中，有两方面必须引起重视。一方面，中国社会是一个家庭情感浓郁的乡土社会，尽管经过了城市化、工业化、现代化浪潮的洗礼，但家庭乃至家族理念依然在农村与农民中根深蒂固。这既是阻碍进城务工群体城镇融入的一个关键因素，也为我们实现从“个体流动”模式到以“家庭为单位”的流动模式的转变留下了巨大空间。另一方面，与之密切相连的是，传统文化特别是落后的性别意识不仅在农村家庭中的负面影响不可低估，而且深深影响了农民的“乡—城”流动形式及融入城镇的状况。不论是出于承担家庭责任的妇女留守，还是出于工作需要的女性进城及其务工活动，都深深地蒙上了性别歧视的阴影。从这个角度看，缺乏性别敏感的市民化道路难免障碍重重。本项目倡导的基于家庭政策调整与创新的以家庭为单位的城镇融入模式，既立足于当前我国存在 2.6 亿进城务工人员这一基本现实，又着眼于未来大批即将卷入市民化进程的农业转移人口；既充分关注到城镇融入进程中的社会性别差异，又切实考虑到了家庭在我国社会的突出地位。在此基础上可以建立一种有效支撑农业转移人口市民化进程的长效机制，为最终破除城乡二元结构、实现城乡一体化奠定厚实的组织基础、文化基础与社会基础。

（二）研究设计

1. 研究视角

促进进城务工群体城镇融入是一个牵涉面广、错综复杂的系统工程，也是一个动态的长期过程。因此，试图为进城务工群体城镇融入问题开出万应良药或者寻求一次性彻底解决问题的努力都是不现实的。更何况，就性别而论，女性群体面临的问题比男性群体更为复杂且特殊。其复杂性主要表现为，在当前我国社会家庭角色扮演与责任分工仍以女性为主导的前提下，女性城镇融入问题不仅仅是个体的就业、经济收入、社会关系网络、政治参与、医疗与生育保险等相对独立的个体性问题，还有赡养父母、抚育子女、照顾家庭及亲属等具

有依附性的问题。其特殊性则体现在社会性别方面，不平等的社会性别制度无疑为进城务工女性融入城镇设置了多重障碍，进一步增加了她们融入城镇的成本。为此，在寻求推动进城务工女性城镇融入的出路时不能忽视该群体的复杂性与特殊性。

鉴于此，本项目尝试以家庭为视角探求解决进城务工女性城镇融入的可操作性对策（见图1）。以家庭为视角，可以客观地评价我国农村家庭的特点及其对女性融入城镇产生的影响，为实现乡城流动模式由个体到家庭的转变提供客观依据。以家庭为视角，还可以较好地嵌入社会性别分析方法。因为家庭既是男女两性构成的共同体，也是反映不平等社会性别意识的重要场域，为性别敏感的家庭政策体系的构建奠定了分析基础。相反，忽视家庭对进城务工人员特别是女性群体融入城镇所产生的深刻影响，并漠视其中的性别差异，正是基于个体视角研究的不足。总之，从家庭角度探本求源，可以克服以个体为视角研究的缺陷，有助于深入理解进城务工女性城镇融入难的关键原因，并据此寻求进城务工女性城镇融入的根本出路。当然，需要说明的是，无论是从家庭视角予以研究还是以家庭为单位的乡城流动模式的建构，意旨并非一步到位地解决进城务工女性群体融入城镇的问题。但可以肯定的是，如若不能实现以家庭为单位的乡城流动，不仅解决进城务工女性群体城镇融入问题几乎不可能，而且整个农业转移人口市民化工程也难以顺利推进。换言之，以家庭为单位的流动模式是解决进城务工女性城镇融入的基础和前提，只有实现以家庭为单位的

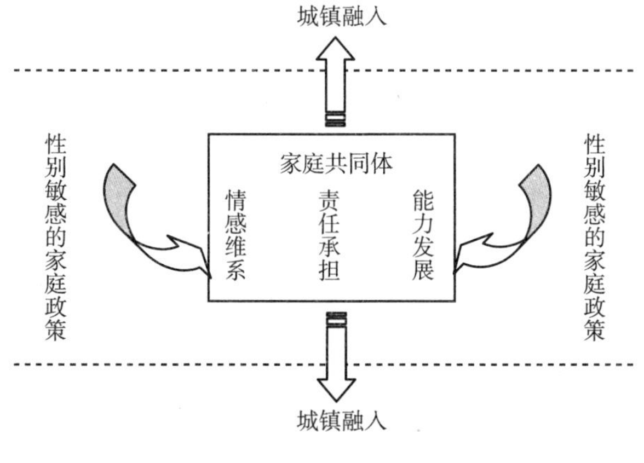

图1　研究视角

乡城流动，才能顺利解决伴随女性群体城镇融入过程中的若干家庭问题，预防由家庭问题衍化而来的社会问题，为进城务工女性群体融入城镇奠定基础。

2. 研究思路

本研究以中国社会经济转型时期新型城镇化、农业现代化、社会主义和谐社会建设等伟大实践为宏观背景，以进城务工人员城镇融入、农业转移人口市民化为现实基点，既立足当前，又放眼未来。在宏观把握进城务工群体城镇融入实践的基础上，紧紧围绕进城务工女性群体城镇融入的主轴，采用社会性别的整体视角，借鉴妇女社会学、公共政策学、农村经济学、城市社会学相关理论，运用质性研究、量化研究、文献研究等多种方法，以湖北省、广东省两地为主要调查区域，对武汉、鄂州、宜昌、大冶、仙桃、广州等地进城务工女性开展多层次、多维度问卷调查与访谈，深入探究调查对象城镇融入的现状与整体水平，分析其城镇融入存在的问题与困难，挖掘影响进城务工女性城镇融入的制约因素，构建实现进城务工女性全面城镇融入的整体思路、可行策略与操作方案。通过理论与实践相结合的分析探索，为推动我国进城务工女性群体城镇融入提供政策选择，并为进一步落实“有序推进农业转移人口市民化”战略提供参考建议。

具体研究技术路线如图 2 所示。

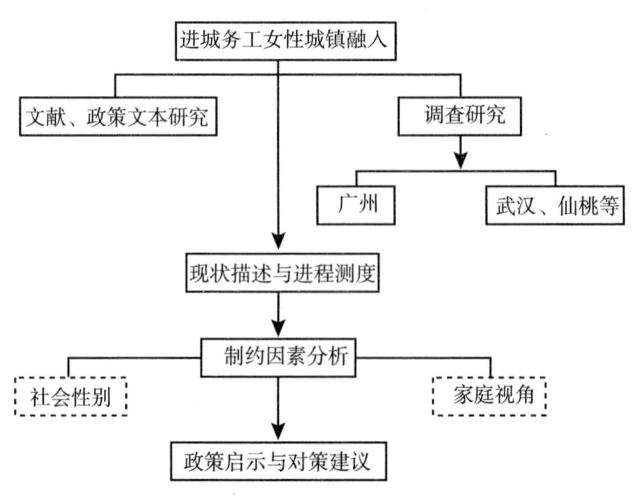

图 2　研究技术路线

3. 研究方案

本研究建构在调查研究基础之上：一是面向两个区域的问卷调查；二是针对进城务工群体的个例访谈。调研对象主要是进城务工女性，同时按照一定比例对男性务工人员进行抽样，以便探求男女两性城镇融入的特点和差异。调研区域主要涉及两个，即东部沿海地区和中部地区，通过采集两个地区进城务工女性群体城镇融入的信息与数据，分析地域间的差异。

（1）研究方法

研究主要采用文献法、问卷调查法、典型个案调查、半结构访谈、观察法、研讨会等社会调查研究方法，严格遵循社会调查研究方法的三项基本原则，即客观性原则、科学性原则、系统性原则，收集资料，采集数据。

文献查阅。作为一种古老而又富有生命力的科学研究方法，文献查阅法因其方便、不受时间和空间限制等优点成为贯穿本项研究始末的基本研究方法。在研究之始，课题组通过检索工具和参考文献两种查找方式将国内外有关进城务工女性城镇融入的研究资料进行收集，通过文献综述深入分析现有的研究成果和研究进展，找出现有研究的不足和空白点，明确本项目努力的意义、方向与目标，以提高研究质量。在研究之中，借鉴现有研究的经验和不足，及时调整研究方案，避免投入不必要的精力和时间。在撰写研究成果时，文献查阅法为研究提供了必要的理论基础和支撑。

问卷调查。2013 年 6 月至 10 月，课题组成员先后多次深入调研地点对调研对象进行问卷调研，调研范围涵盖了广州市海珠区、越秀区、荔湾区、番禺区和中部地区的武汉市、大冶市、宜昌市、老河口市、鄂州市、仙桃市等地。本次调查主要采用以多阶段随机抽样为主、非随机抽样为辅的抽样方法，对调研地区的进城务工女性进行问卷调查。需要说明的是，为了保障问卷质量，课题组对所有调研人员进行了系统科学的培训，问卷调查全部为调研员自填问卷，每份问卷调查花费 1 ~2 个小时，以期客观、准确、完整地了解调研对象城镇融入状况。

访谈法。本研究主要通过个案访谈法从调研对象中有针对性地选取较为典型的或者有代表性的进城务工女性进行访谈，访谈对象主要来自武汉市、鄂州市、宜昌市以及广州市海珠区、越秀区等地。调研人员采取半结构访谈的方式对多个地区的47名进城务工女性进行了详细的交谈并在争取被访谈对象同意的情况下进行录音。通过个案访谈更加深入地了解进城务工女性在城镇融入过程中遇到的困难，有力地补充和弥补了问卷调查的不足。

观察法。我们先后在广州市海珠区、越秀区、荔湾区、番禺区和中部地区的武汉市、大冶市、宜昌市、老河口市、鄂州市、仙桃市等地进行了实地走访和观察。在进城务工群体工作和生活的车间、工作间、出租屋、集体宿舍等地近距离地感受和了解进城务工群体的生活和工作情况。通过我们的观察以及与进城务工群体面对面的互动感同身受地掌握和分析他们在城镇融入中面临的阻力和现实困难。

研讨会。研讨会是课题组的主要工作形式之一。课题初始阶段，课题组成员主要通过形式多样的研讨会确定课题研究的方向和具体的课题设计，并为之后的实践调研讨论出科学可行的调研方案；调研阶段，课题组成员主要通过研讨会分享调研成果和调研心得，以便及时发现调研中存在的问题，并随时调整调研方式和行动；报告撰写阶段主要通过研讨会总结调研感受，研究商讨对策和结论。

（2）调查地点的选取

依据研究主题，本研究选取发达的东部沿海地区与欠发达的中部地区的进城务工女性进行比较，从而把握两个区域女性在城镇融入过程中的差异。为保证研究资料和数据来源的可靠性，并考虑到课题调研的可行性和难易程度，我们将调研范围圈定在外来务工人口较多的广东省和湖北省。

广州市作为东部沿海地区最发达的城市之一，其经济和文化的中心地位，吸引了来自全国各地的农村劳动力，该地区进城务工群体多为跨省流动，并且总量较大，可以为本研究提供充足的研究数据和资料。课题组选取广州市的海珠区、越秀区、荔湾区、番禺区作为调研点。湖北省作为欠发达地区，该省各地市的外来务工群体多为附近地区的农村人口，表现为省内流动。课题组选取武汉市、大冶市、宜昌市、老河口市、鄂州市和仙桃市为调研点。

在调研过程中，针对大城市与较小城市的不同特点，课题组将大城市调查的范围覆盖到所有市辖区，而在中等城市和较小城市中选取一到两个区作为调查点，共计抽取了14个调研点。调查对象从事的职业以加工制造业、建筑业、服务业和个体户为主。

（3）研究样本与调查对象选择

本研究的调研对象主要分为两个部分：一是城镇地区的进城务工女性，主要包括未婚进城务工女性、已婚进城务工女性；二是在城镇地区务工的男性，主要以已婚进城务工男性为主。对调研对象的选取主要遵循以下原则。首先，调研对象分为男性与女性两个群体，并把握一定的性别比例，即以女性进城务工人员为主，同时要兼顾一定数量的进城务工男性，便于在分析对比中找出除影响进城务工群体城镇融入共性因素之外的制约进城务工女性城镇融入的特殊因素。其次，调研对象在年龄、婚育、文化程度上要均衡分布，便于全面客观地了解进城务工群体的整体现状，发现进城务工群体的城镇融入程度与其年龄、婚育、文化程度等之间的关系。最后，对调研对象的职业特征与劳动力流入地要合理选择，便于把握不同职业、不同地区进城务工群体城镇融入程度的不同以及在融入过程中出现的共性现象和特殊问题。

（4）抽样方案

根据研究主题和研究目标，本研究主要以广州市和湖北省各市的进城务工女性和一定比例的男性为分析对象。

本研究以进城务工群体为抽样单位，以分层抽样来确定调研区域，首先选择调研城市，继而选择城区，最后确定调研社区和企业，确保调研力量分配的合理性和调研点分布的科学性。

在具体调研过程中，对于进城务工群体数量较大的地区，本研究设计将每个社区或企业的进城务工女性或男性的基本情况作为抽样框，以简单随机抽样或系统抽样的方式对调查样本进行概率抽样，力求涵盖调查地点进城务工女性总量的50%以上。需要说明的是，本研究特别将擦鞋工、修鞋工以及从事相似工作的人员纳入调研范围内，由于从事此类工作的人员相对较少，且分布范围广，即便不采用随机抽样也能够涵盖该类进城务工女性的50%以上，甚至达到100%。因此，课题组采用偶遇或判断抽样的方法来选择合适样本。

（5）研究过程

①前期准备阶段。

在此阶段期间，课题组成员查阅文献，收集资料，确定研究主题以及设计研究方案。阶段初期，课题组成员多方面、多角度地查阅和梳理已有进城务工女性相关的文章和文献资料，包括已出版的著作、论文，相关的统计数据和资料，相关报道、媒体视频，相关政策、法规和办法。通过文献的查阅和梳理，能够较为全面地了解学界研究现状和政策法规状况，可以在此基础上探讨形成研究主题。此后，课题组成员多次开展讨论会议并邀请组外专家与会，讨论确定研究的具体内容和方法，设计调查问卷和访谈提纲，对课题组成员进行调查研究方法培训，为下一步工作打下坚实基础。

②试调研阶段。

完成上一阶段工作后，课题组选取湖北省武汉市洪山区和汉阳区开展试调查。在调查过程中，不断发现调查问卷和调查方法中的问题并不断分析、讨论和修正，适时对问卷内容和访谈提纲进行补充和完善，并最终确定了正式调查的问卷及访谈提纲。此阶段对课题组成员的调查技巧进行了磨炼，使研究设计更科学，更具操作性。

③实地调研阶段。

课题组成员被分为三个小组，分别前往广州、武汉和湖北其余四市，并按照调研计划正式开始实地调查。每个调研点都以以下步骤为参照进行调查。

a. 根据分层抽样选择调研社区。课题组在与广州、武汉和湖北其他各市的联系人确定区一级调研地点之后，通过分层抽样的方法确定调研社区。根据研究目的和需要，将社区内的进城务工女性和小比例的男性作为样本框。

b. 进入社区或企业。调研人员在确定调查社区或企业后，与当地负责人联系并进入社区。其间，向负责人阐明调查目的、调查内容和调查方法，商议调研活动时间等方面的安排。

c. 确定调查对象。研究人员根据街道办或企业存档资料，进行样本编码，形成样本框，并以随机抽样的方式选取被调查对象，对于特定职业人群采用偶遇抽样和判断抽样的方式。

d. 正式调查与访谈。调查人员进入受访人员居住的社区和工作的企业，

进行进城务工女性问卷调查，组织进城务工女性进行半结构访谈和小组访谈。对男性受访人员进行问卷调查和半结构访谈。调查人员在访谈过程中进行录音，并在白天工作结束后进行访谈记录的梳理。

（6）数据分析、资料整理及报告撰写阶段

上一阶段工作结束后，课题组召集全体课题组成员进行多次研讨、交流和总结，将调研成果进行初步分析和整理。之后，课题组成员将问卷编码、分组、核对、录入，对访谈记录等文字材料进行梳理和汇总。运用 SPSS 17.0 和 EXCEL 软件进行数据分析，形成数据报告。在数据和访谈资料的基础上最终完成研究报告的撰写。

三　样本概况与基本特征

把握调查对象的总体特征，是任何研究的起点。只有牢牢掌握研究对象自身的特点，才能进一步认清研究对象的本质。在探求进城务工女性融入城镇的根本出路时，把握进城务工女性群体的总体特点同样是十分必要的。只有全面深入了解这个群体的基本特征，才能厘清制约该群体融入城镇的各种因素，探求其城镇融入困难的根源，并找到破解的可行路径与可操作策略。本部分根据调查问卷与深度访谈、实地观察收集的资料，从年龄、受教育程度、婚姻、抚育子女数量、空间与职业分布、务工动因等八大方面对调查样本的主要特征进行统计描述。

（一）数据来源与样本信息

本部分主要使用广东省绿芽乡村妇女发展基金会与湖北省如若妇女发展研究中心于 2013 年 3 ~7 月进行的“新型城镇化背景下进城务工女性城镇融入”调研项目所收集的数据。该调研项目选取中、东部地区流动人口比较集中的广东省和湖北省作为调研区域，并分别选取广州市（包括海珠区、越秀区、荔湾区、番禺区）、武汉市与大冶市、宜昌市、老河口市、鄂州市、仙桃市作为调查地点，采用多阶段、分层、随机抽样方法选取调查样本，调查方式为调查员自填式问卷调查与深度访谈。调查共发放问卷 1350 份，回收有效问卷1308份，有效回收率为96.9%。在全部有效问卷中，广州市508份，湖北省800份，分别占样本总量的39.8%、61.2%。组织女性务工人员深度访谈47人次。由于本次调研对象为进城务工女性，在问卷数量分布上侧重于女性，但为便于进行性别比较，也兼顾了一定比例的男性，其中男女样本比例约为1:4。

女性样本基本情况如表1所示。

表1　进城务工女性样本基本信息

变量	类型	样本(人)	百分比(%)
年龄	1980年前出生	393	39.9
	1980~1990年出生	385	39.2
	1990年以后出生	206	20.9
教育程度	本科及以上	45	4.6
	大专	123	12.5
	高中或中专	308	31.2
	初中	373	37.8
	小学及以下	138	13.9
婚姻情况	未婚	341	35.6
	已婚	595	62
	离异或丧偶	23	2.4
职业分布	公司管理人员、普通职员(侧重文职)	123	13.3
	加工、制造业、电子产业工人(侧重技术)	123	13.3
	批发、零售、运输行业	68	7.3
	餐饮、酒店、美容美发等服务行业	205	22.1
	纺织服装行业	152	16.4
	建筑行业	3	0.3
	家政、物业、环卫工人	101	10.9
	个体户	108	11.7
	小摊贩、打零工	24	2.6
	其他	19	2.1
流入地	省会城市	593	60.5
	地级市	171	17.5
	县城	210	21.5
	镇	5	0.5

注：因缺失项不一，各变量样本量不同。

（二）研究样本主要特征

1. 年龄结构

为了了解进城务工女性的年龄结构特别是代际特征，我们将调查对象的年龄大体划分为三个阶段，并设置1980年前出生、1980～1990年出生、1990年以后出生三个问卷选项。本次调查样本显示，进城务工女性的年龄结构以新生代（1980年以后出生）为主，新生代样本数量占到调查样本总量的60%，其中1980～1990年出生的样本比例为39%，1990年以后出生的样本比例为21%（见图3）。对于调查样本呈现的年龄结构特点，可能的解释是："80后"、"90后"相比于1980年以前出生的务工女性乡土情结较轻，对土地的依赖程度较低，她们能更好地适应社会的发展，更快地接受新事物的出现，她们渴望在繁华的城市中开阔眼界，丰富人生阅历，新生代务工群体日益成为城市建设的中坚力量。而1980年以前出生的进城务工女性随着年龄的增长，照顾家庭的责任和回乡定居的愿望使她们纷纷结束进城务工的"候鸟式"生活，因此，1980年前出生的女性群体所占的比例相对较低。

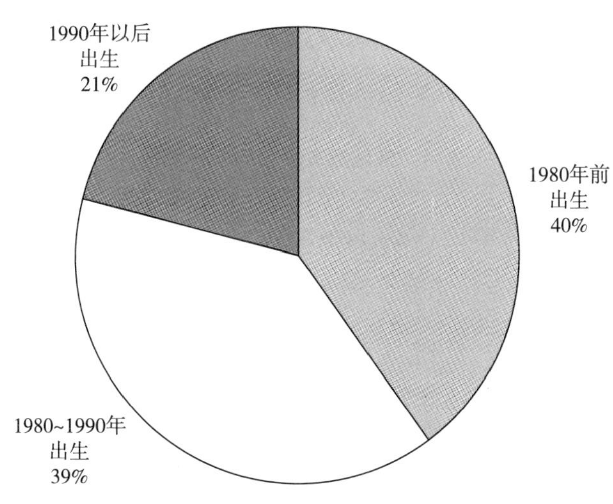

图3　进城务工女性年龄结构

2. 文化程度

总体而言，进城务工女性的受教育状况不容乐观，其文化程度偏低。调查数据显示，绝大多数进城务工女性的受教育程度为中等教育，仅拥有高中（中专）或初中学历的样本比例高达69%；具有大专以上学历和小学及以下学历的样本数量在调查样本总数中所占比例分别为17.1%、13.9%（见图4）。值得注意的是，调查数据显示，进城务工女性的文化程度在不同年龄段之间存在较大的差异。在1980年前出生、1980～1990年出生、1990年以后出生三个年龄层次中，具有大专及以上学历的样本比例分别为6.6%、24.4%、23.3%，呈现出随着代际更替而增长的趋势。尤为可喜的是，小学及以下学历的样本比例在上述三个年龄层次中分别为28.7%、5.2%、2.5%，呈现出随着代际更替而显著下降的趋势（见图5）。

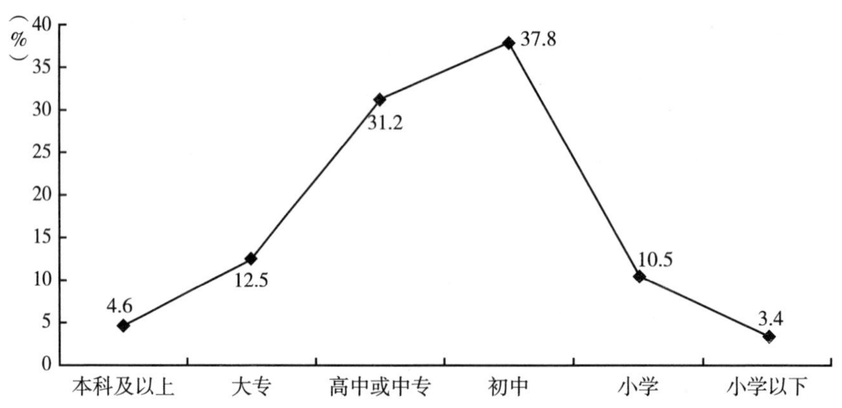

图4　进城务工女性的学历结构

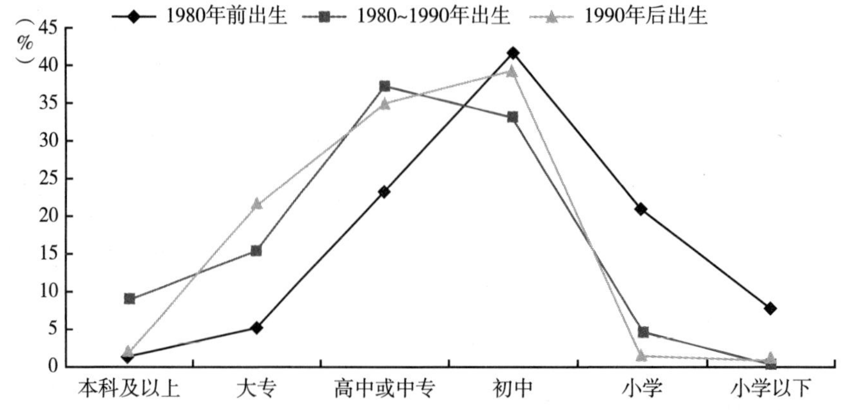

图5　不同年龄层次样本的受教育程度

3. 婚姻状况

调研数据显示，进城务工女性群体中婚姻状况为已婚的女性占 62.0%，未婚女性占 35.6%，离异的女性仅占 1.9%（见图 6）。可见，在庞大的女性进城务工群体中，已婚女性占绝大多数。这与学界研究结论是一致的，即受增加家庭经济收入、缓解家庭经济压力的驱动，农村女性往往在结婚生子后，重新加入乡城流动的大潮。另外，在新时代婚姻观念和我国《婚姻法》的影响下，进城务工女性的婚龄分布状况和年龄分布状况基本吻合。调查样本数据显示，新生代务工女性群体未婚率达 66.8%，其中 1990 年以后出生的务工女性未婚率高达 90.6%，而 1980 年前出生的务工女性未婚率仅为 4.6%。

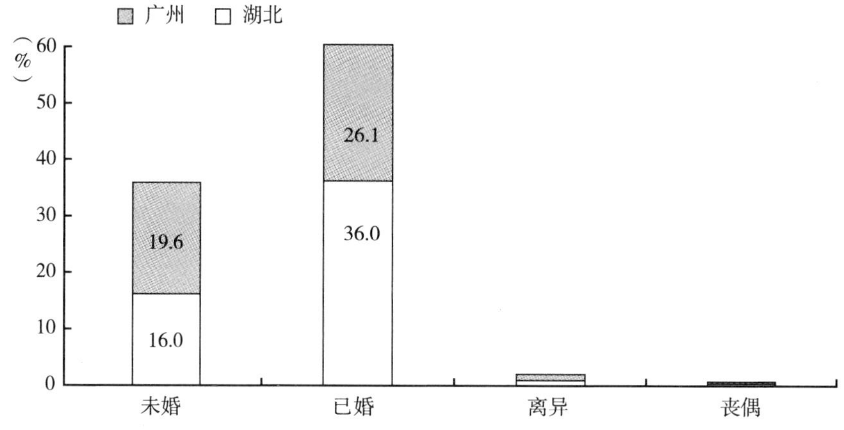

图 6　进城务工女性的婚姻状况

4. 生育子女情况

在调研样本中，已婚进城务工女性生育 1 个孩子的比例最高，占样本总数的 56.2%，其次是生育 2 个孩子，比例为 33.5%，生育 3 个及以上孩子的女性仅占 6.6%。从年龄分布状况来看，1980 年前出生的进城务工女性生育 1 个子女的比例为 46.9%，生育 2 个子女的比例为 42.9%。而“80 后”进城务工女性生育 2 个子女的比率为 20.9%，“90 后”中只有极少数生育 2 个子女，约占样本总量的 6.3%（见表 2）。从数据可以看出，随着经济的高速发展和计划生育政策的不断推广，年龄相对较小的“80 后”、“90 后”进城务工女性生育观念与 1980 年前出生的进城务工女性的生育观念相比发生了明显的变化，

1980 年前出生的进城务工女性生育 2 个子女的现象比较普遍，而比较注重生活质量的“80 后”、“90 后”绝大多数只生育 1 个子女。

表 2　进城务工女性生育子女数量

单位：%

出生年代＼子女数量	1 个	2 个	3 个及以上
1980 年前	46.9	42.9	10.3
1980～1990 年	79.1	20.9	0
1990 年以后	93.8	6.3	0

5. 空间分布

本项目调研数据显示，大批的女性务工人员流入地级市以及省会城市，流入量高达 78%，而城镇流入量只有 22%。具体来说，进城务工女性流动的目标地域更倾向于省会城市，其比例为 60.6%，以地级市作为目标地域的进城务工女性占 17.5%，以县城为目标地域的进城务工女性占 21.5%，仅有 0.5% 的女性在小镇务工（见图 7）。从数据可以看出，省会城市雄厚的经济实力、较高的社会发展水平以及强劲的发展势头，吸引了大批农村女性涌入。同时，省会城市经济、社会资源的集聚也需要大量的劳动力，而地级市由于发展速度和规模未及省会城市，流入地级市务工的女性人数远远低于省会城市。城镇相对于城市发展更为滞后，吸纳能力有限，工资水平偏低，因此流入城镇务工的女性只是很少的一部分。

案例　小丽（24 岁　高中　家政工）

在家乡的镇里和县城也能找到工作，但是工资太低了，没法过上好生活，俺不愿意干，所以俺就到广州来了，这里工资高，在这里干一个月顶上在镇里干好几个月，到了过年俺可以攒下不少钱拿回去。

6. 流动类型

按照距离远近，可将进城务工人口流动类型划分为四类：跨省流动人口、省内跨地（市）流动人口、地（市）内跨县流动人口和县内流动人

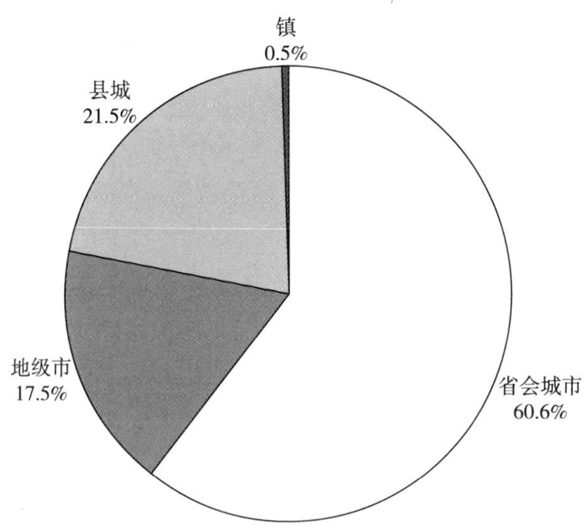

图7　进城务工女性流入地状况

口。本研究调查发现，在中东部地区，进城务工女性的流动类型有较大差异，其中，在广州进城务工女性群体中，来自省外的样本占调查样本总数的72.4%，来自广东省的样本仅占27.6%，可见，广州地区进城务工女性流动类型以跨省流动为主，省内跨地（市）流动为辅。湖北省的人口流动类型却大不相同，所调查的进城务工女性样本中，有比例高达93.8%的样本籍贯为湖北，仅有少量样本来自湖北省外，比例为6.2%，可见，湖北省进城务工女性的人口流动类型以省内跨地（市）流动为主，跨省流动为辅。由此可见，由于经济、社会发展水平的差异，中东部地区对外来务工人员的吸引力存在较大差异，东部地区外来务工女性的流动类型以跨省流动为主，而中部地区进城务工女性的流动类型则以省内跨地（市）流动为主。

7. 职业分布

进城务工女性的职业分布范围很广，涉及社会的多个行业。按照《中华人民共和国职业分类大典》划分，进城务工女性主要从事的职业有公司管理人员、普通职员（侧重文职），加工业、制造业、电子产业工人（侧重技术），批发、零售、运输行业，餐饮、酒店、美容美发等服务行业，纺织服装行业，建筑行业，家政、物业、环卫工人，个体户，小摊贩、零散工等。

其中，从事餐饮、酒店、美容美发等服务行业的人数最多，比例为22.1%，纺织服装行业次之，所占比例为16.4%，从事加工、制造业、电子产业工人（侧重技术）和公司管理人员、普通职员（侧重文职）职业的人数相同，分别为13.3%，有11.7%的进城务工女性为个体户，10.9%的进城务工女性从事家政、物业或者环卫工作，从事批发、零售运输行业的人数较少，只有7.3%，另外，还有极少数的进城务工女性从事小摊贩、零工、建筑等行业（见图8）。根据以上职业统计可以看出进城务工女性绝大多数从事第三产业，这与第三产业的职业多样性、从业人群的广泛性以及强大的劳动力吸纳力密不可分，而第二产业即工业和建筑业对从业人员的知识结构、操作技术水平以及体力等要素有较高的要求，因此进城务工女性较少从事与第二产业相关的工作。

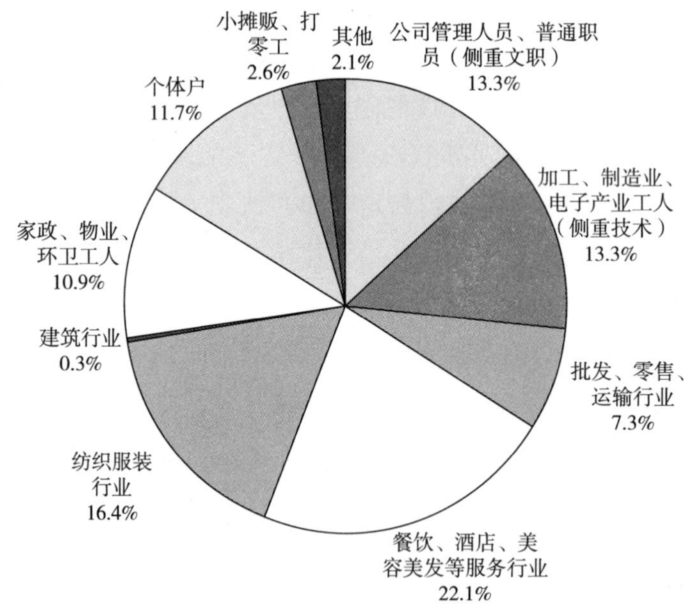

图8　进城务工女性的职业分布状况

8. 务工动因

一个家庭当中，是否外出务工或决定谁外出务工，是根据家庭内部结构及外部条件的变化，综合权衡之后做出的一个选择，这是建立在成本与收益基础

上的一个决策过程。[①] 在考察农村女性进城务工的原因时，不仅要考虑到成本收益相比较的因素，而且要从社会性别角度分析女性的诉求。

根据我们对访谈资料的分析，农村女性进城务工的经济原因有以下几个方面。

第一，增加经济收入。在接受我们调查的1282名进城务工女性中，来自偏远农村的有609名，来自乡镇农村的有232名。在过去，这些村民可以依靠耕种田地来维持生活，但随着市场经济深入农村社会以及农村社会的进步与发展，“面朝黄土背朝天”的农业劳作已经不能满足农村地区人口的发展需求，收入偏低的窘境迫使农村人口大量向非农转移，而农村女性也随着“打工大军”进入城市，走上漫漫的打工之路。

第二，为了修房建屋。修房建屋在农村是一件气派和荣耀的事情，房屋宽大漂亮在农村是家庭富裕的重要标志，也是家庭面子的重要支持，修建好的房屋不仅可以改善村民在村子里的声誉，还可以增强村级生活的话语权。因此，很多女性进城务工就是想要多赚些钱寄回去，把家里的房子重新盖起来。

案例　范阿姨（40岁　小学　店主）

小时候家里有3个孩子，她是大姐，而家人都是农民，比较穷，所以没读书，只上过一段时间小学，1993年她13岁，与一群老乡出来打工，当时其他人都十八九岁了，只有她最小。那时广州发展还比较慢，工作不好找，有的老板不用童工，最终在同乡帮助下找到了一家绣花厂。当时工资一天不到10元，但包吃住，但有时从早上7、8点工作到晚上1点多，而且管理严格，也出不了工厂。辛苦一年下来，由于用钱省，所以还能给父母、弟妹买东西回家（当时1994年，14岁），给父母带了700元钱，自己很满足，父亲也很高兴。

第三，为了孩子上学。现代农村的教育意识相比以前要强很多，孩子成为

---

① 白南生、宋洪远：《回乡，还是进程？中国农村劳动力回流研究》，中国财政经济出版社，2002，第40页。

家庭的重心，父母望子成龙、望女成凤的思想使农村女性甘愿进城务工，为孩子提供优越的学习环境和足够的经济支持。

第四，为了儿女结婚。在农村除了修房建屋外，第二件大事就是儿子结婚。随着社会的发展，在农村，儿子结婚也要花费很大的开支，在我们的调研中，很多女性是因为要给儿子准备结婚的费用，或者偿还儿子结婚时所欠下的债款才选择进城打工。

基于社会原因而选择进城务工的女性从年龄分布上来说主要是“80 后”、“90 后”，主要有以下几个方面。一是辍学外出务工。在我们的调研对象中，最小的进城务工女性为 20 岁，她们多数是高中还没毕业就辍学，随着自己的朋友一同在城市里打工，她们外出务工的目的主要就是到城市中工作，增长自己的见识。二是跟随丈夫一起外出务工。已婚的进城务工女性因为丈夫要外出务工，不愿自己一人留守在家中，遂跟随丈夫一起到城市打工，像这样夫妻双双进城务工的家庭多数还未生育子女，或者子女已经在家乡上学并托付父母照料。这样，进城务工女性不仅可以照料丈夫的生活，还可以自己打工补贴家用。三是向往城市生活，希望在城市扎根。这部分受访女性都有明确的奋斗目标，都有一个“城市梦”，喜欢城市的生活节奏，并希望靠自己的努力留在城市，成为城市的一员。

四　进城务工女性城镇融入现状

改革开放以来，伴随着工业化和非农化的快速发展，大量的农村剩余劳动力转移到城市中，成为进城务工群体。如何处理好进城务工群体尤其是相对弱势的女性的融入问题，本课题组从进城务工女性的视角出发，探讨如何从家庭的角度推动进城务工女性的城镇融入。研究进城务工女性城镇融入问题的首要工作就是要充分掌握进城务工女性城镇融入的现状，本研究采用 SPSS 统计软件包对所收集的数据进行统计分析，运用“内容分析技术”简化深入访谈获得的定性资料。为全面分析研究女性农业转移人口城镇融入的现状、存在的问题以及原因与对策提供了较为准确丰富的基线信息。

（一）进城务工女性城镇融入状况分析

本次调查主要针对进城务工女性的经济融入、社会融入以及文化与心理融入三个方面，经济层面的融入是城镇融入的前提，社会层面的融入是城镇融入的基础，文化与心理层面的融入是城镇融入的重要因素。

1. 经济融入

本研究将经济收入水平、住房状况、劳动保护与福利待遇三个方面作为考察进城务工女性经济层面融入状况的主要指标。

（1）收入水平

取得经济收入是进城务工女性立足城镇的第一步，也是进城务工女性融入城镇的最基本要求。数据显示，调研地区进城务工女性月平均收入为2276元，收入的主要用途为饮食、住房、购买衣物、通信（手机缴费）等日常消费。除了这些日常消费外，进城务工女性的收入主要用于储蓄和子女教育，而休闲娱乐、人情交往、投资理财、自我学习和教育投资等只占消费的很少一部分。

①不同地域进城务工女性经济收入水平。

由于中东部地区经济发展水平有很大的差异，因此我们选取广州、湖北各市为中东部地区的代表来考察不同地区进城务工女性的收入状况，并从均值、众值、标准差、极小值、极大值这五个维度进行考察。

根据广东省人民政府下发的《关于调整我省企业职工最低工资标准的通知》，2013年广州市企业职工最低工资标准调整为1550元/月，本课题组在广东地区的调研显示，调查样本的月平均收入为2643.7元/月，多数被调查者的月收入为2000元/月（见表3）。可见，以文件规定的企业职工最低工资标准为参考，广州市进城务工女性的月收入水平明显高于这一基准线。2013年最新统计数据显示，广州位居中国城市消费水平排名的第四位，其物价水平仅次于上海、北京、深圳三地，较低的工作收入很难满足较高的物价水平，高生活成本不仅影响了被调查者的生活质量，也挫伤了她们扎根城市的积极性。

湖北地区进城务工女性的收入差距相比广东较小，被调查者的最低月收入为150元，最高月收入为4200元。湖北地区进城务工女性的月平均收入约为

表 3　广州市进城务工女性月收入水平

单位：元/月

	修正前(N=439)	修正后(N=431)
均　值	2784.56	2643.67
众　数	2000	2000
标准差	1744.747	978.829
极小值	200	200
极大值	30000	5500

注：广州市月收入第一最大值为 30000，第二最大值为 10000，第三最大值为 8000，第四最大值为 7000，第五最大值为 6000，每个极大值收入的样本量不超过 3 个，且都是个体经营者，这几个样本拉大了收入的差距，因此剔除这 8 个样本将会使计算更具有代表性。

1916.81 元，多数被调查者的月收入为 2000 元（见表 4）。按照湖北省人民政府在 2013 年 9 月新调整的最低工资标准，湖北省武汉市企业职工的最低工资标准约为 1160 元/月，非武汉市的为 900 元/月，湖北省进城务工女性的月平均收入明显高于最低的工资标准线，加之湖北省区域的物价水平较低，她们的经济收入可以支付生活成本，能够为融入城市生活提供物质前提。

表 4　湖北各市进城务工女性月收入水平

单位：元/月

	修正前(N=518)	修正后(N=508)
均　值	1976.33	1916.81
众　数	2000	2000
标准差	972.839	787.064
极小值	0	150
极大值	10000	4200

注：湖北各市收入的第一最大值为 10000，第二最大值为 7000，第三最大值为 6000，第四最大值为 5000。同时存在数值为 0 的极小值，每个极值收入的样本量不超过 3 个，且都是个体经营者，这几个样本拉大了收入差距，因此剔除这 8 个样本将会使计算更具有代表性。

②不同性别经济收入水平。

根据我们对广州市和湖北各市调研数据的分析，进城务工男性和进城务工女性的月平均收入有较大的差异，进城务工男性的月平均收入为 2561.6 元，而进城务工女性的月平均收入只有2276.5元，男、女月平均收入相差285.1元/月（见图9），这说明进城务工男性的月均收入高于女性。从具体的收入分布状况来看，进城务工女性月收入在2000元以上的占进城务工女性总人数的64.9%，进城务工男性月收入在2000元以上的占进城务工男性总人数的72.2%。可见，在进城务工群体中，男性的收入水平整体上高于女性。

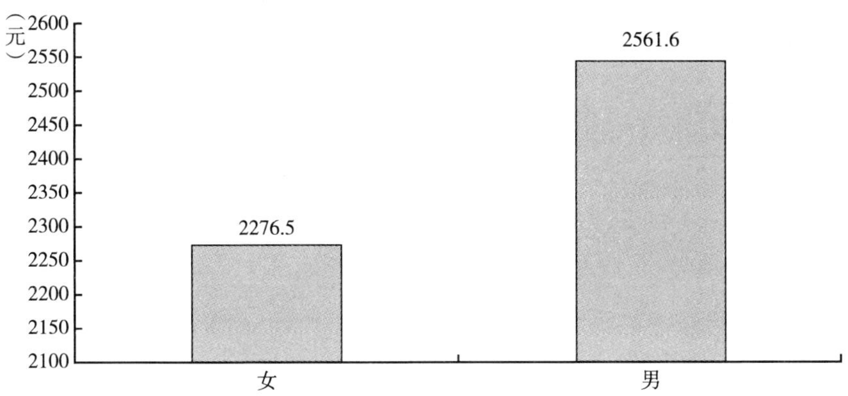

图9　进城务工女性与男性月收入水平

（2）住房状况

作为进城务工女性的“落脚点”，住房拥有情况直接关系到进城务工女性的生活质量。随着城市基本公共服务供给水平的不断上升，我国许多城市已经相继推出解决外来务工人员住房困难的政策。比如外地户籍人员可以购买由政府提供的廉租房、经济适用房、限价房、购买家乡所在市县的经济适用房或限价房、申请家乡所在地的廉租房，除此之外，外地户籍人员也可以享受由单位缴纳的公积金和住房补贴政策。但是，我们的调研数据显示，62.3%的进城务工女性仍未享受由政府或者企业提供的上述住房服务或者补贴。目前大部分进城务工已婚女性无稳定居所。45.2%的进城务工女性仍住在私人出租房，24.9%的进城务工女性住在单位提供的单身宿舍，只有14.4%的进城务工女性拥有自购商品房，仅有1.4%的进城务工女性享受到了政府提供的廉租房，另外有少数进城务工女性借住在亲戚家或住在建筑工棚中（见图10）。从已婚进城务工女性的居住情况看，55%的进城务工女性和家人一起居住，与配偶住在一起的进城务工女性仅占调查总数的23%，她们的子女和老人仍留守在家，另外，选择自己独居、其配偶和子女以及老人都在家乡的样本比例占总数的10%。

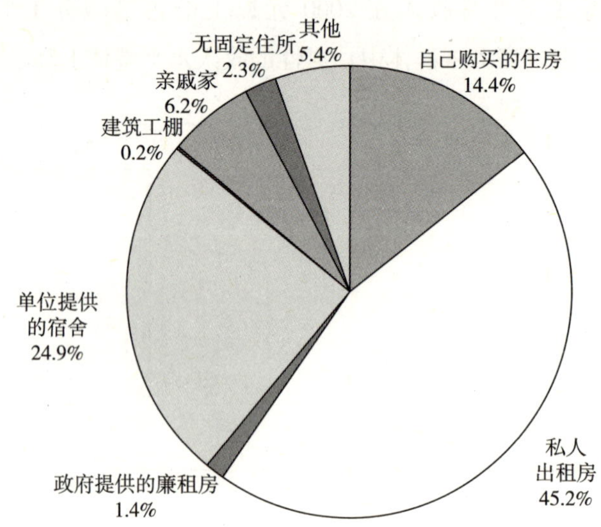

图10　进城务工女性的居住状况

说明：样本为已婚女性。

①不同地域进城务工女性住房状况。

广州和湖北各市进城务工女性的住房情况有较大的差异。首先，湖北各市进城务工女性已购买住房的人数占23.8%，而广州地区进城务工女性该比例只有3.3%。其次，广州地区有约56.4%的进城务工女性是租住出租房，而湖北各市进城务工女性租住出租房的比例只有35.6%，比广州低约20个百分点。再次，可以享受公司提供的集体宿舍的样本比例，广州为30.8%，而湖北各市仅有19.9%，比广州低约10个百分点。最后，进城务工女性在享受政府的廉租房政策方面，广州仍有较大部分进城务工女性没有享受过上述任何住房政策（见图11）。样本数据显示，在广州，没有享受过政府或企业提供的住房政策的进城务工女性比例为41.1%，略低于湖北各市。

从住房政策享受情况来看，虽然有部分进城务工女性享受到了单位提供的住房补贴或者单位为其缴纳住房公积金或者租住政府提供的廉租房等政策，未

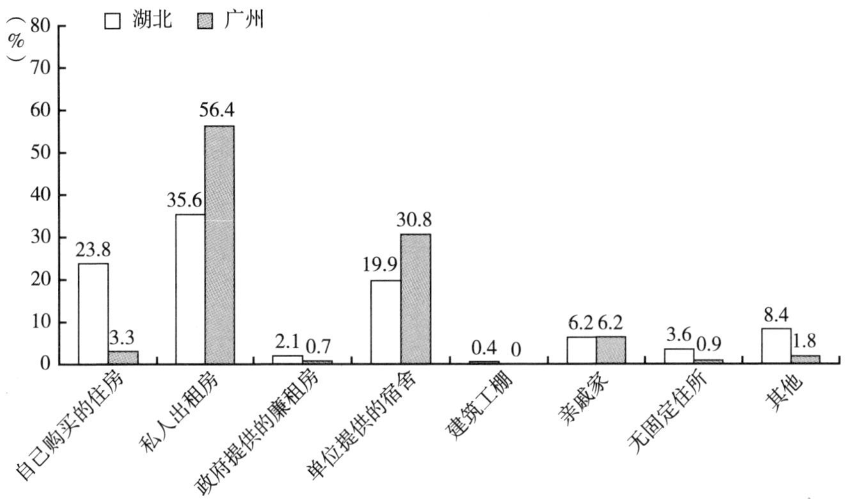

图 11　不同地域进城务工女性的居住状况

享受到此类政策的进城务工女性比例在广州高达 81.6%。可见，进城务工女性在享受住房政策问题上存在显著的地区差异，广州地区享受住房政策进城务工女性的比例明显低于湖北各市。在享受的住房政策类型上，广州进城务工女性享受单位住房补贴、住房公积金、廉租房、经济适用房政策的比例均低于湖北省。

②不同性别的进城务工人员住房情况。

由于性别方面的差异，进城务工女性更倾向于住在安全条件较好和家具相对齐全的私人出租房。如图 12 所示，45.2% 的进城务工女性选择居住在私人出租房，而租住私人出租房的进城务工男性占 38.4%。选择居住单位宿舍的情况恰好相反，男性居住宿舍的比例高于女性，有 32.7% 的进城务工男性选择了在单位员工宿舍居住，只有 24.9% 的进城务工女性选择在单位员工宿舍居住。这可能是因为，一方面进城务工女性要和自己的配偶住在一起以照顾配偶的生活起居，无法住在单位提供的集体宿舍；另一方面，与男性相比，进城务工女性更注重自己的居住环境，更希望居住在相对安全、舒适、条件较好的地方。

从住房政策享受情况来看，进城务工男性享受住房政策与服务的水平明显高于女性。如图 13 所示，没有享受过政府或者企业提供的住房政策的进城务工女性占女性群体的比例为 55.9%，在进城务工男性群体中这一比例为

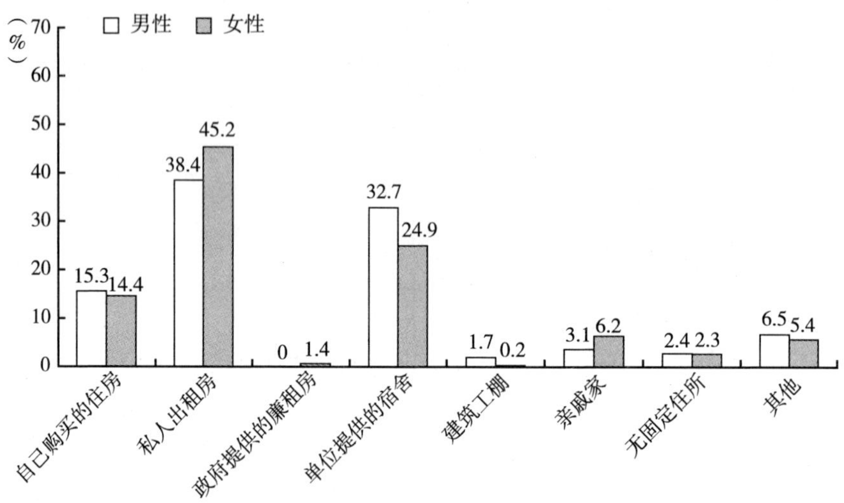

图 12　不同性别进城务工人员的居住状况

51.8%。此外，从享受住房政策与服务的具体类别看，进城务工女性享受单位住房补贴、住房公积金、廉租房、经济适用房等政策或服务的比例不同程度地低于进城务工男性。可见，政府或者企业向进城务工人员提供的惠民住房政策与服务，存在明显的性别差异。

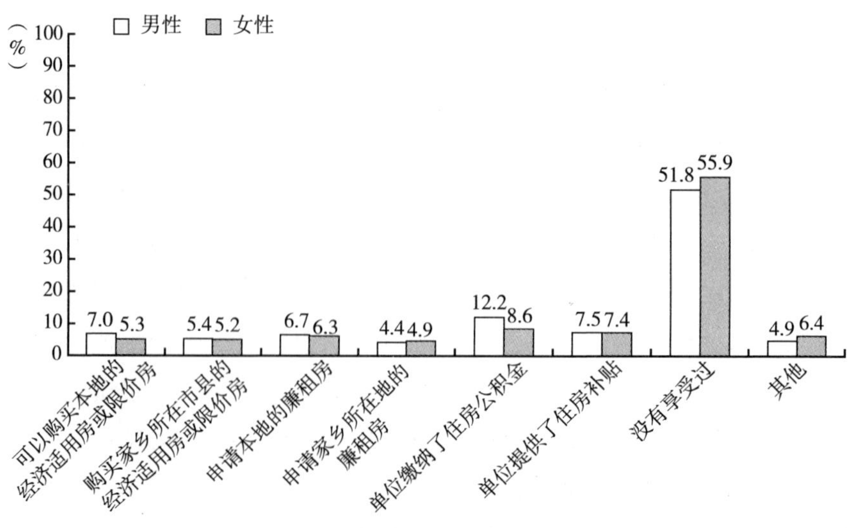

图 13　进城务工人员享受住房政策的性别差异

（3）劳动保护与福利待遇

劳动保护是维护进城务工女性基本劳动权益、保护进城务工女性免受劳动伤害的重要措施。劳动保护不仅关系到进城务工女性目前的身体、心理健康，而且关系到进城务工女性未来的生活与保障。劳动合同作为劳动者与用工单位之间确立的明确的劳动协议，是进城务工女性劳动保护的基础保障。签订劳动合同的进城务工女性在遵守所在单位内部劳动规则和其他规章制度的基础上，有权依法享有用人单位提供的劳动报酬、社会保险、福利等权利和待遇。调研数据显示，与用人单位签订了劳动合同的进城务工女性占样本总数的 49.4%，仍有 35.2% 的进城务工女性未与用人单位签订劳动合同（见图 14）。

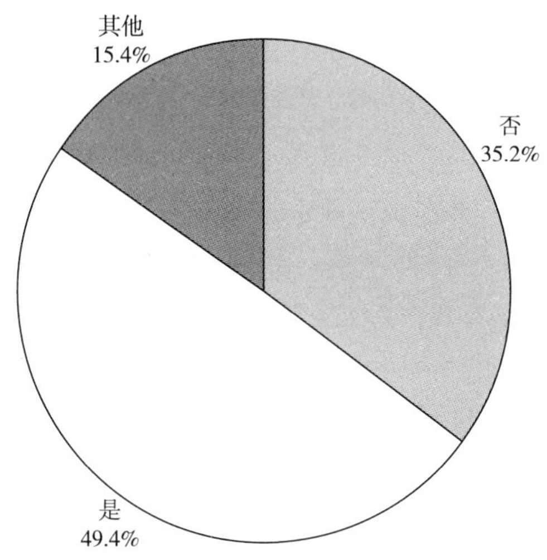

图 14　进城务工女性劳动合同的签定情况

注：图中的“其他”情况基本上是个体劳动者。

除了有近半数的进城务工女性未签订劳动合同外，已与用人单位签订劳动合同的进城务工女性所享受到的福利待遇也处于较低水平。根据国家法律法规，进城务工女性应该享有的福利权主要有养老保险、医疗保险、工伤保险、失业保险、生育保险、住房公积金。样本数据显示，在上述“五险一金”社会保障体系中，享受了医疗保险的进城务工女性比例最高，为 48.3%，但仍然未超过半数。享受养老保险、工伤保险、失业保险、生育保险与住房公积金的比例分别为 33.9%、25.3%、18.8%、14.0%、12.5%，没有享受到上述福利待遇的进城务工女性仍占大多数，特别值得注意的是，有接近九成的进城务工女性未享受到住房公积金与生育保险。可见，进城务工女性社会保护状况不容乐观（见表5）。

表5　进城务工女性福利待遇情况

单位：%

福利待遇	享受过	没　有
养老保险	33.9	66.1
医疗保险	48.3	51.7
工伤保险	25.3	74.7
失业保险	18.8	81.2
生育保险	14.0	86.0
住房公积金	12.5	87.5

《国务院关于职工工作时间的规定》中第三条明确规定了劳动者的法定劳动时间，即“职工每日工作8小时、每周工作40小时”。当然，用人单位可以根据生产或经营需要，经得劳动者同意，安排劳动者适当加班，但同时必须遵循《劳动法》第三十八条“用人单位应当保证劳动者每周至少休息一日”的规定。调查显示，进城务工女性劳动时间超过正常工作时间的现象比较严重，超过四成的进城务工女性每天劳动时间超出法定劳动时间，其中有25%的进城务工女性反映每天工作9~10个小时，每天工作时间在11个小时以上的比例高达18%。只有不到六成的受访者反映用人单位是依照法律规定将劳动时间控制在8小时之内（含8小时）（见图15）。

从每月休息时间来看，进城务工女性普遍不能享受正常的双休日。调查显示，仅有7.7%的进城务工女性每月可以休息8天，约38.7%的进城务工女性可以每月休息4天，每月休息少于4天的比例高达47.4%，另外有16.6%的进城务工女性每月休息时间为0天。可见，多数用人单位并不能保障进城务工女性每个星期至少休息1天的劳动权利。超负荷的劳动时间不仅损害了进城务工女性的身体健康，而且直接影响了进城务工女性的生活质量，极大地降低了进城务工女性的生活幸福感。此外，进城务工女性带薪休假的状况也不容乐

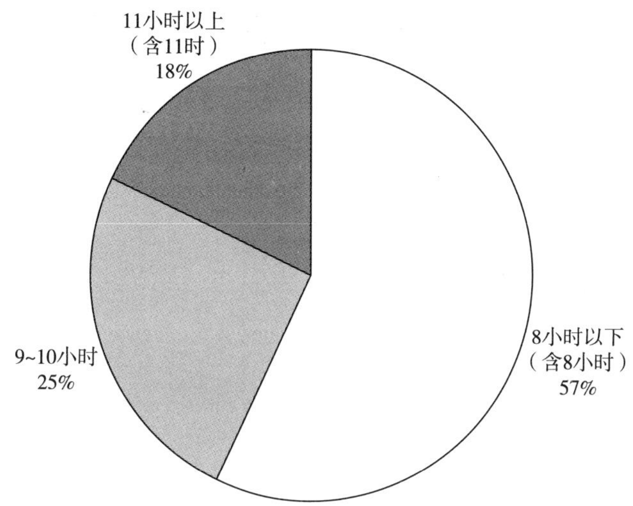

图 15　进城务工女性每天的劳动时间

观。数据显示，没有享受过带薪休假的进城务工女性比例达 55.3%，在享受过带薪休假的进城务工女性中，享受过带薪休假时间最长的是 4 天，但能享受 4 天带薪休假的样本比例也仅为 17.4%（见图 16）。

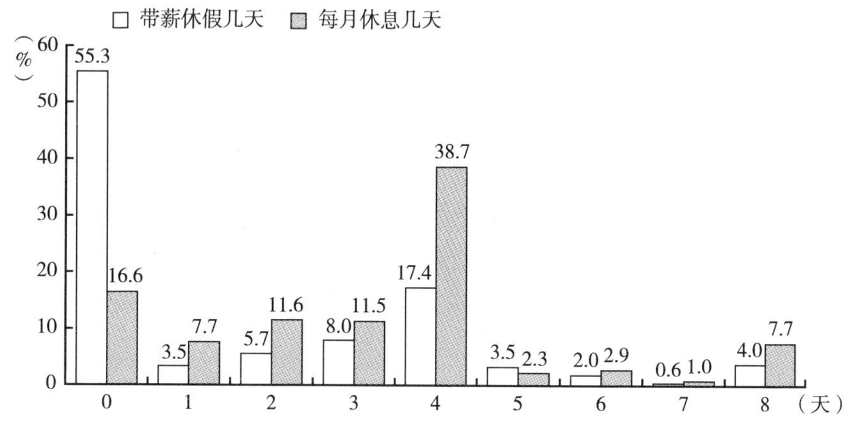

图 16　进城务工女性每月休息与带薪休假情况

①不同地域进城务工女性的劳动保护状况。

调研数据显示，广州市进城务工女性的劳动保护整体水平明显低于湖北省各市地区。从劳动合同的签订情况来看，广州进城务工女性已签订劳动合同的比例为30.7%，而湖北各市进城务工女性签订劳动合同的比例高达65.2%（见图17）。

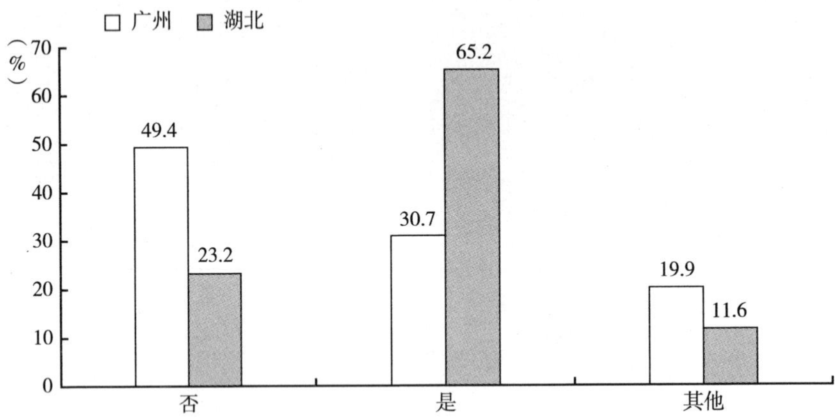

图17　两地进城务工女性劳动合同的签订情况

注："其他"为个体经营者。

两地进城务工女性享受的福利待遇情况具有较大差距。湖北省各市进城务工女性享受养老保险、医疗保险、工伤保险、失业保险以及住房公积金的比例均高于广州市。具体而言，进城务工女性享受养老保险的比例，广州市仅为16.2%，湖北各市则为49.1%；进城务工女性享受医疗保险的比例，广州市与湖北各市分别为26.8%与66.7%；进城务工女性享受工伤保险的比例，广州市与湖北各市分别为12.9%、36.0%；进城务工女性享受失业保险的比例，广州市与湖北各市分别为7.7%、28.3%；调研对象中由用人单位缴纳住房公积金的样本比例，湖北省为17.7%，而广州市仅为6.6%（见图18）。

案例　李阿姨（40岁　小学　废品收购）

家里有两个儿子、一个女儿，目前在广州从事废品回收的小买卖，月收入两千多元。据李阿姨介绍，她和老公以前在外打工，3个子女交给老人照顾，孩子在家乡上学，后来老公腰椎间盘突出，不能工作了，家里只靠自己赚钱。虽然有点愤恨这窘困的环境，但仍然坚持，自己收废品每月

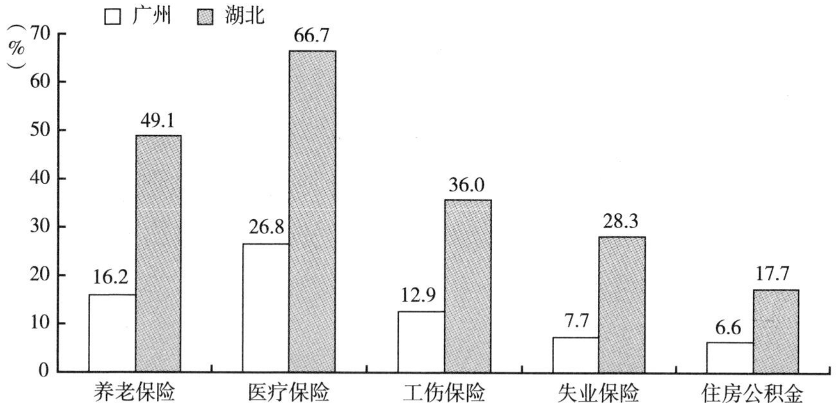

图18　不同地域进城务工女性的福利待遇情况

只有一两千元的收入，家里较困难，而丈夫又被诊断为股骨头坏死，要做手术。前几天在医院听到这病要花10万元左右做手术，但在广州没有办法入医保，伤心得连药都没拿，老公说不在这里看了，回家乡还有医保，看病可以报销一部分。李阿姨现在也很无奈，不知道该怎么办。

除此之外，广州和湖北各市的进城务工女性在劳动时间和强度上也有很大区别。湖北省有约58.8%受调查对象的劳动时间合理控制在8小时之内，而广州只有22.1%的受访者每天的劳动时间控制在8小时之内。湖北各市的进城务工女性每天劳动时间在9～10个小时的占28.9%，该比例在广州则高了近10个百分点，达38.4%。每天工作时间在11个小时以上（包含11个小时）的进城务工女性占样本总数的比例，湖北为12.3%，而广州则达到39.5%，是湖北的3倍多（见图19）。可见，与湖北各市的进城务工女性相比，广州地区进城务工女性的劳动时间和强度大很多。

两地进城务工女性月休假时间长短也有较大的差异。月休假方面，每月休息时间在4～8天的进城务工女性人数，湖北高于广州，而月休假在0～3天的，广州进城务工女性的人数明显多于湖北各市。具体而言，广州市每月能够休假4天的进城务工女性占样本总数的比例为29.4%，而湖北省这一比例为46.6%；湖北与广州每月休假8天的进城务工女性占样本总数的比例分别是

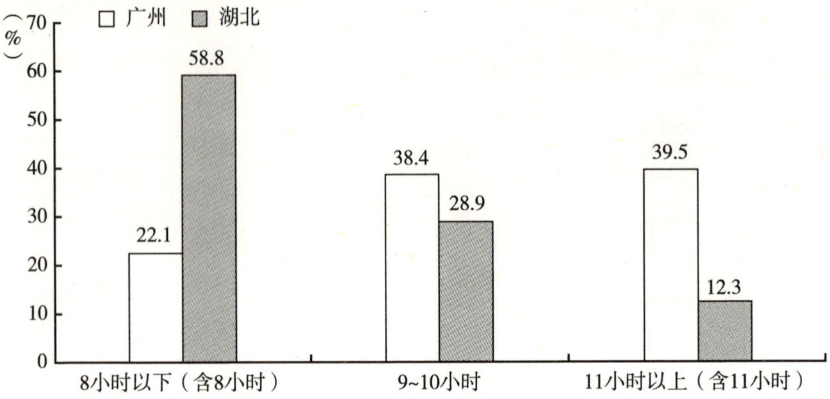

图 19　不同地域进城务工女性每天的工作时间对比

13.1% 和 1.6%；每月休假时间为 0 天的进城务工女性比例在湖北与广州分别为 12.3% 与 21.6%（见图 20）。可见，广州地区进城务工女性休息与闲暇时间总体上比湖北少。

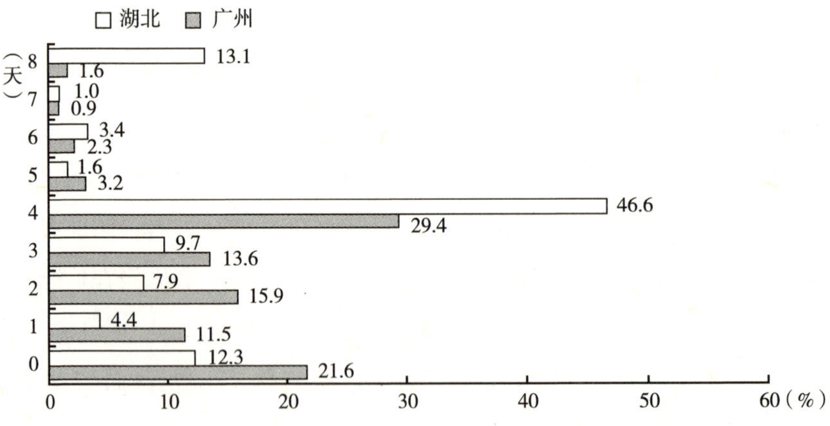

图 20　不同地域进城务工女性月休息时间对比

带薪休假方面，带薪假期在 4～8 天的进城务工女性比例，广州地区也明显低于湖北各市，而带薪假期在 0～3 天的进城务工女性比例，广州地区明显高于湖北各市。例如，带薪休假 4 天的进城务工女性比例，广州只有 11.0%，而湖北则有 23.3%；带薪休假 2 天的进城务工女性比例，湖北为 4.9%，广州则为 6.5%；带薪休假为 0 天的进城务工女性比例在湖北与广州分别为 48%、

63.3%（见图21）。以上关于进城务工女性月休假和带薪休假的数据说明，用人单位对进城务工女性的劳动保护意识，湖北省要明显优于广州地区。

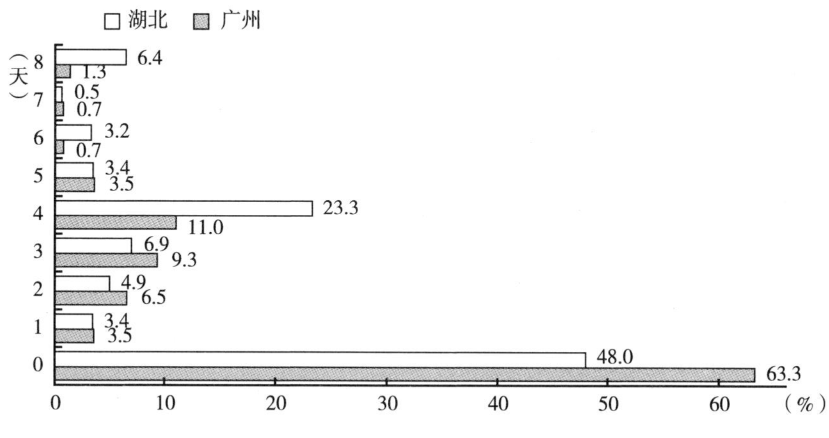

图21 不同地域进城务工女性带薪休假情况

②劳动保护的性别差异。

从劳动合同的签订状况来看，与用人单位签订了劳动合同的进城务工男性占样本总数的比例为57.9%，在进城务工女性群体中这一比例为49.4%，进城务工女性的劳动合同签订率明显低于男性（见图22）。

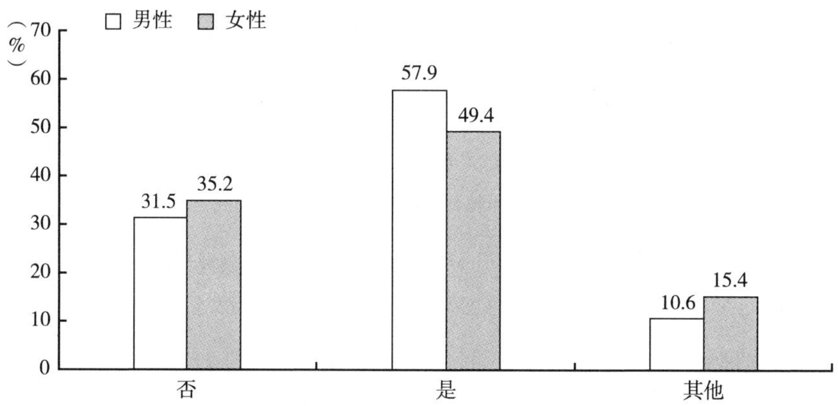

图22 进城务工男性与进城务工女性劳动合同的签订情况对比

在福利待遇方面，享受各种社会保障福利的进城务工女性人数也明显少于进城务工男性。如图23所示，养老保险、医疗保险、工伤保险、失业保险和住房公积金等各种社会保障福利在进城务工男性群体中的覆盖比例都高于进城务工女性群体。具体而言，享受养老保险、医疗保险的进城务工男性占样本总数的比例分别占40.5%、56.7%，而进城务工女性群体中这一比例分别为33.9%、48.3%；享受工伤保险、失业保险的进城务工男性占样本总数的比例分别为35.7%、25.4%，而在进城务工女性群体中这一比例则分别为25.3%、18.8%；在享受住房公积金方面，进城务工男性中有17.4%的调查样本表示单位为其缴纳了住房公积金，而进城务工女性中缴纳住房公积金的比例仅为12.5%。

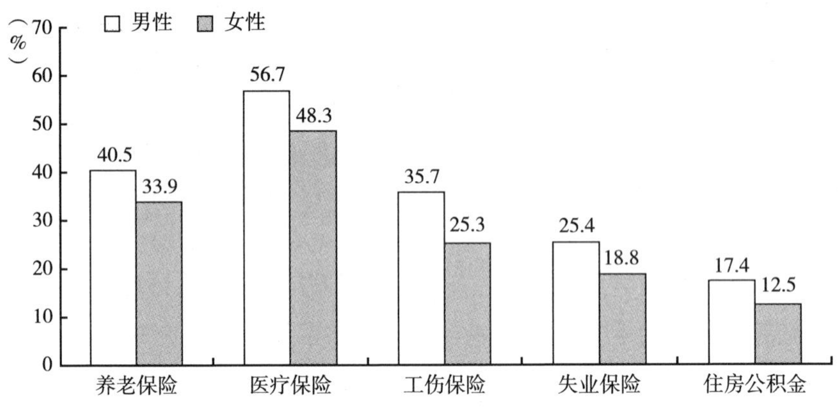

图23　进城务工男性与女性享受福利待遇的情况

从月休假情况来看，每月休息天数在进城务工群体中具有较大的性别差异，突出表现在享受较长月休假方面，进城务工男性每月可休假5～8天的比例高于女性。数据显示，进城务工女性群体能休假5～8天的样本比例仅为13.9%，比男性少了约10个百分点，其中月休假时间为8天的进城务工男性占12.4%，进城务工女性则占7.7%（见图24）。多数女性要么没有月休假，要么即便是有月休假，休假的天数也不长，一般在1～4天。此外，就平均月休假天数来看，女性月休假时间为3.2天，比男性平均月休假时间（3.6天）少0.4天。

从带薪休假的状况来看，进城务工女性与男性群体之间差别较小。数据显示，进城务工群体中男性和女性均有约55%的比例没有带薪休假时间，在少

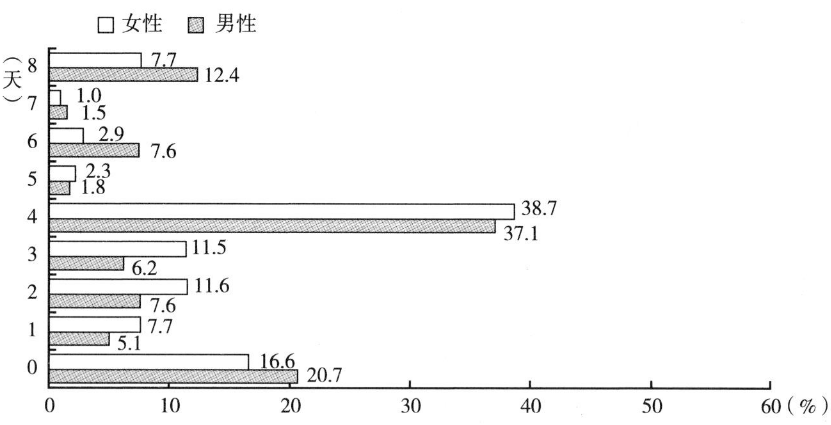

图 24　进城务工男性与进城务工女性的月休息时间对比

数有带薪休假的人员中，带薪休假 4 天的男性占男性样本总数的比例为 20.4%，在女性群体中，这比例为 17.4%；在进城务工男性群体中，带薪休假 8 天的样本比例为 5.1%，女性群体中则为 4.0%（见图 25）。综上所述，从进城务工人员的劳动保护状况来看，男性明显优于女性。

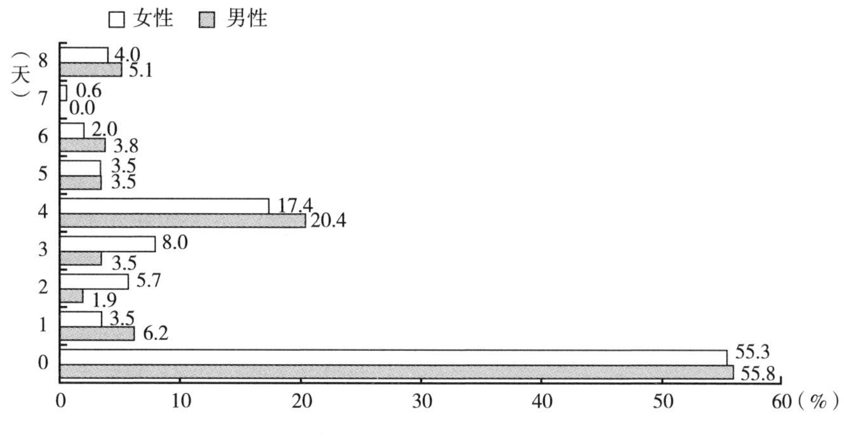

图 25　进城务工男性与女性的带薪休息情况

2. 社会融入

社会层面的融入主要包括：社会关系构成情况、社会支持网络构成情况、本地休闲生活及非基本消费情况、参与本地社交活动情况以及在与本地居民互动过程中的其他问题。

（1）社会关系构成状况

有学者在研究社会网络对农村流动人口求职过程的影响时，根据农村流动人口的特征，将社会网络区分为强关系与弱关系两类，其中将强关系界定为以“血缘”和“地缘”为主的家属、亲戚和老乡，将弱关系界定为以“业缘”和“友缘”为主的朋友、同事和老板等。进城务工女性是由农村地区转移到城镇从事非农活动，居住地区的变化也使得进城务工群体的社会关系发生了变化。在本次调查中，我们主要从友缘、地缘、血缘和业缘等几个维度来考察进城务工女性的社会关系构成情况（见表6）。

表6　整体进城务工女性社交关系构成

单位：%

社交关系	全是本地人	大部分是本地人	大部分是外地人	全是外地人	各占一半
您的朋友(友缘)	12.4	29.2	32.0	8.5	17.8
您的同事(业缘)	10.8	30.6	30.7	8.3	19.6
您居住的社区	15.4	33.3	28.7	5.5	17.1

a. 友缘结构

调查显示，选择所结识的朋友“全是本地人”、“大部分是本地人”选项的进城务工的女性比例分别为12.4%和29.2%，有32.0%的进城务工女性选择了所结识的朋友“大部分是外地人”，有8.5%的受访女性表示自己的朋友“全是外地人”。另外，有17.8%的女性认为自己的朋友是外地人和本地人的基本均衡，即“各占一半”。可见，进城务工女性与当地人的交流比较多，当地人已经存在于进城务工女性的友缘结构中，但还有相当一部分女性并没有将本地居民纳入自己的交际圈中。由此可以从整体上判断，一方面地缘关系仍旧是进城务工女性的主要社会网络取向；另一方面，进城务工女性与本地居民的交流存在一定隔阂。

b. 业缘结构

在涉及同事的籍贯类型这一问题时，受访女性中表示自己的同事“全是本地人”的有10.8%，表示自己的同事“大部分是本地人”的有30.6%；表示自己的同事“全是外地人”、“大部分是外地人”的比例分别是8.3%与

30.7%；认为同事中本地人与外地人“各占一半”的有19.6%。综合来看，在进城务工女性中41.4%受访女性的同事以本地人为主，以外地人为主的占39%，19.6%的受访女性的同事本地与外地人各占一半。考虑到受访群体的职业多是工厂工人和基层职业人员，这些职业本地人的从事意愿较低，一定程度上导致了进城务工女性同事多为外地人，同时数据也显示进城务工女性在很大程度上能够与本地人共同参与工作，为进城务工女性在融入城市的进程中提供了一定的社会资本。

c. 地缘结构

居住地点是进城务工女性结束一天工作后的主要活动地点，也是获得各种社交机会和进行社交活动的主要场所，所居住社区的人员构成会影响该群体融入居住地。15.4%的女性所居住的社区全是本地人，33.3%的女性所居住的社区大部分是本地人。居住的社区中本地和外地人“各占一半”的有17.1%。社区内“全是外地人”的仅占5.5%，“大部分是外地人”的占28.7%。总体来看，近半数的受访女性已经进入本地居民社区。这有助于她们对本地居民的生活习惯、风俗传统和语言等方面的了解和学习，有利于她们的友缘甚至血缘关系的扩展。

在家乡原有的社交网络条件下，各种问题可以依靠强关系网络加以解决，进城务工女性的迁移使得原有的社会支持网络也发生了变动（见表7）。

表7　进城务工女性整体社会支持网络构成

单位：%

社会支持网络		异性交友网	谈心网	困难网
强关系类型	亲人	—	34.9	79.4
	同乡	23.7	8.8	12.5
弱关系类型	邻居	3.7	—	—
	同事	37.4	—	—
	同学	30.6	—	—
	朋友	—	47.9	—
	网友	0.9	—	—
	本地人	—	1.6	1.5
	政府或社会组织	—	—	2.5
	其他	3.7	6.8	4.1

在问及所交往的异性朋友主要构成时，23.7%的受访女性（测量异性交友网的对象仅限未婚女性）表示主要是同乡，主要为同事的占37.4%，为同学的占30.6%，为邻居和网友的分别占3.7%和0.9%，可见受访未婚女性的异性交友网以弱关系为主。

在回答经常与谁谈心来消除内心苦闷时，34.9%的受访女性选择自己的亲人，而选择朋友的占47.9%，有8.8%和1.6%的受访女性分别选择同乡和本地人。选择朋友作为倾诉对象的进城务工女性占总体的较大部分，可以看出弱关系在谈心网中起主要作用。

在支持进城务工群体发展的关系网络中，困难网发挥了重要作用，当面临独力无法应付的苦难时，个体将依靠困难网寻求援助。调查数据显示，进城务工女性在遇到困难时，79.4%的女性会寻求亲人的帮助，寻求同乡帮助的占12.5%，其他社会关系则很少被进城务工女性选择，1.5%的女性选择本地人，2.5%的女性会寻求政府、妇联、公益组织以及其他社会组织的帮助。

①两地进城务工女性社会关系比较。

如表8所示，湖北地区进城务工女性友缘网构成主要以本地人为主（63.5%），广州地区的进城务工女性的友缘网主要由外地人构成（64.1%），可以看出在经济发达的广州地区进城务工女性在与本地居民搭建友缘关系网方面存在障碍。

表8　两地进城务工女性社交关系对比

单位：%

社交关系	全是本地人		大部分是本地人		大部分是外地人		全是外地人		各占一半	
	湖北	广州	湖北	广州	湖北	广州	湖北	广州	湖北	广州
您的朋友(友缘)	20.8	2.6	42.7	13.4	17.8	48.7	2.6	15.4	16.1	19.8
您的同事(业缘)	18.0	2.4	46.8	11.8	15.2	49.0	1.9	15.5	18.2	21.3
您居住的社区	26.3	2.6	44.3	20.5	12.7	47.2	3.3	8.2	13.4	21.4

在考察进城务工女性的业缘网构成时，我们发现两地女性的业缘构成人群呈相反属性，湖北地区的受访女性中有64.8%表示自己的同事主要为本地人，而广州地区进城务工女性的同事主要为本地人的仅占14.2%，64.5%的受访女性表示自己的同事多为外地人。

案例　赵阿姨（45 岁　小学　服装厂工人）

我们不经常跟他们（广州市民）打交道，我们这干活的都是外地的，人家广州这边人哪干这。一般都不接触，就买个菜买个水果啥的，那时候基本是本地人，那时候能打个啥交道，最多也就是叫人家给我便宜点。

可见在经济发达地区进城务工女性从事的工作是城市居民从事意愿较低的行业，而在中部地区这一情况并不明显。同时两地女性居住社区的人员构成情况也呈现两种分化，湖北地区进城务工女性所居住的社区居民多为本地人（70.6%），而广州地区进城务工女性居住地人群多为外地人（55.4%）。

数据显示，在社会支持网络方面，两地女性的困难网的构成趋同，在遇到困难时主要是向亲缘关系和地缘关系寻求帮助（见表 9）。在异性交友方面，两地进城务工未婚女性存在一定差异，广州地区的受访女性会选择同乡（37.2%）、同事（34.6%）以及同学（20.9%），湖北地区受访女性中主要选择同事（40.9%）和同学（42.1%）。进城务工未婚女性多为“80 后”和“90 后”，学历水平多为中专和大专，在选择异性朋友方面更多的会考虑同学和同事。在问及选择哪些人群作为倾诉对象时，两地女性都将亲人以及自己的朋友作为倾诉对象。

表 9　两地女性社会支持网络情况

单位：%

社会支持网络		异性交友网		谈心网		困难网	
		广州	湖北	广州	湖北	广州	湖北
强关系类型	亲人	—	—	36.6	33.5	74.4	83.7
	同乡	37.2	7.5	9.5	8.3	17.4	8.3
弱关系类型	邻居	4.2	3.1	—	—	—	—
	同事	34.6	40.9	—	—	—	—
	同学	20.9	42.1	—	—	—	—
	朋友	—	—	43.9	51.3	—	—
	网友	0.5	1.3	—	—	—	—
	本地人	—	—	0.2	2.8	0.2	2.6
	政府或社会组织	—	—	—	—	1.7	3.2
	其他	2.6	5.0	9.7	4.1	6.2	2.3

②进城务工群体社会关系的性别差异。

根据已有研究，男性在社会交往以及社会支持网络构建方面具有优势，主要体现在男性依靠生理和心理优势在就业、交际以及跨区域流动方面都比女性更具有行动能力。本次调查中，我们发现男性和女性的社交关系人员组成构成比例趋于相似，在友缘关系构成上，进城务工男性与本地人成为朋友的人数占49.7%，进城务工女性为41.6%。业缘关系中，进城务工男性的同事主要是本地人的占52.4%，而女性为41.4%。所居住社区的人员构成方面，进城务工男性居住地主要为本地人的占58.7%，女性为48.7%。通过上述数据可看出，进城务工男性在友缘、业缘以及居住地三方面都与本地居民建立了较为深入的联系，而女性在这些方面稍有不足（见表10）。

表10　进城务工群体男女两性社交关系对比

单位：%

社交关系	全是本地人		大部分是本地人		大部分是外地人		全是外地人		各占一半	
	男性	女性	男性	女性	男性	女性	男性	女性	男性	女性
您的朋友	14.4	12.4	35.3	29.2	26.4	32.0	6.2	8.5	17.8	17.8
您的同事	11.8	10.8	40.6	30.6	26.0	30.7	6.3	8.3	15.3	19.6
您居住的社区	14.6	15.4	44.1	33.3	21.2	28.7	5.9	5.5	14.2	17.1

由于进城务工女性和男性都来自农村地区，基本的生活观念、价值观念都较为趋同，在异性交友方面进城务工男性和女性都将同乡、同事以及同学作为选择异性朋友的群体①。在谈心网构成方面，男女两性都主要将亲人以及身边的朋友作为倾诉对象，较少选择同乡和本地人。在寻求困难帮助时，作为强关系类型的亲人和同乡是进城务工男性和女性的主要选择，并在绝大多数情况会选择亲人作为求助对象（见表11）。

表11　进城务工男性与进城务工女性社会支持网络情况对比

单位：%

社会支持网络		异性交友网		谈心网		困难网	
		男性	女性	男性	女性	男性	女性
强关系类型	亲人	—	—	28.1	34.9	79.9	79.4
	同乡	21.2	23.7	7.5	8.8	8.5	12.5

① 在调查异性朋友网时，调查对象为未婚人群。

续表

社会支持网络		异性交友网		谈心网		困难网	
		男性	女性	男性	女性	男性	女性
弱关系类型	邻居	3.6	3.7	—	—	—	—
	同事	32.1	37.4	—	—	—	—
	同学	38.0	30.6	—	—	—	—
	朋友	—	—	56.5	47.9	—	—
	网友	0.7	0.9	—	—	—	—
	本地人	—	—	0.7	1.6	2.2	1.5
	政府或社会组织	—	—	—	—	2.6	2.5
	其他	4.4	3.7	7.2	6.8	6.8	4.1

（2）参与社交活动情况

社交活动是外地社会成员融入该地区社会环境及社会系统的台阶，是外部群体融入本地群体的前置条件。参与社区活动和参加社会组织是进城务工群体融入城市社交网络的正式途径。

如表 12 显示，48.5% 的进城务工女性没有参加过社区举办的娱乐交流活动，很少或偶尔参加的占 47.9%，经常参加的仅为 3.5%；在社区民主管理以及社区投票选举两个方面，七成以上受访女性表示没有参加过，很少或偶尔参加的占两成；在参与社区管理并担任社区管理职务方面，16.4% 的受访女性会较多地参与其中并担任一定角色或职务，24.8% 的受访女性从未参加过，很少或偶尔有机会参与的占 58.8%；在参与党团活动方面，半数受访女性没有参加过此类活动（50.5%）。

表 12　进城务工女性整体社区活动参与情况

单位：%

社区活动参与情况	参与频率				
	从来没有	很少	偶尔	比较多	非常多
社区举办的娱乐交流活动	48.5	26.3	21.6	3.0	0.5
社区民主管理	73.2	16.4	9.5	0.5	0.3
社区投票选举	74.4	15.1	8.8	1.4	0.3
被选举为社区居民代表、居委会成员等职务	24.8	36.3	22.5	9.3	7.1
党团组织活动	50.5	24.1	14.8	2.8	7.7

考察进城务工人员的社交状况，一方面要了解他们参与以上社会活动的情况，另一方面还要了解他们参与社会组织或者团体的情况。我国城镇地区的正式和非正式组织已经发展并涉及进城务工人员的政治、经济、文化、社会生活的方方面面，参考调研地区的实际情况，目前进城务工女性可以参加的组织或者团体有行业协会、企业工会、社区管理委员会、业主管理委员会、老乡会、志愿组织、娱乐团体、社区服务中心、家属委员会等。从横向看，49.4%的进城务工女性尚未参加以上任何组织或者团体，13.2%的进城务工女性参加了企业工会组织，12.0%的进城务工女性加入了老乡会。从纵向看，参加老乡会、志愿组织、娱乐团体、家属委员会等非正式组织的进城务工女性占总数的25.9%，而参加行业协会、企业工会、社区管理委员会、业主管理委员会、社区服务中心等正式组织的进城务工女性占总数的24.7%。从数量上看，进城务工女性参加非正式组织的人员略多于正式组织（见图26）。

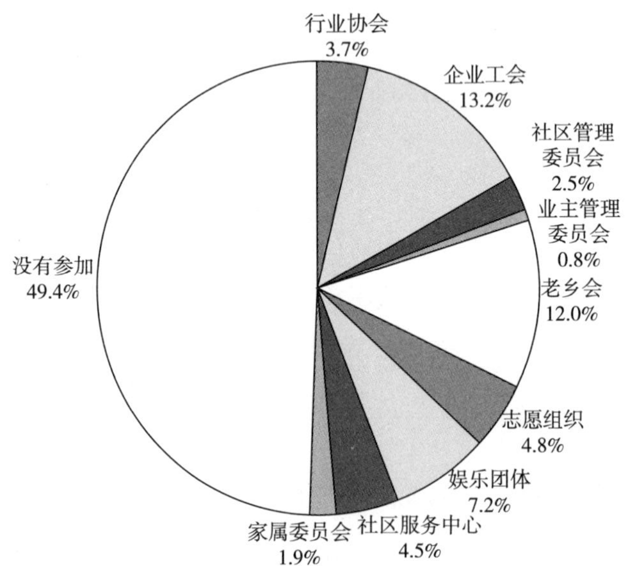

图26　进城务工女性参加的组织或团体

参加多种多样的社交活动是进城务工女性提高人力资本存量，增加社会资本积累，提升发展能力和发展空间的重要途径。调研结果显示有近半数的进城务工女性都不同程度地参与流入地的政治活动、文化活动和社会活动，也加入了涉及民主管理、群体维权、娱乐交流等方面的社会组织。进城务工女性参加以上社会活动的原因多种多样。有的进城务工女性参加社会活动是为了适应城市的生活方式，有的是为了提高自身的社会地位，有的是为了结交更多的朋友从而增加其社会资本，有的是为了寻求更多的资源和机会，还有的是个人的兴趣爱好所致。通过对以上几种原因进行整理，我们发现，进城务工女性参加社会活动的原因绝大多数是出于三个方面的考虑（见图 27），首先是为了结交更多的朋友，扩大并积累自己的社会资本（41.8%），其次是个人的兴趣爱好所致，尽量参加身边的社会活动可以陶冶情操、提高自身的生活质量（35.2%），最后则是希望在广泛的社交活动中，获得更多的信息和渠道，寻求更多的资源和发展机会（23.0%）。

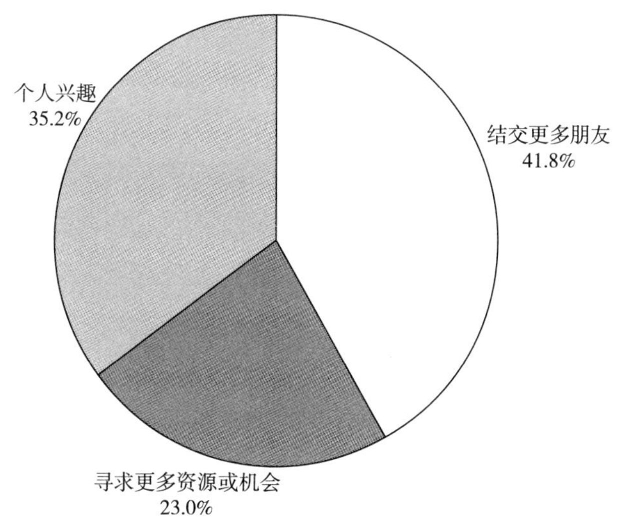

图 27　进城务工女性参加社会活动的原因

①不同地域进城务工女性的社交情况比较。

从总体上看，湖北进城务工女性参加社会活动的人数明显多于广州进城务工女性。从未在流入地参加过任何社会活动的湖北进城务工女性明显少于广州进城务工女性。具体来说，从未参加社区娱乐活动的湖北进城务工女性有 40.9%，广州进城务工女性有 57.5%；从未参加过社区民主管理的湖北进城务工女性占 63.5%，广州占 84.6%；从未参加社区选举的湖北进城务工女性占 60.1%，广州则高达 91.2%；没有被选为代表、居民会委员、楼栋长的湖北进城务工女性有 20.1%，而广州有 30.4%；46.7% 的湖北进城务工女性未参加过社区或者企业举行的党团活动，而广州未参加过的有 61.9%（见表 13）。

表 13　不同地域进城务工女性的社交参与情况对比

单位：%

社交参与情况	社区娱乐活动		社区民主管理		社区选举		被选为代表、居民会委员、楼栋长等		党团活动	
	广州	湖北	广州	湖北	广州	湖北	广州	湖北	广州	湖北
从来没有	57.5	40.9	84.6	63.5	91.2	60.1	30.4	20.1	61.9	46.7
很少	24.7	27.7	12.8	19.6	6.4	22.5	37.2	35.5	17.8	26.2
偶尔	14.3	27.9	2.6	15.4	2.4	14.2	23.6	21.6	16.9	14.1
比较多	3.3	2.8	0.0	0.9	0.0	2.6	5.1	12.9	2.5	2.9
非常多	0.2	0.7	0.0	0.6	0.0	0.6	3.7	9.9	0.8	10.1

参加社会组织或者团体的湖北进城务工女性也多于广州进城务工女性。调研结果显示，67.9% 的广州进城务工女性没有参加过任何社会组织或者团体，而湖北只有 33.7% 的进城务工女性未参加过任何的组织或者团体，这一鲜明的对比反映出湖北地区进城务工女性参加社交活动的情况好于广州的进城务工女性。需要注意的是，在已参加社会组织或者团体的人员中，参加非正式组织或者团体的广州进城务工女性占 24.0%，湖北地区占 27.5%，而参加正式社会组织或者团体的湖北进城务工女性占 38.8%，广州进城务工女性占 8.1%。可见，广州地区的进城务工女性与湖北地区相比，不仅参加社会组织或者团体的人数明显少于湖北地区，而且广州地区进城务工女性参加的社会组织或者团体主要以老乡会、志愿组织、娱乐团体、家属委员会等非正式组织为主（见图 28）。

②进城务工群体参与社交活动的性别对比。

人力资本、社会资本的存量与社交活动的参与程度之间存在很强的正相关关系。一般情况下，个体的人力资本和社会资本存量越多，其参与社会发展的机会就越多，便拥有更广阔的社会资源和社交网。受传统思想观念和性别架构的影响，重男轻女的家庭教育惯性和“男主外，女主内”的性别分工导致女性的人力资本和社会资本都远远低于男性，致使女性参与社会事务的广度和深

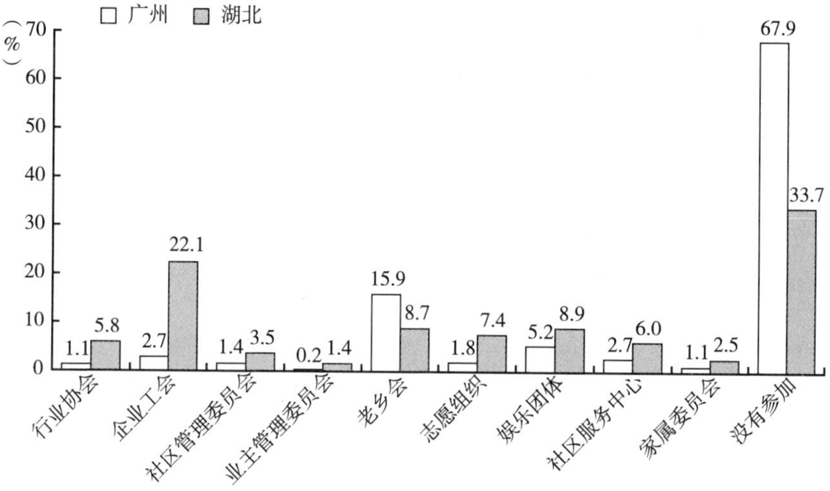

图 28　两地进城务工女性社会组织参与状况对比

度都明显低于男性。从社交活动的参与状况来看，从未参与过社区娱乐活动、社区民主管理活动、社区选举、企业或社区的党团活动以及被选举为居民委员会、楼栋长、居民代表的进城务工女性要多于进城务工男性，同时，参加过以上社交活动的进城务工女性又少于进城务工男性（见表 14）。

表 14　进城务工男性与进城务工女性的社交参与情况对比

单位：%

社交参与情况	社区娱乐活动		社区民主管理		社区选举		被选为居民会委员、楼栋长等		党团活动	
	男	女	男	女	男	女	男	女	男	女
从来没有	45.1	48.5	68.5	73.2	67.7	74.4	28.3	24.8	38.8	50.5
很少	26.8	26.3	19.7	16.4	18.0	15.1	35.8	36.3	29.1	24.1
偶尔	23.7	21.6	10.5	9.5	11.6	8.8	17.7	22.5	20.0	14.8
比较多	4.4	3.0	1.4	0.5	2.0	1.4	9.9	9.3	4.2	2.8
非常多	0.0	0.5	0.0	0.3	0.7	0.3	8.2	7.1	7.9	7.7

进城务工男性参加社会组织或者团体的人数也多于进城务工女性。49.4%的进城务工女性从未参加过任何社会组织或者团体，而进城务工男性有39.2%没有参加过社会组织或者团体。另外，在已参加社会组织或者团体的人

员中，参加正式组织的进城务工女性有 24.7%，进城务工男性有 36.7%，非正式社会组织中的进城务工女性有 25.9%，进城务工男性有 24.2%（见图 29）。这说明，进城务工女性参与社会组织人数较少，且以老乡会、娱乐组织等非正式组织为主。

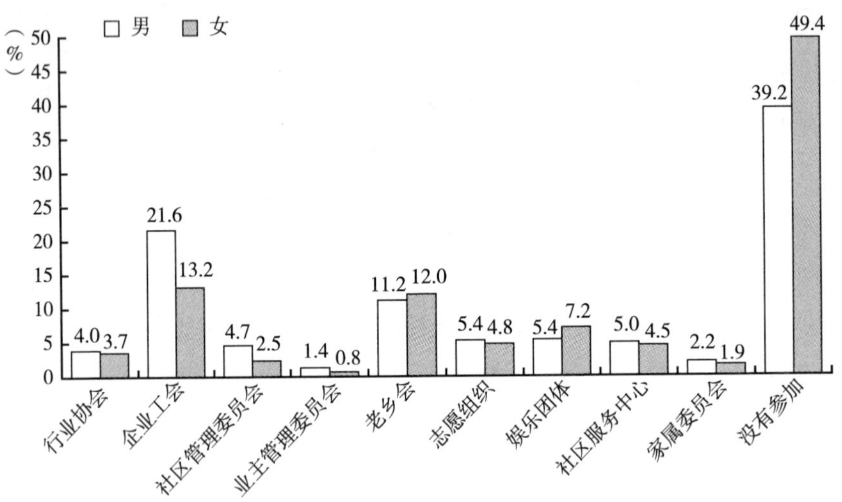

图 29　进城务工女性与进城务工男性参与社会组织对比

（3）娱乐方式与非日常消费状况

娱乐方式的转变是“80 后”、“90 后”等新生代农业转移人口与第一代农业转移人口的主要区别之一。1980 年以前出生的第一代农业转移人口的娱乐方式主要以看电视、听广播等室内活动为主，而新生代农业转移人口的娱乐方式有明显的城市化倾向，她们的娱乐活动渐渐由室内转为室外，逛街购物已成为她们新的娱乐方式。问卷显示，在逛街购物、闲在家里睡觉、外出旅游、看电视或听广播、进行体育活动、与朋友聚会聊天、读书看报、学习、玩扑克牌或打麻将、上网等选项中，进城务工女性在闲暇时间常做的三项娱乐活动主要是闲在家里睡觉、逛街购物、看电视或听广播（见图 30）。

在消费方面，除了吃饭、买衣服、住房、交通、医疗等日常消费支出外，进城务工女性的非日常消费支出主要是以储蓄、子女教育、人情交往为主，用于休闲娱乐、投资理财、自我学习与教育投资的消费支出相对较少（见图 31）。

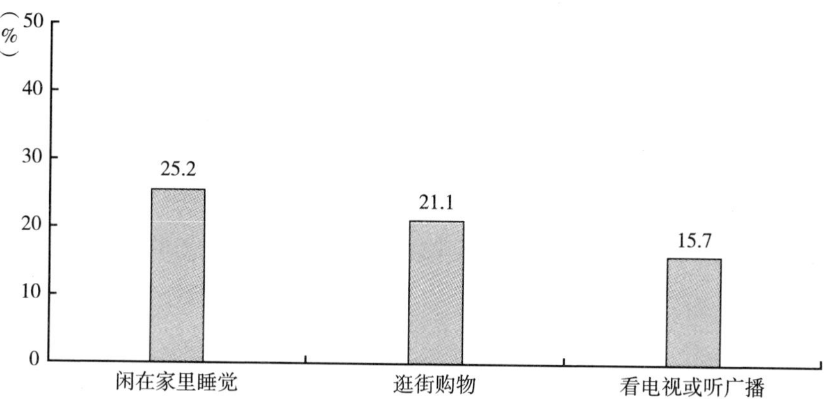

图 30　进城务工女性闲暇时间主要活动

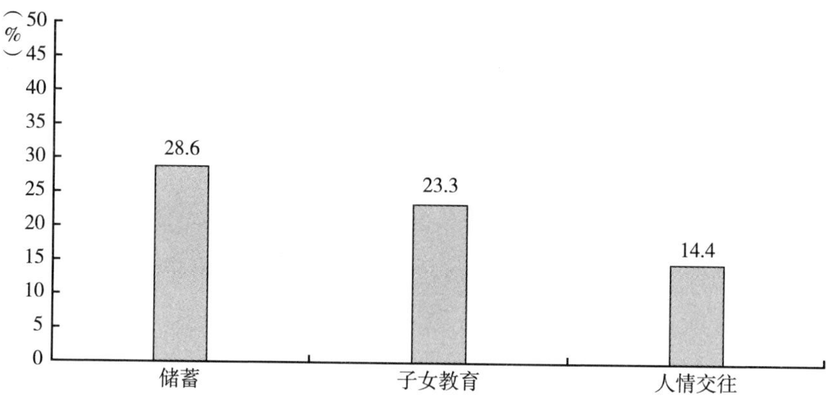

图 31　进城务工女性非日常消费支出项目

从地域来看，广州进城务工女性和湖北进城务工女性的休闲娱乐方式大致相同，都以在家里休息、逛街购物、看电视或者听广播这三种活动为主，并且选择在家里睡觉、逛街购物、看电视或者听广播这三种活动的人数也大致相当。需要注意的是，在闲暇时间逛街购物的湖北进城务工女性略多于广州进城务工女性（见图 32）。

案例　李女士（29 岁　高中　服务员）

有活做了就做做，没活了就耍去。逛逛街干个啥的，看看有没有便宜的东西，有了就买点。唉挣的钱不经花啊，买点菜买点水果，再随便买点啥，都不说买衣服啥了，就没了，我家里还有那么多张嘴等着。

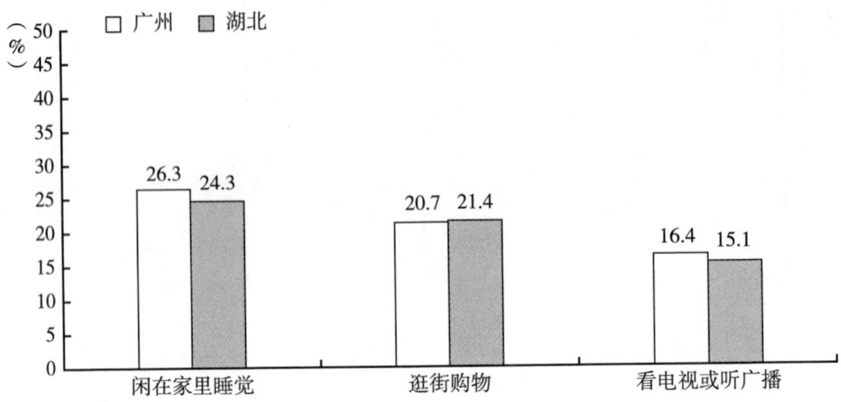

图 32　两地进城务工女性闲暇时间活动情况

两地的非日常消费状况有较大的区别，湖北地区进城务工女性的非日常消费支出以储蓄、子女教育、人情交往为主，广州地区进城务工女性的非日常消费支出以储蓄、子女教育、休闲娱乐为主。数据显示，除了储蓄和子女教育之外，18.6%的湖北进城务工女性在人情交往方面要花费较大的开支，而15.9%的广州进城务工女性则将相当一部分非日常开支用于休闲娱乐。当然，这可能与两地的不同流动情况有关，湖北地区的农业转移人口主要以省内流动为主，广州地区的农业转移人口主要以跨省流动为主，因此，湖北地区进城务工女性用于人情交往的非日常消费支出多于广州地区。排除这个因素，非日常消费支出数据也从另一个侧面反映出，广州进城务工女性的消费方式相对于湖北地区来讲，有更明显的城市化倾向（见图 33）。

进城务工男性和进城务工女性的非日常消费支出都以储蓄、子女教育、人情交往为主，三者各自所占的比例区别甚小。需要注意的是进城务工男性和进城务工女性娱乐方式的不同。除了在家睡觉、看电视或听广播这两个相同的娱乐活动之外，21.1%的进城务工女性在闲暇时间选择逛街购物，而17.5%的进城务工男性在闲暇时间喜欢和朋友聚会聊天。这种附加在生理特性上的不同休闲爱好在某种程度上影响了进城务工男性和进城务工女性的社会资本积累（见图 34）。

3. 文化与心理融入

不同于经济融入和社会融入，文化和心理层面的融入侧重于农业转移人口

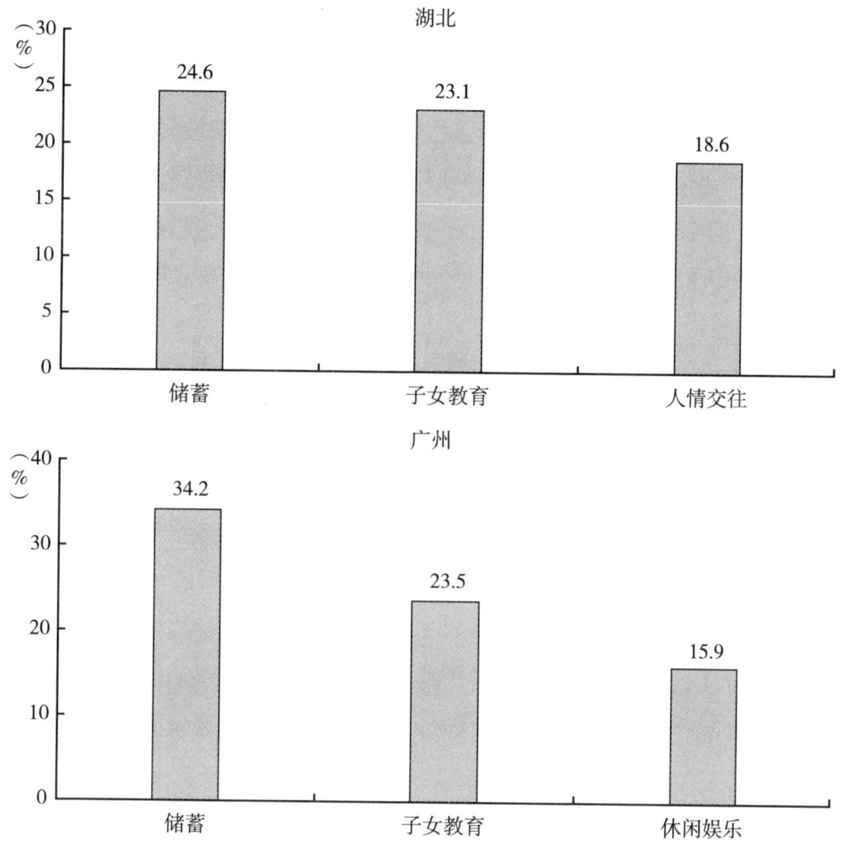

图 33　两地进城务工女性的非日常消费支出状况

对城市生活方式和风俗文化的适应程度、对城市生活的总体评价、对自己的角色感知和身份认同以及对未来的预期和规划等方面。文化和心理层面上的适应是属于精神上的，新的观念、心态和意愿这些内在精神性因素的深刻变化，是农业转移人口经过较长时期的生存环境适应的必然结果。文化和心理层面的融入是城市化对农业转移人口人格的影响、塑造、提升，是由农村人转化为城市人这一社会化过程的完成。因此，文化和心理层面的融入是较高层次的社会融入，并且，较高程度的经济和社会融入有助于增强进城务工人员的文化和心理层面的融入。本项目主要是从文化适应、城市评价和对城市的心理接纳程度、自我感知与身份认同、未来生活预期这四个方面来考察进城务工女性的文化和心理融入状况。

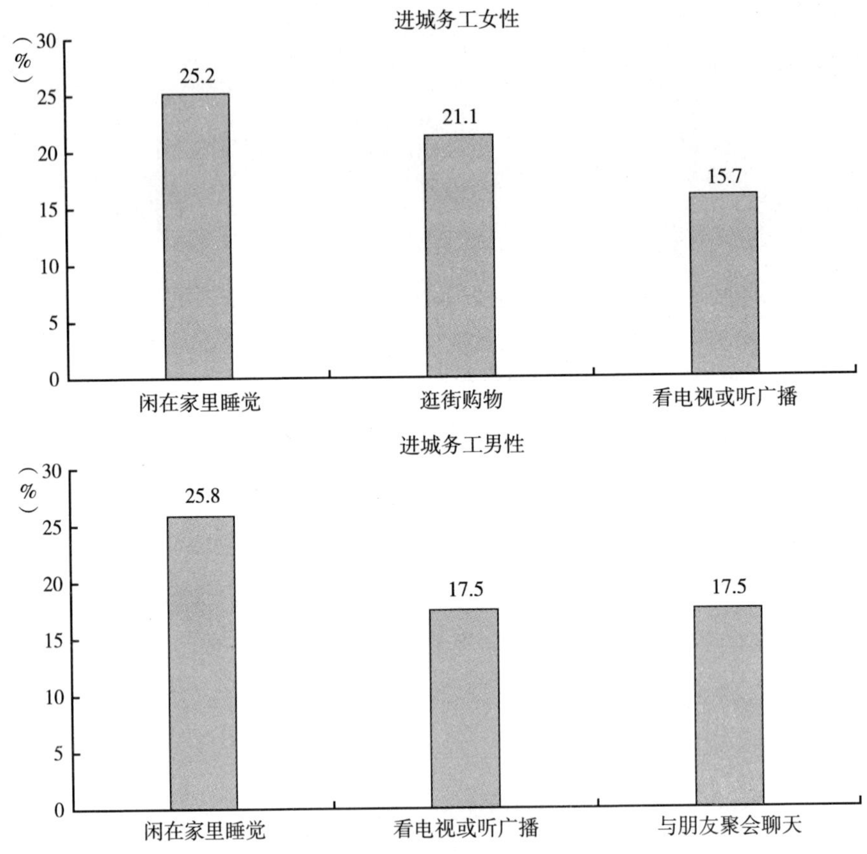

图 34　进城务工男女两性闲暇活动情况对比

（1）对城市文化的适应状况

一方水土养育一方人民，不同的地域有不同的风土人情，进城务工人员对城市文化的适应集中体现在对城市风土人情、风俗习惯的适应。来自全国四面八方的进城务工人员聚集在同一劳务输入地生活，就要熟悉并尊重当地的风俗习惯，避免因价值观和行为方式的不同而引发冲突和矛盾。对于跨省流动或者南北地域流动的进城务工人员来说，要特别注意劳务流入地的城市文化对她们城市生活和社会融入的影响。在我们的调查中有 40.9% 的进城务工女性比较了解城市本地的风俗习惯，了解一点的占 43.4%，也有 15.7% 的进城务工女性对当地的风俗习惯并不了解。37.1% 的进城务工女性表示会入乡随俗，按照当地的风俗习惯办事，但是 40.5% 的进城务工女性是较少按照当地的风俗习惯办事的，不会按照当地风俗习惯办事的进城务工女性占22.4%（见图35、图36）。

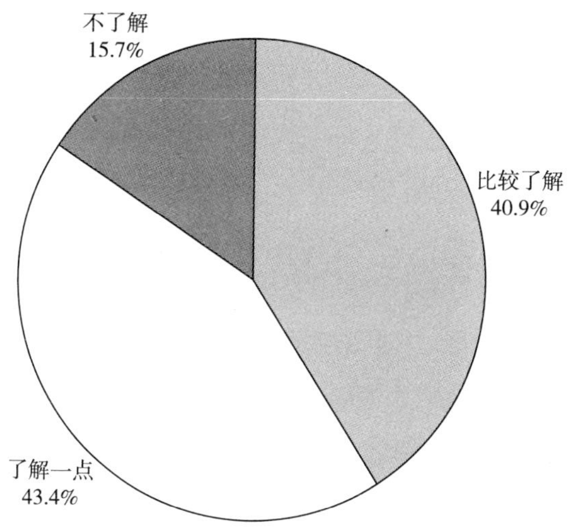

图35　对当地习俗的了解

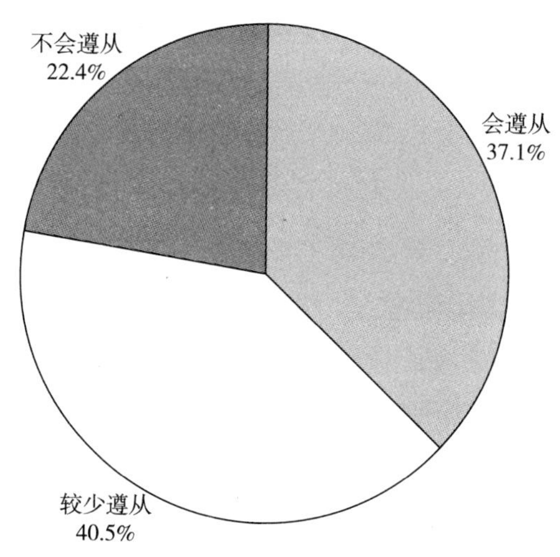

图36　是否遵从当地的习俗习惯

①不同地区进城务工女性对城市文化的适应状况。

湖北地区进城务工女性对流入地风俗习惯的了解程度优于广州地区，与广

州地区进城务工女性相比，湖北进城务工女性更愿意遵从流入地的风俗习惯并按当地的习俗办事。比较了解流入地风俗习惯的湖北进城务工女性占53.0%，广州占26.8%，不了解流入地风俗习惯的湖北进城务工女性占5.6%，广州地区高达27.4%。愿意入乡随俗，按照当地习俗办事的湖北进城务工女性有49.5%，而广州地区只有22.4%，有40.0%的广州进城务工女性不愿意遵从当地习俗，而湖北地区只有7.5%的进城务工女性在生活中不按照当地的习俗来办事（见图37、图38）。可见，湖北地区进城务工女性对城市文化的适应程度明显高于广州地区的进城务工女性。

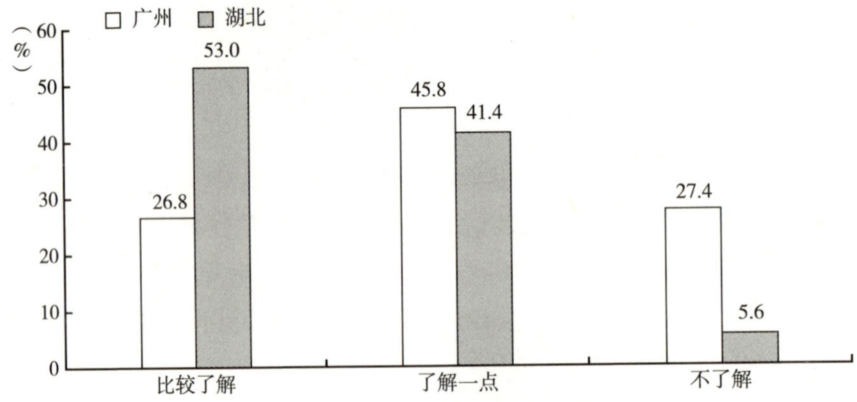

图37　两地女性对本地习俗的了解情况

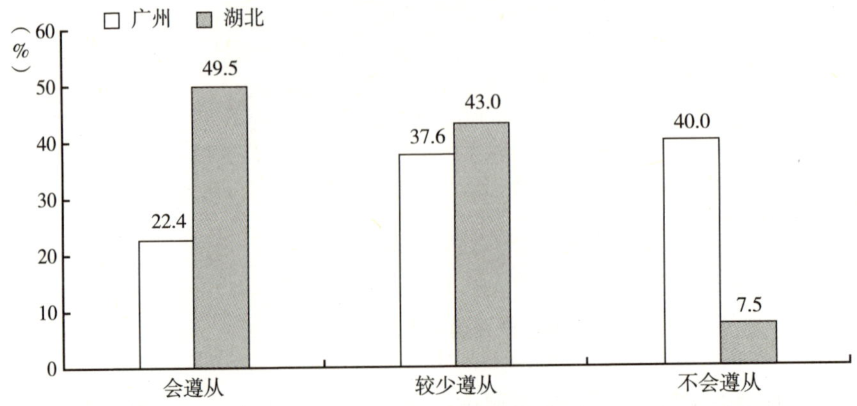

图38　两地女性对于本地习俗的遵从情况

②进城务工群体城市文化适应的性别比较。

总体来说，进城务工男性对城市文化的适应度高于进城务工女性。比较了解当地城市风俗习惯的进城务工男性占47.3%，不了解的占10.5%。了解当地城市风俗习惯的进城务工女性占40.9%，不了解的占15.7%。愿意入乡随俗，按照当地习俗办事的进城务工男性占43.5%，进城务工女性占37.1%，不愿遵从当地习俗的进城务工男性占17.5%，进城务工女性则占22.4%（见图39、图40）。

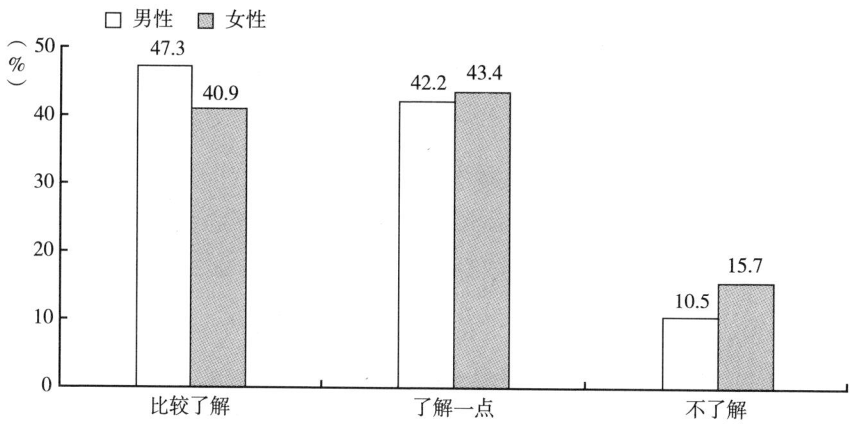

图39　对当地习俗的了解情况

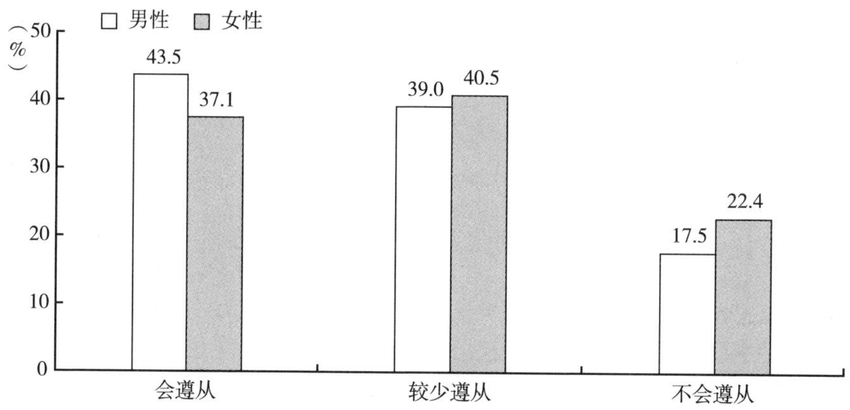

图40　对当地习惯的遵从情况

（2）对城市的评价和心理接纳程度

城市评价主要是进城务工群体对与城市居民交往过程中的主观评价，城市评价不仅能反映进城务工人员的被排斥感，而且能反映进城务工群体融入城市生活的程度以及城市生活幸福感。38.4%的进城务工女性认为城里人的素质比较高，31.3%的进城务工女性认为城里人很傲慢，瞧不起人，还有近四成的进城务工女性对以上两个问题说不清楚。从主观感受上讲，近半数的进城务工女性觉得城里人是愿意和自己聊天、一起工作并成为邻居的，近四成的进城务工女性认为城里人乐意和自己一起参加社区管理，并成为亲密朋友甚至是通婚或者结成亲戚。同时，也有近半数的进城务工女性无法对城里人做出明确的评价，她们仍然保持着“各自生活、互不干涉”心态（见表15）。

案例　李女士（24岁　初中　服务员）

刚开始进城找工作的时候，感觉自己和城里的人有点不一样，不是很容易能融入城市的生活，和城市里的人接触得不是很好，但时间长了觉得城里的人还是真心对待我的，在一起没有了那么多的隔阂。可能刚开始是自己的原因，对城市里的人有点抵触。但长时间接触发现城市里的人素质还是很高的。这些让我感觉自己或许有一天也会成为城市里的人，我很开心。

表15　进城务工女性对城市的评价

单位：%

对城市的评价	完全不符合	比较不符合	说不清楚	比较符合	完全符合
大部分城里人素质比较高	4.2	19.5	37.9	34.5	3.9
城里人比较傲慢，瞧不起人	7.4	24.2	37.1	25.1	6.2
您觉得城里人愿意跟您聊天	1.0	7.3	47.2	32.8	11.7
您觉得城里人愿意和跟您一起工作	0.7	6.8	46.6	34.3	11.6
您觉得城里人愿意和您成为邻居	0.7	7.3	48.8	31.5	11.7
您觉得城里人愿意和您成为亲密朋友	1.1	11.4	48.7	27.3	11.5
您觉得城里人愿意和您一起参加社区管理	1.6	11.7	49.6	26.8	10.3
你觉得城里人愿意和你通婚或结成亲戚	2.6	16.5	47.6	22.9	10.4

对城里人的心理接纳程度是影响进城务工女性融入城市生活和社会的重要因素，进城务工女性只有情感上主动接纳，才能引导行动上的积极适应，正向的心理接纳可以缩小进城务工女性的心理距离，减少负面的边缘情绪，在心理和行动的调试中不断消除彼此的刻板印象，促进彼此的理解和合作。在我们的

调查中，仍有近一成的进城务工女性非常排斥与城里人打交道，不愿意和他们聊天、一起工作或成为亲密朋友等，还有四成左右的进城务工女性没有明确的态度，这部分群体处于比较中立的位置，我们可以采取积极的努力来改变这个群体的主观认知，促进她们积极地融入城市生活（见表16）。

表16　进城务工女性对城市的心理接纳程度

单位：%

对城市的心理接纳程度	非常不愿意	不愿意	一般	比较愿意	非常愿意
您是否愿意与本地人聊天	0.6	6.7	36.4	41.1	15.2
您是否愿意和本地人一起工作	0.9	5.7	35.6	41.2	16.6
您是否愿意和本地人成为邻居	0.9	5.3	36.5	40.5	16.8
您是否愿意和本地人成为亲密朋友	1.0	8.5	40.2	33.7	16.6
您是否愿意和本地人一起参加社区管理	1.3	11.7	43.5	31.4	12.1
你是否愿意和本地人通婚或结成亲戚	2.1	14.8	41.2	28.9	13.0

①不同地区进城务工女性对城市的评价和接纳程度。

广州和湖北地区的进城务工女性对城市的评价和接纳程度有较大的不同，从城市评价来看，广州37.8%的进城务工女性觉得大部分城里人素质比较高，32.5%的人觉得城里人比较傲慢，瞧不起农村人。而湖北地区进城务工女性38.9%的人觉得城里人素质比较高，30.2%的人觉得城里人看不起来自农村的打工者。除此之外，广州地区有三成左右的进城务工女性觉得城里人愿意和自己聊天、一起工作或者成为邻居，有两成左右的进城务工女性觉得城里人愿意和自己一起参加社区管理活动、愿意和自己成为亲密的朋友甚至和自己通婚或者结成亲戚。而湖北地区半数以上的进城务工女性都觉得城里人愿意和自己有以上的交往活动（见表17）。以上数据说明，湖北地区进城务工女性对城市的评价要明显好于广州地区。

从对城市的接纳程度来讲，广州地区有40%左右的进城务工女性愿意和城里人聊天、一起工作并成为邻居，30%左右的人愿意和城里人一起进行社区管理、成为无话不谈的亲密朋友甚至是通婚或者成为亲戚。而湖北地区有60%左右的进城务工女性愿意和本地人聊天、一起工作、一起参加社区管理等接触和互动行为（见表18）。可见，湖北地区进城务工女性对城里人的心理接纳程度也要远远大于广州地区。

表 17　不同地区进城务工女性的城市评价

单位：%

对城市的评价	完全不符合		比较不符合		说不清楚		比较符合		完全符合	
	广州	湖北	广州	湖北	广州	湖北	广州	湖北	广州	湖北
大部分城里人素质比较高	3.6	4.7	22.8	16.7	35.8	39.7	35.6	33.6	2.2	5.3
城里人比较傲慢，瞧不起人	4.3	10.1	26.5	22.2	36.7	37.5	27.4	23.0	5.1	7.2
本地人愿意跟您聊天	0.9	1.1	11.9	3.5	53.3	41.9	29.3	35.8	4.6	17.7
本地人愿意和跟您一起工作	0.4	0.9	11.7	2.7	55.3	39.1	28.4	39.3	4.2	18.0
本地人愿意和您成为邻居	0.4	1.0	12.8	2.6	57.2	41.7	25.4	36.7	4.2	18.0
本地人愿意和您成为亲密朋友	1.1	1.1	20.1	4.0	54.7	43.5	19.9	33.7	4.2	17.7
本地人愿意和您一起参加社区管理	2.2	1.1	20.6	4.2	55.6	44.5	18.5	33.8	3.1	16.4
本地人愿意和你通婚或结成亲戚	3.1	2.1	29.4	5.5	48.6	46.7	15.9	28.8	3.0	16.9

表 18　两地进城务工女性对城市的心理接纳程度对比

对城市的心理接纳程度	非常不愿意		不愿意		一般		比较愿意		非常愿意	
	广州	湖北	广州	湖北	广州	湖北	广州	湖北	广州	湖北
是否愿意与本地人聊天	0.4	0.8	10.4	3.6	39.9	33.5	42.3	40.0	7.0	22.1
是否愿意和本地人一起工作	0.4	1.3	9.7	2.2	42.5	29.8	39.9	42.4	7.5	24.3
是否愿意和本地人成为邻居	0.4	1.3	9.5	1.7	43.6	30.5	39.0	41.8	7.5	24.7
是否愿意和本地人成为亲密朋友	0.7	1.3	15.2	2.8	47.7	33.8	29.1	37.5	7.3	24.6
是否愿意和本地人一起参加社区管理	1.3	1.3	20.5	4.1	46.3	41.1	28.4	34.1	3.5	19.4
是否愿意和本地人通婚或结成亲戚	2.7	1.7	26.0	5.1	43.5	39.2	22.7	34.4	5.1	19.6

②进城务工女性与男性对城市的评价和接纳程度对比。

进城务工男性与女性对城市的评价大致相同。总体来说，近四成的进城务工男性以及同等比例的进城务工女性觉得城里人比较好相处，城里人是愿意和自己在一起生活或者工作的。有四成左右的进城务工男女觉得自己也说不清楚城里

人对自己是什么态度。还有三成左右的受访者表示城里人确实是比较傲慢，看不起人，即使是有在一起工作和生活的机会，城里人也是不愿意的。值得注意的是，在关于“城里人是否愿意和你通婚或结成亲戚?”的回答中，进城务工男性和女性的回答差别比较大，44.5%的进城务工男性觉得城里人是愿意和自己结婚或者成为亲戚的，但是进城务工女性中只有33.3%的人持肯定态度（见表19）。

案例　黄阿姨（52岁　大学　市民）

与她们（进城务工女性）相处一般都没什么事，大家没什么不同嘛，我也挺喜欢她们的。就是有时他们不文明，我就说一说他们。没有他们来这里，广州就太清净了，人太少，你怎么生活，他们的人来多了，发展才越快。体力工作只能有体力的人做，现在广州独生子女谁去做体力劳动，男的、女的都不想做，你读了书就可以坐办公室，即便你读不了书也不想去做体力的。他们是不可或缺的，没他们在这里，真的是死城一个，个个坐在办公室，那其他事谁做？到时连买个菜都难。

表19　进城务工男性与进城务工女性的城市评价对比

单位：%

对城市的评价	完全不符合		比较不符合		说不清楚		比较符合		完全符合	
	男性	女性	男性	女性	男性	女性	男性	女性	男性	女性
大部分城里人素质比较高	10.6	4.2	21.7	19.5	39.0	37.9	26.0	34.5	2.7	3.9
城里人比较傲慢，瞧不起人	6.5	7.4	15.8	24.2	44.0	37.1	26.1	25.1	7.6	6.2
城里人愿意跟您聊天	1.7	1.0	3.8	7.3	49.0	47.2	34.2	32.8	11.3	11.7
城里人愿意跟您一起工作	1.4	0.7	5.5	6.8	42.5	46.6	37.7	34.3	12.9	11.6
城里人愿意和您成为邻居	1.4	0.7	5.1	7.3	44.4	48.8	36.9	31.5	12.2	11.7
城里人愿意和您成为亲密朋友	1.7	1.1	5.8	11.4	42.8	48.7	36.6	27.3	13.1	11.5
城里人愿意和您共参于社区管理	2.4	1.6	7.8	11.7	45.1	49.6	34.1	26.8	10.6	10.3
城里人愿意和你通婚或结成亲戚	3.8	2.6	9.2	16.5	42.5	47.6	33.9	22.9	10.6	10.4

在“您是否愿意和本地人聊天？是否愿意和本地人一起工作？和本地人成为邻居？和本地人成为亲密朋友？”方面，同等比例（半数以上）的进城务工男性和进城务工女性的回答都是肯定的，他（她）们表示很愿意和本地人一起生活和生活，分享生活的点滴和人生的感受。这表明在以上方面，进城务工男性和进城务工女性是愿意接纳城市，并和城市融为一体的。但在是否和本地人一起参加社区管理、通婚或成为亲戚方面，进城务工男性和进城务工女性的态度有些许的不同，进城务工男性中约50%左右的人表示愿意，而进城务工女性中只有40%左右的人愿意（见表20）。

表20　进城务工男性与进城务工女性对城市的接纳程度对比

单位：%

对城市的接纳程度	非常不愿意		不愿意		一般		比较愿意		非常愿意	
	男性	女性	男性	女性	男性	女性	男性	女性	男性	女性
与本地人聊天	2.0	0.6	5.5	6.7	34.8	36.4	43	41.1	14.7	15.2
和本地人一起工作	1.7	0.9	5.1	5.7	35.8	35.6	43.4	41.2	14.0	16.6
和本地人成为邻居	1.7	0.9	4.8	5.3	37.0	36.5	41.8	40.5	14.7	16.8
和本地人成为亲密朋友	1.7	1.0	4.4	8.5	34.8	40.2	41.7	33.7	17.4	16.6
和本地人一起参加社区管理	2.4	1.3	6.5	11.7	35.5	43.5	42.7	31.4	12.9	12.1
和本地人通婚或结亲	1.7	2.1	7.6	14.8	37.6	41.2	41.0	28.9	12.1	13.0

（3）进城务工人员的自我感知和身份认同

对于自己的生活现状和对城市的期望，31.4%的进城务工女性觉得自己并不属于城市，她们和城市仍存在着较大的心理距离，12.2%的进城务工女性觉得自己在城市的生活并不幸福，22.8%的进城务工女性觉得生活在城市很孤独。虽然也有部分女性对自己的生活现状不能很准确地给予定位，但是，我们可以认为她们在城市的生活并没有感到不幸福、被孤立。因此，从总体上讲，进城务工女性对自己生活和未来的感知还是充满自信与乐观的（见表21）。

通过对“您觉得自己是城里人，还是家乡人，如何看待自己的身份”这一问题的调查和访谈来考察进城务工女性的身份认同状况。统计结果显示，40.8%的进城务工女性觉得自己虽然在城市里生活多年，为城市做出了不少贡

表 21　进城务工女性在城市生活中的自我感知情况

单位：%

自我感知	完全不符合	比较不符合	说不清楚	比较符合	完全符合
感觉自己是属于城市的	8.6	22.8	38.3	23.7	6.6
生活在城市里，您感觉很孤独	12.4	34.9	29.9	19.5	3.3
觉得在本地生活很幸福	1.8	10.4	52.6	25.4	9.8

献，但自己仍然不是城里人，30.7%的进城务工女性觉得即使自己有城市居民身份，仍会被城里人认为是外地人，自己仍然不是真正的城里人。但是从情感上讲，只有27.4%的进城务工女性想最终回到家乡，24.0%的进城务工女性觉得自己始终都是农民，这说明绝大多数的人还是想能在城市里扎根生长，希望能通过自己的努力摆脱“农民”这个被社会固化的身份形象（见表22）。

表 22　进城务工女性的身份认同状况

身份认同	完全不符合	比较不符合	说不清楚	比较符合	完全符合
自己已经是城里人	13.0	27.8	35.8	17.9	5.5
自己始终都是农民	17.8	27.4	30.8	16.8	7.2
即使有城市居民身份，仍被城里人认为是外地人	12.5	16.5	40.3	23.4	7.3
您还是愿意回到农村	17.0	21.6	34.0	19.4	8.0

通过以上数据，我们可以发现，目前进城务工女性对自己的身份认知仍定位在“半城市人”上，但是从感情上讲，进城务工女性渴望摘掉被城市边缘化的名字，渴望成为真正的城里人，渴望真正地融入城市。

①不同地区进城务工女性的自我感知和身份认同状况。

两地的统计数据显示，湖北地区进城务工女性对生活现状和未来希望的感知更为乐观积极。41.7%的湖北进城务工女性觉得自己是属于城市的，46.9%的湖北进城务工女性并不觉得自己的生活很孤独，仅有9.2%的女性觉得自己的生活很不幸福。相反，广州地区只有17.0%的进城务工女性觉得自己是属于城市的，22.7%的人觉得自己生活在城市很孤独，更有15.8%的人觉得自己在城市的生活并不幸福（见表23）。

表23　不同地区进城务工女性的自我感知状况

单位：%

自我感知	完全不符合		比较不符合		说不清楚		比较符合		完全符合	
	广州	湖北	广州	湖北	广州	湖北	广州	湖北	广州	湖北
您感觉自己是属于城市的	11.0	6.6	34.9	12.5	37.1	39.2	14.6	31.5	2.4	10.2
生活在城市里，您感觉很孤独	9.5	14.9	38.4	32.0	29.5	30.3	20.0	19.0	2.7	3.8
您觉得在本地生活很幸福	2.9	0.9	12.9	8.3	53.3	52.0	27.8	23.5	3.1	15.4

关于自身的身份定位，广州和湖北地区的进城务工女性分别给出了不同的答案。广州地区进城务工女性有56.2%的人觉得自己虽然在城市生活了多年，但自己仍不算是城里人，29.0%的人觉得自己始终都是农民，37.2%的人觉得即使自己有了城市居民身份，自己在别人眼中也依旧是个外地人，40.2%的人表示她们还是愿意回到农村，回到真正属于自己的地方。与之相对，湖北地区的进城务工女性只有27.5%的人觉得自己不算是城里人，绝大多数的进城务工女性觉得自己已经是城里人，19.6%的人觉得自己始终是农民，24.8%的少数人觉得即使有了城市身份，自己还是个外地人，46.1%的湖北进城务工女性表示自己不愿再回到农村，她们希望通过自己的努力能够在城市扎根，永远地生活下去（见表24）。

案例　王女士（35岁　中专　待业）

自1997年19岁外出打工以来，进过棉织厂，自助创业卖过衣服卖过化妆品，之后进入一家中老年保健中心做培训师，去年结婚，女儿1岁，目前在家照顾女儿，待业中。我已经在城市生活16年了，早已非常习惯。反而回到老家，看到杂乱的街道和家里布满灰尘的房间，十分不舒服。虽然自小在农村长大，但我还是更喜欢城市。

以上分析表明，广州地区的进城务工女性与湖北地区相比，她们感受到的社会排斥更强烈，以至于她们对生活的感知更为艰难和消极，她们仍然将自己定位成无根的城市游离者，她们仍然向往回到能真正带给她们快乐和幸福的农村。

表24　不同地区进城务工女性的身份认知

单位：%

身份认知	完全不符合		比较不符合		说不清楚		比较符合		完全符合	
	广州	湖北	广州	湖北	广州	湖北	广州	湖北	广州	湖北
自己已经是城里人	15.8	10.6	40.4	16.9	30.9	40	10.7	24.1	2.2	8.4
自己始终都是农民	10.7	23.9	27.6	27.3	32.7	29.2	22.5	11.8	6.5	7.8
有城市居民身份,仍被城里人认为是外地人	6.4	18.1	14.5	18.2	41.9	38.9	30.6	17.0	6.6	7.8
您还是愿意回到农村	7.8	24.8	21.9	21.3	30.1	37.3	29.7	10.7	10.5	5.9

②进城务工男女两性的自我感知和身份认同状况。

通过对男女两性的对比发现，在城市归属感方面，男女两性的表现趋同，近三成的受访者表示有归属感，同时，也有相同比例的受访者表示没有归属感，近四成受访者持中立态度，可见男女两性在城市归属感方面呈偏低水平。在问及在城市中是否存在孤独感时，受访女性中有22.8%表示存在孤独感，低于男性的27.8%，可见在城市中外来务工女性在寻求倾诉对象和表达情感方面比男性占优势。在城市生活幸福感方面，男性的幸福感低于女性（见表25）。

表25　进城务工男女自我感知情况对比

单位：%

自我感知	完全不符合		比较不符合		说不清楚		比较符合		完全符合	
	男性	女性	男性	女性	男性	女性	男性	女性	男性	女性
自己是属于城市的	9.3	8.6	15.5	22.8	44.1	38.3	24.5	23.7	6.6	6.6
在城市里,您感觉很孤独	12.0	12.4	25.4	34.9	34.7	29.9	20.6	19.5	7.2	3.3
在本地生活很幸福	5.8	1.8	11.3	10.4	56.7	52.6	19.8	25.4	6.5	9.8

从农民身份转为城市居住群体，进城务工的男女两性均表现出较低的身份认可度，仅有两成多受访者认为自己已经成为城里人，近四成受访者表示自己没有成为城里人，可见在身份变化方面男女两性的主观感受相近。与此同时，进城务工群体对于自身的农民身份也表现出较大的不认可，四成以上的受访男女表示自己已经脱离了农民身份。在问及是否感受到城里人对于自己成为城市人口的排斥时，三成左右的受访男女表示存在这一感受，也有相同比例的受访

者表示这种排斥感较弱或不存在。在问到是否愿意回到农村时，女性中有38.6%的受访者表示不愿意再回到农村，高于男性的32.3%（见表26）。

表26　进城务工男女身份认同情况对比

单位：%

身份认同	完全不符合		比较不符合		说不清楚		比较符合		完全符合	
	男性	女性	男性	女性	男性	女性	男性	女性	男性	女性
自己已经是城里人	16.4	13.0	25.6	27.8	35.5	35.8	16.7	17.9	5.8	5.5
自己始终都是农民	18.8	17.8	25.0	27.4	31.5	30.8	15.8	16.8	8.9	7.2
有城市居民身份，仍会被认为是外地人	14.4	12.5	15.1	16.5	34.9	40.3	23.3	23.4	12.3	7.3
您还是愿意回到农村	11.7	17.0	20.6	21.6	43.0	34.0	15.8	19.4	8.9	8.0

（4）未来预期

相对于第一代农业转移人口，新生代农业转移人口大多对未来充满信心和热情，对于未来的发展和预期，更多的进城务工女性选择留在城市，并在城市做出一番成就。58.3%的被调查者希望自己可以获得城镇居民身份，成为真正的城里人。关于未来的居住打算，44.7%的被调查者渴望定居在城里，21.5%的被调查者打算在城里工作一段时间后回到自己的家乡定居，10.0%的被调查者选择在城里工作一段时间后在一小城镇定居下来。虽然她们的选择不尽相同，但是总的来说，绝大多数的进城务工女性希望未来能留在城市，成为真正的城里人（见图41）。

①不同地区进城务工女性对未来的期望。

从图42可以看出，两地进城务工女性对未来的期望和打算有很大的不同，愿意在本地定居的广州地区被调查者占26.0%，湖北地区被调查者高达60.6%，在本地工作一段时间后回家乡定居的湖北地区被调查者占10.4%，而广州地区的被调查者占34.7%。另外，在"您是否愿意成为城里人?"的选择中，68.2%的湖北进城务工女性表示自己想获得城里居民身份，成为真正的城里人，广州地区想成为城里人的进城务工女性占到46.8%。可见，从未来的期望和愿景上看，湖北地区进城务工女性想将来在城里定居，并真正成为城里人的愿望比广州地区的更强烈。

②进城务工男性与进城务工女性对未来的不同期望。

进城务工男性和女性对未来的期望区别不大，约有近六成的进城务工男性

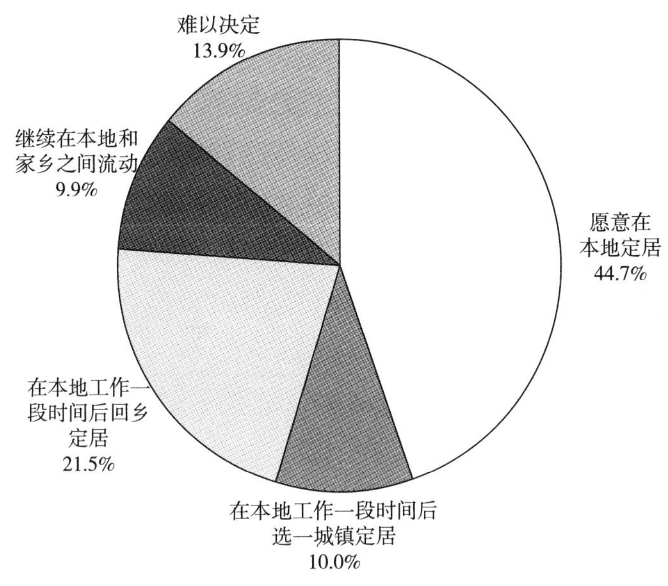

图 41　未来的居住计划

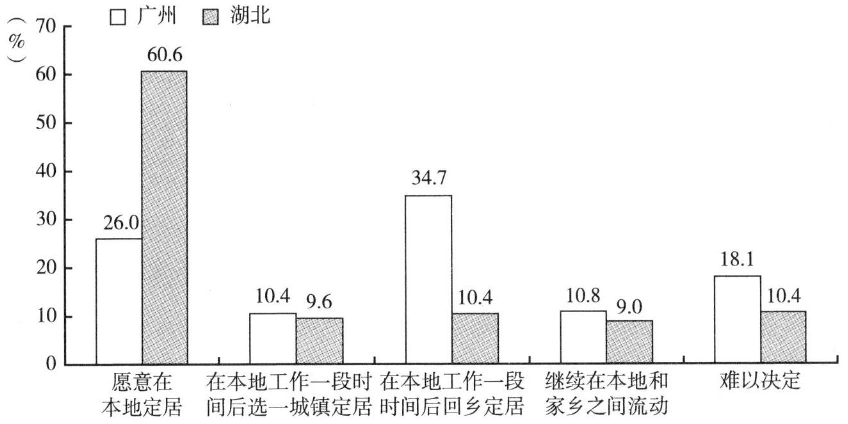

图 42　两地女性未来的居住打算

和同比例的进城务工女性想留在城市生活。关于未来的居住打算，大部分的进城务工男性和女性希望在城里定居，与进城务工男性不同的是，更多的进城务工女性想在城里工作一段时间后回到自己的家乡定居，导致这一不同的原因可能是女性自觉身上有更重的照顾家庭的责任，以及渴望与家庭团聚的心愿（见图 43）。

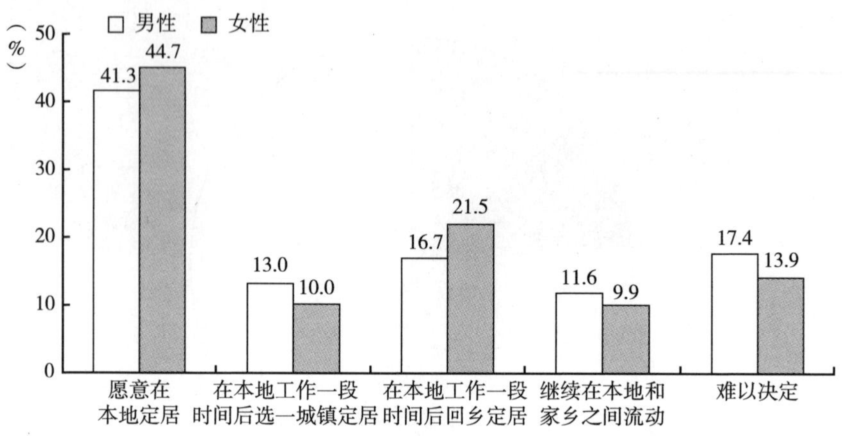

图 43　进城务工男性与进城务工女性未来的居住打算

（二）实证分析

按照国际经验和我国实际情况，城镇融入是化解进城务工女性群体在城市中所遭遇诸多困难的根本出路，所以探究如何实现进城务工女性的城镇融入已经成社会重要议题。当前，进城务工女性处于一个从农民到市民的过渡阶段，在这一情况下，对其融入的进程进行测量也显得十分重要。测量工作可以达成三个目标。一是了解进城务工女性整体的融入程度，掌控其城镇融入的实际进度。二是通过东部地区与中部地区的比较，发现两者之间的差异，从而在宏观政策层面上提供引导性建议。三是有助于评价当前国家政策或城市是否推动了进城务工女性的城镇融入，并寻找问题的关键之处。三个目标的实现将有助于本课题对进城务工女性的融入情况有更清楚的了解，有助于将抽象的主观判断客观具体化，有助于实现对于进城务工女性进行长期的融入程度测量。

1. 方法设计

在测算进城务工女性融入程度的过程中，本课题借鉴中国社会科学院城市发展与环境研究所提出的一套测量方法，在此基础上结合本课题的实际情况进行微调，从政治权利、公共服务、经济生活和生活观念四个方面出发，构建了一个进城务工女性融入程度的测量的综合指数，用以评价进城务工女性在城镇融入过程中的各个方面与城镇居民的差距。首先，我们选取相应指标并运用专

家打分法对相应指标赋权，构建进城务工女性城镇融入程度综合评价指标体系，同时选取相应的标准值，在计算出各分项指标的距离的基础上，通过加权计算出进城务工女性城镇融入的程度。其次，在具体的测算过程中，我们分别将各地区的进城务工女性参照所在地区的标准值进行测算，其中，对广州市进城务工女性的测算是以广州市的相关社会数据为依据，湖北省地区的标准值则选取以武汉市为代表的相关数据。最后，为了进行男女之间融入程度的比较，我们分别将总体样本中的男女两部分样本以我国城镇居民相关数据作为标准值进行测量，以期得出男女两性在融入过程中的差距。

2. 指数测量

差距计算公式为：$p_i = x_i / X_i$，其中 p_i 表示单个指标的差距情况，x_i 为实际值，X_i 为标准值。进城务工女性融入程度综合指数的计算公式为：$P = \sum_{i=1}^{n} p_i \cdot w_i$，其中 P 表示进城务工女性城镇融入程度综合指数，w_i 表示指标权重。各分项融入程度的计算公式为：$P_j = \sum_{j=1}^{K} p_{ji} \times w_i / \sum_{j=1}^{K} w_i$，其中 P_j 表示第 j 分项的进城务工女性融入程度，p_{ji} 为第 j 分项第 i 个指标的权重，$\sum_{j=1}^{K} w_i$ 为第 j 分项的总权重。具体测算见表 27。

表 27　广州市进城务工女性融入综合指数

标准	指标	权重	标准值	数值	进程
政治权利(20.76%)	1. 选举权与被选举权	6	1	8.8	8.80
	2. 参与社区民主管理	6	1	15.4	15.40
	3. 党团员中参加党团活动比重	6	1	38.1	38.10
公共服务(21.73%)	4. 子女接受公办教育比重	10	1	13.9	13.90
	5. 签订劳动合同比重	10	1	30.7	30.70
	6. 城镇社会保险参与率				
	6.1　养老保险参与率	4	88.6	16.2	18.28
	6.2　工伤保险参与率	3	49.5	12.9	26.06
	6.3　医疗保险参与率	4	93.5	26.8	28.66
	6.4　失业保险参与率	3	47.7	7.7	16.14
	6.5　生育保险参与率	3	33.7	4.9	14.54

续表

标准	指标	权重	标准值	数值	进程
经济生活(56.82%)	7. 月均收入	10	5313	2643	49.75
	8. 自购住房或租赁比例	10	1	59.7	59.70
	9. 人均月消费支出	10	2541	1550	61.00
生活观念(44.4%)	10. 通过媒体、网络等渠道了解信息	5	1	50.4	50.40
	11. 赞同超前消费(贷款、信用透支	5	1	21.4	21.40
	12. 认为定期体检很有必要	5	1	61.4	61.40
融入程度综合指数		35.48			

注：1. 标准值以2012年城镇居民相关指标为标准，其中：城镇社会保险参与率标准值为各类社会保险参保人数与城镇户籍人口之比；月均工资和人均消费支出为城镇在岗职工月均工资收入和平均每月消费支出。2. 进城务工女性月均消费支出参照当地最低工资标准。

资料来源：《广州市统计年鉴2013》与《广州市统计信息手册2013》。

表28　湖北进城务工女性融入程度综合指数

标准	指标	权重	标准值	数值	进程
政治权利(40.9%)	1. 选举权与被选举权	6	1	22.9	22.90
	2. 参与社区民主管理	6	1	46.5	46.50
	3. 党团员中参加党团活动比重	6	1	53.3	53.30
公共服务(67.73%)	4. 子女接受公办教育比重	10	1	20.5	20.50
	5. 签订劳动合同比重	10	1	65.2	65.20
	6. 城镇社会保险参与率				
	6.1　养老保险参与率	4	42.6	49.1	100.00
	6.2　工伤保险参与率	3	24.3	36	100.00
	6.3　医疗保险参与率	4	47.4	66.7	100.00
	6.4　失业保险参与率	3	19.2	28.3	100.00
	6.5　生育保险参与率	3	26.4	22	83.00
经济生活(63.14%)	7. 月均收入	10	4079	1917	47.00
	8. 自购住房或租赁比例	10	1	59.5	59.50
	9. 人均月消费支出	10	1568	1300	82.91
生活观念(48.47%)	10. 通过媒体、网络等渠道了解信息	5	1	58.4	58.40
	11. 赞同超前消费(贷款、信用透支)	5	1	23.5	23.50
	12. 认为定期体检很有必要	5	1	63.5	63.50
融入程度综合指数		58.63			

注：1. 标准值以2012年城镇居民相关指标为标准，其中：城镇社会保险参与率标准值为各类社会保险参保人数与城镇户籍人口之比；月均工资和人均消费支出为城镇在岗职工月均工资收入和平均每月消费支出。2. 进城务工女性月均消费支出参照当地最低工资标准。

资料来源：《武汉市统计年鉴2013》与《武汉市统计公报2013》。

表 29　进城务工女性融入程度综合指数

标准	指标	权重	标准值	数值	进程
政治权利(30.9%)	1. 选举权与被选举权	6	1	16.4	16.40
	2. 参与社区民主管理	6	1	26.8	26.80
	3. 党团员中参加党团活动比重	6	1	49.5	49.50
公共服务(56.08%)	4. 子女接受公办教育比重	10	1	19.1	19.10
	5. 签订劳动合同比重	10	1	49.4	49.40
	6. 城镇社会保险参与率				
	6.1　养老保险参与率	4	41.1	33.9	82.48
	6.2　工伤保险参与率	3	25.6	25.3	98.83
	6.3　医疗保险参与率	4	68.5	48.3	70.51
	6.4　失业保险参与率	3	20.7	18.8	90.82
	6.5　生育保险参与率	3	20.1	14.0	69.65
经济生活(69.45%)	7. 月均收入	10	3483	2276	65.35
	8. 自购住房或租赁比例	10	1	59.6	59.60
	9. 人均月消费支出	10	1263	1054.0	83.40
生活观念(46.63%)	10. 通过媒体、网络等渠道了解信息	5	1	54.7	54.70
	11. 赞同超前消费(贷款、信用透支)	5	1	22.6	22.60
	12. 认为定期体检很有必要	5	1	62.6	62.60
融入程度综合指数		54.14			

注：1. 标准值以2012年城镇居民相关指标为标准，其中：城镇社会保险参与率标准值为各类社会保险参保人数与城镇户籍人口之比；月均工资和人均消费支出为城镇在岗职工月均工资收入和平均每月消费支出。2. 进城务工女性月均消费支出参照当地最低工资标准。

资料来源：《中国统计年鉴2012》与《中国统计公报2012》。

表 30　进城务工男性融入程度综合指数

标准	指标	权重	标准值	数值	进程
政治权利(36.93%)	1. 选举权与被选举权	6	1	18.1	18.10
	2. 参与社区民主管理	6	1	31.5	31.50
	3. 党团员中参加党团活动比重	6	1	61.2	61.20
公共服务(64.72%)	4. 子女接受公办教育比重	10	1	20.9	20.90
	5. 签订劳动合同比重	10	1	57.9	57.90
	6. 城镇社会保险参与率				
	6.1　养老保险参与率	5	41.1	40.5	98.54
	6.2　工伤保险参与率	4	25.6	35.7	100.00
	6.3　医疗保险参与率	5	68.5	56.7	82.77
	6.4　失业保险参与率	3	20.7	25.4	100.00
	6.5　生育保险参与率	—	—	—	—

续表

标准	指标	权重	标准值	数值	进程
经济生活(70.21%)	7. 月均收入	10	3483	2562	73.55
	8. 自购住房或租赁比例	10	1	53.7	53.70
	9. 人均月消费支出	10	1263	1054.0	83.40
生活观念(34.73%)	10. 通过媒体、网络等渠道了解信息	5	1	38.7	38.70
	11. 赞同超前消费(贷款、信用透支)	5	1	15.8	15.00
	12. 认为定期体检很有必要	5	1	50.5	50.50
融入程度综合指数		56.87			

注：1. 标准值以2012年城镇居民相关指标为标准，其中：城镇社会保险参与率标准值为各类社会保险参保人数与城镇户籍人口之比；月均工资和人均消费支出为城镇在岗职工月均工资收入和平均每月消费支出。2. 进城务工女性月均消费支出参照当地最低工资标准。3. 在社会保险中，由于男性不参与生育保险，故将权重做修正。

资料来源：《中国统计年鉴2012》与《中国统计公报2012》。

按照此测量方法并结合相关数据，我们分别测量出广州（35.48）、湖北（58.63）、总体女性（54.14）以及总体男性（56.87）。这里需要说明，在测量男性融入程度时，由于其自身不享受生育保险，故在权重配比方面做出调整。从广州与湖北两地比较来看，湖北（58.63）的融入综合指数明显高于广州（35.48），具体到分项融入指数，在政治权利、公共服务方面，广州（20.76、21.73）较之湖北差距较大，在经济生活与生活观念方面与湖北差距较小（见图44）。可以看出，广州作为我国经济发展水平最高城市的代表，在该区域生活的进城务工女性与当地市民有较大的距离。

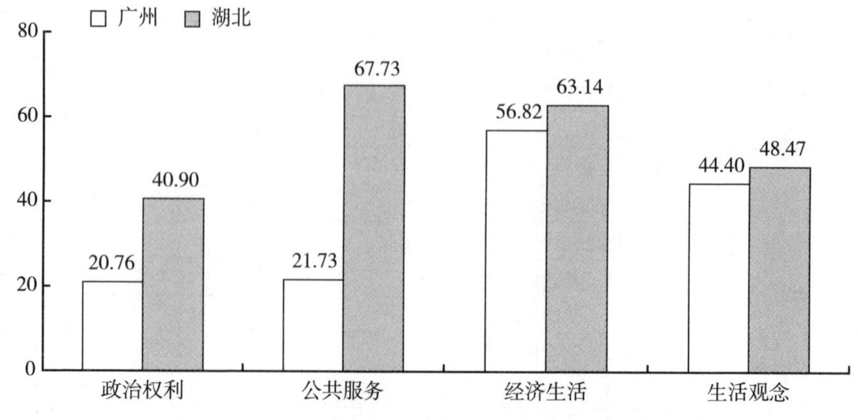

图44　两地融入指数

从性别角度来看，男性（56.87）的融入综合指数略高于女性（54.14），具体到分项融入指数，在政治权利、公共服务方面，男性（36.93、64.72）较之女性的融入指数较高，在经济生活方面，男性的指数水平稍高于女性，而在生活观念方面，女性（46.63）远高于男性（34.73）（见图45）。通过生活观念指数可以看出，虽然在前三个指数方面女性弱于男性，但女性对于生活质量的关注和生活方式的适应性都高于男性。

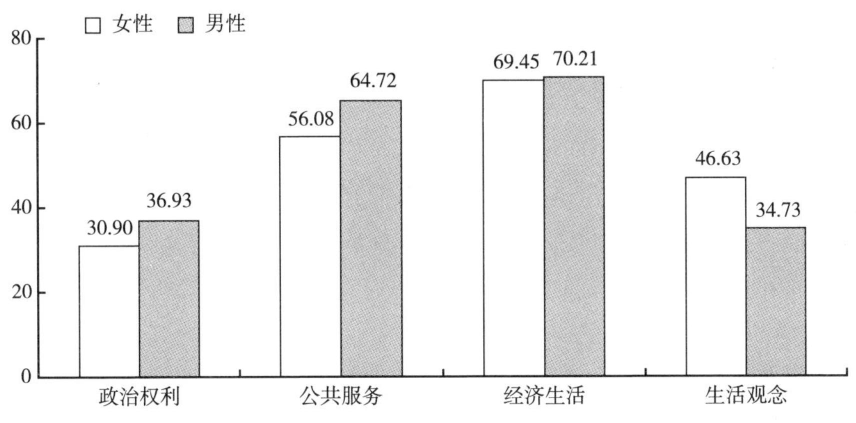

图45　男女融入指数

（三）基本总结

1. 进城务工女性城镇融入水平总体偏低

经济层面上，进城务工女性与本地人在经济收入、职业层次、住房、劳动保护等方面有极大差异。与本地人相比，绝大多数的进城务工女性从事于职业阶层较低的职业，并且进城务工女性的经济收入水平普遍偏低，近七成的被调查者月收入水平在2500元以下，她们大多居住在私人出租房或者单位提供的集体宿舍中，边缘化的居住方式使她们的生活也日益孤岛化。此外，非正规化的就业导致进城务工女性的劳动保护和福利待遇水平较低。

社会层面上，进城务工女性的社会网络成员以非市民关系为主，业缘关系成为她们与市民建立社会联系的重要纽带，进城务工女性较少参加流入地的社会活动，她们的娱乐方式和非日常消费状况也呈现较低城市化倾向，不完全融入使进城务工女性处于本地人社交场域之外。

文化和心理层面的融入状况不容乐观。多数进城务工女性虽然了解流入地的城市文化，但是却只有少数人接受和遵从当地的城市文化，低城市评价致使多数进城务工女性对本地人存在较大的心理距离。此外，对户籍制度所强加的先赋身份的认同使多数进城务工女性存在“过客心态”，这也促使她们将“有朝一日能获得城镇居民身份，成为真正的城里人”作为未来最大的预期和希望。综上所述，目前进城务工女性的城镇融入处于“虚城市化”状态。

2. 进城务工女性城镇融入的地域差异明显

经济发达地区进城务工女性的城镇融入状况要劣于经济欠发达地区。

经济层面上，虽然以广州为代表的经济发达地区的月工资水平要明显高于以湖北为代表的经济欠发达地区，但是湖北进城务工女性享有更好的住房条件和更多的住房政策。此外，相比于广州，湖北地区进城务工女性的就业更加正规，在工作时长、休息时间、带薪休假以及福利保险等方面享受更多的劳动保护。

社会层面上，湖北进城务工女性与本地市民建立了较多的社会联系，她们拥有较强的社会支持网络，她们参与社交活动的广度与深度高于广州进城务工女性，而广州进城务工女性则表现出社交网络的闭合与孤立。

文化和心理层面，湖北地区进城务工女性比广州地区进城务工女性更了解流入地的城市文化且更愿意接受和遵从当地的城市文化，更愿意按照当地的风俗习惯办事。湖北地区进城务工女性对城市的评价和心理接纳程度较高，其自我感知和身份认同更自信、乐观，因此，更多的湖北进城务工女性希望未来能真正定居城镇，转变成为城镇人口。

3. 进城务工女性城镇融入水平低于男性

首先，进城务工男性的经济融入现状要优于进城务工女性。这种性别优势不仅表现在经济收入水平上，而且表现在享受的住房政策和劳动保护上。其次，进城务工男性的社会融入程度高于进城务工女性。与进城务工女性相比，进城务工男性拥有更多元的社交网和社会支持网络，他们参加的组织或团体，以及参与的各种社会活动都要高于进城务工女性，受生理特征的影响，进城务工女性所热衷的社会休闲活动之一是逛街购物，而进城务工男性则热衷于有利

于社会资本积累的朋友间的聚会聊天。最后，进城务工男性的文化和心理融入状况优于进城务工女性。与进城务工女性相比，进城务工男性更容易接受流入地的城市文化并愿意遵从当地的风俗习惯，他们对城市的评价和对城市的心理接纳要更为乐观积极。此外，进城务工男性的自我感知和身份认同更趋向于城里人，因此，他们更愿意并希望未来能留在城市定居。

五　进城务工女性城镇融入的制约因素

正如学界普遍认可的那样，农民工城镇融入的制约因素是多种多样的，涉及经济社会的广泛领域，以及国家、社会、社区与个体等多个层面。在错综复杂的约束网络中，社会性别因素无疑是一个十分重要的因素，而这个因素往往被研究者有意无意地忽视或回避。本项目无意为了研究进城务工女性群体而赋予社会性别因素特殊的价值，但最直观的逻辑是：倘若不能真正实现进城务工女性群体的城镇融入，进城务工男性群体融入城镇又从何谈起？在探究进城务工女性群体城镇融入问题时，了解和掌握各种一般性因素，无疑具有普遍性意义；而辨识社会性别这一“个别”因素，则具有更加重要的工具性价值。把握社会性别因素既有助于深入认识进城务工女性群体城镇融入问题的复杂性，也有助于让我们为进城务工女性融入城镇找到根本出路。

毫无疑问，农民工问题的解决是一个长期的社会变革过程①，而进城务工女性群体城镇融入问题同样是一项系统工程，甚至因社会性别因素而变得更为棘手和复杂。在探讨进城务工女性城镇融入的制约因素时，对各种具体影响因素进行微观把握是必要的，但宏观分类也是不可或缺的。依据各个因素发挥影响的范围与层次，可以将若干制约因素划分为“个体—家庭—社会”三大类。这种“微观—中观—宏观”的层次分类法，对于我们探求适合中国国情的女性农民工城镇融入道路是有价值的。学界大多数类似的研究，在研究方法上要么运用个体视角，要么选择社会视角，其结果要么是过于宏大而无法找到切入点，要么是过于细微而不得要领。从中观层面的家庭视角出发，可以克服单纯

① 刘怀廉：《中国农民工问题》，人民出版社，2005，第283页。

以个体或社会为视角的研究的不足，同时可以恰当地评价社会性别因素在进城务工女性城镇融入中的影响，为政府制定和实施相关性别敏感的政策措施，解决进城务工群体城镇融入问题找到突破口。

（一）家庭羁绊：进城务工女性城镇融入难的直接原因

1. 不平等性别分工导致家庭责任分担不均衡

家庭是人类社会最基本的组成单位，是预防和解决社会问题的重要组织，也是每个人不可缺少的重要日常生活领域。家庭既是连接个体与社会的纽带和桥梁，又是行为规范与社会理想的基本依托。家庭的存在，对于人类社会的功用与效能是不言而喻的。一般而言，家庭的功能可分为固定性的和历史性的两类。其中，家庭的固定性功能主要包括爱情、生殖、养育；家庭的历史性功能主要是指经济功能、社会保障和福利功能、教育功能与休闲娱乐功能。作为社会的基本细胞，家庭的存续及其功能不仅受到经济社会的客观制约，而且也受到家庭成员之间角色模式及其责任分配的深刻影响。我国农村家庭中广泛且长期存在的不平等的性别分工模式及其引起的家庭责任分配不均衡，正是制约进城务工女性城镇融入的重要因素。

新中国成立以来，我国政府出台了一系列法律法规和政策，不遗余力地消除传统不平等性别制度，促进性别平等，长期不懈的努力使女性的家庭地位和社会地位都得到了跨越式提升。一方面，妇女的角色已经大大突破了“家庭主妇”的桎梏，妇女可以与男性一起共同参加生产劳动而不是局限于家务劳动，在家庭中的地位也越来越趋向于与男性平等。另一方面，妇女的独立地位已经从家庭向社会领域延伸，她们可以开展社会交往、参与社会性活动。但由于传统性别文化根深蒂固，封建残余思想仍然存在，加之国家法律政策执行遇到梗阻等因素，我国妇女的独立与解放并不彻底，在广大农村地区尤其如此。相对于城市而已，农村地区的性别不平等状况更为明显，村民性别平等意识仍然比较薄弱，性别歧视现象依然比较严重。就农村家庭内部而言，“男主外、女主内”的性别分工模式虽然在农村男性青壮年劳动力大量外流的情况下出现了“男耕女织”的分工格局，但这种分工仅仅是传统性别分工模式的补充或延伸，并没有改变传统“男外女内”性别分工模式的本质。

不仅如此，我国现代化社会转型与农村剩余劳动力大规模的“乡城”流动运动，不但丝毫没有消除传统性别分工格局的不平等，反而在某种程度上进一步强化了这种家庭劳动分工的性别差异及其不平等性。一方面，作为已经获得一定独立性的女性个体，她们在服从家庭理性决策前提下离开家庭进入城市从事非农业就业的过程中，由于受到农村社区文化理念与道德规范的约束特别是父权制度的影响，女性仍然无法摆脱作为家庭非生产性责任主要承担者的束缚。另一方面，为了增加家庭经济收入，促进家庭能力发展，她们又无法将家庭经济性、生产性事务完全留给丈夫或家庭男性成员而自己置身事外，只得选择要么独自一人在家留守，要么和丈夫一起加入“乡—城”流动大潮，成为千千万万“候鸟式”迁徙大军的一员。正因为如此，如何恰当地处理工作与家庭的关系，成为进城务工女性群体不得不认真面对的问题。而工作与家庭责任难以平衡的现实矛盾，也成为进城务工女性迁移城镇路上难以逾越的鸿沟。一方面，她们想在城市努力工作，争取更多更理想的经济收入，以便在城市购买住房并全家迁居城市；另一方面，她们又不得不考虑各种家庭事务，比如孩子上学、赡养与照顾老人，家庭特别是老人、孩子无时无刻不是进城务工女性群体无法挣脱的牵挂。这种被强化的不平等的性别分工，使得进城务工妇女背上了沉重的包袱，也使得她们在融入城镇的过程中步履艰难。

延续了数千年的传统性别分工方式极度扭曲了人类最初的劳动性别分工的本质，使得仅仅基于生理差异的性别分工蒙上了深深的等级观念色彩。这种家庭性别分工模式及其附着的性别等级观念经过漫长的社会化过程，在中国数千万农村家庭中绵延往复，不仅成为家庭男性成员思想意识中天经地义的事情，也成为女性自己难以突破的屏障。由此，家庭角色与责任在女性自我意识束缚中进一步定型化、刻板化，并且经由子女教育不断被复制，实现代际传递。当然，男性成员也承担着重要的家庭责任，但其家庭责任主要体现为维持家庭生计，很少或根本不承担照顾老人等家务劳动责任。而女性的家庭劳动责任则在农业现代化与城镇化发展进程中进一步凸显，家庭责任在男女两性之间的分配体现出明显的不平衡性。因此，女性对“家”的观念与情感自然比男性强烈。本项目调研发现，当问及“您是否愿意成为城镇居民”时，有占58.3%的受访者明确表示“愿意”，只有约13%的受访者明确表示“不愿意”（另有占

28.6%的受访者表示“没想好”)。可见，进城务工女性人群中大多数人向往城市生活和城市文明。

进城务工女性对融入城镇的渴望，在“您对未来居住地的选择意愿”这一问题中得到了进一步印证。调查数据显示，在“愿意在本地定居、在本地工作一段时间后选一城镇定居、在本地工作一段时间后回乡定居、继续在本地和家乡之间流动与难以决定”五个选项中，选择“愿意在本地定居”的人数最多，占样本总数的44.7%。如果算上选择在城镇定居的人数，那么愿意在城镇定居的样本比例占54.7%。可见，进城务工女性普遍有融入城镇的愿望。那么家庭对进城务工女性融入城镇的影响到底有多大呢？调查发现，住房在“全家移居进城”遇到的困难中排第一位，约六成的进城务工已婚女性表示，“房价太高”是“全家移居进城的最大困难”。排第二位的是“生活成本高”，其他相关因素还包括子女上学困难、不方便照料老人等（见表31）。

表31　您觉得全家移居进城的最大困难是

单位：%

最大困难	广州	湖北	总体
房价太高	39.8	70.6	58.1
工作不稳定	6.1	8.3	7.5
没有城镇户口	3.3	3.3	3.3
子女上学困难	10.2	4.4	6.8
缺乏社会保障	2.5	3.9	3.3
生活不习惯	0.4	0.6	0.5
生活成本高	35.7	8.1	19.2
不方便照料老人	1.6	0.6	1.0
承包地的处置	0.4	0.2	0.3

注：调研对象婚姻状况为已婚。

进城务工未婚女性面临着同样的问题，在城里没有住房、消费水平高是她们在城里成家遇到的最大困难。在“您在城里成家最大的困难”这一问题中，约27.8%的受访者选择了“没有住房”，约24.3%的受访者选择了“消费水平高”这一选项。这两个因素都直接影响家庭能否建立和维系。其中，住房是家庭成员共同居住、共同生活的必要场所和基础物质条件，而经济收入是家庭能否延续的经济基础，在收入水平和其他要素不变的情况下，消费水平是家

庭功能发挥的重要影响因素。

2. 离散式流动模式提高了女性城镇融入成本

农民工城镇融入（市民化）的社会成本测算、成本分担方式及政府资金筹措等问题是学界和各级政府十分关注的问题。中国科学院《中国可持续发展战略报告》（2005）表明，每进入城市1个人，需要“公共支付成本”约为1.5万元；建设部调研报告（2006）《农民工进城对城市建设提出的新要求》认为，每新增一个城市人口需要增加市政公用设施配套费，小城市为2万元，中等城市为3万元，大城市为6万元，特大城市为10万元（不含运行和管理成本）；中国发展研究基金会《中国发展报告2010：促进人的发展的中国新型城市化战略》得出的结论是，中国当前农民工市民化的平均成本在10万元左右；国务院发展研究中心课题组报告《农民工市民化的成本测算》（2011）认为，一个农民工市民化的政府支付公共成本在8万元左右；等等。尽管关于农民工城镇融入（城镇化的人均成本）的成本测算有很多不同版本，各种测算方法与结果之间也存在较大的差异，但基本上倾向于通过人均成本测算来估算政府公共财政资金的投入额。即测算农民工享有与本地市民相同的各项权利和公共服务所需的公共投入。实际上，农民工城镇融入的成本由私人支付成本与公共支付成本两部分构成。公共支付成本的测算对于各级政府而言是必要的，因而也为学界津津乐道，而私人支付成本对于农村家庭及其成员的重要性及其测算，却并没有引起足够的重视。

公共支付成本是国家和政府为促进人在城镇化过程中用于城市基础设施建设、城市社会管理与社会保障等各种公共服务的支出，主要包括农民工子女教育成本、养老保险成本、医疗保障成本、社会管理费用、保障性住房支出等。私人成本是指农村进城务工人员融入城镇过程中用于日常生活、培训教育费、住房与社会保障等方面的资金与投入的总和。进城务工人员融入城镇的私人支付成本，与他们在农村的生产生活成本有较大差异，除了日常生活成本之外，教育培训成本、住房与社会保障资金都是他们在城市工作、生活和长期居住必须进行的额外投资。同时，私人支付成本的大小也因进城务工人员所选择的流动模式不同而存在较大的差异。当前，我国农民工乡城流动仍以跨省、个体流动为主。调查数据显示，进城务工女性居住模式属于“全家人住在一起”的人仅占已婚女性样本的57.4%，占调查样本总数的36.3%。大多数进城务工女性的居住类型属于“自己一人住，配偶及子女在老家”、“与配偶住一起，子女在老家”、“与子女住在一起，配偶留在老家”与“与朋友或亲戚合租”中的一种。这充分表明，进城务工女性的流动模式整体上依然是一种与家人分离的离散式流动模式。

现行乡城运动中的离散式流动模式，无疑增加了进城务工女性群体城镇融入的负担，致使她们需要支付更高的额外私人成本。要顺利融入城镇，实现个人的发展与梦想，她们需要付出比男性群体更为巨大的代价。第一，离散式流动模式，致使进城务工女性的家庭和亲属等社会关系网络主要滞留在农村，削弱了其融入城镇的社会资本。为了能更好地融入城镇，独自外出的农村女性人口需要投入更多成本培育社会资本。第二，离散式流动模式，导致女性个体工作地与家庭的地域区隔。由于承担家庭责任的需要，她们只得每年甚至更为频繁地“候鸟式”往返于乡城之间，并为此付出更高的经济成本。第三，离散式流动模式，致使进城务工女性不得不承担巨大的风险成本。由于获得城镇户籍、子女上学、父母养老、购买住房与获得城镇各种基本公共服务等都存在很大的不确定性、长期性，导致进城务工女性在城镇工作生活过程中已付出的私人成本的回报率降低，其收益周期延长。为此，进城务工女性支付了巨大的沉淀成本，一旦她们发现通过自己的努力最终无法实现市民梦时，她们就只能选择返回家乡。另一方面，频繁往返于城镇与家乡，在工作和家庭责任之间做“钟摆”运动，也容易使她们在工作上错失一些机会，比如提薪、晋职。而对家庭事务的疏忽和处理不善，也可能引发某些她们无法弥补的家庭问题。比如近些年来农村地区较为常见的学龄儿童网瘾问题、女童受性侵问题以及老年人自杀问题等。这些都表明，进城务工女性在城镇融入过程中还承担着巨大的家庭风险成本。可见，进城务工女性城镇融入的巨大额外私人成本，直接源于“非家庭化”的个体流动模式，或者说是家庭关系。

（二）社会固化：进城务工女性城镇融入难的根本原因

1. 性别歧视导致女性弱势地位固化

进城务工女性城镇融入程度相对于男性较低，这与其在社会中的弱势地位

密切相关，而这种弱势地位是在不平等的社会性别制度影响下形成的。所谓社会性别，就是人们基于男性与女性的自然性别上的差距，在思想观念上所形成的对于男性与女性的主观判断。在社会不断发展变化的过程中，男性逐渐占据社会优势地位，将女性置于从属地位，形成社会性别不平等。这种不平等使得进城务工女性的弱势地位形成并进一步固化，使进城务工女性在城镇融入过程中遭遇到种种困难，陷入融入意愿与现实状况相背离的困境之中。

在进入城市务工之前，女性在农村社会环境中遭受长期的传统性别文化压制，"重男轻女"的思想使得农村女性在获取人力资本资源过程中困境重重。教育一直被作为农村居民获取个人发展的重要渠道，而教育资源在农村社会的性别之间的分配严重不均衡，使得女性在教育方面受到了严重的限制。在受教育阶段的教育缺失，造成进城务工女性在人力资本方面较之男性处于弱势。同时，传统的性别文化也深深影响着农村家庭关系及表现形态，农村家庭关系从属于以男性为中心的宗法宗族制度，在"男尊女卑"和"三从四德"社会规范下，女性处于无权和从属的地位；而家庭以"男主外、女主内"为分工模式①，女性的家庭角色应当是女性生活的主旋律，应当扮演好母亲、妻子、女儿的角色。而这样的要求就需要女性在工作责任和家庭责任之间保持平衡，付出比男性更多的精力。

案例　王阿姨（41 岁　初中　家政工）

家里的大事肯定由他（指其丈夫）来决定，一般都是商量着来的，男人毕竟懂得多些，好歹他也多读了几年书，高中毕业，我初二就不读了。大部分事情都要他来决定的，我也就提提意见什么的。

在这种家庭关系影响下，进城务工女性在进入婚姻阶段后，她们多数会选择牺牲自我，将时间和精力更多地用于家务和照顾家人，个人的发展就被放在次要位置。教育的缺失、家庭关系的从属地位不仅从客观上造成女性的弱势，

① 万江红、魏丹：《社会性别视角下闽西农村女性家庭地位分析》，《中华女子学院学报》2009 年第 1 期，第 76～80 页。

甚至在女性主观的想法中也默认了这种不平等的存在，使得进城务工女性在可行能力方面存在较大不足，其弱势地位在原住地已经形成。

转移到城市之后，进城务工女性脱离了农村的社会环境，面对更广阔的社会空间，她们会拥有更多的个人自由，从这个层面来看，进城务工女性将会迎来一个新的发展机遇。然而，城市虽然在社会性别方面较之农村有很大进步，在家庭关系上两性更为平等，但是社会性别不平等的现象依然广泛存在，在就业、劳动保护、福利政策和社交活动上，女性往往会遭受差别化待遇，这种不平等的现象尤其体现在劳动力市场。许多单位不愿招收女工，甚至在招工广告上公然告知“一律要男性”；有的单位即使招用了女工，也很不情愿对她们进行专业知识、业务技能等再培训，或不让其从事关键性岗位的工作。其根源在于把妇女生理价值的社会意义与单位经济效益的局部利益极端对立起来。[①] 换言之，也就是企业在雇佣劳动力时，就要求以最小的雇佣成本获得最大的利润。生理因素、婚姻因素、成就动机，以及生育保险费用与女工劳动保护费用等因素，使得女性劳动力的性价比明显低于男性劳动力，在追求利润最大化的前提下，用人单位便会采取一些限制性的政策来排斥女性，即使女性取得工作机会，也经常会遭遇与男性“同工不同酬”的不平等待遇。

案例　张阿姨（35 岁　小学　服装厂工人）

有时候辛辛苦苦做一天，像我们这种都是做一件算一件的钱，你有时候来的货多，就全都做完再给钱，这时候他就不把钱照之前说好的给，你说气人不气人，他就少给你。本来就赚得少，还再少给我。你说这挣钱难不难。

在从事职业方面，进城务工女性往往进入较为低端的加工制造业和服务业。这些职业的普遍特点是职业薪金低、就业门槛低、非正规就业以及缺乏完善的社会保障支持，并且在职业发展渠道上，女性突破“职业天花板”的难度远远大于男性。在课题的调研过程中，我们发现企业或工厂的关键管理职位

① 张抗私：《劳动力市场性别歧视行为分析》，《财经问题研究》2004 年第 4 期，第 74 ~ 80 页。

往往是男性。在无法依靠工作取得能够支持城市生活收入的情况下，进城务工女性的城市融入就仿佛如空中楼阁。

总之，在农村社会的传统社会性别影响下，进城务工女性在人力资本和家庭角色上处于弱势；在城市中遭遇性别不平等，使得原本处于弱势地位的进城务工女性雪上加霜，为进一步融入城市造成阻碍。

2. 城乡二元结构致使资源配置固化

所谓城乡二元结构是指城市和农村在经济类型和经济发展水平、城乡居民的收入水平、享受的社会福利待遇和受教育机会，乃至在政治和社会权利方面存在重大差别的现象。这一概念高度概括了我国的城乡差别，指出城乡差别发生于经济、文化教育、社会福利、政治和社会等诸多领域。它反映了计划经济体制对我国城乡关系造成的负面影响。① 我国的城乡二元结构主要经历了三个变化发展阶段。

首先是城乡二元结构的初步形成阶段。新中国成立初期，为快速恢复和发展经济，国家确立了赶超型工业发展战略，这种发展战略奠定了我国二元城乡结构的基础。经济赶超型发展战略促使国家将工作中心和建设重点由农村转向城市，通过农业合作化、统购统销、不等价交换等刚性计划实现农村与城市之间商品与经济要素的交换与流转，为国家的工业化建设提供足够的资本积累。这种长期的农业支持工业、农村支持城市的发展模式不断拉大城乡的发展差距。其次是城乡二元结构的确立阶段，1958 年户籍管理法规的颁布以及随后产生的一系列依附于户籍制度的城乡分割制度进一步固化了城乡二元结构，并最终形成城乡分离的二元体制。为保证稳定持续的农业经济增长，国家通过严格的户籍管理制度控制农村人口的流动加强对农村人口的强制管理，使农村人口不能自由地转换为城市人口，户籍制度既是城乡二元结构形成的基础，又是城乡二元分割进一步深化并难以破除的保护屏障。随后，建立在户籍制度的基础上所出台的教育制度、就业制度、劳动用工制度、社会保障制度等致使城市人口在就业、教育、享受公共服务等方面都优于农村人口，城乡差距大范围拉大，并最终形成了城乡对立的二元社会结构。最后是城乡二元结构的发展变化

① 王思斌：《社会学教程》，北京大学出版社，2010，第 181 页。

阶段，改革开放以后，我国由计划经济转向市场经济，多种新鲜元素注入市场，城市经济有了突飞猛进的增长。农村地区实行家庭联产承包责任制，农户掀起了以家庭为单位的农业生产狂潮，而农村的乡镇企业却是缓步前行。这种不均衡的发展方式使城乡的差距极速拉大。同时，伴随着政府职能的转变，城乡二元格局也呈现不同的地域差异，经济发达地区的农村人口纷纷流入城镇，城乡之间的联系变得日益密切，反之，经济欠发达的农村地区仍维持着落后低效的经济发展方式，城乡之间差距日益增大，城乡之间逐步形成由城市、农村和城中村组成的新型的三元结构。需要注意的是，虽然城市和农村之间发展的非一体化的经济结构是致使城乡二元结构源起的基础，但是，随着历史车轮的推进，城乡二元结构在内容上已由二元经济结构逐步延伸并形成二元政治结构、二元社会结构以及二元文化结构。

城乡二元结构的固化是影响进城务工女性城镇融入的重要制约因素，其原因在于，城市与农村地区长期的二元分割体制致使大量资源配置向城市地区倾斜，导致农村地区与农村人口的发展举步维艰。这种固化的资源配置大致分为四种，即城乡经济资源配置的固化、政治资源配置的固化、社会资源配置的固化以及文化资源配置的固化。这些固化的资源配置及城乡二元体制对进城务工女性城镇融入的影响主要表现在以下几个方面。

第一，城乡经济资源配置的固化致使大量农村剩余劳动力纷纷涌入城市，而农村女性作为落后于城市人口和农村男性的边缘群体，只能在夹缝中享有城市资源并艰难地生存。从新中国成立之初到现在，国家将大量优质的经济资源和发展机会投向城市，城市以现代化的大生产为主，而农村地区依然维持着小农经济的落后发展模式。随着农业现代化的推进，城市与农村地区经济发展的巨大落差使农村女性走上了离土离乡的艰辛打工之路。但是，作为弱势群体的农村女性无法享受与城市人口和农村男性相同的城市待遇，农村女性在经济收入、福利待遇以及住房等方面依然无法满足其生存和发展的需要。

第二，政治资源配置的固化使进城务工女性被身份化。为配合国家发展重工业的战略计划，国家制定了对农村人口影响深远的户籍制度，从此，“农民工”成为城市中农业人口的代称，身份化后的进城务工女性虽为城市的建设和发展做出了贡献，但是她们在城市中享有公共物品和服务的权利却被剥夺了，她们作为公民的最基本的政治权利比如选举权与被选举权被剥夺，她们参与社区民主管理的权利被剥夺，她们所享受的只有作为“外地人”身份的制度冷漠与城镇排斥。

第三，社会资源配置的固化使家庭成为进城务工女性城镇融入的关键羁绊。与户籍制度配套的教育制度限制了农村子女在城市接受教育的权利，城乡教育机会的不平等使进城务工女性被迫放弃以家庭为单位的整体流动模式，代之以家庭成员的离散式流动，这种离散式的流动模式不仅牵动了进城务工女性的融入神经，也滋生了留守儿童、城乡教育资源不均等社会问题。同样，受户籍制度的影响，城乡间不均衡的社会保障制度极大地增加了进城务工女性的城镇融入负担。一方面，进城务工女性在城市生活缺乏社会保障，她们在劳动保护、医疗保险、养老保险等方面要承担更多的成本与风险；另一方面，农村地区低水平社会保障制度使空巢老人的生活缺乏保障与安全，制度支持与保护的缺失使空巢老人为进城务工女性的城镇融入又增添了一层无形的压力与阻碍。另外，户籍制度堵塞了进城务工女性运用其社会资本冲破融入困境的渠道。由于户籍制度的长期锁定，仅有少数的农民工能够冲破城市中的发展阻碍，成为城市中的成功者，绝大多数的农民工仅能在城市中从事较低层次的职业，获得微薄的经济收入。因此，进城务工女性既无法获得城市中的制度支持，又无法通过自己的社会资本积累获得同乡人或者其他进城务工人员的有效帮助。

第四，文化资源配置的固化扩大了进城务工女性融入城镇的心理距离。改革开放以后，城市地区随着经济突飞猛进的发展，城市文化也发生了诸多变化。来自西方国家先进的理念和生活方式迅速席卷各大城区，城市居民的自主理念、独立理念、创新和开放理念逐渐形成。与此同时，国家也投入大量的资金建设城市的新文化与新气象，各种科普场馆与科普活动充斥在城市的各个角落。然而，农村地区由于经济发展的落后，仍保持着保守封闭理念、依赖理念，农村文化设施建设依然落后。巨大的城乡反差导致进城务工女性在城市中得不到城里人的认可与接纳，农民工被“妖魔化”的名声使进城务工女性备受歧视与排挤，其城镇融入的进程障碍重重。

3. 政策理念与管理思维固化

进城务工女性作为外来人口的一部分，从农村转移到城市，必然会对城市的公共服务造成一定的压力，城市管理层面对大量外来人口的涌入，必须采取相应的管理措施。新中国成立以来，我国城市外来人口管理政策变迁至少经历过了三个阶段，从计划经济时期的严格限制外来人口的管理，到改革开放初期的防范式社会管理到当前的属地化社会管理。

计划经济时期，出于经济发展和社会稳定的考虑，政府实行严格限制人口流动的人口管控体制。通过严格的户籍身份制度将农村与城市人口与其居住地捆绑在一起，同时公共资源分配固定化和差异化，从根本上杜绝了城市外来人口的产生。改革开放时期，随着农村贯彻落实承包生产责任制，城市进行经济体制改革和对外开放的实行，一方面使得农村农业生产效率得到显著提高，农村从事农业的劳动力，特别是东部、中部人口较多的地区农业劳动力有很大的剩余；另一方面，以东南部沿海为代表的城市第二、第三产业迅猛发展，城市人口已经不能满足劳动力需求。在这两个因素影响下，农村剩余劳动力作为农业转移人口流向城市已经成为客观需求。大量人口的进入也带给城市较大的公共服务压力，这一时期的外来人口管理政策可以被称为防范型管理模式，此模式强调的是“防范”，注重限制与控制，注重治安管理与整治打击，因此它的定位基点在于政府部门对农村外来人口的规范整顿，并没有从整体上树立以人为本的意识和服务意识。[①] 当前，我国城市外来人口社会管理主要为属地化管理。属地化管理是指由流入地的城市政府（一般以街道办事处一级为准）对外来人口的直接管理，其指导思路为以“单位负责、条条保证、以块为主、条块配合”，强调以外来人口现居住地为主，将管理责任细分到居住地的城市基层政府，从而实现对辖区内外来人口的管理，管理职能和事务接受上级主管部门和职能部门的领导。

虽然我国若干城市在政策层面在对外来人口的管理方面进行了一些创新，城市政府对于进城外来人口的管理有了很大的改进，也取得了一些有益成果，但全国大部分地区仍然是因循守旧的外来人口管理观念，依旧是严格控制的管理模式，仍然认为自己是管理者，自己是主人，外来人口是被管理者。政府部

① 原光：《由防范型到服务自治型——论我国农村外来人口管理模式的现状与转型》，《科教文汇》（上旬刊）2007 年第 7 期，第 138 ~139 页。

门对外来人口的管理缺乏主动性和服务性，为难、排斥外来人口的负面情绪严重，较少从有利于服务和保障外来人口的角度去考虑问题，主要以办证、收费等行政行为来代替服务，这些政府行为极大地阻碍了当今社会经济的大融合和社会发展。从根本上讲，其管理理念是陈旧的：重视用经济、行政的处罚手段，必要的保护、服务工作跟不上，忽视他们的权利要求，公共管理缺失，甚至严重歧视外来人口，不仅在社会保障、住房、户籍制度上歧视，阻碍他们向城镇转移，而且把他们视为影响“管理秩序”的因素。外来人口在权益上的缺失导致了其缺乏组织权利，不能够形成对城市政府决策的影响力，也没有与企业对话的权力，他们是城市社会中的弱势群体，受到各种各样的歧视和不公平待遇，处在不断被边缘化的状态中。

从总体上而言，我国当前城市外来人口管理模式沿用的仍是计划经济体制下的行政管理思路，奉行“谁主管、谁负责，谁聘用、谁负责，谁容留、谁负责”原则，采取的是以公安部门为主、其他相关部门协助管理的“卡（证）”式的防范型管理模式。这种传统的管理思路的固化就使得城市外来人口的切实需求不能够被城市管理层了解，削弱了他（她）们对城市的归属感，从长远来看对于城市的发展和稳定将产生不利影响，也极大地不利于进城务工女性的融入。

六　结论与政策建议

综合分析项目调研地进城务工女性城镇融入状况，可以得出如下结论。第一，进城务工女性年龄结构以已婚育的新生代为主，且绝大多数属于家庭离散式流动状态。第二，进城务工女性城镇融入总体水平偏低，并且具有显著的地域性差异和性别差异。第三，家庭是阻挡进城务工女性退出农村、进入城镇并完全融入城镇、实现市民化转型的直接原因，而社会固化——它既是旧体制、旧制度的路径依赖性长期作用的结果，又是国家社会政策所主导的公共资源在城乡之间、个体与家庭之间不均衡配置结果不断自我强化的原因——是造成进城务工女性家庭离散式迁移与市民化困境的根源。第四，要推动进城务工女性顺利融入城镇，减轻“家庭”包袱具有十分关键的政策意义。倘若牵绊进城务工女性融入城镇的若干家庭问题得不到有效解决，那么诸多市民化政策措施的实际效力都会受到影响。家庭中的个体即便能够顺利融入城镇，以这种方式实现的农民市民化也是很不彻底的，某种程度上还为和谐社会建设埋下了隐患。

始于家庭，而不限于家庭。家庭纵然不能彻底解决进城务工女性城镇融入问题，但也至少具有基础性工具价值。这正是我们提倡从家庭视角理解进城务工女性城镇融入问题的根本原因。家庭视角的引入，不仅为解决进城务工女性城镇融入难题提供了合理可行的路径，也为健全和完善发展型家庭政策提供了合法性基础。对于政府决策机构而言，引入家庭视角的意义则在于将“家庭”、“发展”理念纳入社会政策的价值之中，依据发展型家庭政策的基本理念和目标取向，以帮助和支持农村家庭市民化能力发展为导向，逐步建立集“投资＋预防＋应急治理”于一体的家庭政策体系。同时，要以促进家庭式整体迁移为中心目标，积极转变思想观念，完善各项法规制度，创新城市管理方式，为推动进城务工女性城镇融入创造良好的环境。

（一）立石之基：将家庭理念纳入社会政策过程

1. 理顺“个人－家庭－国家”关系

在中国传统社会，受以儒家思想为主导的封建意识形态的影响，家庭在建构国家的过程中发挥了十分重要的作用，并且由此形成了“天下之本在于国，国之本在于家”的家国关系，这种家国关系观至今对人们认识国家与家庭关系发挥着重要影响。新中国成立后，我国进行了铲除家族势力和改变封建婚姻家庭制度的社会改造运动。家庭观念与家庭制度被有机地吸纳到社会主义意识形态和国家制度之中，成为社会主义中国调整“个人－国家/社会”关系、整合社会的重要工具。从社会主义改造完成之后到改革开放前，我国实施计划经济体制，在意识形态中过分强调“国家至上”、“集体主义”，强调个人利益服从集体利益，家庭成为打击或整合的对象，尽管在传统社会中它曾经是功能高度发达的、文化上亦极为成熟的相对独立的社会系统。特别是在某些历史时期，由于受政治、经济社会环境的影响，家庭作为相对独立的社会子系统的地位几乎被彻底摧毁，家庭与个人、国家的关系也曾几度变迁。诸如大跃进、人民公社运动时期、“文化大革命”时期，家庭作为联系个人与社会、国家之间的纽带的作用被弱化，家庭所具有的经济、情感等多种功能也由于国家权力的直接介入而萎缩，家庭面临“解体”。

改革开放后，计划经济体制逐步退出历史舞台，市场经济体制逐步确立，我国经济社会进入现代化转型期，“个人 - 家庭 - 国家”关系也发生了不容忽视的重大变化。一方面，市场经济体制及其固有的经济理性严重侵蚀了我国社会的家庭文化。随着市场经济的发展，经济理性也随之渗透到家庭领域，使得以自我为中心的个人主义在家庭中蔓延，家庭成员对家庭的忠诚度降低，家庭责任体系受到冲击，个人与家庭之间的联系受市场机制和市场规律的影响变得极其孱弱。另一方面，家庭在“个人 - 国家/社会”之间的桥梁与纽带作用受到冲击。在现代国家与社会建构过程中，以市民/农民或公民为表现形式的个体成为基本结构要素，与“社区/社区共同体”、“社会组织/社会团体”一起被视为现代社会的基本构成单位，而家庭作为社会基本构成单位的地位及其角色几近消逝。家庭的历史变迁，特别是我国社会现代化转型期给家庭带来的新问题与新挑战，无疑为人们重新梳理、调整现代化进程中“个人 - 家庭 - 国家”的关系提出了新要求。

在国家发展规划与法律政策层面，作为政策主体与客体的家庭正在从决策者视域中淡出，这也是一个值得引起重视的问题。改革开放以来，我国高层决策者的战略视野主要集中在经济领域，经过 30 多年的努力，我国经济发展进入世界领先水平。重经济发展轻社会建设，致使我国公民社会发育迟缓、社会建设滞后，并引发社会问题不断增加、社会矛盾扩大化与尖锐化等问题。因此，党的十八大高屋建瓴地指出要“加强社会建设”，并在党的十八届三中全会通过的《中共中央关于全面深化改革若干重大问题的决定》中进一步明确了“推进社会事业改革创新”、“创新社会治理体制”的战略要求，为若干涉及民生的重要领域的改革创新做出了具体部署。至此，党的执政思想开始由以经济建设为中心向经济与社会建设并重转变，我国社会主义建设事业跨入一个新阶段。值得注意的是，过去以经济建设为中心的发展模式与市场效率原则客观上忽视了家庭的需求，是家庭功能被削弱的重要原因。新时期的社会建设也可能因对“个人 - 家庭 - 社会”关系的定位出现偏差而仍有进一步忽视家庭需要的风险。因此，要在重树家庭理念的基础上，及时调整“家庭 - 社会”

关系，把支持家庭发展作为社会建设的主要领域和重要目标，避免将“社会”抽象化。

2. 重塑家庭在社会政策中的合法性地位

作为人类社会最基本的结构性单元，家庭自产生以来就是社会成员最重要的福利资源。在经济全球化与我国社会现代化转型背景下，家庭更是被赋予提供国家竞争力和维护国家安全和社会稳定的新功能[①]。不过，处在社会转型压力下的中国家庭正在经历着复杂的变迁历程，其传统家庭功能正逐渐削弱乃至丧失，责任与能力处于失衡状态，家庭“现代化”又远没走上正轨。这种状况的出现，很大程度上根源于政府对家庭的责任界限模糊，“对家庭的支持或干预并没有在政策层面得到很好回应，能直接反映这一态度与责任的家庭政策在中国并没有合法地位”。[②] 在改革开放后的大部分时间里，保障体系建设和社会政策没有得到应有的重视，社会政策与社会建设呈现滞后于经济发展的态势。20 世纪 90 年代后，我国社会政策的目标多限于适应市场经济体制，为社会主义市场经济体制的运行保驾护航。国家开始有计划地全面退出社会福利和服务领域，教育、医疗、住房等领域出现了明显的市场化趋势。[③] 进入 21 世纪以来，受全球治理、公民社会思潮的影响以及为摆脱国企经济效率不高、公共支出增长等现实困境，社会政策领域开始向“多元化”、“社会化”的治理模式转变。国家不再包揽社会福利与社会政策的全部责任，而非政府行动者在社会福利供给中的地位日渐突出。国家的功能则仅仅在于通过对市场风险进行应急性补救，帮助那些最贫困和最容易受到伤害的边缘群体，试图为社会建立起一张“安全网”。

尽管改革开放以来我国社会政策也一直处于变革过程，但是整体而言，社会政策的主导理念是“补缺”，政策设计一方面依然从社会身份出发而不是从社会现实需要出发，路径依赖特征明显；另一方面则以满足个体而不是家庭的

---

① 孟宪范：《家庭：百年来的三次冲击及我们的选择》，《清华大学学报》（哲学社会科学版）2008 年第 3 期。

② 祝西冰、陈友华：《中国家庭政策研究：回顾与相关问题探讨》，《社会科学研究》2013 年第 4 期。

③ 莫家豪、岳经纶等：《变迁中的社会政策》，社会科学文献出版社，2013，第 34 ~ 40 页。

需求为出发点，除非家庭面临无法独立解决的风险而陷入困境。其他凡是有家庭的社会成员，包括儿童、老人以及其他有特殊需要的人员，则首先必须依靠家庭来满足其相应的保障和发展需要，而家庭以外为家庭及其不能自立的成员提供帮助的渠道几乎不存在。[①] 可见，作为社会需要的核心组成部分的家庭需要依然处于社会政策的边缘甚至真空地带，家庭贫困、发展能力不足、脆弱性与无力感等既是普遍性的家庭问题，也是已经显现的或潜在的严重社会问题。因此，重新审视家庭的战略意义，赋予家庭应有的政策合法性地位，给予家庭更多的政策性帮助与支持，显得尤为重要。

将家庭理念纳入社会政策框架，使家庭政策获得合法的政策地位，不仅是家庭现代化与社会可持续发展的现实诉求，也是现代国家决策科学化、民主化的内在要求。从社会政策的价值取向与目标来看，社会政策是现代政府的中心任务，其基本价值取向是在社会变迁中促进公民福祉，这也是满足每个家庭的需求与期待的过程。从社会政策关注焦点来看，构成社会政策核心内容的社会保障、医疗卫生服务、住房保障、教育和就业服务，几乎都涉及家庭。从某种意义上说，社会政策是一系列直接以家庭为对象或间接对家庭产生重要影响的公共政策体系，社会政策即是家庭政策。因此，家庭在社会政策过程中的地位是显而易见的，各个领域的社会政策与发展计划的制定、实施与评估都应当充分考虑对家庭需求的回应及对家庭能力发展产生的影响。

具体到政策过程的各个环节，恰当的政策问题界定与需求分析是制定家庭政策的基础。农业现代化与农村社会变迁进程中产生的若干现象，无论是留守儿童教育、女童被性侵问题，还是老龄化、留守老人自杀问题，抑或是农村空心化、村落终结现象，无一不涉及家庭。这些农村社会现象的形成及其不断蔓延，具有复杂的经济社会原因，单一的“头疼医头、脚疼医脚”无疑是隔靴搔痒，不能从根本上解决问题。而从家庭角度予以考虑，有助于找到问题的根源，并从根本上进行治理。这就需要政策分析更多地运用家庭的视角，将回应和满足家庭需求纳入政策议程。此外，要调动家庭的参与积极性，充分吸纳家

① 张秀兰、徐月宾：《建构中国的发展型家庭政策》，《中国社会科学》2003 年第 6 期。

庭成员参与政策制定过程。参与政策制定是公民决策参与的重要体现，只有决策者与公民、社会组织等相关利益主体共同参与制定的政策才具有顺利贯彻实施的社会基础。社会政策的制定，需要确保家庭及其成员的参与权。再次，要从家庭层面，开展社会政策的效果评估。在衡量一个发展项目的影响和政策意义时，依据关键的社会单位比如社会阶层、性别、年龄或种族——把人们划分成不同群体，然后依次分析发展项目对不同群体的影响，是非常必要的。在其他情况下，家庭可能是最佳的分析单位。①

（二）总体思路：实施分层分类的差别化推进路径

1. 分层次逐步落实进城务工女性各项基本权益

进城务工女性在城市融入过程中遭遇了来自家庭、市场、社会等多方面的困难，在就业、培训、劳动保护、社会保障以及其他多个领域受到不公正待遇。切实维护和发展进城务工女性的权益，实现进城务工女性城镇融入或市民化转型，是一项艰难的长期任务，需要分阶段分层次循序渐进地稳步推进。既要注重帮助她们解决十分急迫的现实问题，又不能忽视其长远发展的需要；既要考虑保障其基本生存权益，又不能忽视其独特的利益诉求。总之，有必要分层次、循序渐进地逐项落实进城务工女性各项基本权益，充分保障其公平、平等地参与现代化进程，享有城市化、工业化与现代化发展的成果。

第一，充分保障进城务工女性基本生存权益。就业信息服务、平等就业、同工同酬、公共卫生、计划生育、临时性救助等权益是进城务工女性生存与发展的基础，直接决定了她们能否在城市立稳脚跟，开展正常的工作与生活。城市政府的主要工作在于：首先要采取有效措施，消除劳动力市场与进城务工女性在就业过程中的性别歧视与不平等，帮助她们摆脱在就业市场中的弱势地位，帮助她们实现平等、合法与正规就业；其次，要针对女性的生理特点提供必要的公共卫生和计划生育服务，保障进城务工女性的身心健康；最后，男女两性的自然性别差异，使得女性在面临困难的时候显得更为弱势，城市政府在提供应急管理与服

① 〔美〕内尔·诺丁斯：《始于家庭：关怀与社会政策》，侯晶晶译，教育科学出版社，2006，第11页。

务的过程中，要充分考虑性别差异，重视并切实满足女性的特殊需要。

第二，积极改革和完善社会保障制度。要采取有效措施，扩大城市社会保障覆盖范围，将进城务工女性纳入医疗、养老、生育、工伤、失业等基本社会保险受益范围。特别值得注意的是，当前许多城市社会保障体系中针对务工女性的生育保险处于普遍严重缺失的状态，因此有必要将生育保险制度纳入优先改革序列。同时，由于进城务工女性的工资收入较低，在支付基本生活费用以及其他消费开支之后，剩余可支配收入极少，很难承受高昂的社会保险费用。城市政府应尝试建立低标准进入制度并进行可行性研究，着实减轻进城务工女性群体的参保负担和压力。事实上，社会保障成本降低，一定程度上也有助于提高企业为进城务工女性购买生育保险等基本社会保险的积极性与主动性。

第三，健全和完善其他公共服务，促进进城务工女性长远发展。在提供基本社会保障的基础上，应该立足于进城务工女性的长远发展，为她们提供自我提升的机会和通道，包括技能培训、职业规划、住房支持等服务。首先，要建立开放的教育培训系统。城市政府应通过性别预算计划，为进城务工女性设立专项财政资金、开发专门性职业化培训项目，提高进城务工女性的人力资本和可行能力。其次，要优先解决具有紧迫性的现实问题，比如住房问题。近年来，一些城市广泛存在的“临时夫妻”现象，充分说明了解决进城务工人员住房问题的紧迫性与实际意义。“安居”方能“乐业”，家有女性方能“安居”。因此，要优先考虑进城务工女性的长期性住房需求，既要考虑低成本住房供给，又要防止新型城市棚户区的出现。同时，要建立并完善面向进城务工群体的租房市场，使公租房和廉租房政策能够真正让进城务工女性群体受益。最后，要建立一种公共服务供给的长效机制，既能有效维护当前进城务工女性的合法利益，又能积极引导潜在进城务工群体有序融入城市。总之，要不断健全和完善城市公共服务，为进城务工女性群体长远发展保驾护航，增强她们在自我维权、自我增权中的可行能力，帮助她们摆脱弱势地位，实现自我发展。

2. 分类别有效实施差异化融入策略

如前所述，进城务工女性城镇融入程度呈现较明显的地域差异，中部地区进城务工女性群体城镇融入程度明显高于东部地区，并且进城务工女性在中小城市和小城镇的融入状况优于大城市。虽然大城市经济发展水平高，人口的吸纳能力较强，个人的发展空间和就业机会较大，但是受地理和资源因素的限制，其人口容纳能力提升空间有限，“城市病”凸显出人口膨胀与资源紧缺之间的矛盾，因而大城市农业转移人口市民化压力巨大。相对而言，中小城市与小城镇的制度刚性较小，公共资源分配固化程度较低，很多中小城市和小城镇的承载能力并未达到超负荷状态，在人口城镇化方面依然有较大发展空间。因此，根据大城市和中小城市（小城镇）各自的特点，实施差别化的融入策略，就成为当前和今后一段时期我国进城务工女性城镇融入的基本策略。

第一，鼓励区域性大城市实施性别敏感的市民化政策措施。据国务院有关机构发布的报告显示，2020 年前，城市群地区将集聚中国城镇人口的 60% 以上。由此可见，城市群是当前人口城镇化的主体形态，也是吸纳进城务工群体的主要载体。区域性大城市也是实施性别敏感的融入政策的重要场域，具有“标杆”的代表性意义。因此，要鼓励区域性大城市带头出台和实施性别敏感的融入政策，鼓励和帮助进城务工女性在城市安家落户，用良好的家庭政策激发进城务工女性群体的创造性，为以家庭为单位的整体迁移奠定良好基础。具体措施包括：降低城市“准入门槛”，剥离户籍制度的社会福利功能，让在城市工作生活一定年限的非本地户籍进城务工女性享受一定的福利待遇；降低进城务工女性子女进入公立学校就学成本；给予家庭整体迁移进城的女性在城市购买经济适用房、租住廉租房的优先权；等等。

第二，积极引导中小城市与小城镇做好进城务工女性城镇融入工作。随着我国产业结构转型的推进，高尖端科技产业、金融业和服务业将成为大城市重点发展产业，而传统的加工制造业、劳动密集型产业、低端服务业会逐步转移到周边的中小城市。这对于在大城市无法安家立业、彻底实现市民化的进城务工群体来讲将是一个非常好的发展机会。中小城市和小城镇应在进城务工群体自愿选择的基础上，充分发挥公共政策、发展规划与项目的导向和调节功能，推动本地及附近女性农业人口有序转移，实现就近市民化。在农业人口就近城镇化与市民化过程中，要充分重视本地产业、劳动力市场的性别结构特点。根据东部沿海地区的经验，在加工制造业、劳动密集型产业就业人口中，女性往往占绝大多数。为此，中小城市和小城镇应未雨绸缪，为吸纳大量外来人口特别是女性劳动力做好充足的准备。一方面，要借鉴大城市的发展经验，吸取大

城市在进城务工人口市民化方面的教训，避免大城市人口膨胀、公共资源供求紧张、房价过高等不利于农村进城务工人口城镇融入的不良现象；另一方面，要在市政基础设施建设、劳动力市场培育、教育与培训投资、医疗卫生事业发展等方面，充分考虑未来劳动力性别结构特点，为给大量潜在进城务工女性提供优质公共服务、推动她们成功融入城镇、实现市民化转型奠定良好基础。

（三）政策建议：多管齐下，实现进城务工女性以家庭为单位的城镇融入

1. 创新城市管理方式，发挥政府主导作用

实现进城务工女性的城镇融入，就需要城市公共管理者以进城务工群体的需求为出发点，在管理理念和管理方式上进行创新。在这个过程中，政府的责任依旧是第一位的，需要用政府的力量来解决当前进城务工人员管理过程中的诸多问题，梳理管理中的服务意识，树立长远发展的规划观念，调整现有的管理架构，只有做到着眼于进城务工群体，尤其是女性的切实需求，不断创新管理方式，才能为进城务工群体的融入开拓一条平坦的道路。

（1）实现管理方式由管制到服务转型

当前城市政府针对进城务工人员的管理方式，是以管制为导向的管理方式，其政策意图是为外来务工群体设置门槛，限制外来人口进入城市并享受城市公共资源和公共服务。进城务工人员，尤其是相对弱势的进城务工女性，在个人需求被忽视的管理模式中，她们的城市融入变得举步维艰。要提升进城务工女性的城市融入水平，就必须在根本上改变现有城市管理的政策思路和行为模式。改革现行城市管理模式，第一，要求城市管理者转变管理理念，将进城务工群体真正视为城市的建设者和贡献者，摒弃“资源占用”和“挤压空间”的传统观念。这种传统观念只看到了进城务工群体带来的若干问题——这些问题从根源上讲是政府管理缺位的表现，忽视了进城务工群体对于城市建设与城市社会发展的重要性。第二，在推动进城务工女性城镇融入的系统工程中，政府应充分发挥主导作用，履行好领导职能、组织职能、协调职能与服务职能，特别是要承担起公共服务的供给者或制度安排者角色，综合运用行政、市场、社会等多种政策工具，依循社区治理与进城务工群体自治相结合的治理路径，

满足进城务工群体多元化需求。第三，在政策思路与政策设计方面，要变“堵”为“疏”，由设置层层融入阻碍转变为提供多方位的进城安家服务。虽然“堵”方法有其现实合理性，对于大城市而言尤其如此，但是不符合公平正义原则，这种做法也是造成公共资源配置固化的重要原因。第四，在城市管理日常工作中，要简化办事程序，提高服务质量。城市管理部门要切实用服务来促使进城务工女性人力资本发挥出最大效用，用服务来推动进城务工女性群体的融入，实现社会健康有序与和谐发展。

（2）制订进城务工女性市民化整体规划

随着我国城镇化水平的不断提高，进城务工人员流入城市已经是不可阻挡的趋势。城市公共管理者应从城市长远发展的角度去谋篇布局，用发展的眼光去看待进城务工群体的城市融入，既要看到进城务工群体进入到城市将为城市的发展带来的巨大贡献，也要注意到这一群体尤其是进城务工女性，在进入城市之后可能遭遇的诸多困难。如何才能使进城务工女性群体安心为城市做贡献，并使她们将城市当作家园一样经营？从根本上讲，就是要想方设法实现和维护好她们的利益。在此情况下，有必要在科学测量城市环境承载能力的基础上，将公共服务供给能力、财政支撑能力、市政建设能力以及未来城市发展规划等因素进行综合考量，做出包含指导原则、既定目标、总体布局、方案路线、协调机制以及政策框架等在内的推动进城务工群体城镇融入的发展规划。以整体规划取代单方面管理，并将融入规划纳入城市建设发展规划之中，使城市的发展更具有包容性，有效地促进进城务工女性的城市融入。

（3）设立外来人口专门化管理机构

创新管理方式的另一个重要步骤就是要在管理机构设置上做出调整。当前针对进城务工群体的管理，大多数地区采取成立流动人口办公室或性质相同的办公机构进行管理，其主要责任是协助公安、计生、卫生等部门履行职责，没有独立的工作责任和机构序列。而管理进城务工群体的部门涉及多方，每一方都只负责一个或几个方面，不能够对进城务工人员实施综合管理和提供全方位服务。受制于工作时间长、信息知晓度低等因素，进城务工人员办理子女入学、计生等事务的成本偏高，有的甚至在自身权益受到侵害的时候，也往往不知道该去哪里或找谁来解决。同时，进城务工群体城市融入的政策规划也需要

有一个专门机构负责贯彻实施，以便将规划落到实处。由此，建议设立综合性管理机构，如“外来人口管理局”，根据城市管理法规和政策，履行进城务工人口管理和服务职能，切实帮助和支持进城务工人员融入城镇。同时，鼓励该综合性管理机构开展进城务工群体城市融入调查研究，及时发现进城务工群体在城市融入过程中的新问题和新需求，为不断完善相关政策与措施提供参考。

2. 搭建以社区为依托，多元主体共同参与的平台

由于我国东部沿海地区和中西部经济欠发达地区、同一地区不同城市的城镇化进程形式各异，进城务工女性的城镇融入程度参差不齐，进城务工女性的利益诉求和面临的生存与发展困境不尽相同，忽视这种差异难免造成政府管理方式和手段的趋同化，致使政府解决政策措施与解决方案的简单化、非全面化，从而忽视不同经济发展状况、不同地区进城务工女性融入城镇的特殊利益诉求。因此，为有效解决进城务工女性城镇融入的问题，就必须站在全局发展的战略高点上推陈出新，将社区作为治理当前进城务工女性城镇融入困境的基本手段。这样既可以从基础领域循序渐进地解决制约其生存与发展的问题，又可以通过因地制宜的政策与行动满足不同社区进城务工女性的多样化需求。

（1）社区——进城务工女性家庭城镇融入的基本载体

社区作为社会系统的子细胞，是支持政府社会管理、促进社会良性运行的有效载体。构建以社区为依托的服务管理体系，就是将进城务工女性的城镇融入难题纳入社区这一基本的管理单位，借助社会多元主体的力量，缓解进城务工女性个体的生存与发展困境，提升其经济状况、改善其生活环境。而以社区为单位的养老与教育模式，可以帮助进城务工女性解决她们融入城镇的后顾之忧。以社区为依托，既是解决进城务工女性城镇融入难题的最有效途径，也是转变政府职能、增强公众民主意识的重要举措。在以社区为载体的多元治理过程中，治理主体由单一的政府参与扩展到多元主体的共同参与治理，即除了政府以外，还需要企业、妇联组织、非政府组织、公民与大众媒体等主体的广泛参与。多元主体治理格局不仅能提高政府的管理效率，降低政府的治理成本，而且能满足社区成员的多元化需求。

（2）政府——多元治理网络的搭建者与规则的制定者

政府作为社区治理的核心主体，一方面要实现政府角色由管理者向协调者、服务者转变，让渡部分社会服务职能给其他治理主体，并通过其他强制或诱导性手段召集尽可能多的企业、社会组织和公民成为网络治理的成员，为解决进城务工女性的城镇融入难题构建一个完善的社区治理网络。另一方面，政府要宏观把握社区在解决进城务工女性城镇融入问题时的地位与作用，加强社区治理规则的制度化建设。破解进城务工女性城镇融入难题，需要多元治理主体围绕进城务工女性的就业、劳动保护、住房、子女教育、养老等多方面齐头并进，需要政府宏观把握多元主体治理力量及其资源的合理配置，避免出现资源重叠、顾此失彼的现象。同时，政府要制定、完善相关的政策与法规，规范与监督多元治理主体的行为，促进治理目标的顺利实现。

（3）妇联——进城务工女性的代言人

妇联是各界妇女争取自身独立和解放的群众组织，这一独特的优势使妇联组织更加了解进城务工女性的利益诉求，更有利于妇联采取有针对性的行动帮助她们改善生活与工作现状。同时，妇联作为妇女群体的特殊代表，既可以成为党政机关联系广大妇女群众的桥梁和纽带，将关乎进城务工女性生存与发展的政策议题引入政府高层的关注视野，又可以凭借自身拥有的组织资源获得主流媒体以及其他组织的支持，增强对进城务工城镇融入议题的关注。当前，各级妇联组织可以在以下领域开展必要的工作。一是要组织力量开展进城务工女性生存与发展状况调研，切实掌握第一手资料和数据，在此基础上形成调研报告、政策咨询报告，供决策部门参与。二是要加大对进城务工女性的支持力度。除了维权服务、技能培训等传统服务活动外，当前特别要将市民化培训、心理辅导、家庭教育辅导等纳入妇联组织的日常活动之中。

（4）企事业单位和第三部门——进城务工女性城镇融入的有效助推器

企事业单位和第三部门作为多元治理网络的重要主体，可以有效弥补政府公共服务职能的缺陷，为进城务工女性群体提供必要的支持与扶助。进城务工女性城镇融入问题的解决是一项复杂的系统工程，它不仅需要从进城务工女性个体入手，解决她们的生存和发展难题，还要从长远的家庭发展入手，通过一系列家庭政策和家庭行动来帮扶农业转移家庭在城镇中落稳脚跟。这不仅需要投入大量的资金，还需要采取涉及诸多方面的多样化的行动来实现这一目标，比如进城务工女性的职业培训、进城务工子女的学前教育、进城务工家庭的养

老问题等。企事业单位和第三部门在这方面可以弥补政府财政资金不足，并利用自身的组织优点满足进城务工女性融入城镇的多样化需求，更重要的是，企事业单位和第三部门在提供上述服务时，其行动效率和质量要远远高于政府部门。

（5）社区公民——进城务工女性的坚实支持者

这里所指的社区公民既包括社区中的城镇居民，也包括来自全国各地的农业转移人口。首先，城镇居民是消除进城务工女性城镇融入过程中的文化排斥与符号距离的关键群体。城镇居民对进城务工女性的排斥情绪主要源于两点，一是她们无法接受进城务工女性所持有的具有乡村特色的生活方式、消费观念和价值观念，同时，独自居住的进城务工女性生活中的琐事与问题很容易被讹传为生活作风问题，从而更增添城镇居民对她们的厌恶。二是城镇居民普遍认为大量的进城务工女性涌入城镇，挤占了大量的城市资源，使本就紧张的公共服务变得雪上加霜。以社区为依托的行动支持体系致力于通过建立参与式的互助组与帮扶队打消城镇居民的种种疑虑，增进城镇居民对进城务工女性的理解与宽容。其次，进城务工女性的自我提升与发展是提升城市接纳度的有力举措。治理主体以社区为单位帮助进城务工女性提升职业技能，摒弃落后的生活观念，养成崇高的生活情操，在与城镇居民的参与式活动中增强城镇居民的认可。

3. 消除以户籍为主的制度障碍，实现人本化管理

长期以来，我国用户籍制度将市民和农民严格控制在两个不同的社会范畴内，市民、农民成为具有极大差别、等级分明、利益获得迥异的社会集团。[①] 尽管户籍制度在维护社会稳定和促进经济发展方面发挥了巨大的历史作用，但是在市场经济体制已经确立的今天，户籍制度造成的城乡二元分割所产生的负面影响是显而易见的。对于进城务工人员而言，其直接结果是降低了他们的预期收入和实际收入，增加了他们融入城镇的成本，弱化了他们融入城镇的能力以及对城市的认同感。一言以蔽之，二元户籍制度造就了不利于进城务工群体实现乡城转型的经济社会与制度环境。户籍制度所形成的户籍身份与地位、资源、利益绑定，使进城务工群体纵然进入到城市工作、生活，仍然被标签化为

① 邹农俭：《中国农村城市化研究》，广西人民出版社，1998。

农村居民，不能享受包括基本公共服务在内的各种社会福利。因此，只要户籍制度所编制的樊篱未被打破，进城务工群体城市融入就无法根本实现。同时，受制于户籍制度，城市对于进城务工群体的管理与其说是对人员的管理，倒不如说是对于身份的管理。在身份化的城市管理模式中，进城务工人员由于“农民”或“外来人口”身份而无法获得必要的公共资源与公共服务，其市民化需求得不到政府政策的回应和保障。所以，解除户籍与公共福利的绑定，剥离户籍制度的福利分配功能[①]，恢复其本身的管理功能，实现人本化城市管理，就成为促进进城务工人员城市融入的必要举措。

（1）解除户籍与利益配置的绑定关系

从户籍制度的原初功能来看，户籍的作用只限于身份识别、户口登记和管理，但我国自新中国成立以来在长期的计划经济体制背景下，户籍制度成为政府执行城乡地区差别政策、避免城乡人口流动的有力工具，而其身份等级认同与社会福利分配功能也被不断强化。户籍制度与权利挂钩，经济发展成果的分享按照户籍实施不平等分配，这也催生了改革开放后农村户籍居民对于城市户籍的向往，同时这也成为进城务工人员融入城市的主要障碍之一。户籍制度的改革并非可望而不可即，改革的方向是要消除户籍制度造成的这种权利捆绑，是要破除城乡之间以及城市户籍居民与农村户籍居民之间的制度隔离。改革的方法并非一定要消除现行的城市和农村的身份制度，着力点应该在于剥离利益与户籍的捆绑，使户籍制度实现管理功能的回归。为此，政府要梳理现行法律法规与政策，撤销将户籍与利益捆绑的不合理条款，制定出过渡性法律和政策措施，让户籍制度不再是进城务工女性融入城市的绊脚石。

（2）调整户籍转换的总体思路，关注进城务工女性特殊需求

以本课题调研地中的广州和武汉为例，两城市在户籍转换办法上虽然各有侧重，但其根本的指导思想是吸纳人力资本和经济资本较高的外来人口加入本地户籍，忽视了进城务工群体中大部分人力资本和经济资本较少者的客观需求。具体来看，广州市采取的是积分制（85 分为准申请线），即进城务工人员户籍要由农村户籍转换为广州市户籍就必须达到相应的积分，而积分的计算是

① 简新华：《中国工业化和城市化过程中的农民工问题研究》，人民出版社，2008，第 150 页。

由省统一指标和各市自定指标两部分构成。省统一指标包括个人素质、参保情况、社会贡献及减分指标；各市的自定指标包括就业、居住、投资纳税等情况，具体指标和分值可根据当地产业发展和人才引进政策设定。原则上农民工积满60分可申请入户，具体入户分值由各地级以上市人民政府根据当年入户计划和农民工积分排名情况确定。官方数据表明，截至2013年8月，仅有6000名进城务工人员转为广州户籍，而在2013年成功转为广州户籍的人员中，最低积分为139分。武汉市作为进城务工人口较多的城市，其户籍转换的主要政策标准是要在城市进行购房，在关于外来人口落户城市中心区的文件中规定“凡户籍不在武汉市中心城区，具备合法身份证明的中国公民，在我市中心城区购买住房面积在100平方米（含100平方米）和总价超过50万元（含50万元），可在住房地申办武汉市非农业户口”。不难看出，进城务工群体面对积分制和投资购房政策会心有余而力不足。从全国来看，城市户籍转化制度的准入条件可以分为两种类型：一类是以投资吸引为主，一类是以人才引入为主。这两种制度的可能结果是将大部分进城务工人员尤其是相对弱势的女性排斥在外。因此，有必要采取男女之间差别化对待的政策设计理念和方法，在城市户籍转换制度、准入政策及其指标体系设计过程中切实考虑进城务工女性群体的实际情况和特殊需求，尝试建立一种有利于人力资本较低的进城务工女性市民化的户籍转换制度，降低进城务工女性市民化门槛。

4. 推动社会性别意识主流化，提升政策与规划的敏感性

根据1997年联合国经社理事会对社会性别主流化内涵的阐释，社会性别主流化是指“把性别问题纳入主流是一个过程，它对任何领域各个层面上的任何一个计划行动，包括立法、政策或项目计划对妇女和男人产生的影响进行分析。它是一个战略，把妇女和男人的关注事项、经历作为在政治、经济和社会各领域中设计、执行、跟踪、评估政策和项目计划的不可分割的一部分来考虑，以使妇女和男人能平等受益，不平等不再延续下去。它的最终目的是达到社会性别平等”。社会性别主流化的推进，最关键的是要将社会性别意识纳入政策与规划的主流。其原因在于，公共政策作为政府对社会公共利益与公共资源做出的一种权威性分配，是协调社会成员之间合理的资源配置，是增强社会成员可行能力、帮助她们成长与发展的最有效的工具与保障。解决进城务工女性的城镇融入难题，帮助进城务工女性实现以家庭为单位的整体式流动，促进她们更好地融入城镇，最根本的问题是将社会性别意识纳入有关城镇融入政策与规划的主流，通过去性别中立化的政策关照，将进城务工女性的特殊需求纳入政府的行动视野。具体来说，实现农业转移人口城镇融入的社会性别主流化，需要我们做好以下工作。

（1）提高女性决策者的数量与影响力

公共政策是优化资源配置、平衡利益分配的有力杠杆。进城务工女性城镇融入难的问题归根结底是资源与利益配置的不均衡问题。因此，要彻底解决进城务工女性的融入难题，必须通过政策的制定即对现有政策的重新审视、改善和发展来实现。而要将社会性别意识纳入决策制定的主流，提升政策与规划的敏感性，最有效的措施就是要保证女性决策者在政策制定过程中的数量与影响力。女性决策者作为女性群体利益的代表，她们最了解进城务工女性的现实诉求，她们更能站在女性的立场上考虑问题。就破解进城务工女性城镇融入程度低这一难题来讲，男性决策者更倾向于从提高进城务工女性经济收入、提高进城务工女性就业机会、加强进城务工女性的职业保护等方面去解决。而女性决策者则更容易从女性的传统角色地位、女性的特殊融入需要等立场出发，除了从以上几方面入手之外，也会考虑家庭对进城务工女性城镇融入的影响与现实羁绊，在解决进城务工女性个体发展需要的同时，也会将解决家庭成员的教育与养老问题作为破解城镇融入难题的重要关节点。

然而，纵观我国目前的决策体制，女性决策者所占的比例依然较低，还远远没有达到联合国所倡导的30%的群体代表比例。从影响力来看，进入决策层的女性依然处于核心决策圈的绝对边缘地位。女性决策者在数量上的不足以及非核心的决策性别结构使得女性代表势单力薄、人微言轻，女性在决策体制中的“失语”状态或话语权不足，导致女性决策者无法替广大妇女争取应有的权益。因此，要提高政策的性别敏感度，就必须提升女性决策者的数量与影响力，让女性决策者能真正代表进城务工女性向核心决策层进言献策。女性决策者影响力的提高，有助于使进城务工女性城镇融入难题引起社会的广泛关注，有助于推动政府出台或调整政策，采取有效措施或行动解决进城务工女性城镇融入难题。

（2）进一步做好社会性别统计工作

社会性别统计是指通过指标和变量所进行的描述、分析和测评，不仅要在国家统计体系中的现有指标和变量里反映，即可“看得见”的女人和男人社会参与的差距，还要展示没有计入国家统计体系但反映女人和男人差异的生活范围，如家庭和民间、社区活动。[①] 中国的社会性别统计产生于20世纪80年代末，在随后的几十年里，中国的社会性别统计有了缓慢的发展，但由于缺乏对社会性别的关注，目前我国的社会性别统计仍未正式纳入国家的统计法律制度之内。在新型城镇化建设与农业现代化建设快速推进的今天，只有建立和完善科学详尽的社会性别统计制度，充分掌握农业转移人口以及城镇地区常住人口的分性别统计资料，才能客观地评估进城务工女性的生存和发展状况，从而深入分析影响进城务工女性城镇融入的制约因素并为政府出台有关进城务工女性城镇融入的政策决议提供科学的依据。需要指出的是，促进进城务工女性城镇融入的社会性别统计制度需要在国家统计部门确立并完善社会性别统计指标体系的基础上，联合教育、卫生、公安、民政、组织、劳动等相关职能部门，实施针对进城务工女性在经济收入、住房状况、劳动保护、生育保障、子女教育、养老保障、家庭分工等方面的性别统计，并通过对数据的整理、汇总与分析建立全面完备的社会性别数据库，为解决进城务工女性城镇融入问题提供科学的数据参考。

（3）建立专项社会性别预算计划

社会性别预算是指在社会性别主流化过程中，通过分析公共预算对男女两性的不同影响，对公共预算做出社会性别敏感回应，推动公共部门以更趋公平的方式分配资源，从而使公共预算满足不同群体的不同需求，这是促进社会性别平等的一种手段和途径。[②] 社会性别预算作为公共政策有效执行的先行兵，是提高资源配置效率、促进性别平等的重要保障。将社会性别预算纳入促进进城务工女性城镇融入的行动中，其核心目标在于，提高各级政府对进城务工女

---

① 陈澜燕：《性别统计与中国的和谐发展》，天津人民出版社，2011，第22页。

② 张再生：《社会性别与公共管理》，天津大学出版社，2011，第48页。

性城镇融入问题重要性的认识，增强人们的社会性别平等意识与理念；明确政府在推进进城务工女性城镇融入中的主体性责任，影响政府决策与行动以实现政府的政治承诺；为进城务工女性争取更多的项目与行动预算，为消除进城务工女性城镇融入中的性别差距提供坚实的资金保障。实施用于增进进城务工女性城镇融入的社会性别预算计划应关注以下行动策略。

首先，做好有关社会性别预算支出项目与支出力度的实地调研，并在全社会做好社会性别预算的价值宣传。对进城务工女性获得和享受公共资源与公共服务的现实情况进行调研，掌握相关政策对她们融入城镇的实际影响，有利于财政支出有的放矢。同时，促进进城务工女性城镇融入的社会性别预算在全国范围内的实施与开展，有赖于社会成员尤其是人大与政府的认同与支持。因此，必须在全国范围内对社会性别预算的价值与意义进行宣传，并通过对人大与政府职能部门的专项培训，来增强他们对社会性别预算重要性与必要性的认识。

其次，推进具有社会性别意识的参与式预算。社会性别预算作为反映进城务工女性利益诉求，解决进城务工女性城镇融入困境的一种重要的政策工具，仅靠少数有限的公民参与是不够的。为充分反映进城务工女性的实际困难和需要，在保障一定比例的男性公民参与的基础上，还要确保一定比例的女性公民尤其是进城务工女性的参与。通过直接利益相关者的参与，制定能够真正解决进城务工女性城镇融入难题的预算计划。

最后，要将社会性别意识纳入社会性别预算过程始终。预算的制定与实施是一个复杂的系统工程，它不仅涉及国家多个职能部门的行动，也需要专业的预算实施技术与工具。因此，必须时刻考虑到进城务工女性的特殊利益与需要，将社会性别意识作为预算编制、审批、执行、审核和评估阶段的基本准则，以免社会性别预算在繁杂的操作过程中又演变成性别中立的预算。

5. 完善以投资为导向的家庭政策，提升家庭发展能力

家庭发展能力不足，是社会转型期我国家庭面临的普遍性问题，农村家庭尤其如此。因而，通过政策与发展项目承担必要的社会保障与社会福利责任，为家庭提供帮助与支持，促进家庭能力发展并最终为提升国家竞争力提供支撑，就成为国家和政府回应家庭发展能力不足的基本做法。要提升家庭发展能

力，唯有政府对家庭进行投资。这是发展型家庭政策最具理论创新的观点，也是现代西方发达国家社会政策改革的实践取向。西方发达国家社会政策实践领域发生的变革，对我国的社会政策转型及社会建设实践具有重要的借鉴意义。我国是人力资源大国，政府制定完善的发展型家庭政策投资于家庭、积蓄雄厚的人力资本、开发丰富的劳动力资源，具有深厚的现实基础。同时，政府投资于家庭，还十分符合将我国由人力资源大国转变成人力资源强国的既定战略。此外，政府投资于家庭，促进家庭能力发展，对于促进进城务工女性城镇融入更是具有十分重要的政策意义。

（1）以教育和就业为中心，投资家庭人力资本建设

当前，我国改革开放已进入关键时期，经济社会协调发展的改革思路已经确立，社会主义和谐社会建设、公民社会建设等议题已被提上政府政策议程。在推动社会政策转型过程中，政府有必要进一步转变社会保障与社会福利是单纯财政支出的传统观念，将社会政策及其社会建设目标作为生产力要素对待。在政策设计上，注重投资于家庭、投资于社会。政府投资于家庭，其根本的途径就是要注重人力资本投资，鼓励人们进入劳动力市场，重视对潜在劳动力资源的培育。在具体政策措施方面，首先要确保教育投入，优先保障教育事业的发展，同时加大对现有劳动力的知识、技能的培训力度。其次要完善就业制度体系，重视并支持劳动年龄人口进入劳动力市场，使他们成为生产性经济活动的活跃成员，成为国家经济发展的力量源泉。

正如前文所指出的那样，进城务工女性的城镇融入受到了来自家庭的掣肘，归根到底，解决进城务工女性城镇融入问题就是一个如何解决她们的家庭发展能力不足的问题。因此，政府投资于家庭，就是要投资于农村进城务工群体包括女性及其家庭。首先，要切实解决进城务工女性子女的教育问题，包括随迁子女在城镇入学难、各种收费高等问题。其次，要切实做好进城务工女性的继续教育和技能培训工作。具体政策措施主要包括以下三点。一是要加大财政投资力度，同时充分吸纳民间资本，鼓励社会组织、社会团体与社区投资于农村进城务工家庭。二是要广泛动员高校、职业院校、培训机构加入流动人口培训市场，为进城务工女性群体提供免费或收费低廉的培训服务。三是要以满足需求为导向，灵活选择方式方法。由于进城务工女性群体学历层次、知识结

构与所从事的行业和工作均存在一定的差异，因此要根据她们的需求确定相应的培训内容。培训时间、地点与方式的选择也应具有灵活性，可以在进城务工女性集中居住的社区及附近举办培训班，采取上门服务的方式，在女工密集的工厂开展知识和技能讲座等。

（2）以支持为导向，兼顾预防和应急治理

从人力资本角度看，教育和培训是最重要的人力资本投资方式，也是投资于家庭的基本策略。值得注意的是，投资于教育和培训只是发展型家庭政策的“发展”或者“投资”理念之一，并非全部。除了教育和培训外，还有养老、医疗、住房等方方面面的问题都需要政府积极投资。“投资”理念的关键意义在于，注重长远的战略眼光，而不是短期的收益与回报，更不是对家庭问题的“急救式”治理，而是通过长期的“投资”，提升家庭自我发展能力。此外，投资于进城务工女性家庭与投资于农村家庭（其中很多是潜在的进城务工人员家庭）并不矛盾，它们是政府投资农村家庭行为的两个方面或者两个阶段。无论是中国的城镇化，还是农业现代化或农业转移人口城镇融入（或市民化），都不是一个暂时的现象，而发展型家庭政策的“发展”的内涵，除了“投资”之外，还注重投资“未来”。因此，投资于进城务工女性家庭只是这个过程的一个方面，而投资于若干潜在的农村流动人口家庭则是投资未来的重要体现。为此，政府要完善以投资为导向的家庭政策体系，就是要用“投资未来”的战略视野，以投资人力资本为重点，以教育与培训、就业制度为主轴，完善流动人口子女入学制度、就业创业制度、劳动工资制度、劳动保护制度等一系列制度，建立起帮助、支持家庭能力发展的政策体系。

发展型家庭政策注重对家庭成长与发展能力的投资，注重社会风险的事前预防，但这并非说发展型家庭政策不考虑对家庭问题的应急性补救。家庭问题与社会问题并没有严格的界限，二者紧密联系又相互依赖。社会问题大多数涉及家庭，是众多家庭普遍关注或面临的问题，如养老、赡养父母等。同样，当众多家庭都面临着无法由自身独立解决的问题时，也就意味着家庭问题不再是私人问题，而是整个社会面临的共同问题。新中国成立以来，我国政府颁布了一系列法律法规和政策，有力地解决了由传统婚姻家庭制度带来的若干社会性问题。不过，由于法律执行不彻底、人们的法制意识淡薄、封建残余思想等因素的影响，一些传统家庭问题并没有得到根治，甚至仍有进一步恶化的趋势，比如针对老年妇女的暴力问题。改革开放以后，由于社会压力和风险加大，我国家庭又面临着许多新问题。在由农业就业转变为非农就业的乡城流动中我国产生的许多问题，比如家庭暴力特别是虐待老年妇女问题、农村老年人自杀问题、女童遭受性侵问题、务工妇女遭受性骚扰或性暴力问题等，这些问题严重破坏了家庭关系，增加了进城务工人员城镇融入的家庭成本，引发了社会的广泛关注，对政府介入治理提出了强烈诉求。

B.3

广州流动女性青少年城市适应状况调查报告

摘 要：

对广州流动女性青少年中的200名打工者、239名在学者进行了问卷调查，并对近40人进行了个案访谈，从社会适应、经济适应、文化适应、心理适应等层面对她们的城市适应状况进行了考察分析。结果表明：流动女性青少年在生活的表层能够比较快地适应城市的节奏，比较安于现状；她们在城市的生存不是一个特别困难的问题，但她们也还没来得及触及发展的问题。在学者对广州的社会、文化适应明显要强于打工者；在经济层面，两个群体的特点比较一致，在消费和理财观念及行为上趋于保守；在心理层面，在学者的适应性要稍弱于打工者。对于打工者来说，社会适应对经济适应的影响比较明显，对于在学者而言，社会适应、经济适应对心理适应的影响比较明显。总体来说，在学者适应广州生活的主观能动性要比打工者强。针对两个群体的适应状况，相关的公益服务方向应当有所侧重。

关键词：

社会适应 经济适应 文化适应 心理适应

一 调查背景与调查目的

随着工业化和城镇化的迅猛发展，农村人口不断被推动、被吸引到城市中工作、生活、学习等。从主要追求经济生活改善的第一代农民工到后来的新生代农民工，农民群体进入城市的原因和目的更加多元化，群体内部呈现

多层次性。其中，进入城市的流动青少年群体规模也在扩大，从相关数据可略见一斑。《中国流动人口发展报告2012》显示，截至2011年，中国流动人口总量已接近2.3亿人，“80后”新生代农民工占劳动年龄流动人口的近一半。另据2010年广州市第六次全国人口普查统计，广州市常住人口有1270.08万人，其中接近四成为外来人口，而外来人口中女性接近215万人。共青团广东省委的一项调研指出，在广东，进入城市的农民工子女超过210万人，广州约有60多万人。

由于出身及成长环境的差异，这个庞大的人群具有一些与同龄的城市青少年或老一辈农民工不一样的特点。

第一，他们中的大部分人的身心正在成长阶段，人生观、价值观都还没形成。但有的人已经需要独自面对陌生的环境乃至劳累的工作。而他们的知识水平、心理素质、生存能力往往难以达到复杂的都市环境所要求的程度。

第二，有的人虽然与父母一起生活，但因为受到父母在城里艰难的谋生环境以及父母本身教育程度的限制，往往难以得到家庭周到的关爱。还有很大一部分人长期脱离家庭环境生活，缺乏父母或家庭的关爱。

第三，虽然亲子形式的活动缺乏，但有些孩子在物质上、生活上受到父母或长辈的溺爱，他们往往被认为比老一代外来工承受能力差，吃不得苦，物质需求较多。

第四，由于制度性、结构性的原因，在户籍管理、教育、就业、住房、社会保障等方面，流动人口与城市居民仍然存在较大差距，这也导致流动青少年虽然身在城市，却难以融入城市，与城市中的同龄人往往也是疏离的。

已有多项研究认为，生活失助、亲情失落、学业失教、心理失衡是这个人群普遍存在的问题。因此，相比于同龄的城市青少年或老一辈农民工，流动青少年群体有着一些更为迫切的需求，但缺乏满足的渠道。其一，他们的人生观、价值观需要更多积极具体的引导。其二，作为要在城市生活的农民或农民工子弟，他们除了需要更好地融入城市社会外，也需要更好地规划人生。因为他们基本脱离农村的生活环境，不懂农活，而且以后也不大会返回农村。其三，目前他们在城市的处境比较边缘化，情感上也需要更多的关爱。

遗憾的是，暂时没有确切的数据显示流动青少年群体中的女性到底有多少。目前对流动青少年人群的调查多是基于非性别视角的。可以说，目前发现的这个人群所存在的整体性问题，在女性群体中也存在。更严重的是，因为传统观念及环境的制约，流动女性青少年在家庭或社会上有可能遭遇更为不利的处境。特别在个人发展方面，与农村男性同龄人相比，她们获得的机会往往难以与男性达到平等。她们在女性身心方面的需求可能也相应地被忽略。例如，在农村的调查发现：很多外出打工的年轻女孩其实对家庭的贡献并不小，有时甚至是家庭经济来源的主要贡献者，也有不少在学校表现优秀的女孩子，但她们多少会感到，最终还是被家庭当作“泼出去的水”来看待。这不但影响了她们的自信，也限制了她们的人生道路。

本研究所指的流动青少年包括：在城市生活、学习或工作的农民子弟或农民工子弟，年龄介于15~30岁，主要涉及进城务工人员的随迁子女、新生代农民工，或是在城市上学的农民子弟。本调查以该人群中的女性为目标人群。

本研究希望能够在目标对象的层次性上相对全面地把握在这个年龄段的女性流动人口中不同人群的状况和需求，希望在把握目标人群的问题与需求的基础上，继续探索受流动影响的女性青少年更好地融入城市、参与城市发展、促进自我发展的可能的方法和途径，根据调研获取的需求信息开展针对性的服务。

通过展开调查，尝试推动社会公众及有关方面进一步从性别视角关注流动人口的多样性及其融入城市、在城市寻求发展过程中的多元需求，尤其是不同性别、不同年龄段的青少年，在从农村进入城市就学、就业过程中的心理、社会认同、社会资本等方面的差异性需求。在个体的层面，相关受益群体可以从中增强对自身问题与需求的主体性认知，同时获得一些与城市中其他人群的交流互动机会，学习或改进沟通方法，逐渐习得城市社会融入的积极行为。在群体的层面，相关群体能够逐渐提升群体意识，并能从群体的立场发声。

二　调查方法与指标体系

2013年6~10月，在广东省绿芽乡村妇女发展基金会的组织下，基金会工作人员、中山大学社会工作专业在读学生，通过采取简单随机抽样的方式，对流

动女性青少年中的打工人群进行了问卷调查。调查对象主要集中在广州市海珠区新港西路沿线，也有部分调查对象分布在天河区、越秀区、荔湾区等地。调查回收有效问卷200份。同时，对在学流动女性青少年的调查，主要在广州市内一所中职学校、一所高职学校、一所打工子弟比较集中的民办中学内开展。其中，在职业学校招募了校内学生调查员开展调查访问，在民办中学由学校教师辅助对高一、高二女生进行整群抽样调查。回收在学流动女性青少年问卷共239份，其中职校生108份，高中生131份。除此以外，调查人员对近40例的流动女性青少年进行了个案访谈。

调查问卷分别针对在学和打工两个人群进行设计，以城市适应状况为主体内容，涉及社会适应、经济适应、文化适应、心理适应等层面。在学类的问题主要针对学习和生活，打工类的问题主要针对工作和生活。问卷指标体系见表1、表2。

表1　打工女青年问卷

主要维度	指标	主要变量
社会适应层面	社会支持	亲友圈 交往圈 交流圈 求助圈
	社会参与	利用公共资源情况 参与公共活动情况
	社会排斥	与广州人交往存在的困难 不愉快的遭遇 被拖欠工资的情况 在广州生活或工作遇到的主要困难
经济适应层面	居住条件	居处获得、居住面积、设施与条件
	收入与消费	月均收入 消费分配 理财观
	保障	劳动权益 社会保障

续表

主要维度	指标	主要变量
文化适应层面	行为习惯	出行 作息 休闲娱乐 处事独立性
	城市文化认知	本地语言及传统熟悉情况 本地地域熟悉程度 个人都市感知情况
心理适应层面	心态	身心状态 对本地人的感知 自我认同
	观念	婚恋观
	期望	未来打算

表 2　在学流动女性青少年问卷

主要维度	指标	主要变量
社会适应层面	社会支持	亲友圈 交往圈 交流圈 求助圈
	社会参与	利用公共资源情况 参与公共活动情况
	社会排斥	与老师同学相处情况 不愉快的遭遇
经济适应层面	消费行为与消费观	收入情况 支出情况 理财习惯
文化适应层面	行为习惯	出行 作息 休闲娱乐 处事独立性
	城市文化认知	本地语言及传统熟悉情况 本地地域熟悉程度 个人都市感知情况
心理适应层面	心态	身心状态 自我认同
	观念	婚恋观
	期望	未来打算

三 人口统计特征

（一）打工女青年

1. 年龄

对打工女青年的问卷调查采取简单随机抽样的方式。被访打工女青年的年龄层比较集中地分布在 20～25 岁这个阶段，处于这个年龄段的被访打工女青年占 69.0%，其次，19.5% 的被访打工女青年处于 18～19 岁这个年龄段（见图 1）。此次调查中访问到年龄最小的打工者是一位 15 岁的女孩。在访谈者中，第一次外出打工时间最早的是在 1999 年，第一次到广州打工时间最早的是在 2000 年，有八成多的人是在 2009～2013 年第一次到广州打工。

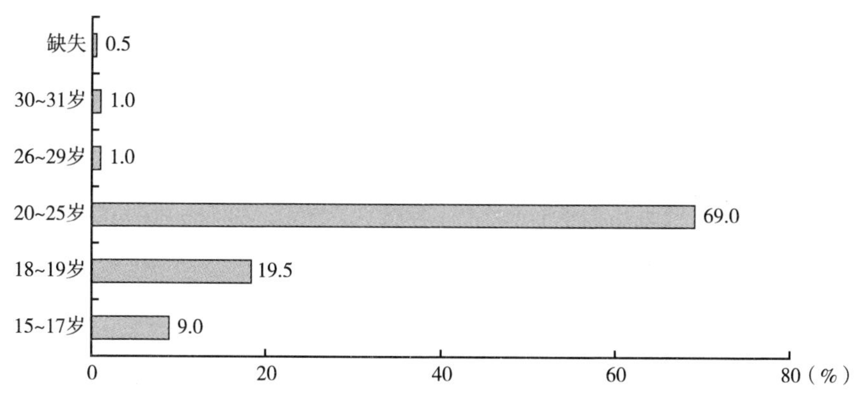

图 1　打工女青年年龄分布（N＝200）

2. 受教育程度

被访打工女青年的受教育程度偏低，将近一半的被访者只有初中教育程度，其次，21.0% 的被访者具有高中教育程度，16.0% 的被访者是中专毕业，大专及以上受教育程度的只占 13.5%（见图 2）。

3. 户籍类型及户籍地

被访的打工女青年中，超过七成的人是农村户籍，12.0% 的人是城镇户

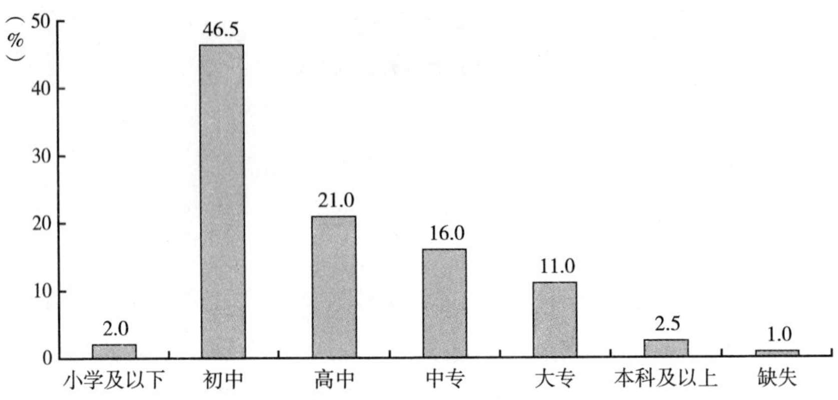

图 2　打工女青年受教育程度（N=200）

籍。被访者中有超过一半的人属于省内流动，来自湖南、广西、四川、江西等地的人相对集中，但所占比例均不高。只有个别被访者是来自河北、陕西等北方省份的（见表 3、表 4）。

表 3　打工女青年户籍类型

单位：%

户籍类型	城镇	农村	不清楚	缺失
百分比	12.0	72.5	1.5	14.0

表 4　打工女青年户籍地

单位：人

户籍地	广东	湖南	广西	四川	江西	湖北	河南	福建	安徽	浙江	河北	重庆	云南	陕西	缺失
人数	102	24	11	10	9	7	6	6	2	1	1	1	1	1	18

4. 职业分类

从行业分布来看，受访的打工女青年比较集中从事的行业依次是：商业（零售、自营、外贸等）、餐旅业、美容服务业、制造业（纺织、电子等）（见表 5）。在专业技能上，获得了职业资格证书的被访者只占 22.5%。

表 5　打工女青年职业分类

单位：人

行业	纺织制造业	电子制造业	其他制造业	零售商业	自营个体商业	外贸商业	其他商业	餐旅业	美容服务业	其他服务业	卫生医疗业	新闻出版广告业	文教业	房地产业	金融业	其他职业	总计	缺失
人数	8	2	14	38	13	10	27	24	18	11	2	1	1	1	1	4	175	25

5. 婚恋状况

被访的打工女青年中，超过六成的人是未婚单身，23.0% 的人虽未婚但有固定恋人。已婚已育的只有一成多（见图 3）。

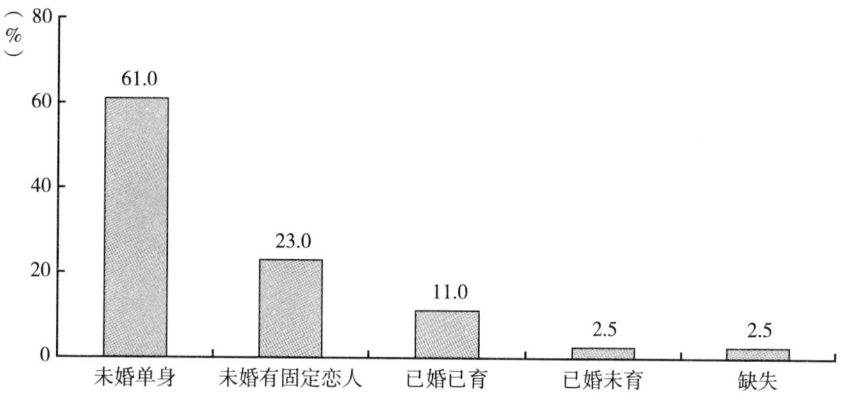

图 3　打工女青年婚恋状况

6. 在广州居住的时间

被访的打工女青年中，93.5% 的人不是在广州出生的，5.0% 的人在广州出生。绝大部分人在广州停留不到 4 年的时间。其中，23.5% 的被访者来广州不到一年，28.0% 的被访者在广州 1～2 年，在广州 3～4 年的人占 27.5%。只有两成被访打工女青年在广州居住的时间在 5 年以上（见图 4）。

（二）在学流动女性青少年

1. 年龄

对于在学流动女性青少年，问卷调查首先是采取分层抽样的方法，主要在

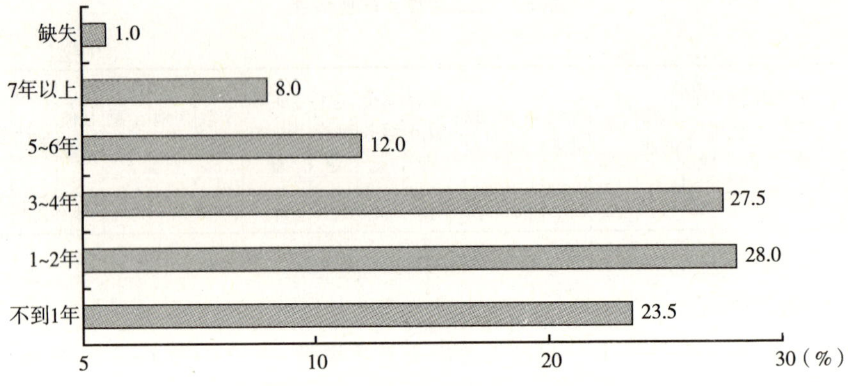

图4　打工女青年在广州居住的时间

以下部门集中开展：一所中职学校、一所高职学校、一所打工子弟比较集中的民办高中。考虑到学校的要求及操作上的可行性，在中职学校及高职学校采取随机抽样的方式，回收有效问卷108份；在打工子弟高中采取的是整群抽样的方式，主要在高一、高二学生中开展问卷调查，回收有效问卷131份。因此，在学流动女性青少年的年龄分布更为集中。除了高一、高二学生外，职校生的年龄段主要为16~22岁（见表6）。

表6　职校女生年龄分布

单位：%

年龄(岁)	16	17	18	19	20	21	22
百分比	5.6	15.7	16.7	14.8	18.5	21.3	7.4

2. 户籍类型及户籍地

被访的在学流动女性青少年中，基于政策原因，被访高中生主要是省内生源，假设这方面的样本差异性不大，因此本调查对其户籍地及户籍类型没有进行了解。但从调查结果来看，被访的职校生中有超过九成的人也是属于省内生源，少数人是来自邻近广东的福建、广西、海南、江西等省份（见表7）。被访职校女生中有95.3%的人是农村户籍。

表 7　职校女生户籍地分布

单位：%

户口所在省份	福建	广东	广西	海南	江西	缺失
百分比	1.0	91.2	1.0	2.9	1.0	2.9

3. 在广州居住的时间

被访的在学流动女性青少年中，有 16.3% 的人是在广州出生的，83.3% 的人不在广州出生。她们当中，有超过一半的人在广州居住的时间在 5 年以上，其中有 48.5% 的人在广州居住 7 年以上，在读高中生是这部分人的主体，她们大多数人从小就在广州读书。有超过四成的人来广州不到 2 年，职校生是这部分人的主体，她们都是正在就读中职或高职的一年级、二年级学生（见表 8）。

表 8　在学流动女性青少年在广州居住的时间

单位：%

时长	不到 1 年	1～2 年	3～4 年	5～6 年	7 年以上
百分比	15.1	27.6	4.2	4.6	48.5

（三）打工及在学流动女性青少年的基本特征比较

1. 户籍类型

两个被访人群中都是农村户籍占绝大多数，但属于农村户籍的打工者比在学者比例少一成左右（见图 5）。

2. 是否在广州出生

两类被访人群中，都有小部分人是在广州出生的，但在学者比打工者多一成左右（见图 6）。

3. 户籍地

在学流动女性青少年主要是省内流动，只有少数人来自广东邻近省份，如广西、福建等；打工流动女性青少年的户籍地相对多元一点，省内与省外基本上是各占一半，省外的主要也是来自邻近省份，湖南、广西比较集中，还有少

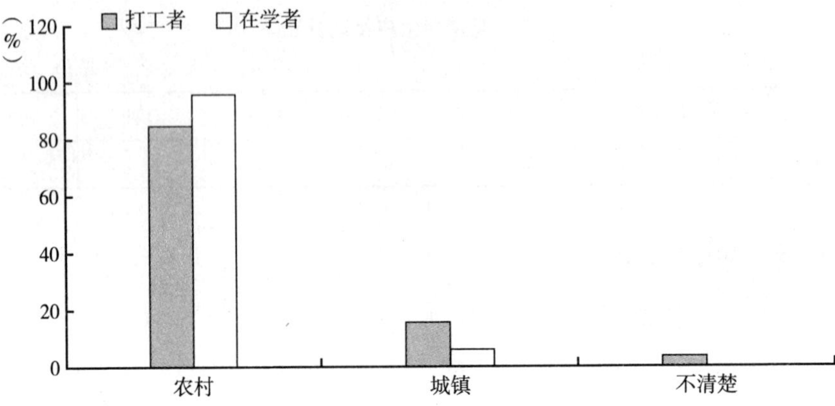

图5　打工者与在学者户籍类型比较

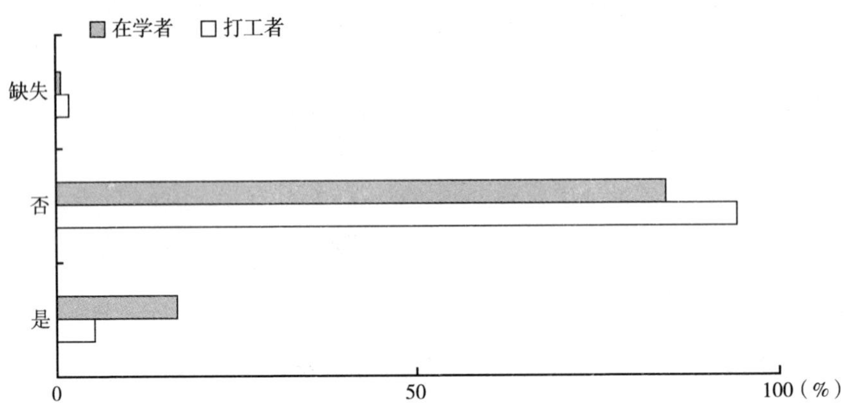

图6　打工者与在学者是否在广州出生

数人来自北方省份。

4. 在广州的居住时间

被访打工女青年在广州停留的时间相对短暂一些，超过七成的人在广州居住的时间不到4年，而在学者中在广州居住时间少于4年的人不到五成；打工女青年在广州居住7年以上的人不到一成，在学者有将近五成的人在广州居住时间在7年以上（见图7）。打工女青年中，从来没有回过老家的人占1.5%，在学者中从来没回过老家的占5.9%。一年里回两三次老家的打工女青年占43.5%，一年回一次的占36.5%，一年回四次以上的占11.5%，只有2.0%的

打工女青年几年才回一次老家。在学者中 30.5% 的人放假一般都回去，63.2% 的人放假偶尔回去。不回老家的主要原因或是“老家没有什么亲戚朋友了”，或是“回去不好玩”。

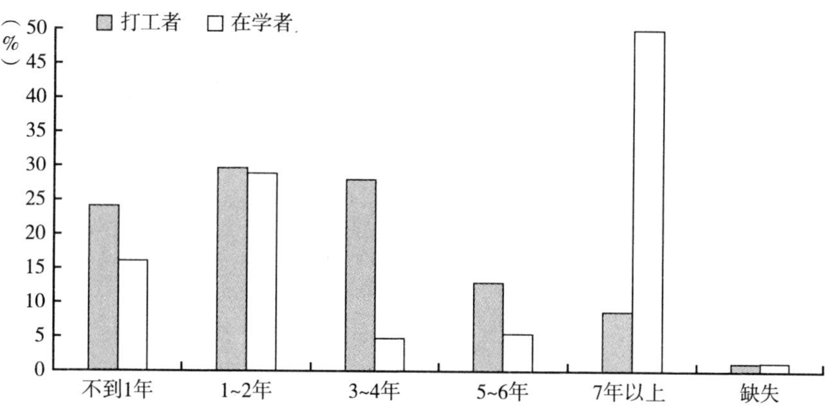

图 7　打工者与在学者在广州的居住时间比较

四　主要数据分析

（一）社会适应层面

1. 社会支持

（1）亲属圈

被访打工女青年中，父母或家人在广州的占 49.5%，除此以外，有近亲在广州的占 32.0%，有远亲的占 2.5%，以上情况皆不存在的占 15.0%。其中，虽然将近一半的人有父母或家人在广州，但能够天天见面的只有 27%。被访在学者中，父母或家人在广州的占 61.5%；广州有近亲的占 20.1%；广州有远亲的占 5.4%；以上皆无的占 11.7%。与父母或家人基本天天见面的占 33.5%，一般是周末见到的占 25.9%（见图 8）。

从亲属圈来看，流动女性青少年在广州的强社会关系还是比较明显的，打工者的强社会关系相对在学者要弱一些。无论是打工者或在学者，虽然都有一半左右的人的父母或家人在广州，但是她们与父母或家人的见面机会并不频

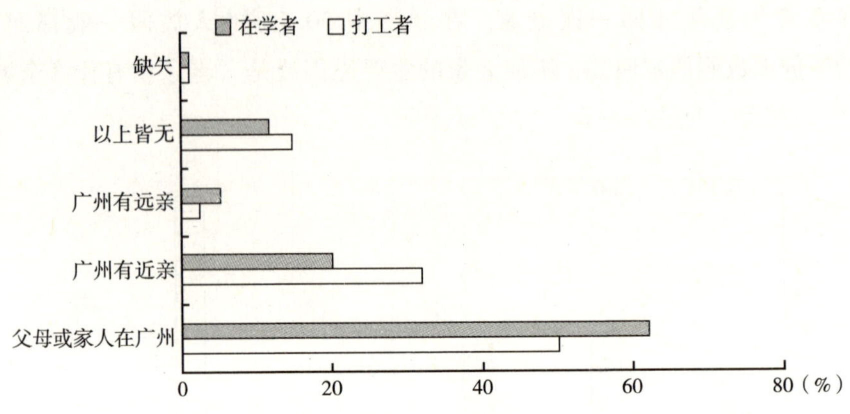

图8　在广州的亲属关系

说明：家人含丈夫、子女、兄弟姐妹、祖父母、外祖父母；近亲含叔伯姨舅辈、堂亲、表亲。

繁，其中分别只有三成左右的人能够天天和父母或家人见面。

此外，父母或家人不在广州的被访流动女性青少年，她们与家里人的联系频率较紧密，打工者中有26.3%是天天有联系的，在学者中则有将近四成的人天天与家里人有联系，被访打工者中有将近两成的人、在学者中只有一成左右的人没有达到平均一周一次的联系频率（见表9）。

表9　与父母或家人多久联系一次?（父母家人不在广州者）

单位：%

频率	打工者	在学者
天天联系	26.3	37.9
一周有几次	30.5	34.2
平均一周一次	25.1	17.8
平均一个月少于三次	13.2	8.2
其他	4.8	1.8

（2）交往圈

在广州的日常生活中，打工女青年的主要交往对象按选择频次由高至低依次是同事或雇主、家人、同学、老乡、亲戚，按交往密切程度从高到低依次是家人、同学、工友、亲戚、老乡。前者可以反映相对客观的状况，后者可能是比较主观的分类，受个人感觉影响。可见，打工女青年在广州的交往圈主要取

决于业缘、亲缘及地缘关系，而且实际情况往往是三者相互交叉重合。即工作伙伴可能同时也是家人、亲戚、老乡或同学等。从打工女青年的异性朋友类型及结交异性朋友的途径两方面，同样可以看到，业缘、亲缘、地缘关系大体决定了她们结交异性朋友的范围。工友同事、同学、同乡是打工女青年最多选择的三类异性朋友来源。66.5%的打工女青年结识异性朋友的途径是工作，值得注意的是，有超过两成的打工女青年也在网上结识异性朋友（见表10～表13）。

表10　打工女青年在广州的主要交往对象来源（多选）

单位：%

类型	同事或雇主	家人	同学	老乡	亲戚	除网友外新结交的朋友	网友	恋人	基本没有交往对象
百分比	49.0	47.0	42.5	36.0	28.5	12.0	12.0	0.5	4.0

表11　在广州来往比较密切的三类人（多选）

单位：%

样本	第一位及选择百分比	第二位及选择百分比	第三位及选择百分比
打工者	家人47.2	同学27.1	工友23.2
在学者	家人49.4	同学41.4	老师31.0

表12　打工女青年异性朋友的类型（多选）

单位：%

类型	工友同事	同学	同乡	邻居/街坊	网友	其他
百分比	53.0	43.5	36.0	9.0	3.0	11

表13　打工女青年结交异性的途径（多选）

单位：%

类型	因为工作结识	亲朋好友介绍	网络	参加社交活动	学习培训中结识	其他
百分比	66.5	28.5	22.0	15.5	12.0	10

从与广州本地人的交往情况来看，超过两成的打工女青年日常生活中基本不与广州本地人打交道，经常打交道的占三成，偶尔打交道的占45.5%，即七成以上的打工女青年与广州本地人多多少少打过交道。被访者中只有两人表示从来不与广州本地人打交道（见表14）。

表 14　打工女青年与广州本地人交往情况

		频次(人)	百分比(%)	有效百分比(%)	累积百分比(%)
有效	1. 经常打交道	60	30.0	30.5	30.5
	2. 偶尔打交道	91	45.5	46.2	76.7
	3. 基本不打交道	44	22.0	22.3	99.0
	4. 从不打交道	2	1.0	1.0	100.0
	总计	197	98.5	100.0	
缺失	0/缺失	3	1.5		
	合计	3	1.5		
总计		200	100.0		

在学流动女性青少年在广州的交往圈主要限于家庭及校内。在学者关系比较密切的三类人按被选中频次从高到低依次是家人、同学、老师。有过半数的人有不少校外朋友，但是其中有将近六成的人日常主要还是跟同校的同学玩，玩伴以校外朋友为主的人只占 8.5%，还有 13.0% 的人表示自己没有学校以外的朋友（见表 15、表 16）。

表 15　在学流动女性青少年校外朋友

单位：%

校外朋友数	有不少	一两个	没有	缺失
百分比	51.5	32.6	13.0	2.9

表 16　在学流动女性青少年玩伴类型

单位：%

玩伴	同校同学为主	校内校外差不多	校外朋友为主	课余不找玩伴
百分比	58.2	27.7	8.5	5.6

（3）交流圈

流动女性青少年，无论是打工者还是在学者，平时打电话最多的三类人都是父母、兄弟姐妹及女性朋友。父母是她们打电话最多的人，稍有不同的是，打工者给兄弟姐妹打电话的频率多于打给女性朋友，而在学者则是打给女性朋友的电话多于打给兄弟姐妹（见表 17）。这可能是因为在学者的兄弟姐妹年纪还相对较小，共同语言较少。

有意思的是，虽然她们都跟父母打电话最多，但父母不是她们最佳的倾诉对象。打工者选择最多的倾诉对象是兄弟姐妹及现在的同事，而在学者选择最多的倾诉对象是现在的同学，以前的同学次之（见表18、表19）。这里面的原因可能包括：一方面是代沟对交流的影响，与同辈交流比与父母交流更为容易；另一方面也许是由遭遇的共同处境决定的，同事或同学更能理解彼此的处境。

表17　平时打电话最多的三类人

单位：%

样本	第一位及选择百分比	第二位及选择百分比	第三位及选择百分比
打工者	父母 68.0	兄弟姐妹 23.0	女性朋友 10.5
在学者	父母 54.0	女性朋友 20.1	兄弟姐妹 9.2

表18　打工女青年喜忧分享对象（多选）

单位：%

类型	兄弟姐妹	现在的同事	父母	亲戚	以前的同事	网友	其他
选择百分比	36.5	36.5	28.0	14.0	12.0	5.5	28.5

表19　在学流动女性青年烦恼倾诉对象（多选）

单位：%

类型	现在学校的同学	以前的同学	父母	兄弟姐妹
选择百分比	78.6	75.3	55	43.8

（4）求助圈

当遇到困难的时候，打工女青年求助的对象按选择的频率从高到低依次是兄弟姐妹、现在的同事、父母、亲戚、以前的同事、网友，在学者的求助对象依次是现在的同学、父母、兄弟姐妹、以前的同学。同样的，父母也不是第一求助对象。相比起来，在学者对父母的依赖要稍微强过打工者。有困难时，打工者比在学者更加倾向于求助兄弟姐妹（见表20、表21）。从年龄段来看，这两项差别也是比较好理解的。打工者比在学者独立性要强些，同时其兄弟姐妹也比在学者的兄弟姐妹年龄大，有提供帮助的能力。

虽然求助圈主要是家人或熟人，但她们有事也不是完全依赖这些强社会关系。单从获取工作的途径来看，被访打工女青年中，有近五成半的人还是依赖熟人关系获得工作，也有近三成半的人通过社会公开途径获得工作，其中还有一成多的人自己上网找工作。值得注意的是，被访者中，没有人是从劳动部门或政府中介渠道获得工作的（见表22）。

表20　打工女青年困难求助对象（多选）

单位：%

类型	兄弟姐妹	现在的同事	父母	亲戚	以前的同事	网友	其他	没人可以帮我
百分比	38.5	33	27	26	6	2	15	6

表21　在学流动女性青少年困难求助对象（多选）

单位：%

类型	现在的同学	父母	兄弟姐妹	以前的同学
百分比	77.5	75.7	52.8	44.9

表22　打工女青年获得工作的途径（多选）

单位：%

途径	亲戚朋友同乡介绍	自己到工作场所看到广告	自己上网找的	本地劳务市场、职业介绍所	雇主到当地招工	私人工头带出来的	劳动部门或政府中介	现在没有工作	其他
百分比	54.5	22.0	11.5	1.5	1.0	0.5	0	1.5	7.5

2. 社会参与

（1）利用公共资源情况

打工女青年对免费公共场所的使用现状并不理想，大多数人去过的地方是免费公园，接近九成的被访者去过，而且有两成多的被访者经常去。其次是免费运动场，五成半的被访者去过。免费美术馆是被访者最少去过的。有三成半的人去过社区活动中心，经常去的只占5.5%。最多人听说过，但从没去过的地方是免费博物馆，近五成半的被访者属于这种情况。知晓度最低的免费公共场所是免费美术馆，33.5%的人没听说过免费美术馆，其次是社区活动中心，

26.0%的人没听说过社区活动中心（见表23）。除了免费公园使用率稍高外，其余免费公共场所，打工女青年都不经常去。

表23　打工女青年免费公共场所使用情况

单位：%

公共场所	经常去	偶尔去	听说过，但从没去过	没听说过	缺失
公共图书馆	3.0	33.5	50.0	13.5	0
免费博物馆	2.0	19.5	54.5	23.5	0.5
免费美术馆	0.5	13.5	52.5	33.5	0
社区活动中心	5.5	30.0	38.5	26.0	0
免费运动场	8.0	47.5	26.5	18.0	0
免费公园	22.5	64.0	10.5	3.0	0

在学流动女性青少年对免费公共场所的使用现状比打工者稍微好一点。接近九成的被访者去过免费公园，经常去的人近三成。公共图书馆也是在学者乐于利用的公共资源，超过七成半的被访者去过，经常去的人占27.2%。四成半左右的被访者去过免费博物馆和免费运动场。被访者去得最少的地方是免费美术馆，只有17.2%的人去过，其次是社区活动中心，有三成多的被访者去过。免费美术馆也是最多在学者听说过，但没去过的公共场所，58.2%的被访者属于这种情况；其次是免费博物馆和社区活动中心，近五成的人都是听说过，但没去过。在学流动女性青少年中，知晓度最低的也是免费美术馆，22.6%的被访者没听说过，其次是社区活动中心和免费运动场，有超过一成半的被访者没听说过这两个地方。近三成的被访者经常去免费公园和公共图书馆，其余几个地方都不经常去（见表24）。

表24　在学流动女性青少年免费公共场所使用情况

单位：%

公共场所	经常去	偶尔去	听说过，但没有去过	没听说过	缺失
公共图书馆	27.2	49.0	20.1	3.8	0
免费博物馆	2.1	42.3	49.4	6.3	0
免费美术馆	1.3	15.9	58.2	22.6	1.7
社区活动中心	5.4	28.5	49.0	15.5	1.7
免费运动场	8.8	37.7	38.1	15.1	0.4
免费公园	28.5	59.4	10.0	1.3	0.8

打工女青年中，从接受过的公共服务来看，表 24 所列的公共文化设施及场所还是属于利用比较多的，37.0% 的被访者获得过此类公共服务。社区管理是打工女青年接受过最多的公共服务，科普活动、工作信息服务也是被获得稍多的，两成多的被访者接受过这两项公共服务。此外，还有近一成的被访者得到过计划生育和生殖健康服务方面的公共服务。职业病防治、心理咨询、法律援助是打工女青年获得最少的公共服务（见图 9）。

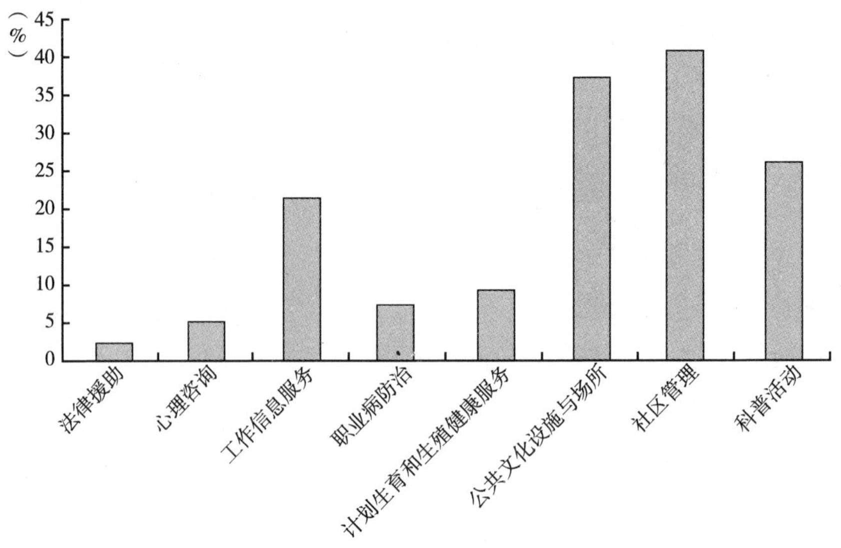

图 9　打工女青年接受过的公共服务

在专业技术培训方面，打工女青年参与程度并不高。57.5% 的被访者没有参加过任何培训，被访者接受过最多的相关培训是企业组织的技能培训，有 25% 的人参加过此类培训。还有一成的被访者自费参加过技能培训，但是参加过政府组织的技能或就业培训的人极少，分别都只有 1.5% 的人参加过。当然这也与提供的机会不多有关系（见图 10）。

（2）参与公共活动情况

打工女青年参与公共或集体活动的情况同样不大理想，此处所指的公共或集体活动包括参加工作或生活的社区组织的一些集体活动，如联欢会、运动比赛、广场娱乐、公益活动等。只有不到三成的被访者参加过公共或集体活动，经常参加的人只有 3.5%。而在不参加的人中，有四成被访者是因为没有时

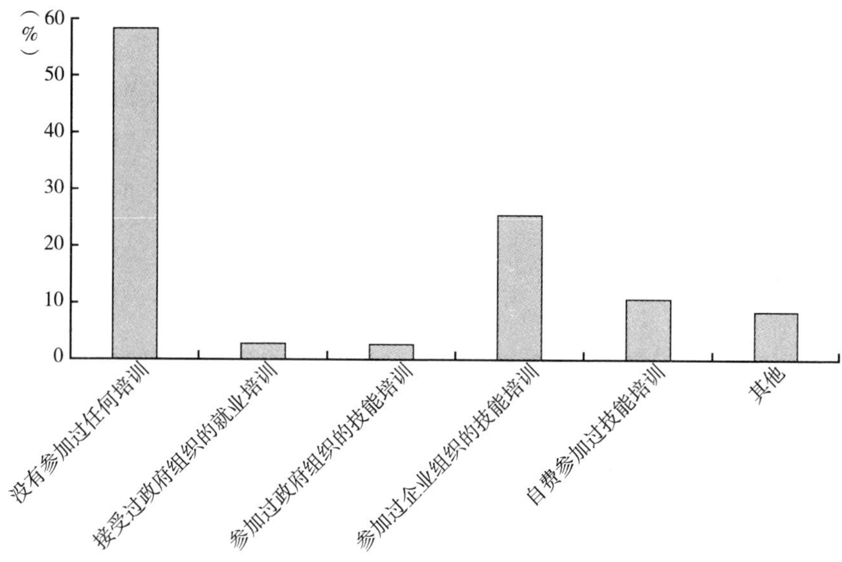

图 10　打工女青年参加过的就业培训或技能培训

间，有 16.0% 的被访者是因为不知道怎么参加，还有 7.0% 的人觉得没有发现适合自己的活动，只有 1.5% 的人不参加的原因是觉得这些活动对自己没有帮助（见表 25）。同时，图 11 显示，参加集体活动的被访者，主要是基于个人兴趣及结交更多朋友的目的。

表 25　打工女青年参与公共或集体活动情况

单位：%

类型	不参加，没有时间	不参加，对自己没有帮助	不参加，没有适合我的活动	想参加但不知道参加的办法	参加过一两次	经常参加	缺失
百分比	40.5	1.5	7.0	16.0	24.5	3.5	7.0

在学流动女性青少年的社会参与主要从校内及校外社团活动参与度来衡量，总体来说，在学者参加校内社团活动的人数比参加校外活动的多，超过七成的被访者参加过校内活动，25.1% 的人一直有参加。校外活动，有将近五成的被访者参加过，只有一成的人是一直有参加。从来不参加校内活动的被访者比从来不参加校外活动的少一半多，而未参加但希望有机会参加校内活动的被访者占 13.0%，希望有机会参加校外活动的则占 19.7%（见表 26）。关于不

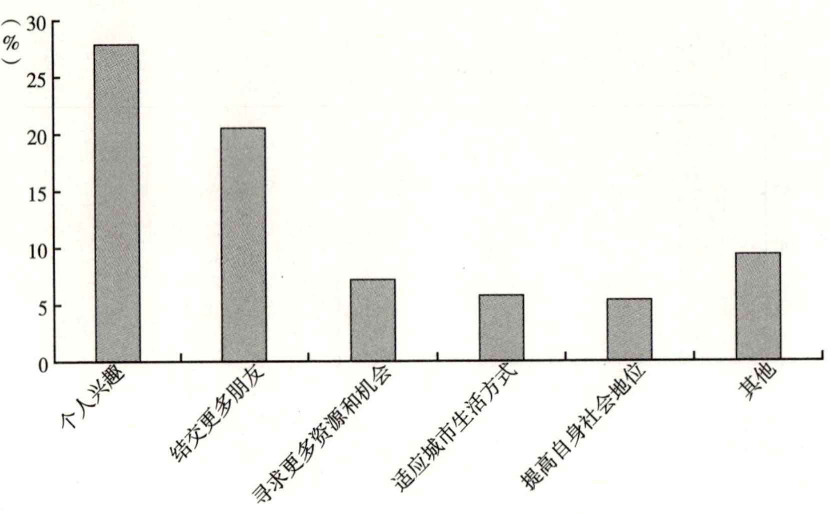

图 11　打工女青年参与公共活动的原因

参加校外社团活动的原因，主要包括课余要做其他事情、没有合适或喜欢的活动、想参加但没有机会。还有 15.5% 的被访者是因为学习太紧张，时间不允许，12.8% 的人是因为不知道有这些活动（见图 12）。

表 26　在学流动女性青少年社团活动参与度

单位：%

社团活动参与情况	校内社团活动	校外社团活动
一直有参加	25.1	10.0
参加过一两次	47.3	39.7
未参加,期望参加	13.0	19.7
从来不参加	12.6	28.5
学校没有社团	1.7	—
缺失	0.4	2.1

兼职打工是不少在读学生参与社会的一种途径，虽然大多数时候还是基于经济原因。在被访的在学者中，有过兼职打工经历的人占了 66.1%，经常兼职打工的有 23.4%，有三成多的被访者没有做过兼职。而兼职打工的主要工作是派传单和推销（见表 27）。

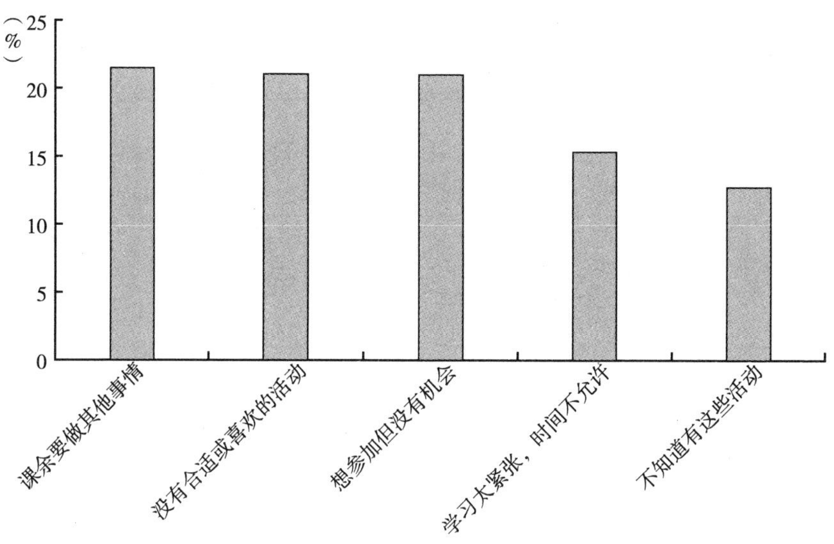

图 12　在学流动女性青少年不参加校外社团活动的主要原因

表 27　在学流动女性青少年兼职打工情况

单位：%

兼职打工频率	没有	有过一两次	经常	缺失
百分比	33.1	42.7	23.4	0.8

3. 社会排斥

从主观感觉来看，被访打工女青年中，有将近三成半的人认为自己与广州人交往没有困难，有两成半的人觉得主要的困难是语言不通，有一成多的人觉得困难在于生活习惯不同，分别有不到一成的人觉得困难在于思想观念不同或没有交往的机会。只有 5.9% 的人觉得困难在于被本地人看不起（见表 28）。可见，打工女青年在主观感觉中受到的排斥并不明显。进一步，当提到她们在广州工作或生活中遇到的主要困难时，42.5% 的人选择了“钱不够花”，其余依次是“居住条件差”“对未来迷茫”“想家但不能回去”（见表 29）。所以，真正感到有困难的人没有达到一半，而困难中的主观问题体现在个人对前途的不确定以及对老家的依恋，客观原因主要是经济条件不够好。

表 28　打工女青年与广州人交往存在的困难

单位：%

类型	没有困难	语言不通	生活习惯不同	思想观念不同	没有交往的机会	市民看不起外地人	其他	地位差异大
百分比	34.4	25.3	12.9	9.1	9.1	5.9	2.2	1.1

表 29　打工女青年在广州生活或工作遇到的主要困难（多选）

单位：%

类型	钱不够花	居住条件差	对未来迷茫	想家但不能回去
百分比	42.5	37	35	33.5

打工女青年在广州曾经遭受的不愉快经历包括：有两成多的人被偷过东西，有 7.5% 的人被骗过钱，7.0% 遭遇过被本地人看不起的经历，有 4.0% 曾遭受性骚扰，还有 1.5% 的被访者被抢过东西，超过一半的人没有发生过以上任何一种情况。在这方面，在学者比打工者的遭遇略坏一些，曾经被偷东西、被骗钱的人要稍多一些。48.5% 的被访在学者没有遇到过以上任何不愉快情况（见表 30）。

在工作上，有不到三成的被访者曾经被拖欠过工资，3.0% 的被访者经常被拖欠工资。当被拖欠工资的时候，“等待认命”的人最多，去争取商讨的其次，个别人会向维权组织求助、自己寻求法律途径，甚至辞职不干，采取的都是比较温和或消极的方式。极少数人表示会向媒体爆料或闹事（见表 31、表 32）。

表 30　不愉快的经历

单位：%

类型	打工者	在学者
被偷过东西	22.0	23.0
被骗过钱	7.5	12.6
被本地人瞧不起	7.0	8.4
被性骚扰	4.0	3.3
被抢过东西	1.5	0.9
以上皆无	52.0	48.5
缺失	6.0	3.3

表 31　打工女青年被拖欠工资

单位：%

类型	没有被拖欠过	只有一两次	有时会被拖欠	经常被拖欠	缺失
百分比	70	12.5	10.0	3.0	4.5

表 32　打工女青年对被拖欠工资的处理办法

单位：人

类型	等待认命	去争取，磋商讨要	向维权组织求助	自己寻求法律途径	辞职不干	向媒体爆料	找人去闹事
人数	23	21	7	7	4	2	2

从以上几方面来看，打工女青年个人感受的社会排斥感并不算强烈，而在个人经历中也没有经历太多不公平的遭遇。在学者在这方面的情况整体也算乐观。

从学校生源构成来看，虽然前述职校生数据显示，农村户籍者占九成以上，但日常生活中，73.2%的在学者觉得所处的氛围属于城市与农村的学生各占一半，11.7%的在学者觉得身边的同学大部分是农村来的，有7人认为在学校里只有自己是农村来的。所以，大多数在学者在学校里，并没有感觉自己身份与周围人有太多差异（见表33）。有8.4%的被访在学者觉得城市同学对她不友好，与城市同学交往中最多人遇到的问题是“没有机会和城市同学交往”，17.2%的被访者表示遇到过这种情况。

表 33　在学流动女性青少年学校生源的构成

		频次(人)	百分比(%)	有效百分比(%)	累积百分比(%)
有效	0. 缺失	6	2.5	2.5	2.5
	1. 大部分是农村来的	28	11.7	11.7	14.2
	2. 各占一半，差不多	175	73.2	73.2	87.4
	3. 小部分是农村的	21	8.8	8.8	96.2
	4. 只有我是农村来的	7	2.9	2.9	99.2
	5. 不清楚	2	0.8	0.8	100.0
	合　计	239	100.0	100.0	

对于在学者来说，比较在意的是在学校里与老师、同学的互动问题。有接近两成的被访者觉得老师一直很关心她，也有8.4%的被访者觉得老师从来没有留意过她，大多被访者觉得当自己犯错误的时候比较容易受到老师的关注，20.9%的被访者有这种感觉。有三成多的被访者表示被老师、同学恶意取笑过，2%的被访者表示经常被恶意取笑。所以，在与老师、同学的相处中，还是有不少在学者存在被排斥的感觉（见表34、图13）。

表34　在学者觉得学校老师在什么情况下比较关注你？

单位：%

类型	在你犯错误的时候	老师一直很关心你	考试成绩好的时候	考试成绩差的时候	从来没留意过你	在你做好事的时候	在你欠学费的时候	缺失
百分比	20.9	19.7	16.3	9.6	8.4	7.9	7.1	5.9

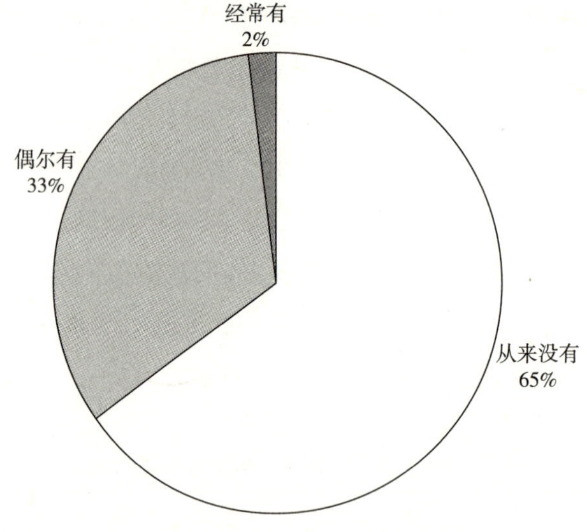

图13　在学者有没有被老师、同学取笑过

（二）经济适应层面

1. 居住条件

35.5%的被访打工女青年是与家人一起租房住的，有28.5%的人住在老板提供的集体宿舍，16.0%的人与同性朋友一起租房，这三种情况相对普遍一点，只有 2.5% 的被访者是住在自己或家人购买的房子里（见表 35）。其中，人均居住面积 10 平方米及以下的占 24.5%，11～15 平方米的占 27.5%，16～20 平方米的占 21.0%，21～30 平方米的占 11.0%。居住条件方面，八成以上的被访者居住的地方具备厕所、自来水、厨房、洗澡间等设施条件，有阳台的占 62.0%，有电视机的占 59.5%，将近四成的被访者居住的地方有空调、冰箱以及有线或无线网络。如此看来，被访者的居住条件算是良好。

表 35　打工女青年居处获得

单位：%

类型	与家人一起租房	住在老板提供的集体宿舍	与同性朋友一起租房	一个人租房	与恋人一起租房	住在自己或家人购买的房子	借住亲戚朋友家	其他	缺失	住在老板提供的夫妻房
百分比	35.5	28.5	16.0	8.0	6.0	2.5	1	1	1	0.5

2. 收入与消费

打工女青年的月均收入集中在 1555～3000 元这个区间，其中最集中的是 1555～2000 元这个区间，占 25.5%，其次是 2501～3000 元，占 24.5%，月均收入在 2001～2500 元的占 19.5%，低于 1555 元收入的人近一成，高于 3000 元的近两成（见图 14）。但大部分人（78.5%）认为根据自己的能力或条件，月均收入在 3000～5000 元才比较满意。只有 7.0% 的被访者觉得月收入为 2000 元左右就满意了（见表 36）。在月均花销上，有六成多的被访者月均花销在 500～1500 元，有近一成的被访者月均花销低于 500 元（见图 15）。大多

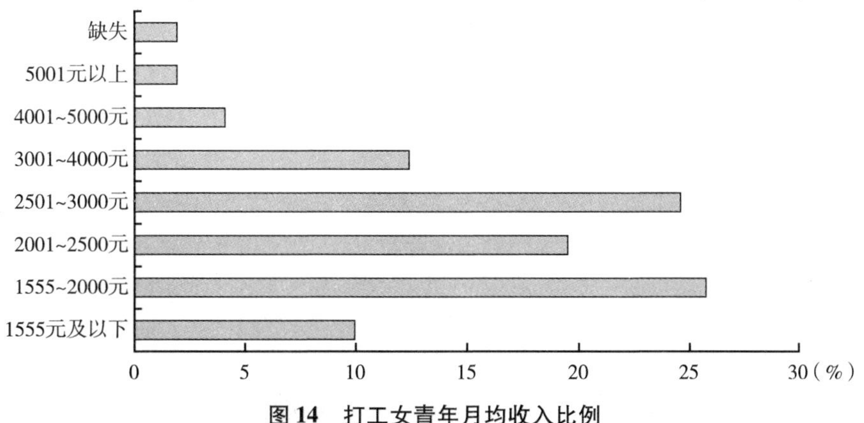

图 14　打工女青年月均收入比例

人日常花销的主要用途从多到少依次是吃饭、买衣服、通信（见图 16）。七成多的人为自己买过的最贵的衣服低于 400 元。除了日常开销外，收入的其他用途主要是：储蓄（占 68.0% 的被访者）、人情交际（占 46.5% 的被访者）、寄钱回家（占 54.0% 的被访者）、继续学习培训（占 12.0% 的被访者）。

表 36　打工女青年满意的月收入大概多少?

单位：%

区间	3000 元	4000 元	5000 元	2000 元	8000 元以上	6000 元	7000 元	缺失
百分比	32. 5	25. 5	20. 5	7. 0	6. 0	5. 5	0. 5	2. 5

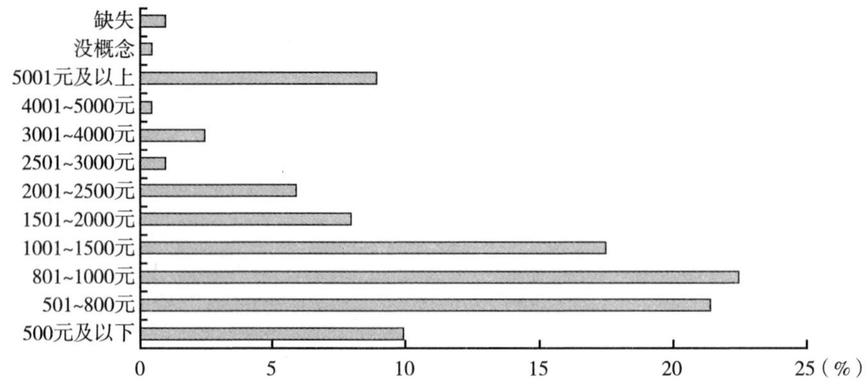

图 15　打工女青年月均花费比例

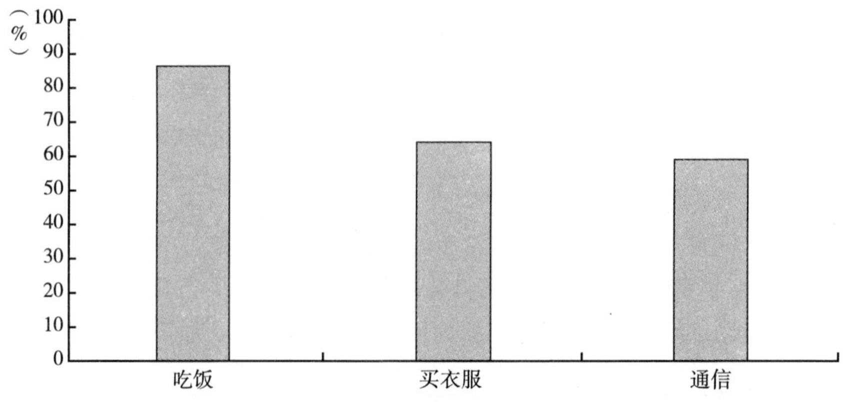

图 16　打工女青年日常主要消费

作为有收入者，打工女青年的消费习惯比较保守，想买什么就买什么的非理智消费者只占17.0%，虽然有两成多的人表示能省就省，有三成多的人觉得没有很大花销，但表示有计划理财的人只占22.5%（见表37）。

表37　打工女青年花钱习惯

单位：%

类型	有计划理财	没计划，但能省则省	想买什么就买什么	不是很有计划，也不是很大开销	缺失
百分比	22.5	22.0	17.0	36.5	2.0

被访在学流动女性青少年中，七成多的人的学费主要是来自父母打工赚钱，主要来自父母务农赚钱的只占8.8%（见表38）。在职校生中，月均生活费低于500元的占29%，六成被访者的月均生活费为501～1000元，只有一成多的被访学生月均生活费在1000元及以上（见图17）。43.1%的被访者觉得目前的零花钱或生活费一般够用，23.8%的人略有剩余，18.4%的人表示只是勉强够，10.0%的人表示还剩不少，只有3.3%的被访者觉得远远不够。若与身边其他同学相比，有近五成的在学者觉得自己的花销水平跟同学差不多，也有35.3%的在学者觉得自己的花销比其他人要少，4.2%的被访者表示自己的花销在同学中算是比较高的（见表39）。如果钱不够花，有59.1%的被访在学者会向父母家人要钱，也有26.4%的被访者表示会自己去兼职赚钱。她们中有七成的人的生活费主要花在吃穿或生活用品上（见图18、图19）。

表38　在学流动女性青少年学费来源

		频次（人）	百分比（%）	有效百分比（%）	累积百分比（%）
有效	0. 缺失	6	2.5	2.5	2.5
	1. 学校免学费	28	11.7	11.7	14.2
	2. 主要是父母打工赚钱	175	73.2	73.2	87.4
	3. 主要是父母务农赚钱	21	8.8	8.8	96.2
	4. 主要是自己兼职赚钱	7	2.9	2.9	99.2
	5. 主要是借来的	2	0.8	0.8	100.0
	合　计	239	100.0	100.0	

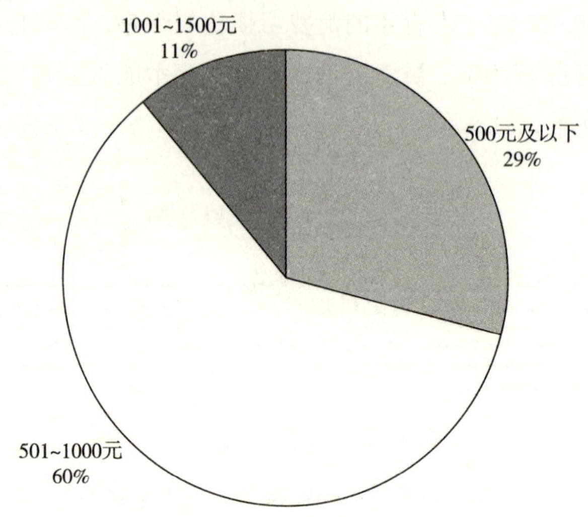

图 17　职校生月均生活费

表 39　在学者相较于其他同学的花费水平

单位：%

花费水平	跟大家差不多	算花得少	不知道其他同学水平	算花得多
百分比	49.2	35.3	11.3	4.2

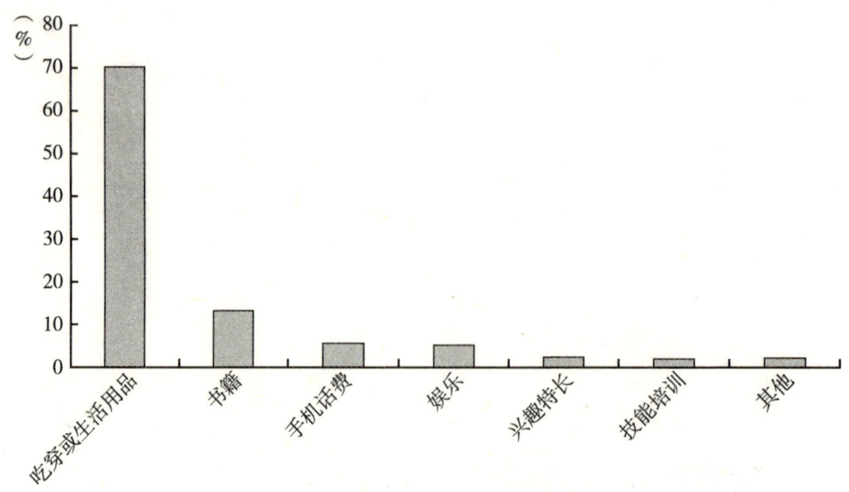

图 18　在学者零花钱或生活费用途

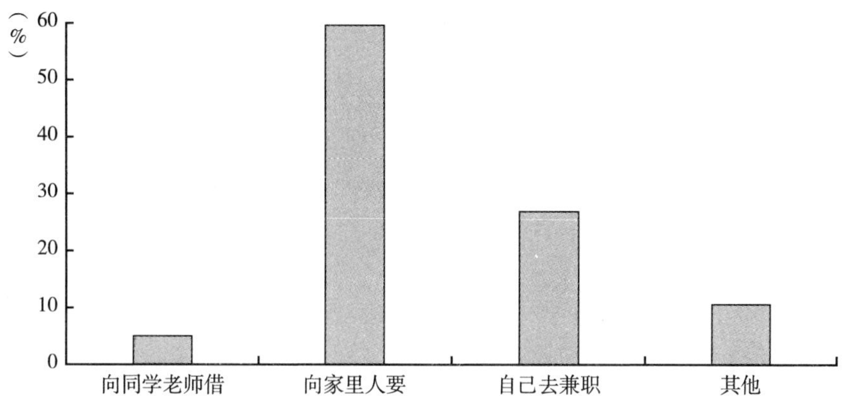

图19　在学者钱不够花怎么办

打工者与在学者在日常消费上各有特点。智能手机、手提电脑都是她们拥有得比较多的电子产品，智能手机是打工者拥有略多，手提电脑是在学者拥有略多（见图20）。

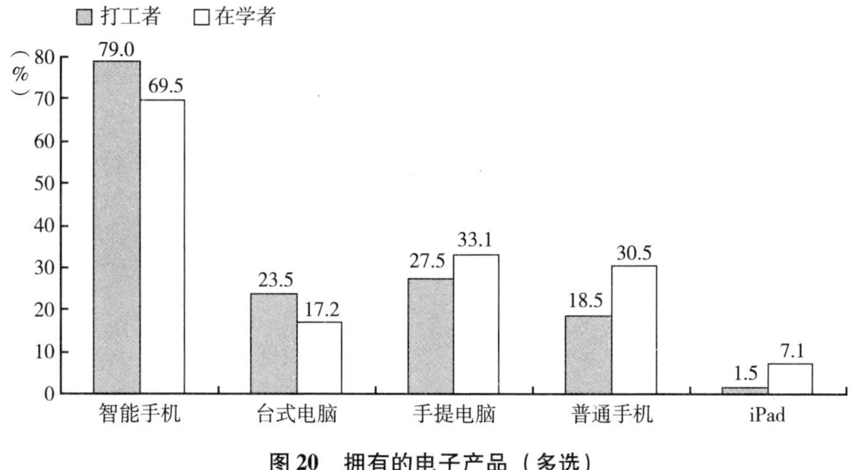

图20　拥有的电子产品（多选）

超过五成的打工者月均用一半的钱买衣服，而将近七成的在学者一个月只有小部分的钱用于买衣服（见图21）。

在通信费上，有七成半的被访在学者每月通信费在50元以下，而有将近五成的打工者的月均通信费为51～100元。月均通信费在200元以上的打工者和在学者都是少数（见图22）。

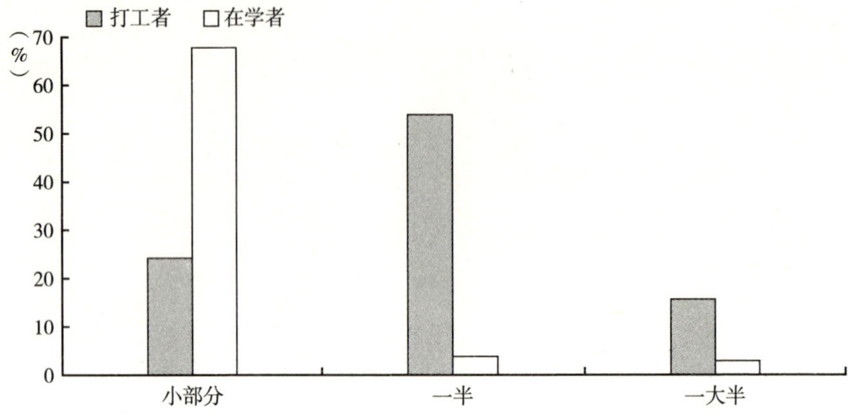

图 21　买衣服的钱占月花销的比例

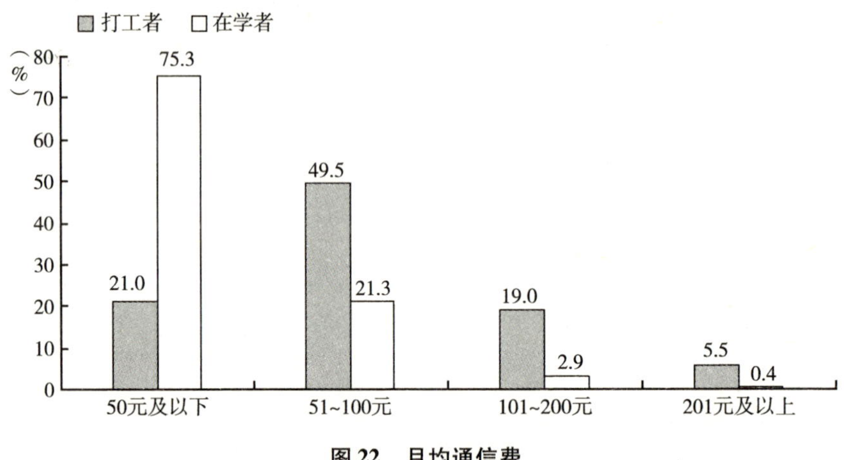

图 22　月均通信费

只有超过两成的打工者有使用信用卡消费的习惯，而在学者更少，不到15%的被访在学者使用信用卡。六成被访打工者没有记账的习惯，46.4%的在学者表示没有记账的习惯，一直有记账习惯的打工者只占3.5%，在学者只占5.9%，其他的是偶尔记或经常记（见图23）。

如果有一笔额外的收入，56.9%的在学者表示会存起来以后自己用，19.2%的人表示会交给父母家人，而在打工者中这两种情况各占25%左右，也有将近一成的打工者和超过一成的在学者会拿去买自己需要或喜欢的东西，表示愿意拿去捐助有需要的人的打工者和在学者都很少，在学者比打工者略多一点（见图24）。

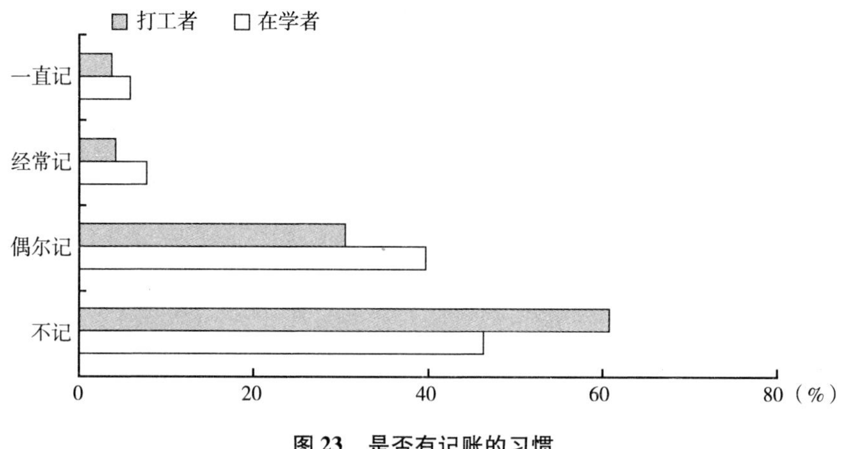

图 23　是否有记账的习惯

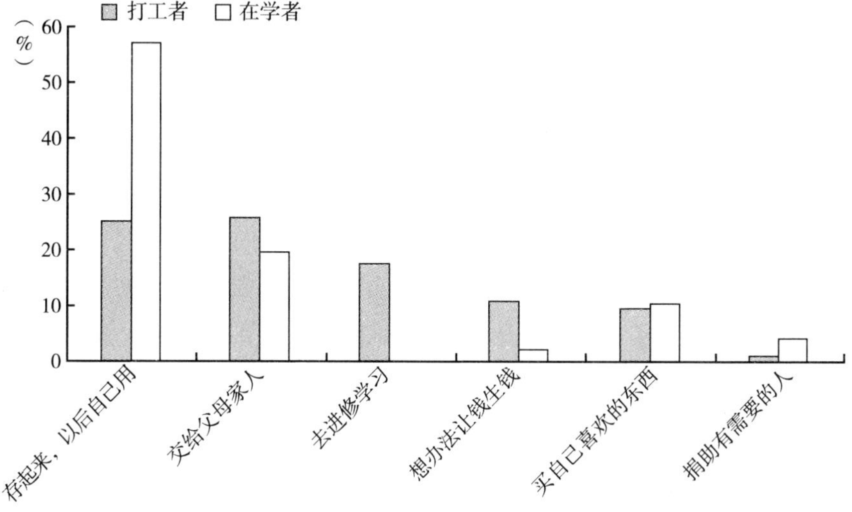

图 24　如果有一笔额外的收入，最想拿去做什么？

3. 打工女青年的劳动权益及社会福利保障

被访打工女青年中，超过五成的人没有签订任何劳动就业合同，签了固定期限合同或无固定期限合同的只占 25.5%（见图 25）。

从她们在广州打工享受的劳动权益来看，超过半数的人享受了加班有加班费的权益，有超过三成的人达到了与男性同事同工同酬，接近三成的人获得了劳动安全防护条件。与男性同事同工同酬、流产可以请假、哺乳假是知晓率偏

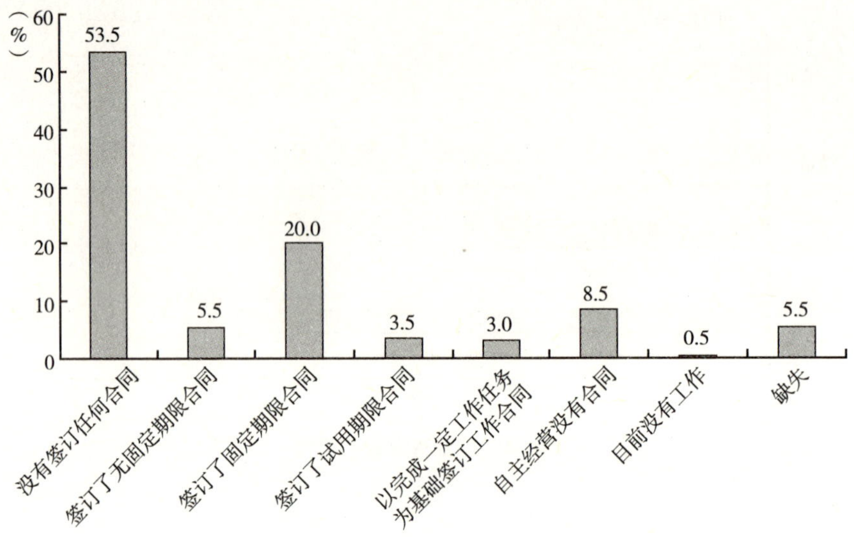

图 25　签订劳动合同情况

低的几项权益，分别都有四成多的被访者没有听说过，还有 36.5% 的被访者没听说过劳动应有安全防护措施（见表 40）。

在社会保障福利方面，最多人拥有的是农村医疗保险一项，为 41.0%。9.0% 的人拥有城镇职工医疗保险，其余各种社会保障福利拥有的被访者都较少，43.5% 的被访者表示不拥有任何一种所列的社会保障福利（见表 41）。

总体来看，无论是劳动权益或社会保障福利，超过一半的打工女青年并没真正受益，许多项目的受益者所占比例都不到一成。

表 40　打工女青年在广州打工享有过的权益

单位：%

选项	有	听说过，但没有获得过	没有听说过	缺失
与男性同事同工同酬	34.0	22.0	43.0	1.0
劳动安全防护条件	29.5	33.0	36.5	1.0
婚假	15.5	62.5	21.0	1.0
产假	15.0	62.0	22.0	1.0
流产可以请假	6.5	50.5	41.0	2.0
哺乳期有专门哺乳假	11.5	44.5	42.0	2.0
加班有加班费	52.5	38.0	8.5	1.0

表 41　打工女青年个人社会保障拥有情况

单位：%

类型	农村医疗保险	城镇职工医疗保险	农村养老保险	失业保险	城镇职工养老保险	工伤保险	生育保险	商业保险	住房公积金	城镇低保	以上皆无
百分比	41.0	9.0	8.5	6.5	5.5	5.5	5.5	5	0.5	0.5	43.5

（三）文化适应层面

1. 行为习惯

出行方面，在学者比较普遍使用羊城通，九成多的被访者都有羊城通。打工者中还有三成多的人没用羊城通，其中只有不到一成的人准备办理羊城通（见图 26）。打工者使用最多的公共交通工具是地铁，在学者使用最多的公共交通工具是公交车，只有一成半的打工者基本不使用公交车和地铁，只有 4.2% 的在学者不使用公交车和地铁。超过五成的打工者会经常使用地铁或公交车，在学者使用地铁的人跟打工者差不多，但使用公交车的人比打工者多两成有余。无论打工者或在学者，还有一成多的人使用家里的小汽车或其他汽车（见表 42、表 43）。

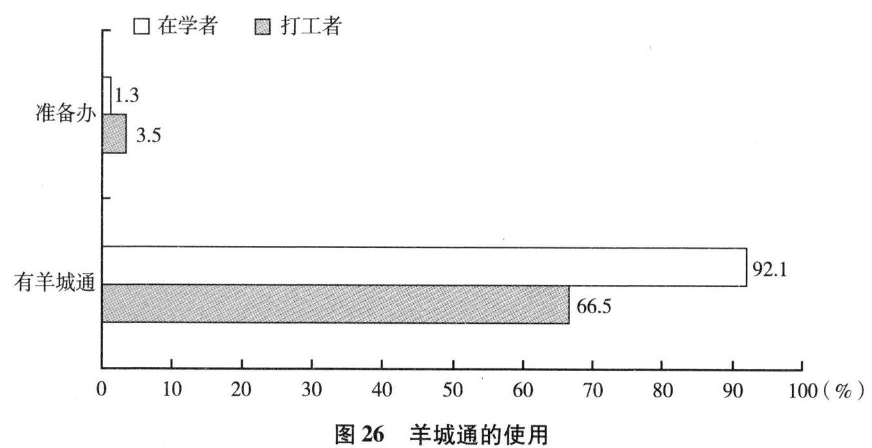

图 26　羊城通的使用

打工者目前一周能有双休日的人只占 7.5%，有三成多的被访者是一周休息一天，还有 26.0% 的人甚至一个月也就休息一两天，另外有近三成被访者

表 42　打工者交通工具使用情况

单位：%

交通工具	经常使用	偶尔使用	基本不使用	缺失
公交车	53.0	36.5	9.0	1.5
地铁	58.5	34.0	6.5	1.0
私人三轮或摩托	10.5	34.0	52.5	3.0
自行车	7.0	26.5	64.0	2.5
的士	10.0	59.0	29.5	1.5
珠江轮渡	0.5	12.0	85.0	2.5
家里的小汽车	4.0	8.5	83.5	4.0
家里的其他汽车	8.5	11.5	77.0	3.0

表 43　在学者交通工具使用情况

单位：%

交通工具	经常使用	偶尔使用	基本不使用	缺失
公交车	83.3	14.6	1.3	0.8
地铁	58.2	38.9	2.9	—
私人三轮或摩托	8.4	20.9	69.9	0.8
自行车	10.5	32.6	56.1	0.8
的士	4.6	61.9	33.1	0.4
珠江轮渡	1.3	7.1	90.4	1.2
家里的小汽车	12.1	23.8	59.4	4.6
家里的其他汽车	5.4	16.3	73.2	5.0

没有固定的工作休息时间（见图 27）。作息方面，晚睡晚起的现象比较普遍存在于打工者与在学者中，六成被访打工者都有晚睡晚起的习惯，而在学者也有将近五成的人有这种习惯。早睡早起的人在两个人群中的比例都只占一成多而已（见图 28）。

被访打工女青年工作之余的主要活动从多到少依次是：上网、逛街、睡懒觉、帮家里干活、与老乡或朋友聚会吃饭。接近六成的打工者工余时间主要是在上网，有近五成的人工余时间主要是逛街，睡懒觉或帮家里干活的分

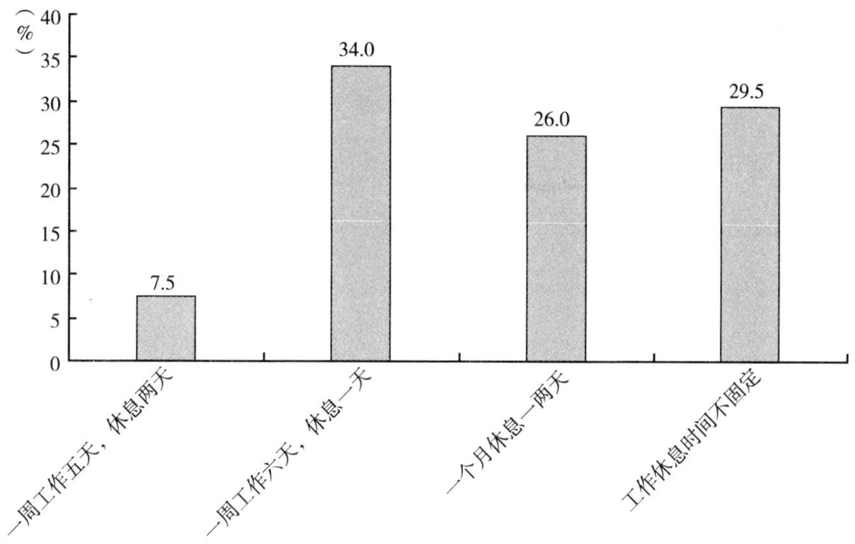

图 27　打工者工作及休息节奏

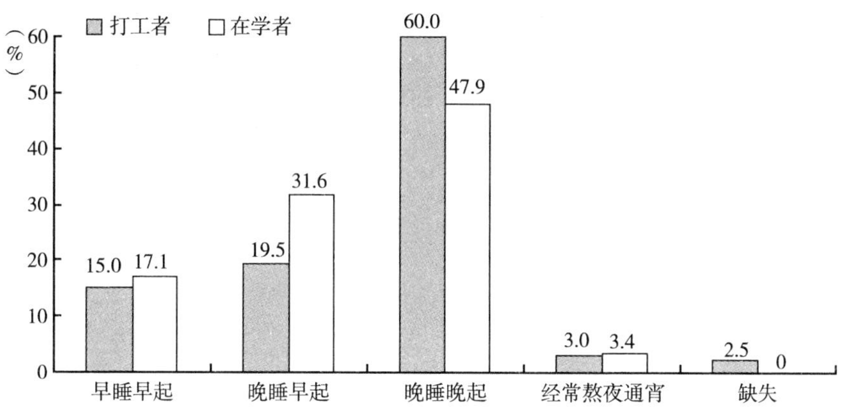

图 28　业余、课余作息时间

别占三成多，有两成多的人工余时间经常和老乡或朋友吃饭。打牌打麻将是较少人在工余时间做的事情，也较少人会去做其他兼职。工余时间去做过志愿者的人只占 17.5%，经常做的人只占 7.5%。有七成多的人工余时间基本不会花时间去培养兴趣特长，有近五成的人工余时间基本不会去学习进修、体育锻炼，诸如此类积极提升自我的活动，并没有多少人会去开展（见表 44）。

表 44　打工女青年工作之余的安排

单位：%

项目	经常	偶尔	基本不	缺失
学习进修	9.0	40.0	49.5	1.5
打牌打麻将	3.0	15.0	81.0	1.0
参加兴趣班或自己练习兴趣特长	4.0	21.5	73.0	1.5
体育锻炼	9.5	45.0	44.5	1.0
睡懒觉	38.0	47.5	13.0	1.5
上网	58.5	33.0	6.5	2.0
逛街	46.0	48.0	5.0	1.0
与老乡或朋友聚会吃饭	22.5	59.0	17.0	1.5
其他兼职	7.0	8.5	83.0	1.5
帮家里干活	33.5	34.0	31.0	1.5
做志愿者	7.5	10.0	80.5	2.0

被访在学者课余时间安排由多到少依次是：上网、做功课或学习、帮家里干活、睡懒觉、看课外书、兼职打工、参加兴趣班或自己练习兴趣特长。超过五成的人课余时间经常是上网，近五成的人课余时间是做功课或学习，四成多的人课余时间经常睡懒觉。课余时间做过志愿者的人占 45.6%，经常做志愿者的人只占 8.4%。分别有超过五成的在学者课余时间基本不会花时间去培养兴趣特长和做志愿者。近三成的人课余时间基本不会进行体育锻炼（见表 45）。

表 45　在学流动女性青少年课余时间安排

单位：%

项目	经常	偶尔	基本不	缺失
做功课或学习	49.8	46.9	3.3	—
看课外书	27.2	62.3	10.5	—
参加兴趣班或自己练习兴趣特长	11.7	35.1	52.3	0.8
体育锻炼	9.6	61.1	28.0	1.3
睡懒觉	41.4	49.8	8.8	—
上网	54.0	39.7	6.3	—
逛街	19.7	66.9	13.4	—
看电影或唱卡拉 OK	8.8	52.7	38.5	—
兼职打工	16.7	36.8	46.4	—
帮家里干活	45.6	41.8	12.6	—
做志愿者	8.4	37.2	54.4	—

在图书阅读方面，在学者中课余时间看书的人接近九成，经常看的人近三成。情感类、娱乐八卦、成功与自我修炼方面内容的图书是在学者与打工者中最多人看的，其次是恐怖悬疑、旅游与地理、星座运程、历史文化等类图书。一般阅读各类图书的在学者比例比打工者稍高。唯有阅读财经与管理类图书的打工者比在学者多（见图29）。

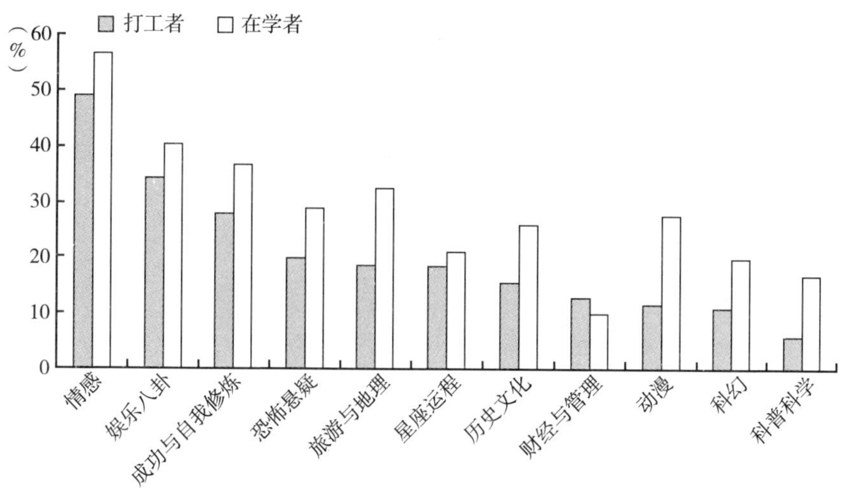

图29　各类图书阅读情况

大部分打工者或在学者有记录心情的习惯，从来不记的打工者只占24%，从来不记的在学者占29.7%，QQ空间或微博是她们记录心情的首选之处，55.5%的打工女青年会在QQ空间或微博上记录心情，31.4%的在学者在QQ空间或微博上记录心情，在笔记本上手写的比例，打工者只占12.5%，在学者则占21.8%（见图30）。

从处事独立性上来看，超过半数的打工者及在学者比较独立，当问到如果在广州需要去一个陌生地方怎么办时，只有三成多的打工者或在学者选择找人做伴去，五成以上的打工者或在学者选择自己解决问题（见图31）。

2. 城市文化认知

在本地语言的掌握上，会说广州话的在学者比打工者多，超过五成的在学者听说都没有问题，只有3.8%的在学者基本不会广州话，打工者中有36.0%的人听说都没有问题，有近两成的人基本不会广州话（见图32）。原因可能是

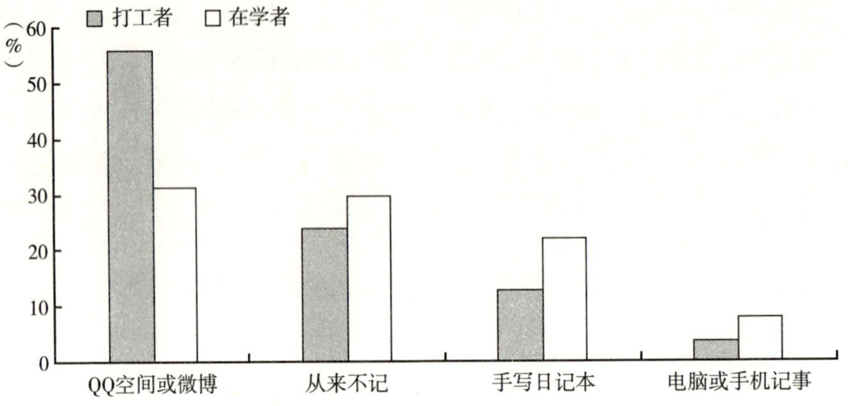

图 30　选择记录心情的地方

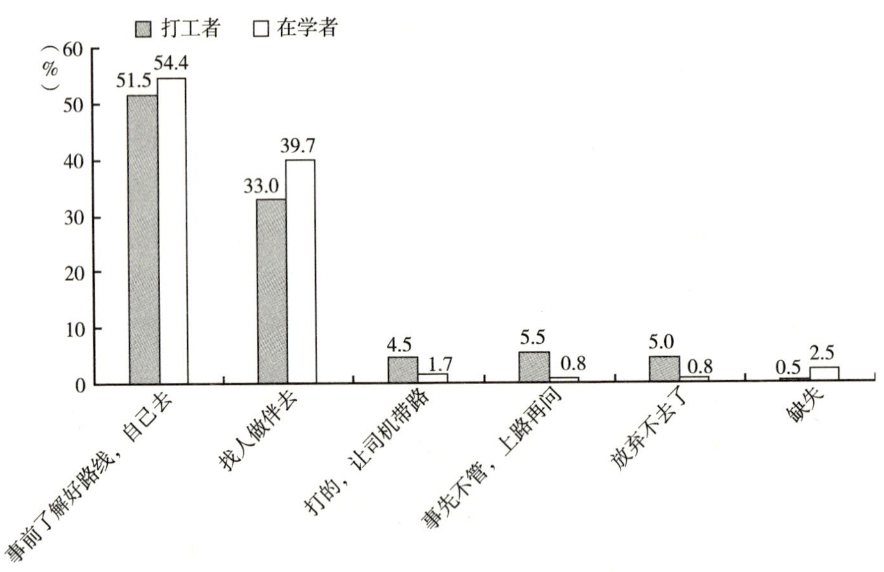

图 31　在广州如果要去一个陌生地方怎么办？

在学者大多数是省内流动的，而且不少人在广州居住多年。那些还不会广州话的人中，想学好广州话的在学者也比打工者要多，其中有六成多的在学者、五成多的打工者认为一定要学好广州话，但也有三成左右的在学者或打工者觉得学不学广州话无所谓（见图 33）。

喝早茶是广州市民的一个老传统，也是比较有地域特点的一项文化内容。

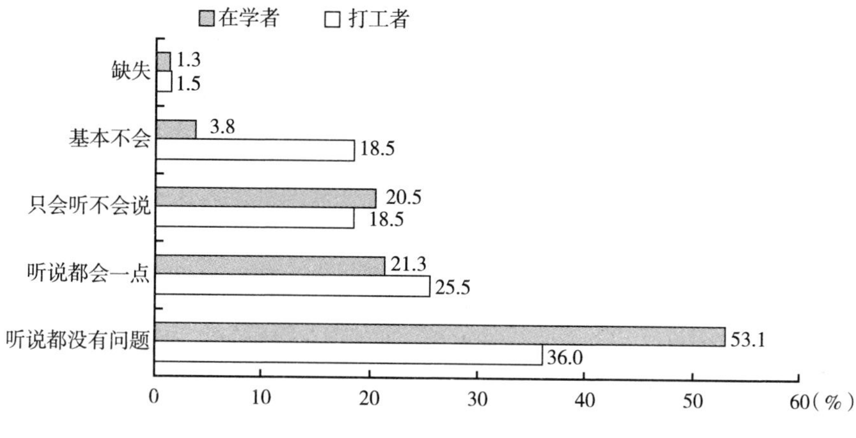

图 32　广州话熟悉程度

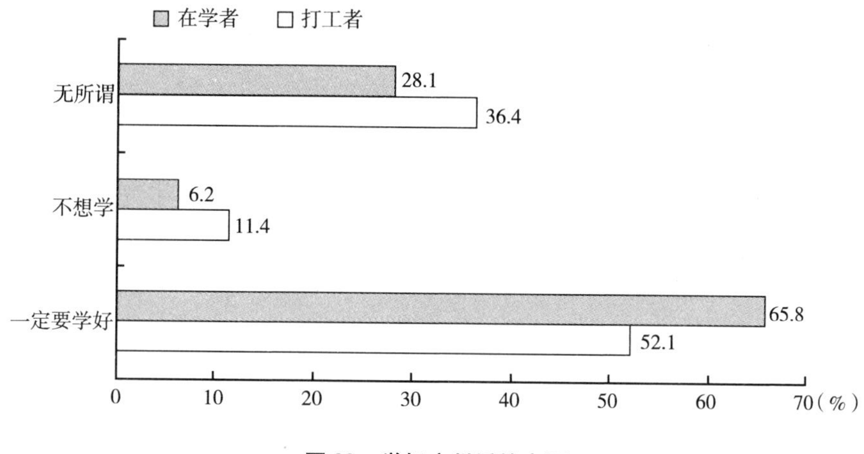

图 33　学好广州话的意愿

在流动女性青少年中，在广州喝过早茶的人都超过了五成。在经常喝早茶的人里，在学者要比打工者多一成左右，但在学者中也只是有近两成的人经常喝早茶而已。还有 43.9% 的打工者、37.7% 的在学者听说过但没有喝过早茶。此外，5.8% 的打工者、3.0% 的在学者没有听说过喝早茶（见图 34）。

对于广州某些著名地标或地域，最多打工者经常去的是传统商业街区上下九北京路，而最多在学者经常去的是动物园。这两个地方也分别是在这两个人群中知晓率最高的。二沙岛和南越王墓这两个文化地标，在打工者和在学者中

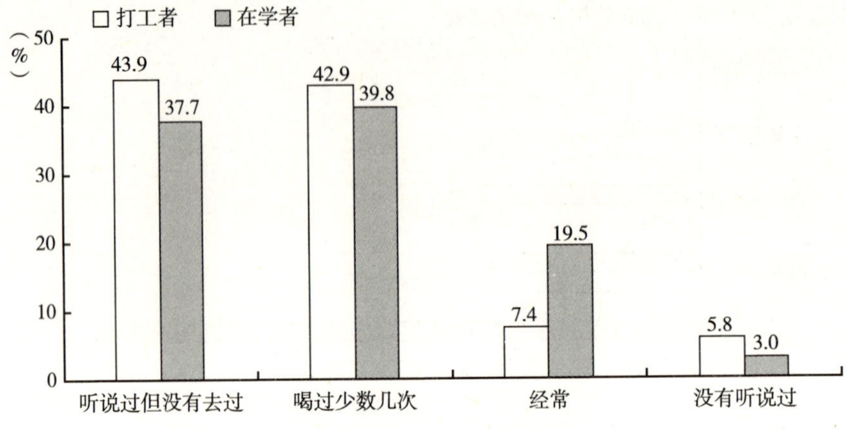

图 34　在广州是否喝过早茶

都是知晓率最低的。打工者中经常去时尚商圈的比例要比去传统商业街区的低近一成，在学者经常去这两个地方的人相差无几。白云山是广州的著名风景名胜区，六成多打工者、八成多在学者去过。相对来说，很多地方是在学者去得比打工者多。差距最大的就是去动物园，只有 46.5% 的打工者去过动物园，但有 96.8% 的在学者去过动物园。这个差距产生的原因可能主要在于在学者大都有去动物园参加集体活动的机会（见表 46）。

表 46　在广州经常去的地方

单位：%

项目	经常去		偶尔去		听说过，但没去过		没听说过		缺失	
	打工者	在学者	打工者	在学者	打工者	在学者	打工者	在学者	打工者	在学者
上下九北京路	22.0	28.0	62.0	66.9	13.0	4.6	2.5	0.4	0.5	—
天河体育中心一带	13.5	28.9	53.5	51.9	27.0	18.4	4.0	0.4	2.0	0.4
珠江新城	8.0	17.2	51.0	63.2	34.0	18.0	5.0	0.8	2.0	0.9
白云山	4.0	18.8	56.5	65.3	34.5	14.6	3.5	0.8	1.5	0.4
二沙岛	1.0	1.7	15.5	24.7	46.5	49.8	35.0	23.8	2.0	—
南越王墓	0.5	2.1	10.5	16.7	45.0	50.6	41.5	29.3	2.5	1.2
越秀公园	10.0	8.4	51.5	65.7	32.5	25.1	4.5	0.8	1.5	—
动物园	3.0	42.0	43.5	54.8	45.5	38.1	6.5	2.5	1.5	0.4

3. 都市感知

对广州市容市貌的印象，在学者和打工者认同比较高的是绿化覆盖多这一点，其次是干净卫生，大家最不满意的是污染问题。有 35.5% 的打工者及 28.5% 的在学者不认同广州具备以下优点：交通顺畅、绿化覆盖多、干净卫生、信息公开、污染较少。总体来说，对广州的市容市貌比较有好感的流动女性青少年只有三成左右。在多个方面，有好感的打工者都比在学者要少，除了交通顺畅这一点外，有好感的打工者比在学者略多。这可能是因为在学者比打工者更多地使用公交车（见图 35）。

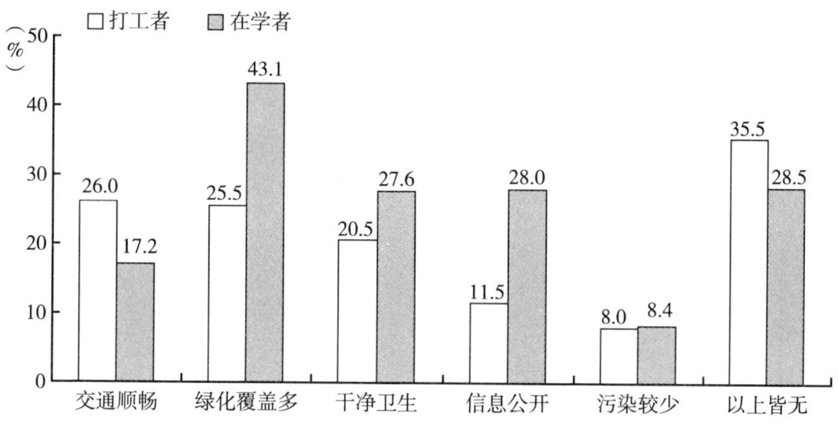

图 35　对于广州市容市貌的好感（多选）

（四）心理适应层面

1. 身心状态

在学者经常出现的身心不良状态从遭遇人数的多到少依次是：疲惫倦怠、心情郁闷、感觉无聊、焦躁不安、感觉孤独寂寞、失眠。相应的，打工者的排序是：感觉无聊、疲惫倦怠、心情郁闷、焦躁不安、失眠、感觉孤独寂寞。在学者比打工者更经常出现相似的症状。总体来说，经常出现这些症状的被访者只是一到三成人左右。多数人是偶尔出现这些症状。也有另外的两三成打工者或在学者基本不会出现这些症状（见图 36、图 37）。

在学者在心理自我调适能力上比打工者稍弱，可能主要是因为年龄尚小的

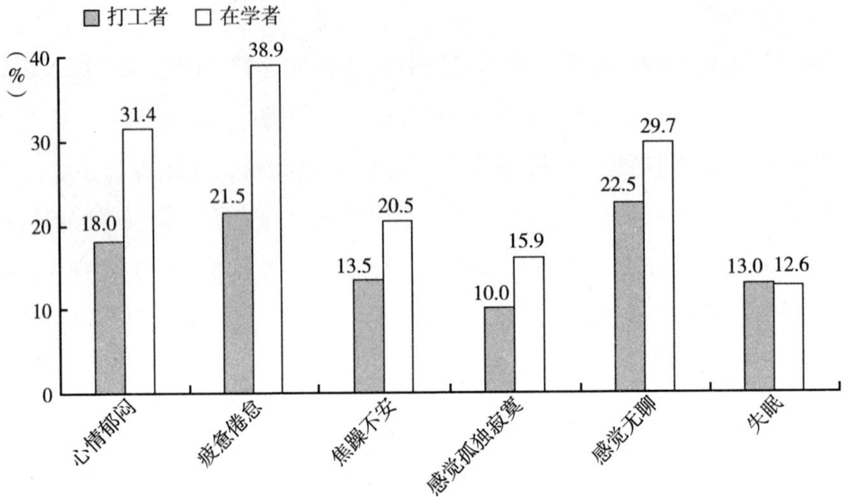

图 36　各种不良身心症状的出现（经常出现）（多选）

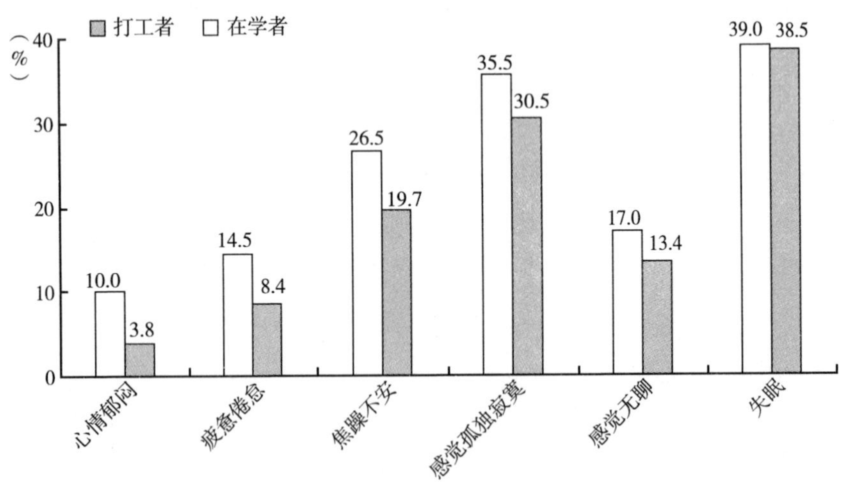

图 37　各种不良身心症状的出现（基本没有出现）（多选）

原因，被访在学者中，最多人感到烦恼的问题是对未来迷茫，超过五成的人有这个烦恼。还有四成多的人烦恼的是学习不够好，担心学业。有两成多的人会出现以下烦恼：课余不知道干什么、非常想家但回不去、钱不够花，不到一成的人会烦恼没什么朋友及不能在广州参加高考。只有不到一成的人不会出现以上的烦恼（见图 38）。

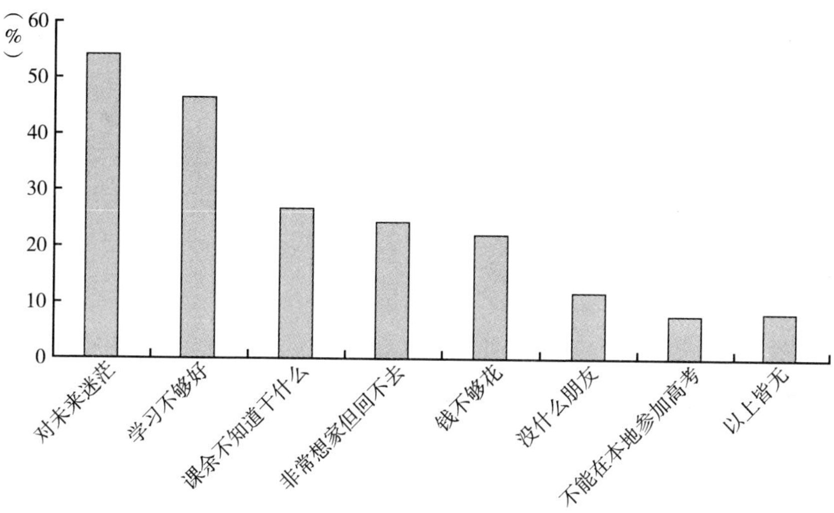

图 38　在学者平时的烦恼

感觉广州人友好的在学者比打工者多一成多，近六成的打工者和七成多的在学者感觉大部分人广州人是友好的，但感觉大部分广州人不友好的在学者却比打工者略多。也有三成多的打工者和两成的在学者对这个问题说不清，这可能与她们跟广州人打交道比较少有关系（见图 39）。

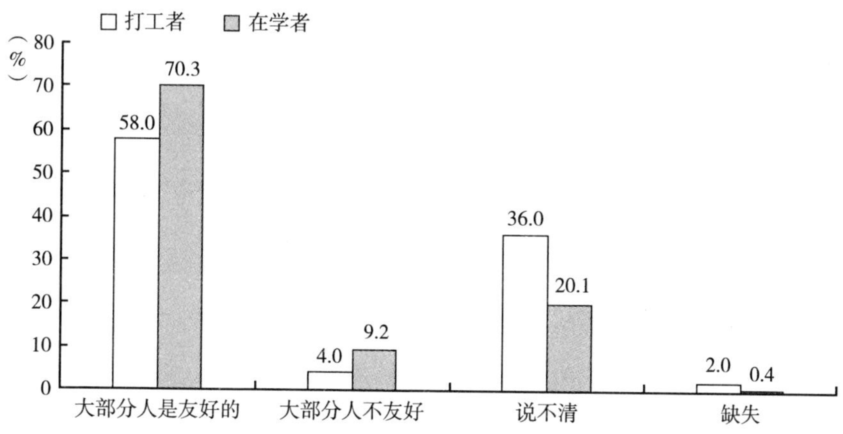

图 39　感觉广州人是否友好?

比较多打工女青年感觉与广州本地人完全不一样的地方是消费水平和生活习惯，有一成半左右的打工者会这样觉得。有比较多打工女青年觉得自己与广州本地人基本一样的地方是穿着打扮和言谈举止，有 45.0% 的打工者觉得在穿着打扮上与广州本地人没什么不同，有 32.0% 的人觉得在言谈举止上与广州本地人基本一样。有三成多的打工女青年觉得说不清在兴趣爱好和价值观念上，自己与广州本地人有没有不同，这可能是因为平时与本地人深入接触的机会不多、了解不深有关。大致只有两成左右的人会觉得自己在消费水平、兴趣爱好、价值观念、生活习惯方面都与本地人基本一样（见图 40）。

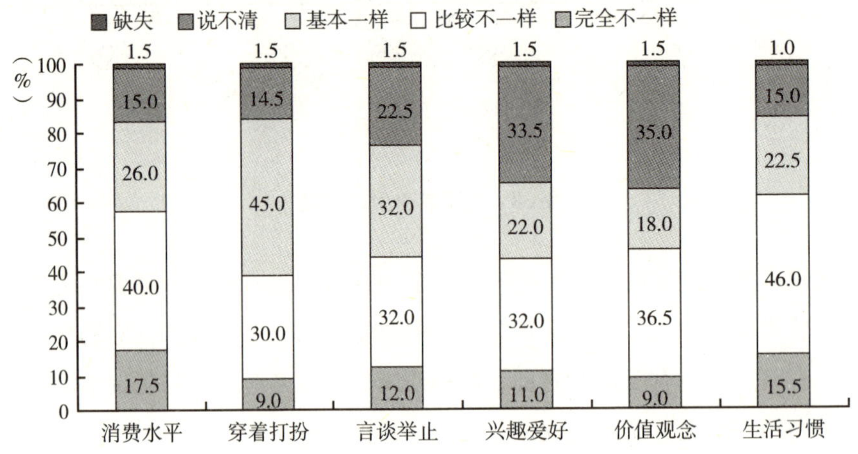

图 40　打工者与广州本地人的比较

在学者中，虽然相对比较多的人会觉得与广州本地人最不同的是消费水平和价值观念。但也只有一成多的人会这样觉得。有五成半的被访在学者觉得在穿着打扮和言谈举止上与本地人基本一样，还有将近五成的人觉得在生活习惯上也与本地人基本一样。同样也是在价值观念和兴趣爱好方面，有较多的在学者说不清与本地人是否相同，不过比例要比打工者低，有一成半左右的在学者会这样觉得。起码有三成半左右的在学者会觉得自己在这些方面与广州本地人基本一样。总体而言，在学者在这些方面都比打工者更接近广州本地人（见图 41）。

对于是否觉得自己“老土”这个问题，有三成多的打工者和在学者表示从来不觉得，该比例在学者比打工者略多。也有超过四成半的打工者或在学者偶尔会觉得自己“老土”。经常觉得自己“老土”的人较少，打工者只占

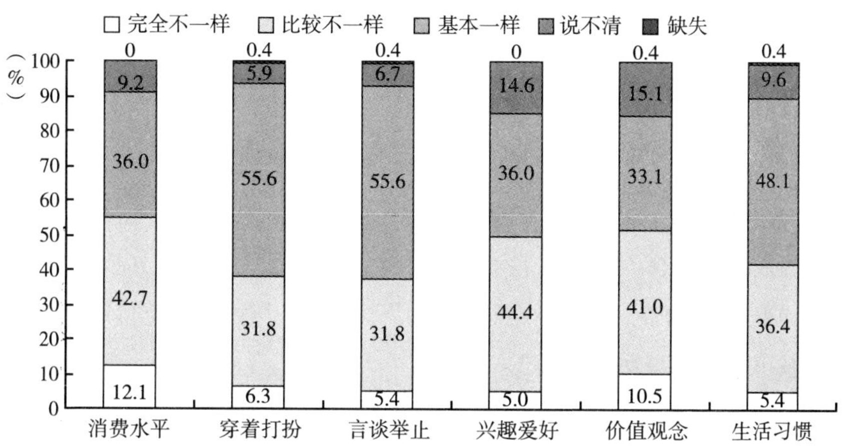

图 41　在学者与广州本地人的比较

6.6%，在学者只占 6.7%。也有一成左右的打工者或在学者表示对此无所谓，在持这种看法的人中打工者要比在学者比例略高一些（见图 42）。

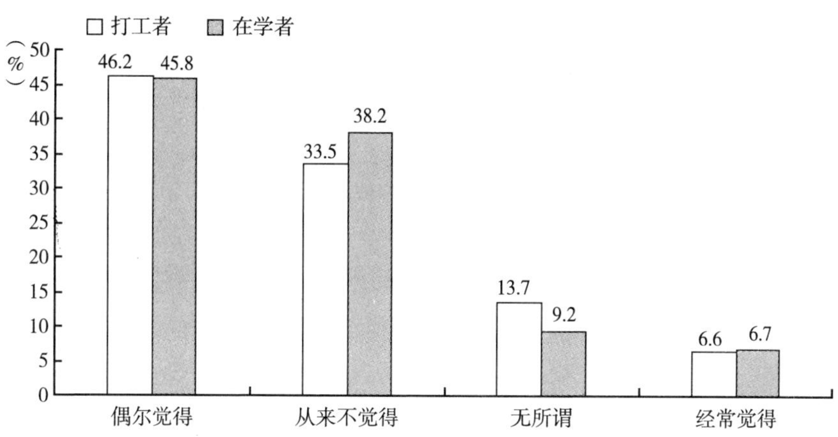

图 42　觉得自己“老土”吗?

在自我身份认同方面，打工女青年中有四成的认为自己是农民身份，有 28.0% 的人认为自己是半个城市人，只有 4.5% 的人认为自己是城市人。说不清自己什么身份的人占 25.0%（见图 43）。在学者中则有四成多的人认为自己是城市人。其余的在学者不认为自己是城市人。从这一点来说，更多在学者比打工者对城市会更有融入感。成为广州人需要什么条件呢？61.0%的被访打工女青年认为要有自己的住房，55.5%的被访打工女青年认为要有广州户口，51.5%的打工女青年认为要有稳定的工作。还有不到三成的人认为要会说广州话，不到两成的人认为收入高或多认识本地朋友也是成为广州人的条件（见图44）。在学者中，有23%的被访者认为“我还是一个典型的农村人”，58.2%的人认为来自农村和来自城市的学生没有什么区别。有九成以上的在学者赞同“既然在城市，就要学会适应城市”，有65.7%被访者自认为“非常努力地与城市学生和城市人交往”。

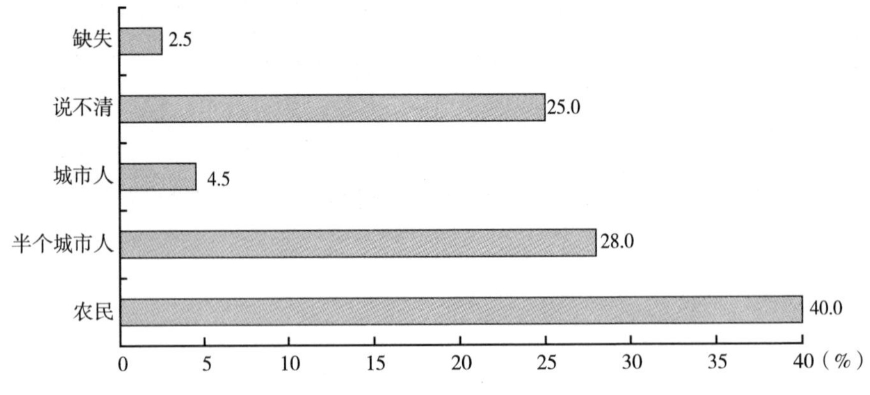

图43　打工女青年自我身份认同

虽然要成为自认为的城市人还有一定的距离，但是她们对当下的生活并不算悲观。当问到对自己目前状况最满意的是什么时，67%的被访打工者选“自己养活自己”，52%的人选“能够正面积极面对生活”，39.5%的人选择了“年轻，什么工作都能做”，35.5%的人选择了“生活没负担”。有近四成的被访者认为自己适合在城市发展的优势是适应能力强，有近两成的被访者觉得自己的优势是吃苦耐劳。只有6.0%的人认为自己没有优势。而她们认为自身欠缺的因素则主要是学历低、没有一技之长、不善交际。超过五成的被访者认为制约自己在城市发展的客观因素是缺乏学习培训的机会，还有两成多的人认为没有人脉关系也制约了自己的发展。只有7.5%的人觉得缺乏政府和社会的支持也是制约因素。有三成的被访者希望通过企业提供的培训提高自身技能，

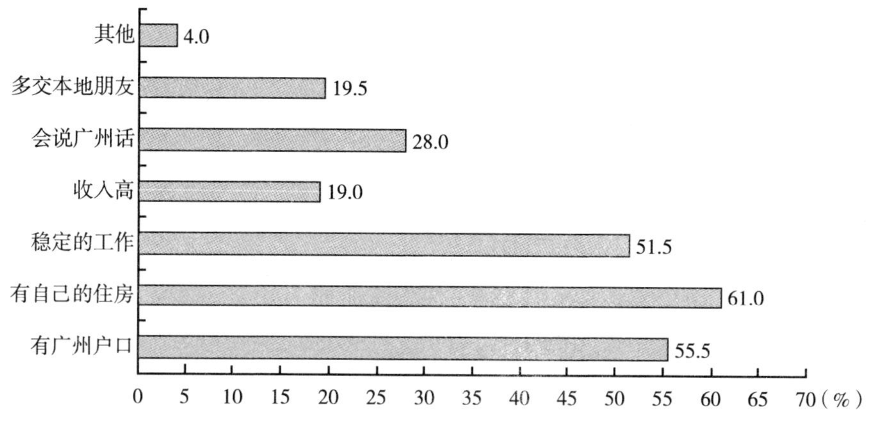

图 44　打工女青年认为成为广州人的条件（多选）

29%的被访者希望通过自费参加成人教育来提高自身技能，有两成被访者希望政府组织技能培训，只有9%的人希望民间组织提供免费培训。这么低的比例恰恰反映的是大多数人对政府或民间组织提供的免费培训不抱希望，而这又与她们在实际生活中很少遇到这样的机会有关系（见图45～图48）。

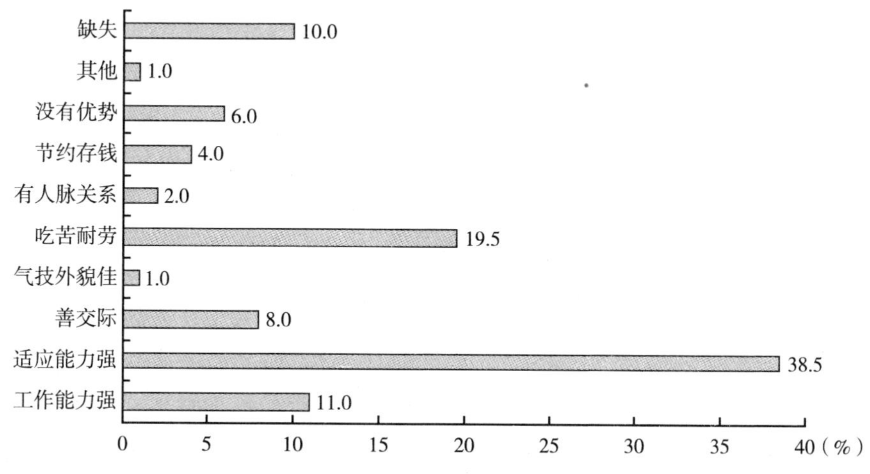

图 45　适合打工女青年在城市发展的自身优势

2. 婚恋观

有26%的打工者和15.9%的在学者表示谈男朋友不会找广州人，更多的

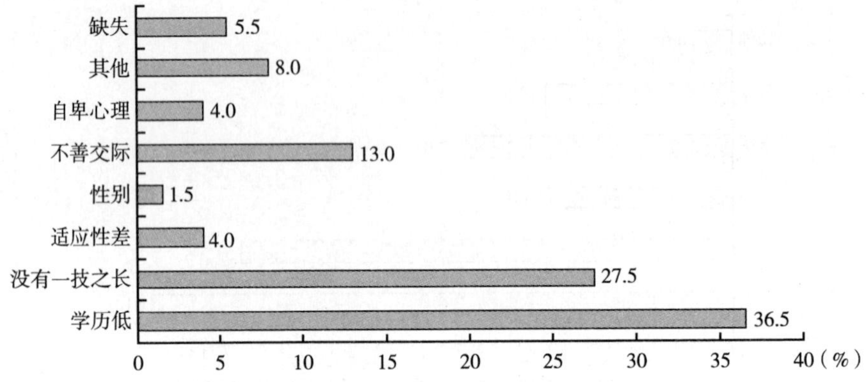

图 46　阻碍打工女青年个人在城市发展的自身因素

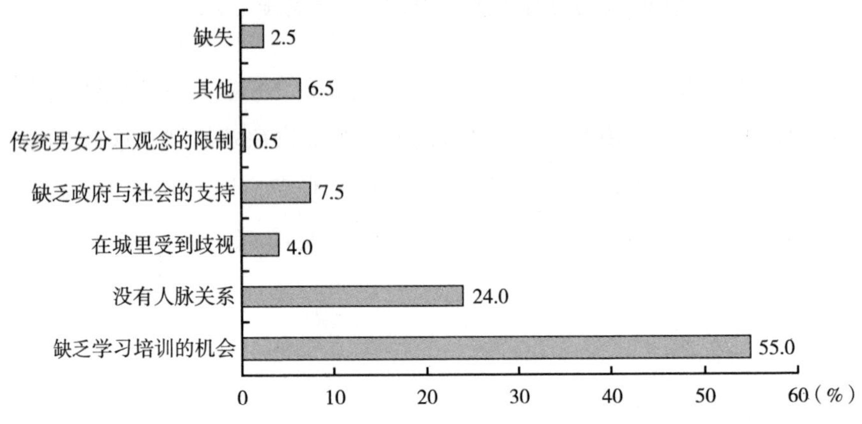

图 47　制约打工女青年自己在城市发展的客观因素

人表示无所谓，打工者似乎比在学者更在意一些。七成多的在学者表示无所谓，而五成多的打工者表示无所谓。谈过广州男友的在学生和打工者都很少，2.5%的在学者谈过广州男友，而打工者只有4.7%的比例。无论是打工者还是在学者都有过半数的人觉得21～25岁结婚比较合适，还有43.0%的被访打工者、44.4%的在学者认为25～30岁之间比较合适。打工者最看重的择偶条件是人品性格、有无共同语言、经济条件。86.5%的被访打工者认为人品性格很重要，60.5%的人看重有无共同语言，还有43.5%的人看中经济条件。而在学者中，99.4%的人看中人品性格，47.9%的人选择了从事的职业，45.4%的人看重经济条件。

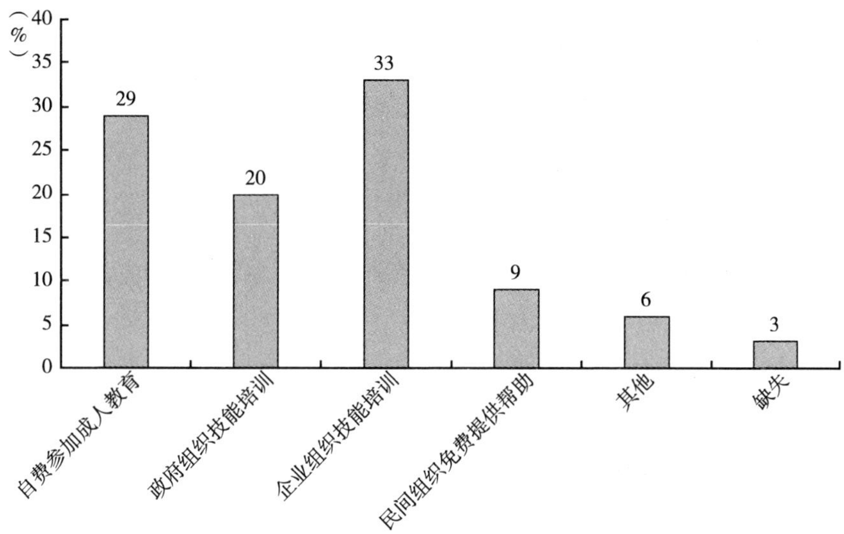

图 48　打工女青年希望提高自身技能的途径

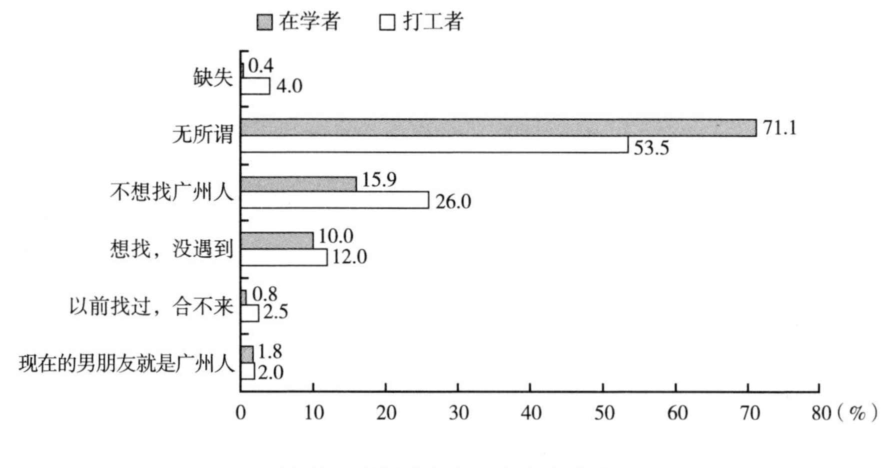

图 49　谈男朋友会不会找广州人?

对当下的一些婚恋现象，在学者和打工者的看法相对比较一致。有五成多的被访打工女青年能接受婚前同居，也有近四成多的人能接受裸婚和恋人有性经历。她们最反对的是一夜情，持这种意见的人占 90.8%，其次是临时夫妻，反对的人占 86.9%。恋人有婚史、老少配、闪婚都是八成左右打工女青年反对的。也有六成多的人反对网恋。总体来看，对当下一些婚恋新现象，大部分打工女青年是不能接受的（见表47）。在学者中，有68.6%的人表示不赞成以上任何一种婚恋现象，她们中有些人稍微能接受的是婚前同居和裸婚，但也只占被访在学者的15%左右而已。可以说她们的婚恋观是比较保守的。

在婚姻家庭分工上，大多数被访打工者也是持有趋于传统的看法。有八成多的被访者认为结婚生子前，丈夫和妻子都应该工作，但结婚生子后，认为丈夫和妻子都应该工作的人数比例降到了近六成，有54.0%的人认为家庭经济支柱是丈夫，35.7%的人认为家务劳动应该是妻子做（见图50）。

表47　打工女青年对一些婚恋现象的看法

单位：%

现象	完全接受	比较接受	基本接受	比较反对	非常反对
网恋	2.6	5.1	26.0	46.4	19.9
闪婚	1.0	4.6	18.8	41.6	34.0
一夜情	0.5	1.5	7.1	27.9	62.9
婚前同居	5.6	10.2	35.2	28.6	20.4
恋人有性经历	3.6	8.1	36.0	29.9	22.3
恋人有婚史	2.0	1.5	15.2	36.0	45.2
老少配	0.5	3.6	17.8	38.1	40.1
裸婚	3.0	10.2	33.5	27.4	25.9
临时夫妻	3.5	0.5	9.1	29.3	57.6

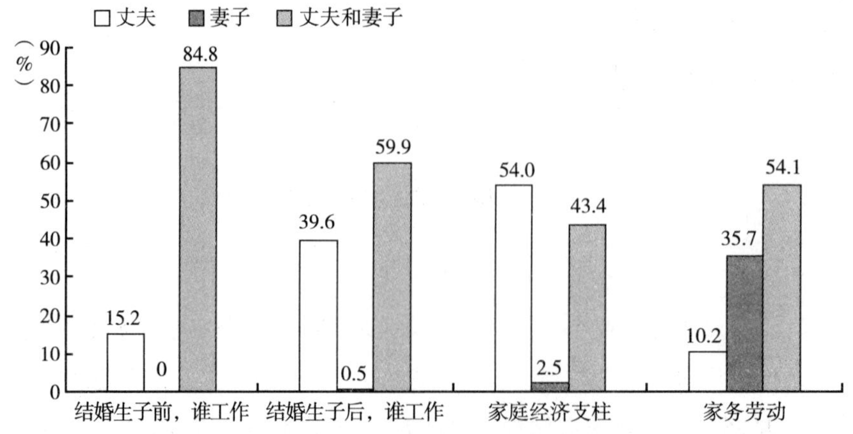

图50　打工女青年对婚姻家庭分工模式的看法

对于未来的打算，被访打工女青年中有三成多的人目前是没有想法的，只有22.0%的人表示愿意在广州定居，19.0%的人希望在广州工作一段时间后回城镇居住，16.5%的人希望在广州工作一段时间后回乡居住，有近一成的人选择继续在城乡之间流动（见图51）。被访在学者中，有16%的人表示不希望未来在广州工作生活，原因主要包括竞争压力大、物价高、生活节奏快、家人朋友不在广州等。有近五成的在学者觉得广州的竞争压力大。有48%的在

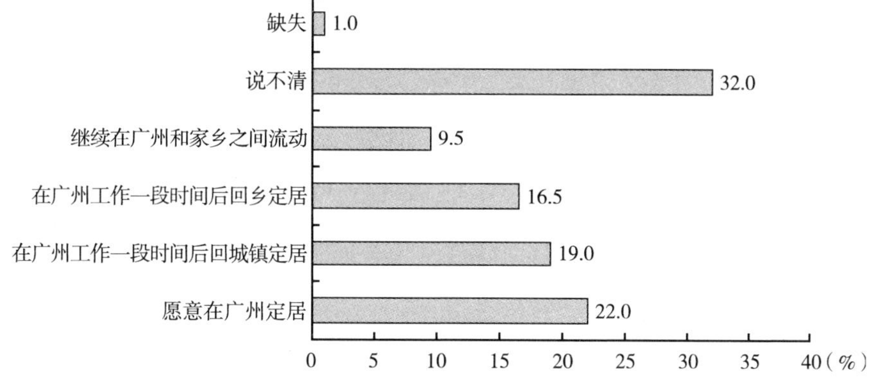

图51　打工女青年未来居住地的打算

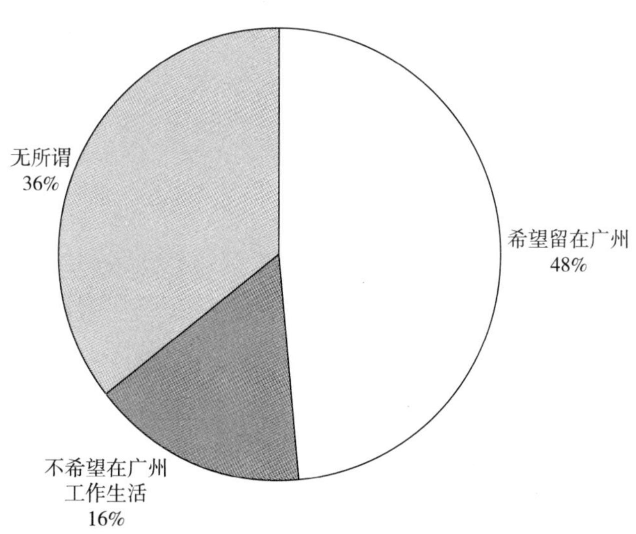

图52　在学者未来是否希望在广州工作生活？

学者表示希望在广州，原因主要是家人朋友在广州、工作机会多、热闹繁华、生活便利。还有36%的在学者对于未来在哪里表示无所谓（见图52～图54）。但是她们中69.9%的人是没想过做农民的，只有16.7%的人想过，另外13%的人对是否当农民表示无所谓。可见，更多的在学者未来希望在广州定居，而更多打工者未来都不一定在广州，选择回乡的打工者比选择留在广州的人多了一成多，还有三成多的打工者没有明确的打算。

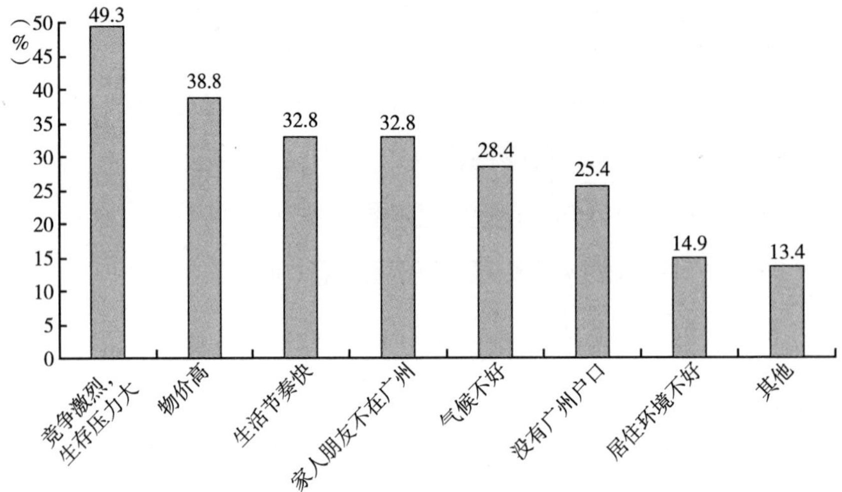

图53　在学者未来不想在广州工作生活的原因（多选）

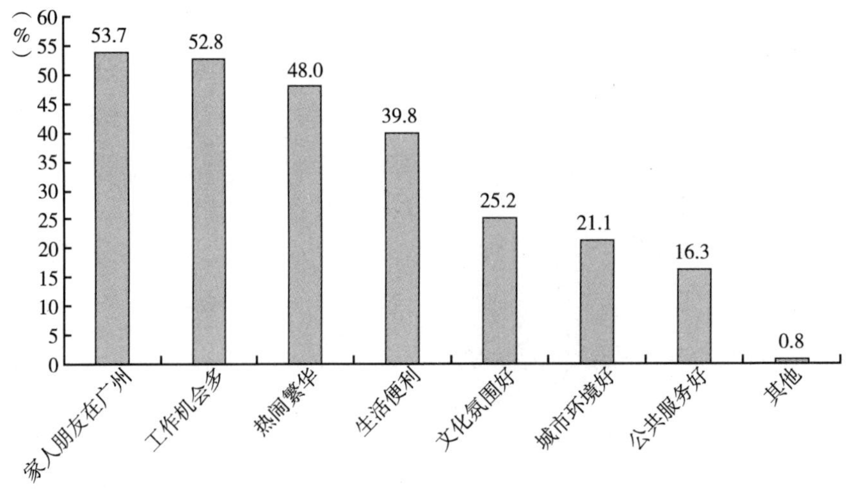

图54　在学者未来希望在广州工作生活的原因（多选）

（五）各个层面的一些相关因素分析

1. 打工女青年

针对打工女青年，我们将“与父母、家人联系频率”和“怎么找到工作”之间做交互分析。表48显示：“与父母、家人联系频率”对“怎么找到工作”并不显著（p＝0.787）。

表48 与父母、家人联系频率与怎么找到工作的交互分析（打工女青年）

变量	怎么找到工作	
	λ	P
与父母、家人联系频率	0.032	0.787

注：P＜0.05为显著。下同。

我们将“与父母、家人联系频率”和“与广州人打交道”之间做交互分析。表49显示：“与父母、家人联系频率”对“与广州人打交道”显著（p＝0.006）。

表49 与父母、家人联系频率与广州人打交道分析（打工女青年）

变量	与广州人打交道	
	Somers's d	P
与父母、家人联系频率	0.137	0.006

我们将“对公共场所的使用”合并为一个变量，并探究“与父母或家人的联系频率”和“与广州人打交道的”这两个变量对其是否产生显著影响。表50显示：“与父母或家人的联系频率”对“公共场所使用”的影响并不显著（p＝0.060），而“与广州人打交道”对“公共场所使用”的影响显著（p＝0.003）。

表50 公共场所使用情况与两个变量之间的交互分析（打工女青年）

变量	公共场所使用情况	
	F	P
与父母或家人的联系频率	2.308	0.060
与广州人打交道的情况	4.858	0.003

我们探究打工女青年“与父母或家人的联系频率”和“与广州人打交道的情况”这两个变量对“对公共服务使用情况”是否产生显著影响。表51显示：“与父母或家人的联系频率”对“公共服务使用情况”的影响并不显著（p =0.365），而“与广州人打交道的情况”对“公共服务使用情况”的影响显著（p =0.017）。

表51　公共服务使用情况与两个变量之间的交互分析（打工女青年）

变量	公共服务使用情况	
	F	P
与父母或家人的联系频率	1.087	0.365
与广州人打交道的情况	3.498	0.017

将打工女青年“文化适应程度”与“与父母或家人联系频率”、“与广州人交往情况”、“月均收入”进行交互分析。表52显示：前两个变量对“文化适应程度”产生显著影响，而“月均收入”的影响并不显著。

表52　文化适应程度与三变量的交互分析（打工女青年）

变量	文化适应程度	
	F	P
与父母或家人联系频率	3.497	0.009
与广州人交往情况	4.259	0.006
月均收入	1.345	0.240

将打工者“是否会讲广州话”与“文化适应”进行交互分析。表53显示：“是否会讲广州话”对“文化适应”的影响是显著的（p =0.000）。

表53　是否会讲广州话与文化适应的交互分析（打工女青年）

变量	文化适应	
	F	P
是否会讲广州话	25.543	0.000

我们将打工者“心理适应状况”与“与父母或家人的联系频率”和“与广州人的交往情况”、“月均收入”、“文化适应状况”、“公共场所使用情况”、

“公共服务的使用情况”进行交互分析。表 54 显示：只有公共场所使用情况对心理适应状况产生影响。

表 54　心理适应状况与六变量的交互分析（打工女青年）

变量	心理适应状况	
	F	P
与父母或家人的联系频率	0. 149	0. 963
与广州人的交往情况	0. 094	0. 963
月均收入	1. 740	0. 114
文化适应状况	0. 935	0. 552
公共场所使用情况	1. 978	0. 019
公共服务的使用情况	1. 005	0. 429

将打工女青年“自我身份认同”与“与父母或家人的联系频率”、“与广州人的交往情况”、“月均收入”、“文化适应状况”、“公共场所使用情况”、“公共服务的使用情况”、“心理适应状况”进行交互分析。表 55 发现均不产生影响。

表 55　自我身份认同与七变量的交互分析（打工女青年）

变量	自我身份认同状况	
	λ/F	P
与父母或家人的联系频率	0. 000	0. 532
与广州人的交往情况	0. 017	0. 649
月均收入	0. 018	0. 902
文化适应状况	0. 860(F 检验)	0. 680
公共场所使用情况	1. 151(F 检验)	0. 315
公共服务的使用情况	0. 491(F 检验)	0. 891
心理适应状况	0. 827(F 检验)	0. 629

从以上交互分析可见，与亲人的情感联系、在城市参与公共生活、会说广州话是打工女青年城市适应的重要相关因素，而经济因素对于她们城市适应的影响并不显著。但她们的身份认同却不受以上因素影响。也就是说，在目前的年龄阶段，这些打工女青年不大可能因为适应了城市生活，就认为自己是城市人了。

为了检验各个层面之间的相关性，在社会层面我们选取了“参加公共活动”作为反映变量；在经济层面，我们选取了“月均收入”和“签订劳动合同”作为反映变量；在文化层面，我们选取了“文化适应状况”作为反映变量；在心理层面，我们选取了“心理适应状况”和“生活适应状况”为反映变量。

通过对上述层面的反映变量间的方差检验发现，只有社会层面的适应状况会影响经济层面的适应状况，并通过影响月均收入来影响经济层面的适应状况（p=0.024）。

表56　社会层面与经济层面的交互分析（打工女青年）

	经济层面			
	月均收入		签订劳动合同	
	F	P	F	P
社会层面	2.664	0.024	0.769	0.573

表57　经济层面与文化层面的交互分析（打工女青年）

	经济层面			
	月均收入		签订劳动合同	
	F	P	F	P
文化层面	1.345	0.240	1.916	0.081

表58　文化层面与心理层面的交互分析（打工女青年）

	心理层面			
	心理适应状况		生活适应状况	
	F	P	F	P
文化层面	0.935	0.552	1.007	0.460

表59　社会层面与文化层面的交互分析（打工女青年）

	文化层面	
	F	P
社会层面	0.623	0.682

表60　社会层面与心理层面的交互分析（打工女青年）

	心理层面			
	心理适应状况		生活适应状况	
	F	P	F	P
社会层面	2.066	0.072	1.109	0.357

表 61　经济层面与心理层面（打工女青年）

变量		心理层面			
		心理适应状况		生活适应状况	
		F	P	F	P
经济层面	月均收入	1.740	0.114	0.194	0.978
	签订劳动合同	1.143	0.339	0.740	0.618

2. 在学流动女性青少年

针对在学者，我们将“免费公共场所使用情况”和“参加校内/外社团活动”这两个变量之间做交互分析。表62 显示：“参加校内社团活动”对“免费公共场所使用影响”的影响并不显著，而参加校外活动的影响则显著（p =0.005）。

表 62　免费公共场所使用情况与参加校内/外社团活动的交互分析（在学者）

	免费公共场所使用情况	
	F	P
参加校内社团活动	1.795	0.131
参加校外社团活动	4.340	0.005

我们将在学者“兼职打工”和“与父母或家人联系频率”、“参加校内/外社团活动”进行交互分析。表63 显示：三个变量对“兼职打工”均产生显著影响。

表 63　兼职打工和三变量之间的交互分析（在学者）

变量	兼职打工	
	λ	P
与父母或家人联系频率	0.079	0.000
参加校内社团活动	0.044	0.018
参加校外社团活动	0.06	0.007

对于在学者，我们将“与父母或家人联系频率”、“参加校内社团活动”、“参加校外社团活动”、“兼职打工”四个变量和“对广州的熟悉程度”进行交互分析。表64 显示：只有“与父母或家人联系频率”对“对广州的熟悉程度”产生显著影响。

表 64 四变量与对广州的熟悉程度的交互分析（在学者）

变量	对广州的熟悉程度	
	G	Sig
与父母或家人联系频率	0. 051	0. 024
参加校外社团活动	0. 010	0. 670
参加校外社团活动	0. 010	0. 497
兼职打工	0. 013	0. 223

对在学者“是否会讲粤语”和“参加校内社团活动”、“参加校外社团活动”、“免费公共场所使用情况”、“兼职打工”、“文化适应程度”进行交互分析。表 65 显示：“是否会讲粤语”对在学者“免费公共场所使用情况”和“文化适应程度”以及“兼职打工”产生显著影响。

表 65 是否会讲粤语与五变量的交互分析（在学者）

变量	是否会讲粤语	
	λ/F	Sig.
参加校内社团活动	0. 000	0. 312
参加校外社团活动	0. 025	0. 135
免费公共场所使用情况	5. 951(F 检验)	0. 001
兼职打工	0. 723	0. 000
文化适应程度	7. 724(F 检验)	0. 000

我们将在学者“生活适应状况”和“参加校内社团活动”、“参加校外社团活动”、“免费公共场所使用情况”、“兼职打工”、“文化适应程度”五个变量进行交互分析。表 66 显示：只有“参加校外社团活动”对“生活适应状况”产生显著影响（$p = 0.029$）。

表 66 生活适应状况与五变量的交互分析（在学者）

变量	生活适应状况	
	F	Sig.
参加校内社团活动	1. 562	0. 185
参加校外社团活动	3. 058	0. 029
免费公共场所使用情况	1. 288	0. 211
兼职打工	0. 500	0. 607
文化适应程度	1. 045	0. 411

我们将在学者“自我身份认同”和“参加校内/外社团活动”、“免费公共场所使用情况”、“兼职打工”、“文化适应”、“生活适应”等变量进行交互分析。表67显示：“兼职打工”和“生活适应”将影响“自我身份认同”。

表67　自我身份认同与六变量之间的交互分析（在学者）

变量	自我身份认同	
	λ/F	Sig
参加校内社团活动	0.021	0.259
参加校外社团活动	0.000	0.216
免费公共场所使用情况	0.948(F检验)	0.516
兼职打工	0.105	0.000
文化适应	1.045(F检验)	0.411
生活适应	12.333(F检验)	0.000

对于在学者，城市适应的相关因素也跟打工者一样，主要是与亲人的情感联系、参与公共生活、会说广州话。但在学者的自我身份认同会受她们在城市的适应程度影响。这一点与打工者不大一样，原因可能主要是在学者中有不少人其实是在广州出生的或在广州生活时间长，她们年纪也更小，这些决定了其在观念意识上与打工者会存在这个前置的差异条件。

为了检验各个层面之间的相关性，在社会层面我们选取了“校内社团活动参与度”、“校外社团活动参与度”作为社会参与的反映变量，我们选取了“是否曾被老师同学恶意取笑”作为社会排斥的反映变量；在经济层面，我们选取了“兼职打工频次”作为反映变量；在文化层面，我们选取了“文化适应状况”作为反映变量；在心理层面，我们选取了“心理适应状况”和“生活适应状况”作为反映变量。通过对上述层面的反映变量间的方差检验，发现。

（1）社会层面对心理层面产生影响。表68、表69显示：“校外社团活动的参与度”影响“生活适应状况”（$p=0.029$）；“是否曾被老师同学恶意取笑”对“心理适应状况”产生影响（$p=0.006$）。

表 68 校外社团活动的参与度与生活适应状况的交互分析（在学者）

变量	生活适应状况	
	F	P
校外社团活动参与度	3.058	0.029

表 69 是否曾被老师同学恶意取笑与心理适应状况的交互分析（在学者）

变量	心理适应状况	
	F	P
是否曾被老师同学恶意取笑	5.188	0.006

（2）经济层面对心理层面产生影响。表 70 显示：“兼职打工频次”对“心理适应状况”产生影响（p =0.05）。

表 70 兼职打工频次与心理适应状况的交互分析（在学者）

变量	心理适应状况	
	F	P
兼职打工频次	2.996	0.05

五 讨论与结论

很多时候，当谈论流动青少年的时候，更多的是从整体、不分性别、不分地域的角度去谈论，从“问题”的视角去谈论，所以会出现“生活失助、亲情失落、学业失教、心理失衡”等对这个人群的一些标签式描述。但是，在本调查中访问的流动女性青少年，在这几方面的问题并不算明显。她们中很多人并没有“失”那么多，更多的时候，可能是在适应城市生活的时候，存在一些主观的困惑或客观的限制而已。相应的，当我们考量的是一个个人，而不是一个个问题的时候，所能找到的解决问题的方法可能会更有效。

一方面，我们看到：流动女性青少年对乡土的依恋确实不算强烈，生活中还是只限于比较狭隘的亲缘、业缘或地缘范畴的交往圈；平时较少主动参与公共生活；在婚恋观、消费行为与消费观方面，她们的表现趋于保守；在对广州的城市感知方面，她们的认同度不算高，而且在自我认同上意识到自己是非城市人身份的还是占多数。但是，另一方面，我们也发现：她们在广州得到的社会支持其实还不错，起码在其目前的生活圈子里面存在着；在穿着打扮、生活节奏、休闲娱乐等方面，她们基本上与城市人趋同；在与城市人相处方面，她们中的多数人也不觉得有难度；对于当下的生活，她们中大多数人并没觉得存在太多烦恼。当然，在讲到对未来的规划的时候，确实有不少人感到迷茫。

我们可以再进一步细分这个人群：在学者和打工者。两者之间还存在着一些差异。对于打工者来说，在社会、经济、文化、心理四个层面中，社会适应对经济适应的影响会比较明显；对于在学者来说，社会适应、经济适应对心理适应的影响比较明显。也就是说，她们在城市适应的问题上各有长短。

在学者对广州的社会、文化适应明显要强于打工者，这可能主要是因为在学者在广州生活的时间长、亲友也多一些，而且其在学校参与的集体活动也会多一些。相对来说，打工者多数在广州生活的时间没在学者那么长，在广州的亲友也没那么多，平时比较少参与集体性的或公共的活动，从而，打工者没有在学者那么熟悉广州，再加上打工者整体上比在学者年龄要大，接纳新东西的心态与速度也与在学者有一定差别。在经济层面，两个人群反映的情况有一些相似之处，她们的经济条件都只是刚好达到她们心目中认为的一般条件，在消费和理财上也趋于保守。在心理层面，在学者的适应性要稍弱于打工者，这可能主要是由于年龄及由此相关的阅历差别造成的。总体来说，在学者在适应广州生活的主观能动性上要比打工者明显。这与她们在目前阶段所拥有的适应城市生活的条件比打工者更好、更多有关。不少在学者对未来的规划也会比较明确。有不少打工者在自身发展问题上并没有太多的想法和行动，有三成多的打工者对于未来是否在广州生活表示说不清，可能是因为，她们目前并没有能更深入地认识广州，而且也不具备更深入了解的相关条件，包括自身条件及客观条件。

客观条件固然是限制她们人生发展的一个问题，虽然这个调查的样本有限，但我们也不难从中发现，与老一辈农民工相比，这些新生代的际遇已经在悄悄地发生改变。比如，我们在访谈中也会听到一些被访者说，她已经适应了这里的生活。显然这个适应是一个她自身理解的适应，是一个有限范畴的适应。她似乎并不需要知道城市人的文化与心理会有什么不一样，也不需要获得政府的福利和保障，虽然她们在这方面的待遇依然很不乐观。她们对城市、对城里人并没有太多的抵触，她们在生活的表层也能很快地适应城市的节奏，只要假以时日，她们可以渐渐地适应城市生活，她们甚至可以在城市里找到属于自己的一些空间。当然，她们身上也没有太多的负担，所以在这正当青春的年华里，她们比较安于现状。简单来说，当在城市生存不是一个特别困难的问题的时候，她们也还没来得及触及发展的问题。尤其是打工女青年群体，她们在城市里还是比较保守，对自身的发展缺乏相应的规划，对城市里的人和事还是保持一定的距离，主动融入的愿望和行动并不太明显。

从个体来看，打工女青年在广州的文化适应状况不理想，她们对于公共生活的参与度偏低，这与她们中大多数人对在广州长期停留的意愿不强相关。但从客观环境来看，她们在劳动权益及社会福利、社会保障方面，获得的资源依然很缺乏。这是她们在城市长期居留的根本障碍，直接抑制她们主动适应城市生活的意愿。因此，在制度性环境改变缓慢的情况下，针对她们在城市短暂居留的预期，同时鉴于她们目前工余时间比较有限的情况，我们相应的服务应该是在强调专业化、个性化服务内容的同时，吸引她们更多地走出她们在城市中原有的生活圈子，让她们对城市、对城市里的其他人群产生兴趣，对自身的生活质量、未来发展的可能性有更多的认知，打开视野，接纳更多的可能。而在学的流动女性青少年，有部分人已经自我认同为城市人，她们也有更强的长期在城市生活的意愿。随着时间的推移，她们对于城市空间、城市生活的适应已经自然而然地习得。调查中发现她们存在的心理适应问题更多的是与她们自己身处的年龄段及校园生活环境有关。因此，面向在学流动女性青少年的服务，除了可以协助她们更好地感知周遭外，也可引导她们更深入地走进自己的内心，慢慢学会自我调适，处理好与朋辈的关系，提高自信，健康、顺利地度过青春时光。

广州是一个比较包容的城市，本次调查的流动女性青少年对于广州的认同虽然不算非常乐观，但大部分人也没有明显的排斥。在此前提下，如果她们在这个城市能够获得更丰富、更具参与性的人生体验，相信她们的未来必然比目前她们自身的认知及预期会有更多的可能性。民间社会服务机构的优势就在于与她们保持较为深度的接触，通过动员社会资源、发挥专业服务特长，陪伴她们走过这一段城市生活，走过这一段青春岁月。

B.4

家政工调研项目

摘　要：

以工作原则和基本权利、平等就业和生产性就业、社会保护、社会对话四个方面作为衡量标准，对北京、广州、西安、武汉四地的调研数据进行分析，从家政工、家政公司、雇主、相关政府部门四大主体视角透析家政行业体面劳动实现的困境和制约因素。同时，从法律和制度、社会和文化、个人和家庭层面对家政行业体面劳动实现困境进行了分析，并借鉴国外家政行业体面劳动发展进程中的经验进行探讨。最后，分别从顶层设计与制度安排、政策执行与监督反馈、个体的努力的改善等三大层面提出推动家政工职业化发展及家政工体面劳动的政策建议。

关键词：

家政工　体面劳动　职业化

一　导言

家政工作是指为家庭日常生活需求所提供的社会化、市场化的有偿服务工作。家政工作的内容除了照顾老、幼、孕、弱、病、残等需要帮助的人外，还有日常家务，如家庭的食品调制、衣物以及房间庭院的清洁和整理等，在国际社会还包括家庭雇请的园艺、私人驾驶或保安服务。在中国，家政劳动的主要内容是前者，本调研的主要对象也是前者。

所谓“体面劳动”是一个国际化的概念，2007 年由国际劳工组织提出，并得到国际社会的认可。体面劳动是指男性和女性在自由、安全、公正和有尊严的条件下从事的生产性劳动。体面劳动是生产性劳动，劳动者应得到合理的收入；保障工作场所的安全，为劳动者及其家人提供社会保护；提供个人发展机会均等并有助于融入社会；给人们表达关切的自由；对有关自身生活的决定有参与决策的权利；确保机会均等和平等待遇。体面劳动的提出，针对的是普遍存在的非体面劳动的现象，倡导的是尊重、包容、平等和发展的理念。

家政工人所从事的是生产性劳动。相对于其他生产性劳动的行业类别，体面劳动对家政工人而言，需求尤为迫切，意义尤为重要。首先，因为家政工作大多是一种非正规就业，往往被直接或间接排斥在劳动和就业法之外，其劳动保护、工作待遇和评价不同于在家庭之外从事的类似工作，“对于那些法律范围或框架之外的工作，要实现体面劳动会面临很大挑战”。[①] 家政工与雇主在权力和地位上处于失衡状态。其次，家政工作地点分散在各个家庭之中，工作的离散性使他们难以获得政府管理部门的保护，也难以建立持久的集体合作关系，难以获得社会支持。再次，中国城市的家政工人大多有过遭受双重歧视的经历。家政工来自农村，绝大多数为女性，她们所能获得的教育、政治、经济以及社会关系资源都受到限制，与城市居民、男性相比，各种参与机会以及享受的基本公共服务严重不均等，她们发展的可行性能力受到制度性的制约。如果不提供制度性和社会性帮助，家政工人会陷入发展的泥潭，因此，他们是实现体面劳动的重要群体、困难群体，需要特别予以关注、补偿和支持的群体。

（一）项目背景和研究意义

1. 项目背景

国际劳工局理事会在 2008 年 3 月将实现家庭工人体面劳动列入国际劳工大会第九十九届会议的议程，在 2010 年 6 月 2 日召开的第九十九届国际劳工大会上，各个国家的政府、工人、雇主代表对该议题进行了充分讨论，并于

---

① 国际劳工组织：《关于体面劳动和非正规经济决议书》，2002 年第九十届国际劳工大会通过，第 2 段。

2011 年 6 月 16 日在日内瓦举行的第一百届国际劳工大会上通过了《家政工人体面劳动公约》和《关于家政工人体面劳动的建议书》，这是非正规就业首次被纳入国际劳动公约并按体面劳动标准建立统一规范。家政工体面劳动的实现包括四个战略目标——“工作原则和基本权利”、“平等就业和生产性就业”、“社会保护”和“社会对话”。这四项战略目标包含了实现家政工体面劳动的先决条件、主要内容和手段，需要平衡发展，整体推进。

中国社会正在步入家庭小型化、人口老龄化、生活现代化和服务社会化阶段，对家政服务需求巨大。据有关部门统计，截至 2009 年，全国共拥有家政服务企业近 50 万家，从业队伍达 1500 多万人。即使这样，家庭服务业的供需依然不平衡，全国城市有 5000 多万户家庭有家政服务需求，存在 1000 多万家政服务人员的缺口。2008 年 1 月 7 日，胡锦涛同志在出席“经济全球化与工会国际论坛”时提出了让广大劳动者实现体面劳动的要求。他强调，让广大劳动者实现体面劳动，最根本的是要保障他们的权益，特别是要致力于改善广大劳动者的劳动条件、劳动收入、劳动保障、生活质量。这对于非正规就业群体的家政工人而言意义重大。

2. 研究意义

首先，是倡导和推动家政工体面劳动的客观需要。调研发现，由于不少家政工来自乡镇，多为女性且受教育程度低，同时因为家政工作地点的特殊性等原因，家政工人在实际的工作和生活中面临诸多不体面甚至是受到歧视和虐待的情况。而一旦受到权益上的侵害，因为势单力薄，往往成为劳资双方中明显的弱势一方，想要维护自己的正当权益面临诸多困境。当万千家庭在享受家政工带来各种便利服务的同时，家政工作为劳动者应当平等地享有社会待遇，得到尊重和体面的社会认同。

其次，是规范家政服务行业建设的现实需要。2010 年 9 月 1 日，国务院颁布了“家庭服务业新政”，这意味着，在“十二五”期间，家庭服务业将从“弹性就业”逐步向市场化、产业化、社会化推进，并最终建立比较健全的惠及城乡居民的多种形式的家庭服务体系。这无疑对促进家庭服务业更加正规化、规范化发展是一个重要契机。

最后，是贯彻落实国家、地方政策层面的实践需要。伴随着社会、经济的转型发展，家庭服务业成为党和政府高度关注的重点。为了有力推动家政服务业的健康发展，政府从制度层面制定了许多优惠政策，在这些政策执行或落实的过程中，更需要以家政工体面劳动的实现为基础，利益相关群体、家政企业、雇主、家政行业协会等组织形成多元合作模式，以确保政策能“落地生根、开花结果”。

（二）研究路径

1. 研究内容

为了全面了解家政工体面劳动现状，本研究以“工作原则和基本权利”、“平等就业和生产性就业”、“社会保护”、“社会对话”为四个衡量标准，在北京、广州、西安、武汉四地从家政工、家政公司、雇主、相关政府部门四大主体视角调查家政行业体面劳动实现的困境及制约因素。而后以调研数据为基础，从法律和制度层面、文化和社会层面、个人和家庭层面对家政行业体面劳动实现困境及其原因进行定性和定量分析。同时，对国外家政行业体面劳动发展进程中的经验进行探讨借鉴。最后，以前述研究结果为基础，分别从宏观上——顶层设计和制度安排、中观上——政策执行、监督和反馈、微观上——家庭工个体的努力和改善三个层面对推动家政工职业化发展和实现家政工体面劳动提出切实的政策措施和建议。

2. 研究过程和研究方法

（1）研究过程

设计问卷、访谈提纲阶段：本研究围绕工作权利、就业平等、社会保障和社会对话四个维度，结合我国家政行业政策、政府、家政市场、雇主和家政工个人的具体现实情况，分别设计了针对家政工、家政公司和雇主的三套问卷。每套问卷的具体设计如下：①家政工问卷分为四个部分共 51 个题目，第一部分是被调查对象的基本情况，包括性别、年龄范围、文化程度、收入情况、家庭基本信息等 10 个问题；第二、第三、第四部分是问卷的主体，围绕实现“体面劳动”四个战略目标，将每一目标相关因素分为三大部分并细化为问题——劳动情况及社会保护 21 个问题、身心健康状况 10 个问题和维权状况 10 个问题，分别以单选或多选的形式向家政工列出。

②雇主问卷分为五部分共43个题目，第一部分是雇主基本信息10个题目，第二、第三、第四部分是从雇主角度了解家政工现实工作情况，分为三部分——家政服务需求10个问题、家政工劳动情况14个问题、家政工购买保险9个问题以及1个开放性问题。③家政公司问卷分为四部分共38个题目，第一部分是家政公司基本信息6个题目，第二、第三、第四部分分别是管理运营情况11个题目、公司与政府及其他组织之间关系10个题目、发展愿景11个题目。访谈提纲分别对家政工、雇主、家政公司、政府部门四方主体有针对性地开展。家政工访谈关注的重点是家政工的生存状况、需求变化、职业发展、对现行政策的了解及期待；雇主访谈关注用工渠道、双方的法律关系变化、雇主对家政工的工作反馈和期待，对现行政策的知晓情况；家政公司访谈的关注重点是家政公司的运营情况及政策的受惠情况和政策期待；最后通过对政府部门访谈了解政策的实施情况和未来政策的走向。

试调研阶段：在四地开展小范围的试调查（调查样本N＝30）；通过四地的调查情况反馈，向专家征求意见，及时修改并完善调查问卷、访谈提纲，经讨论后定稿。

正式调研阶段：印刷调查问卷及访谈提纲，组织志愿者在四地进行实地调查。结合随机寻找家政服务员并对其进行非结构式访谈的方式收集资料。最后对北京、广州、西安、武汉四地共1360名家政工进行问卷调查，对200名家政工进行深度个案访谈，对210名雇主进行问卷调查，对20名雇主进行深度个案访谈，对50家家政公司进行问卷调查，对8家家政公司进行深度个案访谈；同时对四地主管家政的相关政府部门及社会组织进行访谈，包括家政行业协会、商务局、劳动局、人事与社会保障局、妇女联合会等。

数据分析、报告撰写阶段：运用SPSS软件对调查问卷进行统计分析；对个案访谈进行系统分析和整理；撰写研究报告。

（2）研究方法

项目的实施以定性分析和定量分析为主。定性分析主要采用文献分析和田野调查分析法；定量分析主要运用SPSS软件进行数据统计分析。数据分析过程中具体使用了方差分析、配对样本t检验、相关分析和因子分析。

二　家政行业体面劳动的现状

（一）总体情况

20 世纪 80 年代，打工女性从事家政服务工作以及由此引发的用工双方关系、权利义务等问题开始受到中国政府和社会的关注。据全国妇联统计数据，当时从业人员约有五万人。而截至 2010 年，根据《中国家政工体面劳动和促进就业——基本情况介绍》的数据显示，中国已约有 2000 万名家政工，60 万所家政服务机构。较之家政行业蹒跚起步之时，现今的家政业可谓是有了长足的发展。其一是相关法律政策的建设。1995 年，劳动部颁布的 396 号文件，将家政服务员列为新的技术工种，并纳入国家职业技能鉴定序列。2001 年，国家劳动和社会保障部制定出台了《家政服务员国家职业标准》。国务院于 2010 年颁发了《国务院办公厅关于发展家庭服务业的指导意见》，其中第六部分是维护从业人员的合法权益的相关规定。《中华人民共和国国民经济和社会发展第十二个五年规划纲要》明确规定“鼓励发展家政服务业，以社区为重要依托，重点发展家政服务、养老服务和病患服务，形成多层次多形式的家庭服务市场和经营机构”。2011 年初，商务部公布《家庭服务业管理暂行办法（征求意见稿）》，公开征求意见。2011 年，国际劳工组织国际劳工大会通过了关于《家政工人体面劳动公约》，作为该组织成员国之一，中国积极参与了该项公约的制定过程。近年来，国家和地方政府加快了有关家政劳动的建章立制的工作，政策频度明显提高，政策规定更为具体。这些政策一方面旨在推动家政行业发展以充分发挥其服务社会的功能，另一方面关注从业者的相关权益。与国家政策相配套，各地方政府相继出台的针对地方的配套政策提高了政策的可操作性。其二是家政公司的规范化建设。在回应市场和社会需求的过程中，家政公司越来越规范化发展，更多的家政公司已经意识到家政培训和签订协议的重要性，家政工作越来越朝职业化发展。其三是家政工人的行业组织建设。四地均成立了省家政行业协会和市家政行业协会，西安市还组织成立了家政工工会。其四是家政用工双方平等关系的建设。随着国家、社会和市场对家政工

表 1　四地受访者的特点

地域	年龄段	户籍	学历	工资收入	满意度	享受保险情况	身心健康状况	维权状况
武汉	年龄较高，40～49 岁的从业者占了大多数（47.6%），其次是 50 岁以上（28.7%），30～39 岁占一定比例（14.2%）	来自于乡镇的从业者占多数（41.9%），其次是城市（31.9%），村落也占一定比例（26.2%）	学历中等。初中学历者居多（49.3%），其次是高中学历（26.0%）	多数从业者年收入不到家庭年收入的一半（89.9%）	一半的从业者表示从事家政工作感到快乐和满足（50%），其次是感到说不清楚（36%）	社保参保率较低。其中医疗保险（34.8%）和养老保险（37.4%）投保率相对较高	一半以上从业者认为其身心健康状况与从事家政工作有关系（59.3%），其次是认为关系不大（24.3%）	家政工人权利受侵犯情况发生较少，但多数从业者认为家政工维护自身权益很难（83.9%）
西安	年龄偏高。40～49 岁的从业者所占比例最高（58.4%），其次是 30～39 岁（20.1%），50 岁以上者也占相当比例（16.2%）	来自城市的从业者居多（49.5%），其次是乡镇（30.2%），再次是村落（20.3%）	学历较高。半数受访者是高中学历（51.0%），其次是初中学历（38.6%）	从业者年收入占家庭年收入一半以下的居多（78.1%）	多数从业者表示从事家政工作感到快乐和满足（61.5%），其次是感到说不清楚（22.3%）	社保参保率偏高。尤以医疗保险（60.7%）和养老保险（54.1%）最为突出	多数受访者认为其身心健康状况与从事家政工作有关系（69.4%），其次是认为关系不大（17.2%）	家政工权益受侵犯情形鲜有发生，但多数从业者仍认为其维护自身权益很难（81.3%）
北京	年龄层多元。半数从业者年龄在 40～49 岁（55.3%），其次是30～39 岁（17.7%），50 岁以上者也占相当比例（14.0%）。此外，20～29 岁也占一定比例（11.7%）	半数从业者来自村落（55.9%），其次是乡镇（28.3%），而来自于城市的从业者比例最低（15.8%）	学历层多元。初中学历的受访者居多（48.7%），其次是高中学历（26.7%），小学及以下学历者占一定比例（17.7%）	年收入占家庭年收入一半以下的从业者最多（76.2%）	近半数从业者认为从事家政服务工作感到满足和快乐，此外表示说不清楚的从业者也占相当比例（26.0%）	社保参保率较高。其中投保率靠前的是医疗保险（61%）和养老保险（40.2%）	认为其身心健康状况和从事家政工作有关系的从业者占多数（47.8%），其次是认为关系不大（19.3%），而认为完全不相关的从业者也占相当比例（20.3%）。	家政工权益受侵犯情形较少发生，但认为家政工维护自身权益很难的受访者仍占多数（86.8%）
广州	相对年轻。年龄在 40～49 岁的从业者最多（49.0%），其次是 30～39 岁（31.3%）	多数从业者来自村落（42.7%）和乡镇（40.3%），来自城市的从业者最少（17.0%）	学历偏低。初中学历的从业者最多（57.7%），其次是小学及以下学历（22.8%）	受访者年收入占家庭年收入半数以下情况居多（80.6%）	多数受访者表示从事家政服务工作感到满足和快乐（60.0%），其次是表示说不清楚（30.7%）	社保参保率偏低。医疗保险（34%）和养老保险（29.8%）投保率低	半数从业者认为其身心健康情况和从事家政工作有关系（52.5%），其次是认为完全不相关（23.8%）	家政工权益很少受到侵犯，但多数家政工仍认为家政工维护自身权益很难（75.6%）

资料来源：本课题组“2013 年中国家政行业发展困境调查”。

作的需求度和尊重度的提升，雇主对家政工作的认识和对家政工的态度也有了明显的改善。其五是家政工自身对自己工作的认识、对家政培训的态度，家政工的职业素养等各方面均有了较大的改善。其六是家政工体面劳动感的增强。他们对国家、社会给予他们的劳动的尊重以及体面工作的感知较之前有了不同程度的提升。

作为家政行业体面劳动实现的关注主体，家政工群体主要呈现如下特点（见表1）。一是家政工的“可行能力”影响发展自由。家政从业人员受教育程度多是初中和高中，是学历相对不高的农村妇女或者城市下岗女工，加上年龄偏大（集中在40~49岁），长期以来的城乡及性别的双重劣势积累，再加上受歧视性社会结构的影响，她们的“可行性能力”制约了发展的自由，现有的工作技能难以达到社会及市场对家政劳动和管理的更高需求。二是工作意义和贡献存在被低估的现象。不少家政工认为在整个工作介绍和提供服务的过程中，自己没有得到应有的尊重和认可，存在职业歧视，被当成了公司追求利润的产品和雇主享受的消费品。三是家政工工作满意度比例较高，但收入偏低。从调研统计来看，虽然超过半数的家政工对目前的工作是感到满意的（西安和北京的比例最高），但多数家政工的年收入不到家庭年收入的一半，在以货币计算的经济贡献中处于附属地位。四是虽然近些年家政行业的薪酬涨幅较大，但由于社会保障体系对该行业的覆盖率不高（西安和北京较高，武汉和广州都比较低）①，从业人员享受各种保险的程度有限，各项权益难以得到保障，而且一旦发生意外或被侵权，维权更难。五是家政工从业人员大多数是非城市居民。调查数据显示大部分城市的家政工群体来自农村和乡镇，在一线城市北京和广州这个比例是最高的，武汉居中，而西安市则表现出不同的特点，即大部分来自西安市的下岗工人。

（二）家政行业体面劳动现状的四维分析

按照国际劳工组织的倡议，体面劳动议程包括四个维度或者说是四个战略目标。一是促进实现工作中的基本原则和基本权利，二是促进实现平等就业和

① 北京市和西安市家政从业人员所享受的社会保障水平高于武汉和广州，其可能的原因是，北京市地处政策发布中心，政策落实的程度相对较高。西安市的家政从业人员大多是下岗女职工，能够享受城市居民及原单位所提供的保险服务。

生产性就业，三是促进实现对于劳动者的社会保护，四是促进实现劳动者与其他社会主体间的社会对话。本课题对家政从业人员体面劳动现状的研究就从上述四个维度展开。

1. 工作中的基本原则和基本权利

1998 年 6 月，国际劳工大会通过《工作中的基本原则和权利宣言及其后续措施》，规定了劳动者的基本权利（或称基本劳工标准）。所谓劳工标准是指经济运行过程中对劳动的一系列规定，这种规定在一定的国家或地区是已经或正在实施，或者说是一种现行的规定。由此可见，这一“劳工标准”是对劳资关系全过程实然运行状态的描述，缺少对应然状态的追求。结合联合国文件中有关劳动者权利的内容以及中国的现实状况，课题组认为家政工的基本权利应当包括：①发展的权利，适宜的劳动强度、安全防护、提供充足的培训机会以及保障其身心健康；②人格尊严，比如禁止强迫劳动、禁止对其进行身心侮辱；③禁止歧视，禁止对家政工在性别、地域、从业性质、宗教信仰等方面的歧视；④行业劳动者组织和集体谈判。

纵观家政行业 30 余年的发展，中国政府和社会在维护家政工的基本权利方面做出了不少努力，让劳动者活得有尊严，实现体面劳动已经成为中国政府的执政理念之一。具体而言，家政工基本权利方面的进步体现在以下几点：一是家政工会的存在证明了“结社”的重要性，尽管它目前处境艰难，但这是行业进步的表现，是社会包容开放的结果；二是家政公司开始朝着正规化方向发展，部分公司已转变或正在转变传统的公司利润最大化的观念，渐趋树立起以人为本的理念，行动上更具人文关怀；三是越来越多的雇主能够平等看待、尊重家政工，重视与家政工的双向沟通、交流。但问题同样存在，主要表现为以下几个方面。

（1）发展的桎梏——可行能力脆弱

“可行能力”这一概念是由诺贝尔经济学奖得主阿玛蒂亚·森提出，森认为可行能力指的是一个人选择有理由珍视的生活的实质自由，它不仅要考虑个人所拥有的基本物品，而且包括有关的个人特征，因为它们决定了从基本物品到个人实现其目标的保持原样的转化，可行能力的脆弱意味着发展权利的残缺。家政工作的劳动强度、从业人员的身心健康、他们所能拥有的闲暇时间以及接受培训的机会都成为影响他们可行能力强弱的关键因素。

根据表2显示，我们可以计算得出认为劳动强度是“较强”或“很强”的家政工的平均比例是57.5%，也就是说，在四地的从业者中均有一半以上的人认为自己的劳动强度比较大，而这样的劳动强度无疑会对家政从业者的身心带来一定的负面影响。

表2　家政工认为劳动强度是“较强”和“很强”的统计

项目	北京(N=300)	广州(N=300)	武汉(N=423)	西安(N=301)
频率	167	148	251	195
比例(%)	55.7	49.3	59.6	65.4

资料来源：本课题组“2013年中国家政行业发展困境调查”。

由表3可见F统计量对应的概率值p为0.001，即可认定家政从业者的劳动强度对他们疲惫不堪的身心感受有着显著的影响。而且，在我们四地的调研中，选择自己身体“没有任何不舒服”的被访者所占的比例分别是34.3%（北京）、35%（广州）、17.3%（西安）、11.6%（武汉），并且近乎一半以上的调查对象认为身体的不舒服和所从事的家政工作“比较相关”，甚至“完全相关”。

表3　劳动强度对家政工疲惫不堪感受的单因素方差分析（西安，N=301）

项目	平方和	df.	均方	F	显著性
组间	6.587	4	1.647	4.840	0.001
组内	95.595	281	0.340		
总数	102.182	285			

资料来源：本课题组“2013年中国家政行业发展困境调查”。

闲暇时间较少、休息权得不到充分保障是劳动强度较大的关键因素。在北京仅有9.3%的调查对象告诉我们“每周有两天的休息时间”，绝大部分情况是一月有四天的休息时间，但休息时间的最后决定权事实上还是掌握在雇主手中，而从事“月嫂”工作的家政员则几乎一天24小时都处于工作中，休息对她们来说是一种奢侈。闲暇时间里，他们大都在做什么呢？以北京调研为例，大多数被访者选择看电视（36.7%）、出去逛街（34.0%）、跟亲友相聚（37%）、睡觉（25.3%），极少有人会在闲暇的时候读书、看报。闲暇的短缺对于家政员劳动的再生产显然是不利的。

家政工人的职业化是实现体面劳动的渡海之舟，要实现职业化提供职业培训是必经之路。获得职业及相关培训能帮助家政从业人员提高可行能力、实现自我赋能、积累人力资本，从而成为家政领域的行家和专家。但现实是他们获得这样的赋能机会并不多。我们的调查数据显示，在北京，有21.2%的家政从业人员没有接受过培训，在广州，这个比例竟然高达51.0%。家政从业者的受教育水平普遍集中在初中、高中水平，在北京这两个数字分别是48.7%和26.7%，在广州分别是57.7%和16.4%，西安和武汉分别是38.5%、51.0%以及49.3%、26.0%。他们中的大多数人有能力接受培训，并成长为职业化的家政工人，他们所缺乏的是培训机会和接受培训的经济能力。这些农村进城务工女性往往是一进城即上岗，一上岗就定位在低端化就业，从业者自己有诸多的委屈和不适应，雇主也有诸多的不放心和不满意。如果家政工人的职业精神得以养成，职业素养得以涵化成形，专业技术含量得以提高，职业化行为规范得以内化，成为提供高技术优质服务的专业人士，那么其社会地位大幅提高、受到社会尊重将是水到渠成的必然趋势。而所有这些，除了他们自己的努力外，更重要的是政府和社会要为他们成长为职业专家提供良好的制度环境和支持网络。表4是对家政员“是否接受过培训”与他们“对自己职业发展是否有期待”的相关性分析，分析结果显示Pearson相关系数为0.194，说明两者间存在正相关性，接受过培训的家政员对未来职业发展的信心更为充足。

表4　“是否接受培训”与对自己家政职业发展是否有期待的相关性分析

（广州，N=300）

项目		是否接受培训	职业发展是否有期待
是否接受培训	Pearson 相关性	1	0.194*
	显著性（双侧）	—	0.001
	N	293	293
对自己职业发展是否有期待	Pearson 相关性	0.194*	1
	显著性（双侧）	0.001	—
	N	293	300

注：*在0.01水平（双侧）上显著相关。

资料来源：本课题组2013年中国家政行业发展困境调查。

(2) 人格尊严——要走的路还很长

首先，超过半数的家政工人认为工作中他们没有得到足够的尊重。以北京市为例，数据显示，68.7%的从业人员没有和雇主或家政公司约定过工作时间，有的只是口头的约定，不存在书面的合同协议。因此，他们的工作时间就完全由雇主来支配了，每天工作在10个小时以上的从业人员的比例高达59.9%。38.6%的从业人员表示他们和雇主、公司间没有约定过工作内容，即便是在约定过工作内容的从业人员中仍然有51.0%的家政员要听从雇主的指挥做其他一些工作。除了工作时间缺乏约定外，有的雇主对工作内容也自行界定，比如洗内裤，有的女雇主甚至直接将内裤抛给家政员；有的雇主对家政员吆三喝四，唯恐他们有一时半会的休息；还有家政工告诉我们有的雇主家不仅安装了摄像头，甚至将其安在了洗手间，这让他们感到非常尴尬和不满。

其次，不少雇主依然对家政工直呼“保姆”。家政工表示当他们听到“保姆”这个称呼时会浑身不舒服，感觉低人一等。这两个字深深刺痛着家政工们敏感、脆弱的心理，甚至在很多媒体的新闻宣传中也频繁出现“保姆”一词。他们认为家政工作也是职业分类中的一种，自己是新时期的劳动者，而“保姆”是旧社会伺候别人、受人役使的下人，这种称呼是对他们劳动、人格的贬损。

表5 认为“工作不体面、不受尊重”对家政工烦躁心理影响的单因素方差分析（北京，N=300）

项目	平方和	df	均方	F	显著性
组间	4.280	1	4.280	6.878	0.009
组内	176.106	283	0.622		
总数	180.386	284			

资料来源：本课题组“2013年中国家政行业发展困境调查”。

表5反映的是家政员认为自己“工作不体面、不受尊重”对其烦躁心理影响的单因素方差分析结果，其中F统计量的观测值为6.878，其所对应的概率p值明显小于显著性水平α，表明应该拒绝原假设，即认为前者对后者有着

显著性影响。由此可见，家政员的人格尊严是否得到充分的尊重直接关系到他们情绪的稳定以及心理健康的程度。

（3）有“组织”难“维权”，有“集体”无“谈判”

国际劳工组织在关于家政工体面劳动的189号公约中，为尊重、促进并实现家政工工作基本权利而采取的措施条款所提出的第1项权利是“结社自由和有效承认集体谈判权利”。根据中国的法律和实际状况，家政工的结社，可以理解为家政工的行业组织和工会组织。有组织的家政工是实现体面劳动的特别要件和前提。因为家政工作的离散性，影响了这个群体的组织化程度。马克思曾将从事家户劳动经济的小农比喻为麻袋里的马铃薯，他们生活条件相同，但是彼此间却并没有发生多种多样的关系，这导致了农民的分散性。分散到千家万户中工作的家政工，如果没有组织，力量之分散，不仅像麻袋里的马铃薯（麻袋里的马铃薯空间距离还很小），更像孙中山所说的“一盘散沙”。家政工的利益诉求要得到反映和伸张，建立家政工的组织是前提，有了组织才能在民主协商中站到谈判席前，前者是后者的必要条件。在利益高度分化的社会，建立利益表达的组织和集体谈判是理性维权、化解矛盾的重要方式。家政工通过自己的组织，集中反映他们面临的现实困难、表达他们的利益诉求，这些组织还能够成为家政工、雇主、政府以及其他社会主体就有关议题会面、交换观点的平台。实地调研发现，家政行业的组织正在建设和发展中，主要分为两类社会组织，一是家政行业协会，二是家政工工会。但是家庭行业协会的宗旨是“带动企业积极开拓为民生服务项目，维护会员单位的合法权益，协调和促进家庭服务业健康发展”。所以，家政行业协会工作的本质是以增进行业利益、协调公司利益分配为导向的，换言之，它很难成为家政工群体的利益代言人。家政工工会是家政从业者自己的组织，调查显示，超过半数的家政工认为家政工工会的存在是非常有必要的（见表6）。但部分家政工工会的生存现状是虽然家政从业者有组织，但却难以实现真正的“自由”。以西安市家政工工会为例，工会的办公场所、活动费用均是由其他公司赞助的，经费极其有限，工会主要的管理成员经常要牺牲自己的工作时间来维护工会的正常运转，但却无法得到足够的资金支持和社会支持，西安家政工工会一直处于勉强支撑的窘迫状态。所以工会一直招不到新的管理人员，但同时又有大量的家政工把工会当作倾诉、社交、维权的唯一场所（调查显示，西安的家政工群体对工会存在的认可度高达90.4%，见表6），不愿意工会关闭。

表6　“您认为家政工工会的存在是否有必要”

项目	北京(N=300)	广州(N=300)	武汉(N=423)	西安(N=301)
频率(人)	254	204	239	272
比例(%)	84.7	68.0	56.5	90.4

资料来源：本课题组“2013年中国家政行业发展困境调查”。

只有组织起来，通过集体谈判的努力才可能达成具有约束力的协议。可惜的是，调研结果显示家政工工会不曾有过和雇主、政府或者其他社会主体的谈判。表7从侧面反映了集体谈判的困难。实现集体谈判难在两点：一是谈判的意愿，二是谈判的成本。雇主和政府的谈判意愿均比较低，雇主是希望主动权掌握在自己手里，而政府有时认为多一事不如少一事。家政工虽有谈判的意愿，但他们缺乏对展开谈判、使谈判具有可操作性等问题的了解和掌握。同时，谈判成本至关重要，它是关系到集体谈判机制形成的核心问题。谁来承担谈判的成本、如何保证责任承担的长效性等问题也不是通常只具有小学和初中文化程度、月收入尚且只够维持自身生活的家政工们自身能够解决的。

表7　家政工“维权难”（以西安为例，N=301）

项目	一般赞同	比较赞同	很赞同	不赞同
频率(人)	46	85	82	49
比例(%)	15.3	28.2	27.2	16.3

资料来源：本课题组“2013年中国家政行业发展困境调查”。

2. 平等就业和生产性就业

所谓平等就业，即平等地获得就业机会和就业待遇的权利，不因种族、民族、性别、地域、宗教信仰等因素的不同而被区别对待。按照联合国《经济、社会及文化权利国际公约》（联合国大会1966年12月16日通过），人人都应有凭其自由选择和接受的工作来谋生的权利，并将采取适当步骤来保障这一权利。[①] 平等不只是一种理性原则和道义要求，还应是一种现实的社会关系和日常的生活意义，使人们享有平等就业和生产性就业的机会应该是现代文明社会的表征之一。近些年家政行业的一个突出变化就是专业化分工越来越细，不同家政工种的技术升级迅速，掌握良好技能的家政工薪酬有较大幅度的提升（比如部分地区金牌月嫂的月薪已经超过1万元，而且“一嫂难求”），这直接改善了部分从业人员的家庭经济情况。但欣喜的同时也隐藏着令人忧虑的事实，市场经济的快速推进在消解了旧有的非平等就业问题的同时，也衍生出了某些新的非平等就业问题。

表8清晰地显示了以下几点。第一，部分雇主对家政从业者的地域来源设置门槛。一方面是因为地区文化或者个人偏见的影响，对来自某一地方的家政从业者先验地做出了不好的评价，自然将其拒之门外；另一方面是因为自己曾对来自某一地方家政工的表现不满意，在定型效应的影响下，对所有来自这一地方的家政工都给予“差评”。这自然就限制了部分从业者平等择业的自由。

表8　对家政工有地域要求的雇主所占比例

项目	北京(N=49)	广州(N=53)	武汉(N=50)	西安(N=54)
频率(人)	10	27	23	31
比例(%)	20.4	50.9	46.0	57.4

资料来源：本课题组“2013年中国家政行业发展困境调查”。

第二，正向与反向歧视共存。家政从业人员中女性占绝大多数，这是一个完全没有争议的事实。据我们调研数据显示，在北京的调查对象中有98%是女性，在广州，同样是98%，在西安是98.3%，在武汉，这个比例是92%。很显然，这个行业被贴上了“女性化”的标签，而“女性化”本身就是对女性的一种歧视。

社会上对家政行业的看法存在着两种较普遍的观点。其一是家政工作不过是家务活动向社会的延伸，而且没有太高的技术含量，女性在各自家

① 丁开杰：《社会排斥与体面劳动问题研究》，中国社会出版社，2012，第81页。

庭中就是家务活动的主要承担者，既然家政工作是家务劳动的社会化，自然还是应该由女性来从事家政工作。该观点中存在着对女性的两点歧视：一是女性在承担家务时没有拒绝权，是对其地位的歧视；二是对女性能力的歧视。需要注意的是，很多家政从业人员已经很自然地接受了这一逻辑（见表9）。

表9　从事家政工作的原因（广州，N=300）

项目	挣钱多，改善生活	别的做不了，家政相对容易做	自己对家政很感兴趣	在家没事做，出来消磨时间	其他
频率（人）	142	135	107	36	19
比例（%）	47.3	45.0	35.7	12.0	6.3

资料来源：本课题组“2013年中国家政行业发展困境调查”。

其二是大部分人认为女性所具有的“特质”让她们适合做家政，比如92.5%的雇主（广州）认为女性比男性更适合做家政，这些特质包括心细、有耐心、善于协调关系等。但问题在于男性就都不具备这些品质吗？这些品质能否工具化为女性从事家政工作的理由？正因为这两种逻辑，它在对女性形成这种正向歧视的同时，也对男性造成了反向歧视，在这样一个女性居多的行业里，男性的加入是不怎么受欢迎的。访谈对象万某坦言：“当时女雇主看到来他们家做家政的是一个男的时，她的脸上带着恐惧的表情，‘啪’的一下就把门给关上了。”很多雇主认为男性从事家政行业是“有悖常理”的，歧视的存在对女性以及整个行业的发展都是不利。如表10所示，“家政容易做”的择业动因与难以满足雇主高要求的相关系数为0.184，说明两者之间存在着正相关，这从一定程度上说明如果始终将家政定位为“相对容易做”的工作，那么家政行业将难以实现突破性发展。

其三，家政行业存在样貌歧视。在访谈过程中，不止一位受访者非常委屈、无奈地告诉我们，她在雇主家里不仅要听雇主安排做很多家务，而且还要忍受雇主对她的“嫌弃”，雇主因嫌其相貌不够好，当家里来客人时甚至不愿让客人见到她。这一点对她的伤害非常大，她常常在夜里睡不着的时候偷偷地掉眼泪。

表 10 "家政容易做"的择业动因与难于满足雇主高要求的相关性分析（以广州为例）

项目		家政容易做	雇主要求高
家政容易做	Pearson 相关性	1	0.184*
	显著性(双侧)	—	0.002
	N	300	287
雇主要求高	Pearson 相关性	0.184*	1
	显著性(双侧)	0.002	—
	N	287	287

注：* 在0.01水平（双侧）上显著相关。

资料来源：本课题组"2013年中国家政行业发展困境调查"。

第三，家政行业里人员间、地区间收入差距明显。即同一城市中从事同一家政工种人员的工资收入参差不齐，甚至差距较大，在不同城市中做同一工作的家政工的收入差距也比较大。以西安市月嫂的工资收入为例，工资较低者每月是3000~4000元，工资较高者月收入则可以达到8000元左右。和北京、广州的工资相比，西安同工种的家政工收入低不少。不同城市的市场需求、居民的购买力在很大程度上影响着家政工的收入水平，但在行业标准缺失的情况下，同一城市同一工种家政工的"不同待遇"不免平添了"不平等的色彩"。"生产性就业是指有社会和生产效益的就业，而非无效的就业。"① 劳动和社会保障部副部长张小建在"中国市长就业论坛"上说："一个人只有他所做的工作被认为是对社会有用的，他才能在工作中实现自我价值。"② 也就是说，生产性就业不仅能给社会带来效益，也能给劳动者个人带来物质上和精神上的收益。

家政工作为社会提供了各种服务，也创造了巨大的价值，但据调查访谈，不少家政工缺乏物质和精神上的满足。从物质层面来看，对于某些困难家庭，家政工作的收入对于维持家庭的生计都显得比较吃力。在访谈中，一位受访者告诉我们她做了十几年的家政，但现在仍然"蜗居"在一间不足十平方米的

① 张小建：《促进就业和治理失业是政府的重要职责》，载《中国就业市长论坛文集》，中国劳动社会保障出版社，2008。

② 张小建：《促进就业和治理失业是政府的重要职责》，载《中国就业市长论坛文集》，中国劳动社会保障出版社，2008。

屋子里；还有受访者称因自己丈夫有病，孩子还在上学，养家的重担就全部落在了自己的肩上，工作收入对于保障家庭的正常开销往往显得捉襟见肘。从精神层面上看，尚且不说他们是否在工作中发现并发掘着自身的价值，家政工作有没有让他们感到快乐、幸福，实际情况是，他们的这种幸福、快乐感与他们的经济情况有着必然的密切联系。通过表 11 的统计可见 F 统计量对应的概率值 p 为0.005，明显小于显著性水平 α，这表明收入情况是家政工快乐、幸福感的重要来源，收入是衡量他们快乐、幸福与否的重要指标之一。

表 11　收入情况对家政工的快乐、幸福感影响的单因素方差分析（武汉，N＝423）

项目	平方和	Df	均方	F	显著性
组间	13.804	5	2.761	3.397	0.005
组内	326.664	402	0.813		
总数	340.468	407			

资料来源：本课题组“2013 年中国家政行业发展困境调查”。

3. 对家政工的社会保护

社会保护是每个人都应该享受的权利，有效的社会保护是实现体面劳动的基础。社会保障作为社会保护的主要内容，对确保家政行业健康良性发展起着至关重要的作用。在我国，家政工人的社会保险问题日益受到政府部门的重视。当前中央政府鼓励家政公司实行员工制，由家政公司为其员工购买社会保险，同时政府给予企业社会保险补贴。《国务院办公厅关于发展家庭服务业的指导意见》明确规定：对在家庭服务业灵活就业的就业困难人员，按规定给予社会保险补贴，并以灵活方式鼓励从业人员参加社会保险，支持商业保险机构开发家庭服务保险产品，推行家政服务机构职业责任险、人身意外伤害保险等险种，防范和化解风险。政府从多种渠道来维护家政工人的合法权益。

但是，在社会保险方面取得进步的同时，我们也要看到其存在的不足。在我国，现阶段家政行业并没有相关国家法律规范，《劳动法》并没有把家政工纳入社会保护范围之内，使其无法享受工伤、医疗、失业、养老等社会保障。而那些社会保障覆盖到的家政工人，也多是自己承担着社会保险费用。在问及家政工“如果您有辞去家政工作的想法，您的原因是什么”时，有35.8%（西安）的家政工人，选择了由于“工作条件差，缺乏社会保障”这一选项。可见社会保障的缺乏也是造成家政行业人员流动性大的一个重要原因。

（1）工伤保险——出现意外没人管

由于家政工作的特殊性，工作中难免会有意外情况发生，工伤保险无疑是家政工最为关心的险种。例如：在北京做家政的杨女士，在为雇主家擦拭厨房玻璃时，不小心从二楼摔了下来，住进了医院，由于杨女士无任何保险，好心的雇主焦先生先后为她承担了4万多元的医药费。然而现实生活中，并不是所有的家政工都能像杨女士这么幸运，遇到了心地善良的好雇主。西安一名男家政工人，为雇主拆卸太阳能热水器时，从六层楼失足坠亡，然而雇主和家政公司都不愿意承担任何责任，最终这位家政工人的亲属并未得到任何赔偿。表12显示，武汉地区仅有9%的家政工人享受到了工伤保险。34.9%的家政工人认为，工作时受伤没保障是其从事这一行业最为担心的事情。北京、西安、广州的情况也不乐观，缺乏工伤保障已严重影响到了整个家政服务行业的健康发展。调研发现，大部分家政工人甚至连一年几十块钱的意外伤害险也享受不到。数据显示，西安有98.6%的家政工人渴望能享受到人身意外险，武汉、北京、广州的比例依次为94.7%、93.9%和94.3%。可见，并不是家政工人们没有人身意外保险的意识，而是保险费用谁来承担的问题。一位家政工说：“我觉得自己应该有人身意外险，我早就意识到了，但是自己条件达不到。应该由公司为我们买这个保险。”由谁为意外伤害险付费是一直无法解决的问题。家政公司出于成本考虑不愿意为家政工购买。当前家政公司大多是中介形式的，家政工人和公司签订的是劳务合同，并非劳动合同，而劳务合同是没有五险一金的。而在雇主看来，自己已经支付了高额的中介费用给家政公司，不应该再出钱为家政工人购买保险。面对无奈的现实情况，家政工张女士告诉我们：“做家政这一行的，要有自我保护意识。你如果自己保护不了自己，自己受到伤害了，你自己就倒霉了。人家雇主把钱掏给你了，你的安全不安全，没人管你了。所以现在不论做哪一行，都要学会自我保护意识，不要去做高空擦玻璃等危险性工作。”（见图1）

表 12　家政工社保参保率

单位：%

城市	工伤保险	医疗保险	失业保险	养老保险	生育保险
武汉(N=423)	9.0	34.8	5.2	37.4	1.4
西安(N=301)	10.1	60.7	6.4	54.1	1.1
广州(N=300)	15.6	34.0	5.3	29.8	1.1
北京(N=300)	11.5	61.0	2.5	40.5	2.0

资料来源：本课题组“2013 年中国家政行业发展困境调查”。

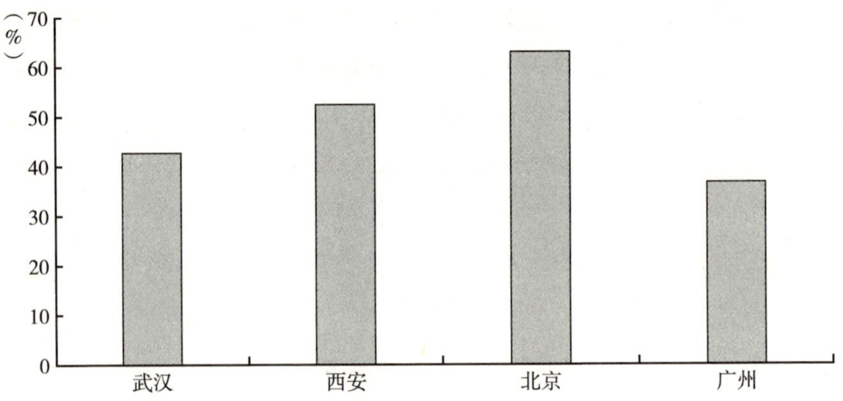

图 1　享受社会保险的家政工中保险费用是由自己承担的比率（N=1324）

资料来源：本课题组“2013 年中国家政行业发展困境调查”。

（2）医疗保险——害怕生病负担重

长期繁重的家政工作，对家政工人的身心健康造成了不良影响。西安的调查显示，71.8% 的家政工有头疼、头晕的症状，50% 左右的家政工患有腰疼、胳膊或腿疼、颈椎、肩疼等症状，并且 69.3% 的家政工表示所患疾病或疼痛与所从事的家政工作有关。西安市家政工工会主席王威表示，像静脉曲张、肩周炎、颈椎病、骨质增生、手指关节变形等疾病都是这个行业的职业病。一位从事月嫂工作有七年的王女士说：“在雇主家干一个月下来是很疲劳的。一天仅能睡三四个小时的觉，别人和我说话，我有时就会耳鸣。有时我回家坐 15 路车时，会把 16 路车当成 15 路车来坐，你看我这脑子，记忆力不好，睡眠不好。但社会对我们这一行太不公平了。”这些家政工们，由于多年的家政工作，已累垮了他们的身体，等到他们老了不能出去工作赚钱了，又没有医疗保险，不知该拿什么来治病。

调研统计显示，北京家政人员医疗保险的享有率超过半数，高达61%。但仔细分析，我们发现北京有84.2%的家政从业者来自乡镇和村落，而现在大多数农民享受的保险只是农村新型合作医疗保险，而作为长期在城镇工作的家政工群体而言，他们既无法享受城镇职工基本医疗保险也因为户籍原因无法享受城镇居民医疗保险。而家政工一旦在工作地域生病、住院，新农合医疗保险能提供的保障十分有限。来自山西运城、长期在西安做月嫂的许女士，曾在西安住过院，就是因为做月嫂那段时间把自己给累病了，得了冠心病，住院治疗了一段时间，并享受到了村里的新型合作医疗保险带来的帮助。但她告诉我们：“新农合医疗对我有帮助，但帮助不大。我当时住院花了16000多块钱，但只给我报了700块。因为我是跨省嘛，如果不是跨省的话还好点，跨省的话就是人家给你写一个单子然后你还得寄回去，很麻烦，最后才给报了700多块，要是能有专门针对家政工人的医疗保险该有多好啊!”

另外，调查显示西安家政人员的医疗保险享受率也达到了60.7%，但西安从事家政工作的人员主要是本地国企下岗再就业的女工（占49.2%）。她们大都享受企业为其缴纳的医疗保险，不是作为非正规就业群体能够享受医疗保险。相比西安和北京，广州和武汉的家政工人就没那么幸运了。这两个城市的家政工人来源地区较为复杂多样，很多从业者又都是先前没有正式工作的散工人员，导致这两地医疗保险的覆盖率仅在34%左右。因此，当家政工人身体出现大的疾病时，巨额的医疗费用无疑会使他们原本并不富裕的生活雪上加霜。

（3）失业保险——失去工作缺保障

调研数据显示，北京家政工人失业保险的覆盖率仅为2.5%，武汉、西安、广州等地依次为5.2%、6.4%、5.3%。当我们询问家政工“您认为从事家政服务这个行业，最担心的情况是容易失业吗?”时，仅有22.9%（北京）的家政工人选择了这一选项。访谈中发现，从业者们对失业保险的意识并不是很强烈，缺乏失业的概念。他们认为家政工作就是灵活性的工作，有活干就工作，没活干就等信息、接着找。家政行业从业者流动性很强，由于家政工作具有阶段性，很多家政工从事工作一段时间后，如果合同到期或者与雇主相处合不来解除合同后，多会选择继续到家政公司等待新工作上岗，周期有长有短，实在不行再换别的工作，在这一期间基本没有人想到可以享受失业保险的保障。

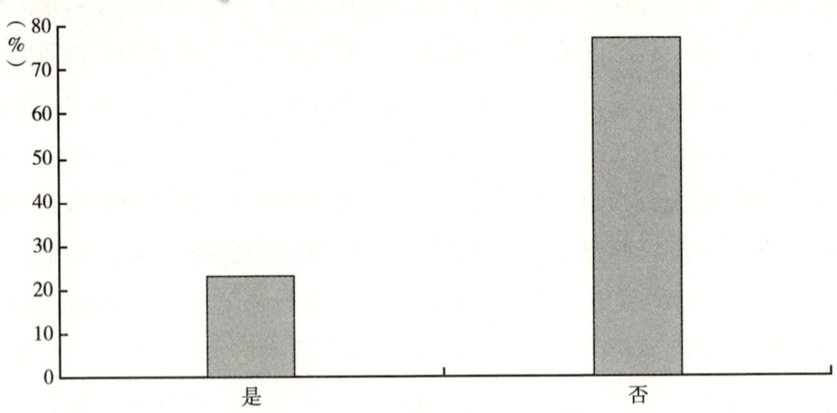

图 2　家政工人从事家政行业，是否最担心容易失业（北京，N＝300）

资料来源：本课题组“2013 年中国家政行业发展困境调查”。

（4）养老保险——“真空地带”无依靠

从调研数据来看，四地家政行业的从业人员年龄在 40 岁以上的占了 70%。处于这个年龄段的家政工人们现在尚且可以用自己的双手劳动，赚钱养家。可是等他们老了，不能工作了，该怎么办？调查显示，仅有 29.8%（广州）的家政工人享受养老保险，且大部分家政工是自己一个人在承担所有的费用。正如一位 51 岁的家政工所说的那样：“我何尝不想待在家里享受儿孙绕膝的天伦之乐，可是我没有享受它的资本，我要为自己负责，为晚年着想，趁着自己身体还可以，尽我所能为晚年积累一份保障，为儿女减轻负担。”当我们询问另一位无任何社会保险的女士“您最希望享受到的险种是什么”时，她回答说：“工伤保险和养老保险。我靠自己的努力辛勤工作，我应该享受和其他劳动者一样的保险。”

除了上述保险外，体制内员工享受的住房公积金在家政工看来更是天方夜谭，不敢奢望。我们在西安的访谈中了解到，租房子住的家政工人不仅仅是外地人，许多之前是西安市下岗职工的家政工人也是租房子住的。原来住的都是单位里的筒子楼，拆迁后，他们无法负担高额的房价，只有租房。家政工的社会保障长期处于“真空地带”，虽然近年来国家已开始重视家政工的社会保障问题，鼓励家政公司实行员工制，由企业为家政工购买社会保险，国家对其给予补贴及免营业税的待遇，但员工制家政企业的门槛高，先缴后补的模式对家政公司的吸引力不大，目前实行起来收效甚微，无法解决规模日益庞大的家政工群体的养老问题。

4. 社会对话

国际劳工组织定义的社会对话，是指就有关经济和社会政策中相关利益的议题，发生在政府、雇主和劳动者代表之间所有类型的谈判、磋商或信息交流。社会对话可以在企业、行业、国家乃至国际的层面上进行。多形式和多层次的社会对话是实现体面劳动最好的解决办法。现阶段在中国，尽管家政工人还没有具备真正的协商能力，工会、家协等社会组织未能完全代表劳动者进行谈判，但调研发现，近些年家政工在社会对话方面已出现了新的进步和特点。

（1）家政工日渐渴望表达自己的心声

为了解家政工的社会对话能力和水平，我们调查了家政工休息时间的活动。从中发现，大部分家政工空闲时间里可安排的活动比较单一。基本上就是看电视、睡觉以及和亲友相聚，对网络的接触并不频繁，不少家政工表示没时间也没条件上网（见表13）。但是，也有部分家政工表现出了对社会对话的参与兴趣。有一些家政工，手机用的是智能触屏机，QQ、微信、微博这些网络交流工具都会熟练使用，获取信息较迅速。还有为数不多的几名家政工，随身携带着照相机，他们会记录下自己每天工作的情况，有的还上传到网络博客上和其他人进行沟通交流。还有一位现在在做小时工的家政工告诉我们：“我的文化水平不高，但我喜欢看书。我在看孩子之余（做育婴师时），孩子睡觉了，尿布洗完了，我就把雇主家书橱里百分之八十的书都看了。我还有看书的笔记，我是比较爱学。我还经常订《特别关注》、《艺术文摘》杂志，家里也订《西安晚报》、《健康报》。”

表 13　家政工的空闲时间安排

单位：%

城市 \ 项目	武汉	西安	北京	广州
看电视	51.5	52	36.7	53.8
出去逛街	28	38.9	34	42.8
看电影	3.1	2.4	0.7	4.3
打麻将	15.6	7.8	0	5.4
亲友相聚	24.8	39.9	37	22.4
睡觉	46.6	35.8	25.3	41.1
其他	7.3	11.1	27.9	17.7

资料来源：本课题组“2013 年中国家政行业发展困境调查”。

调查发现，生活在雇主家里的家政工，由于长期没有独立的生活空间，远离自己的家庭、亲人和朋友，工作内容又比较单调，超过半数的家政工常会感到孤独、无聊（见图 3）。与非住家型家政工人们相比，他们维护自己权利、参与社会对话的意识更为强烈，非常期待一个可以进行信息交换和沟通的平台，一个可以团结协商的群体和组织。但同时他们也坦承，由于自身的弱势地位、有限的对话能力和维权组织的缺乏，深感谈判、维权的艰难。

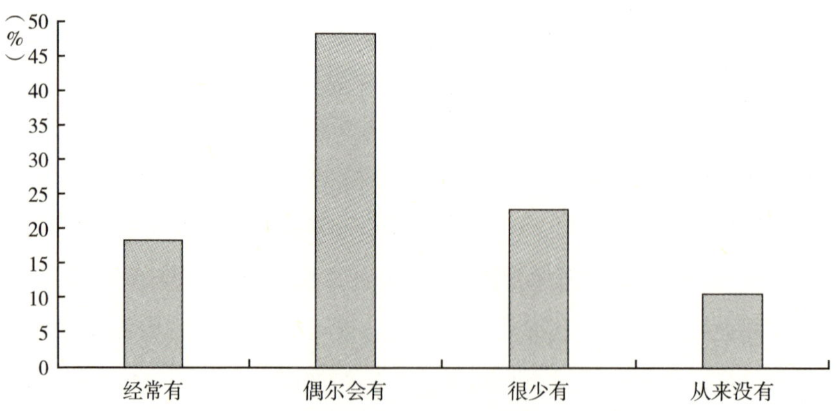

图 3　武汉市家政工的孤独感情况（N = 423）

资料来源：本课题组“2013 年中国家政行业发展困境调查”。

（2）家政工迫切希望拥有自己的工会组织

在西安调研时，西安家政工工会给课题组留下了最为深刻的印象。成立于 2004 年的西安家政工工会，是全国第一个成立的家政工人自己的工会组织，现已有会员 1000 余人。工会多年来一直在主席王葳老师的带领下，通过举办一场场丰富多彩的活动，把家政工的心凝聚到了一起。工会曾为家政工定期举办法律知识讲座活动，普及基本法律知识；举行骨干能力培训，提升家政工的综合素质；带领家政工集体出游，放松心情；逢年过节，工会都会派代表去慰问困难姐妹，帮助他们解决实际生活难题，资助贫困家政工子女上学；还会组织大家去敬老院、寺院、公园等地方做义工；等等。在家政工工会，一位家政工告诉我们："空闲时我们很少出去逛街，因为逛街要花钱啊，我们没有钱。平时空闲时就爱来工会坐坐，这里是我们的'娘家'，到这里把自己最近一段时间工作中遇到的不开心的事情和工友们交流一下，大家你一言，我一语，笑一笑，什么烦恼就都没有了。"从家政工那一张张幸福的笑脸上，就能看出他们对工会大家庭的热爱。

可是这个被家政工们视为"娘家"的西安家政工工会却由于常年资金短缺，发展陷入困境，处于勉强维持的状态。而在武汉、北京、广州三地，家政工人们还没有自己的工会组织。家政工都是零散的个体，沟通交流并不多。家政工多是通过家政公司来和其他员工交流，没有自己独立的活动场所。以北京为例，85.2%的家政工人们渴望能有自己的工会组织。工会组织可促进工友们沟通交流学习、捍卫自己的合法权利，还可在雇主与家政公司间起到桥梁的作用（见图 4）。

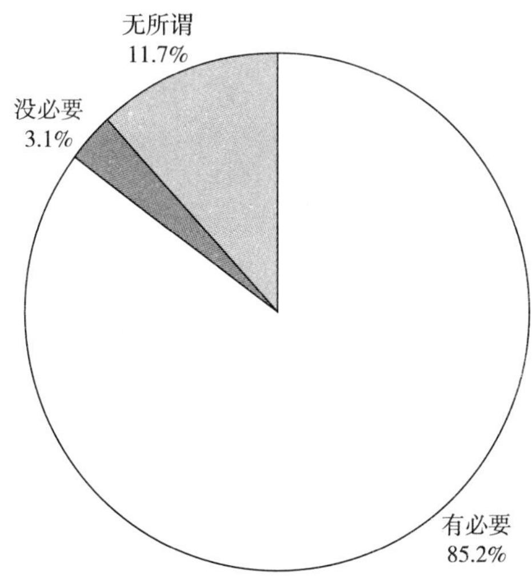

图 4　北京市家政工人对家政工会及团体组织存在的必要性（N = 300）

资料来源：本课题组"2013 年中国家政行业发展困境调查"。

（三）典型个案

1. 家政工

家政工时女士，56 岁，西安本地人。自 1998 年下岗后就开始从事普通家政的工作。她是西安众多本地下岗职工转向家政行业发展的代表，相比那些来自从农村、文化素质相对较低的家政从业者们，这些下岗女工的综合素质要高一些。时女士为人非常热情、开朗，穿戴整齐，着装颜色艳丽，整个人显得特别有精神。尽管家政工作非常辛苦，而且时女士操劳的双手由于长期超负荷的劳动已严重变形，但她却十分热爱这份工作，始终保持阳光般的乐观心态，对工作尽职尽责，做到最好。时女士曾经给一个 14 岁的中学生做饭，孩子问她："阿姨，我咋发现你每天都乐乐呵呵的，你为什么没有烦恼呢?"时女士的回答是："孩子，我不能把烦恼带到你们家，这个情绪是会传染的。你要是很开心的话，家里的气氛就会很活跃的，我就是再烦恼也不能在你家烦恼。"正是这种愉悦的工作态度，使得时女士深受雇主喜爱。面对部分雇主的不尊重，她会主动和雇主沟通："虽然社会分工不同，但在人格上我和你是平等的，你别拿你的眼光来看我们。你有钱难买我愿意，你有钱要是能买到鬼推磨，那你可以另外找人，我不在你家做。社会上需要我们这样的人的家庭很多，而且家庭很渴望找到我们这样的人。"时女士对自身劳动价值的认可，让我们很欣喜地看到了当代家政工人的乐观、坚强。

面对雇主的挑剔和为难，时女士也有自己的办法。曾经的一位雇主，家里的钟表特别多，而且表调的时间还不一样。进门的表要快上五分钟，做饭的表要慢上五分钟，门口走时的表也要慢上五分钟。做饭的表慢上五分钟，意思是说让女士吃饭吃晚点，饿过劲了，人自然就少吃点。对于这样的雇主，时女士表现得不亢不卑，有她自己独特的处理办法。她早晨七点多就到雇主家服务了，到中午十二点肚子就饿了。而雇主总是把午饭的时间拖到十二点半，甚至是一点钟，而时女士一点钟就要下班，所以一到中午，她就拿一口馍，拨上一点点菜，先垫补垫补。时女士说这样处理两次，雇主自己也就不好意思再拖延午饭时间了。

作为辛勤工作的家政工，时女士最担心在工作中会有意外伤害，很希望自己能享受到人身意外保险。在问到人身意外险的费用该如何分担时，时女士认为："政府出一点，家政公司出一点，我们自己再出一点比较好。至于雇主，人家都已经交了中介费和管理费了，应该不是很愿意再交钱了吧。不过话说回来，有些雇主也不在乎这个钱。"时女士的这种想法道出了家政工人的心声，也看到了他们对享受人身意外险的期望。关于社会保险，因为时女士之前是大集体职工，原来的单位还为她交付着社会保险，而身边的家政工友们，很多是在从事家政工作前没有工作单位的零散人员，没有单位可以依靠。这部分人，有的是自己交社会养老保险费，工作了一年的钱，大部分都花在交养老保险上了；还有一些人连交都交不上，赚的钱都供孩子上学、支付日常开销了，没有任何保险。在他们看来，连当前的生活都保证不了，更顾不上未来的日子了。当前家政工人社会保险的缺失，是实现家政工人社会保障的最大障碍。

时女士还特别注重精神生活的充实，她爱看书，雇主家书橱里百分之八十的书她都有看过。自己还有看书的笔记，非常爱学习。平时也会上网看看新闻，关注时事，还经常订阅报纸、杂志。此外，来家政工工会和工友们相聚是时女士最喜欢的事情。工会的每一次活动，时女士都不会落下，她觉得这些活动都是给自己充电，是让自己学习的机会，必须牢牢把握。同时，她也坦承工会在解决问题的能力上还有些薄弱，需要提升。工会的发展仍需要政府和社会组织的大力支持，才能发展壮大。时女士是一个享受生活、热爱生活的人，正如她自己所说的那样，"每天的阳光都是很新鲜的"。

她把工作当作是美好生活的一部分，通过新闻媒介以及参加各种社会活动来和社会对话，向工会、政府说出自己的想法，有很高的参与热情。时女士告诉我们，她从来没想过要放弃家政工作，"小车不倒只管推，只要能给社会再出点力，还有点能力再给社会发挥点余力，就要一直做下去"。

2. 家政公司

武汉平凡新家政服务有限责任公司是武汉市第一家集家政服务、清洗保洁、幼儿园教育、残障儿童康复教育、养老院、居家养老为特色的社区服务平台；同时也是湖北地区第一家以互联网形式为市民提供社区服务的家庭服务平台。该公司长年服务于1500个家庭，现有固定员工1200人，实行的是准员工制度。从 2010 年开始，该公司在武汉地区各社区逐步开设平凡新家政社区服务和居家养老连锁店，到 2013 年 4 月已经开设了 40 家连锁店。公司所有连锁店均按照家政服务标准对所有提供的服务进行管理，是湖北地区第一家按行业标准执行的企业，同时积极向雇主建议由雇主自愿为家政工人购买 15 元/月的家政综合险。

平凡新家政公司能在激烈的家政市场竞争中独树一帜、做到最好的秘诀就在于其诚信经营，并不断根据市场需要推出个性化的服务。平凡新家政公司在保证传统服务项目的高质量的基础上，还开展了许多新颖的服务项目。例如，形象咨询服务，聘请专业人士带顾客逛街购物，根据顾客个体特质进行穿衣搭配，提升形象气质；特定时间、内容的家政服务，比如请家政工专门在固定的时间给行动不便的老人洗澡等；购置高科技婴儿安全监控设备，实现对婴儿的 24 小时的全面安全保障；针对不同的客户群体要求，开展众多新业务，使家政越做越好，路越来越宽。

关于未来的发展模式，该公司更注重规范化、标准化、品牌化发展。平凡新家政未来将有更高的专业技术标准，统一的工作服、统一的工具箱、统一的服务用语。公司还打算推出家政呼叫中心，由总公司统一安排分布在各个地区的加盟店来承担不同区域的雇主的需求。此外还将开展一公里快递服务；发展循环经济，回收旧电池；订购飞机票；等等。使家庭需要的诸多服务通过家政公司得到解决。家政企业应本着为客户提供个性化、多样化服务的原则，向着科学化、标准化、现代化的方向发展。

3. 家政工会

成立于 2004 年的西安家政工工会，是全国第一个成立的家政工人自己的工会组织，现已有会员 1000 余人。工会多年来一直在主席王葳老师的带领下，为家政工体面劳动的实现付出了很多努力。

工会通过各种渠道维护家政工的合法权益。西安市的家政工，多是之前国企下岗的职工。他们在刚接触到家政这一行业时，心理上难免有些不适应，他们承受着来自世俗的压力和偏见，存在着严重的自卑情绪。为了解决这一问题，工会工作人员和家政工们交流、谈心，帮他们树立自信心，让他们从内心里接受这一职业。工会还请来专业老师为他们进行培训，工会每年都会在 11

月份举办法律知识讲座系列活动，针对家政工在从业中遇到的困难，如合同签订、工资待遇、意外赔偿等问题，进行系统培训，让他们树立自我保护意识。此外，在家政工与雇主的语言沟通方面，工会尤为重视，工会还特意请来从事家政工作时间较长、有丰富工作经验的工友来教其他家政工掌握适当的语言沟通方法和技巧，避免在和雇主交流时出现难题。即使是这样，家政工在工作中也还是会遇到自身权益遭受损害的事情，如被任意克扣工资、拖欠工资、超时劳动而无法取得相应的报酬、雇主对家政工人不尊重、休息时间得不到保障等。遇到这些情况时，由于工会自身权力有限，很难依靠相关部门的力量来解决。工会的工友们便会自发组织起来，一起去为其争取权益、解决问题。他们并不是为了自己的利益，而是为了让家政工这个群体能得到社会公正的待遇。即便力量很微小，但他们仍在努力。

工会积极丰富家政工的业余生活，提升幸福感。工会组织家政工定期出去郊游，领略自然景色的美丽，让他们放松心情，在繁忙枯燥的工作后，享受生活带来的乐趣，更让他们感受到了组织的凝聚力，他们不再是孤立、无所依靠的单一群体。工会老师还带领大家去敬老院、寺院、公园等地方做义工，这就使得家政工人的自我社会价值得到了充分实现。能为社会做些有意义的事情，贡献出自己的力量，这让他们备感幸福。

工会努力向相关政府部门争取活动资金扶持，为家政工谋福利。逢年过节，工会派代表去慰问生活困难的家政工，帮助他们解决一些实际生活难题；或者是在家政工子女考学校时，给予一些学费支持。这些都让家政工感受到了工会的温暖以及工会对他们的关爱。因此，家政工们便更加支持工会举办的活动，他们愿意放下自己手头上的工作，宁愿少赚几天的工钱，也要来参加培训活动。能够拥有这样一个为自己办实事的组织，能够和家政工一起团聚，在他们看来，是一件幸福而又重要的事。

4. 政府部门

北京市人力资源和社会保障局在促进员工制家政服务员职业及培训体系、大力提升家政服务从业人员职业技能素质和服务水平、促进家政服务业健康有序的发展等方面有一些积极有益的探索。

规范家政行业培训市场，严格家政质量管理。北京市人力资源和社会保障局会同相关部门按照“条件公开、合理布局、择优选定、动态管理”的原则，通过招投标或资质认定的方式，在市各级各类职业院校、职业技能培训机构中择优认定员工制家政工服务培训机构。对培训机构要求签订培训协议，统一培训教材，按标准规范开展培训，定期对培训机构进行检查，培训机构不得随意缩短课时或减少授课内容。对不按规定开展鉴定的机构，取消员工制家政服务员定点鉴定机构的资格。

增加员工制家政工培训与鉴定补贴。为了让家政工人参加培训没有后顾之忧，不必为大额的培训费用而担忧，同时为了减轻家政公司的经济负担，促进家庭服务业的平稳发展，从 2012 年开始，员工制家政服务企业按照相关规定向北京市人力资源和社会保障局申请可以获得职业技能培训补贴。补贴标准为初级每人 1500 元、中级每人 1800 元，培训后取得《北京市家政服务资格证书》的，按照补贴标准全额补贴；未取得《北京市家政服务资格证书》的，按照补贴标准的 70% 给予补贴。职业技能鉴定补贴则由定点鉴定机构负责向人力资源社保局申请。职业技能鉴定补贴按照市人力资源社保局、价格管理部门规定的收费标准，根据参加职业技能鉴定的实际人数给予补贴。

通过家政服务业职业技能竞赛提升家政工综合技能。北京市人力资源和社会保障局目前在各行业劳动者中，采取多层次职业技能竞赛工作机制，每年举办不少于 30 个职业（工种）的行业、地区性职级技能大赛，每三年举办一次全市性职业技能大赛。在家政行业举办职业技能大赛的目的在于引导家政企业重视员工的技能培训，并以此来推动北京市家政服务从业人员的职业技能水平的提升。职业技能的比赛内容涉及职业道德和礼仪、法律知识、孕产妇及婴幼儿护理、老年人护理、义务熨烫整理、居家清洁卫生、家庭烹饪等知识和技能，通过理论知识问答与实际操作相结合的方式，全方位展示家政服务人员的风采和水平。这样不仅有利于服务员为更多的家庭提供全方位、立体化、多层次的服务内容，使家政服务业走上规范化、规模化、品牌化的发展道路，更能使家政服务员得到社会广泛的认可和尊重，调动家政服务人员职业技能学习的积极性，促进家政服务员体面劳动的实现。

三 家政行业体面劳动实现的困境

（一）家政工个体维度的困境

首先，如前所述，家政工人大多是来自农村的女性，受双重歧视的劣势积累，进入家政行业后，国家、社会及企业未能及时提供所需的职业培训，导致她们陷入可行能力的困境。从四个城市的调研数据来看，家政工整体的受教育程度普遍不高。

表 14 家政工的受教育程度（广州，N=300）

项目	小学及以下	初中	高中	专科	本科
频率(人)	68	172	49	6	3
比例(%)	22.7	57.3	16.3	2.0	1.0

资料来源：本课题组 2013 年中国家政行业发展困境调查。

从表 14 可以看出，家政从业人员大多受教育程度在小学和初中水平，几乎占到全体从业人员的 80% 以上，高中以上学历的人员寥寥无几。受教育程度较低直接影响了家政从业人员的技能水平，影响了他们向职业化方向发展的进程。我国家政从业人员的主要业务目前大多数停留在日常家务类型，属于家政服务种类里面的劳动型，例如洗衣、做饭、拖地、买菜、接送小孩、照顾老人等基础型家庭服务业务。随着人们需求的多样化，对于高端的家庭服务的需求越来越多，例如家庭理财、双语早教、家庭管家等。而受限于能力，大部分家政工无法进入并胜任新科技、广知识、高能力要求的高端家政领域，只能局限于低端的简单劳动行业。目前，中国一线城市的管家，分为三个级别。一是初级管家，也称综合管家服务师，月薪 4000 元以上，需求量最大。一般是“光杆司令”，自己有一部分技能，比如开车、英语口语、家庭陈设布置、下厨等，自己不会或不便做的事务，可以通过劳务外包的方式请专业人士来做，例如保洁、律师和家庭教师等。二是中级管家，也称管家助理，月薪 7000 元左右，手下至少配有一两个“兵”，例如司机和家政工等。除自己拥有一定的技能外，还负责管理服务团队。团队中处理不了的事务，仍需请专业人士解决。三是高级管家，也称英式管家，月薪万元左右，配有内勤和外勤两名助理管家，负责管理司机、家政工、家教和保镖等所有团队人员。内勤助理管家务，包括卫生、厨房、家教等；外勤助理管小孩上学、放学，为家庭成员旅游订票、请律师等。武汉市民朱先生打算寻找一位管家，帮自己打理别墅和一家老小的生活。尽管开出1万元的月薪，但他遍寻武汉几大家政公司，得到的答案都是“找不到”。不仅武汉，在全国都存在高级管家的奇缺，高端家政有价无市。表15反映出广州市家政行业的从业人员普遍缺乏系统化、深入的专业技能培训。

表15　广州市家政工参加家政行业相关培训比例（N＝300）

项目	是	否	缺失
频率（人）	140	153	7
比例（%）	46.7	51.0	2.3

资料来源：本课题组“2013年中国家政行业发展困境调查”。

广州市只有一半左右的家政从业人员参加过培训，并且还不能保证是专业、系统的培训。目前，一些正规的家政公司多会对员工进行义务培训，内容仅包括职业道德、家庭礼仪、操持家务等，培训时间多为15天左右，随后各公司会向员工发放自制的上岗证书，每月再有针对性地培训半天或一天。据湖北省劳动鉴定中心统计显示，2002～2007年，全省共颁发家政服务员职业资格证书7417本，仅占从业人员总数的30%～33%。超过半数的家政工连基础的家政技能培训都无法参加并通过考试，就更谈不上参加费用高达几千元、上万元的管家培训来提升自身专业技能。

表16　北京、广州、武汉、西安四地家政工性别比例（N＝1322）

项目	男	女
频率（人）	51	1271
比例（%）	3.9	96.1

资料来源：本课题组“2013年中国家政行业发展困境调查”。

此外，家政行业中的水平性别隔离使女性家政工处于弱势地位。职业中的性别隔离分为两种：水平隔离和垂直隔离。水平隔离是指有些工作被认为是“女性的工作”，通常是类似以家务劳动或是强调女性耐心、善于照顾、护理特点的工作，如家政服务、护士、幼儿园老师以及大多数的服务业。从北京、广州、武汉、西安四地的调研来看，如表16所示，从事家政行业的女性高达96.1%，社会评价体系用“文化程度”的理由将低学历的农村女性归并于“低素质人群”，城市中那些无人问津的劳动岗位也成了对“她们”的“恩赐”。“低文化、低技能、低素质”成为特定标签，遮蔽了她们的公民权益被搁置、被侵害的事实。同时，由于工作性质的关系，这些女性的工作在私人的密闭空间，由于性别与地位的弱势，常常遭到种种歧视和骚扰。家政工不被尊重的现象相当普遍，如家政工不能与雇主同桌吃饭、经常遭遇不被信任的事件，被怀疑行为不端、在监督下工作等。虽然多数雇主与家政工同桌用餐，基本上不限定吃什么和吃多少，然而，也有雇主让保姆单独用餐并限定食量，只让吃便宜的或剩饭菜。有家政工长期处于“半饥半饱”状态，还有人因为不适应南北方饮食差异而饱受指责和挖苦。还有一些雇主不能平等礼貌地待人，歧视家政工的穿着、动作、口音，用羞辱性的语言谈论她们以往的生活习惯、经济状况、农民身份和学历背景。

据某网站统计，十大最容易受到性骚扰的女性职业中，家政工排在前三位。家政工对于如何界定性骚扰、遇到性骚扰时应该如何反抗、如何运用法律的武器保护自己都不甚了解。她们要么被动地期望不要遇到性骚扰，要么在遇到时采取隐忍逃避的方式，而被动和隐忍往往使她们遭受更严重的性侵害。NGO机构“打工妹之家”2005年对北京十家家政公司的206名家政工进行了问卷调查，发现至少有10%的家政工遭受过性骚扰和性侵害，而她们不约而同地选择悄悄逃离的方式，并一直保持沉默。即使努力反抗，家政工也常常因为法律真空、取证困难、雇主蓄意逃脱责任等原因找不到维护自己权益的有效途径，很多人就只能私了或者忍气吞声，造成了巨大的身心伤害。因此，如何保护处于弱势的女性家政工，成为家政行业非常棘手又必须解决的问题。

（二）家政公司维度的困境

1. 家政公司运营模式的困境

在我国，虽然国家大力倡导家政公司员工制，但在北京、武汉、西安、广州四地对46家家政公司调研的过程中，我们发现，绝大部分的家政公司并没有实行员工制。其中仅仅只有5家家政公司实行员工制，其余均为中介制或中介加员工制及准员工制（见表17）。

表17　家政公司的经营模式（以北京、广州、武汉、西安四地为例，N=46）

单位：%

项目	中介制	员工制	中介+员工制	准员工制	合计
频率(家)	25	5	13	3	46
比例(%)	54.3	11.0	28.2	6.5	100

资料来源：本课题组“2013年中国家政行业发展困境调查”。

家政公司多为传统模式，即中介型家政。中介型家政公司通常只是对家政工和雇主进行简单的登记建档，对家政工只能进行简单的短期培训，重点介绍注意事项，缺乏实际操作和技能培训。有的家政服务公司甚至只起到一个介绍家政服务员的作用，一旦出现问题，既不能向雇主承担任何责任，也无法为家政工提供任何保护，而且由于其规模小，提供的也多是技术含量低的家政服务，产品同质性高，缺乏差异化的核心竞争力，很容易被替代模仿，难以发展壮大。在武汉的调研中，星光家政的创办人但经理坦言：“我们这种中介型的家政公司能做出来很不容易，和我一起做家政的大部分人现在都不知道到哪里去了，有的时候昨天还看见在招家政服务员，今天说不定就因为经营不善倒掉了，做着做着就一个一个不见了。”

2. 市场规范化程度低、家政公司恶性竞争

这主要体现在两个方面。一是市场准入门槛低，缺乏统一的行业规范、服务和收费标准。正规、守法、规范的家政公司与大量不规范的小型家政公司并存。目前开办家政公司的要求不高，甚至有种说法称家政公司是“五个一工程”，即一个人、一部电话、一台电脑、一个桌子、一根网线就能成立一个家

政公司。企业生存发展的一个导向是自身利益的最大化，为了赢利，在缺乏统一标准、规范和法规的情况下，部分企业就可能会采取不正当的竞争手段，导致“劣币驱逐良币”的恶性竞争。

二是“撬行”盛行。如在武汉市对雇主的访谈中有这样的个案。R 女士一共雇了 3 位家政工：一位育婴师，因为儿媳妇生了孩子；一个打扫卫生及做饭的；还有一个护理老人的，专门照顾她爸爸。她说：“我跟 S 家政公司的老板现在很熟，时不时要联络下感情，过年过节都要请吃饭、送东西、送购物卡、送钱、买衣服买这买那，不然不会给你找好的。我们必须把家政公司老板‘供’着，你不把关系搞好，他就把那些临时的派你那去，而不会把那些做得好的介绍给你。说得不好听点，这个行业跟官场上差不多，行贿受贿非常严重，现在有钱的人也多，需求也高，都想要做得好的家政工，但是做得好的就那么一点人，怎么办，只有跟我一样，给家政公司老板送钱送东西、请吃饭，这个市场非常乱。比如说，现在在我家做的这个，工作确实做得非常好，想请她的人也多，做一段时间，她就会借故说家里有小孩要带啊，家里有事啊要请假，实际上就是去别家做去了，是老板派去的，也就是说谁出的钱多他就派谁去那。你要留她在这，你就得加工资，你不加，她就去别人家了，这跟什么等级证完全无关。你不加，就被别人挖走了，他们也知道这个现象，所以他们不急，因为这个公司可靠的人就这么几个，大家都想请她。”从 R 女士的讲述中，也可以了解到这种现象是真实存在的。这严重扰乱了市场秩序，使家政公司无法良性运转，使整个行业无法规范运营，从而使家政工的可信度受到了相当大的影响。

（三）社会维度的困境

首先，人口红利下降，人力资源紧缺。目前，我国的人口结构呈现老龄化、家庭小型化的特点，而家庭结构和生活方式的变化以及伴随“80 后”、“90 后”青壮年群体的成长，家政服务需求呈现快速增长的态势。资料显示，2011 年底，我国 60 岁以上老年人口为 1.85 亿，比重为 13.7%；2013 年，老年人口将超过 2 亿，预计 2013 ~ 2033 年，平均每年增加 1000 万老年人口，2033 年突破 4 亿，2050 年达到峰值 4.38 亿，比重高达 34.1%，分别占届时亚洲老年人口的2/5和全球老年人口的1/4，比发达国家老年人口的总和还要多出1亿。高龄病卧、空巢独居老人的增加以及家庭养老功能弱化，使老年家政服务的需求不断形成。但调研统计显示，40岁以上的家政工群体是目前的主力军，访谈中也发现40岁以下的家政工群体多数有不愿意长期从事家政服务的倾向，家政公司和雇主也表示现在很难找到年轻、能干肯吃苦的家政工，甚至有的年轻家政工觉得工作辛苦，出现一个星期就跳槽一次的现象。现在家政行业已经呈现结构性人力资源供给的短缺，呈现高端、中端家政“用人荒”、“招人难”，低端家政竞争无序、质量参差不齐的困境。而且，未来的20年，现在的家政工主体也将进入老龄，他们也可能会成为家政服务的需求者。如果还不能根据未来的人口结构变化进行有准备的行业人力资源储备和培养，未来将会出现无人可招、无人能提供服务的巨大困境。

其次，社会组织缺位，社会服务难到位。与家政行业相关的社会组织包括家协、工会、妇联等，但调查发现社会组织发挥作用的空间十分有限。政府赋予社会组织的权力范围窄、审批严格、手续复杂。比如广东省家协制定了关于家政行业的行业标准，但是上报家政服务办公室后，职业鉴定中心认为家协并没有资格制定标准，认为家政服务业职业标准必须由人社部门来定，不予批准。武汉市已经成立的家庭服务业协会，在开办经费、办公场地、人员配备等方面，都没有享受到国办发〔2010〕43号文件规定的扶持政策。家协缺乏稳定的资金支持，仅仅依靠微薄的会费维持运转，不论是在帮助家政工维权还是组织家政工活动上都需要精打细算，举步维艰，行业组织桥梁、纽带、窗口作用难以充分发挥。

（四）政府维度的困境

首先，政府的观念困境。目前我国的家政服务行业发展尚处于起步阶段，属于服务业中的新兴产业。伴随着老龄化社会的到来、经济的发展，家政行业的市场需求无论数量还是服务内容均呈逐年增长的态势。但政府和相关部门对发展家庭服务业的重要性认识不足，给予家政行业的关注和政策相对滞后。同时，政府似乎仅仅从促进就业、刺激经济发展的角度来制定各项家政政策，而具体到地方对家政行业的宣传和解释也总是离不开就业和GDP。“把发展家政服务业与落实各项就业扶持政策紧密结合起来，完善促进就业政策体系。……各级政府及有关部门要将国家和本市促进中小企业发展的政策措施落实到家政服务企业，为企业设立、经营、融资等提供便捷服务。”这些政策反映了政府看待家政行业的视角，仅看到了促进经济发展的方面，而没有对家政工个体发展和利益维护机制进行思考。

其次，政策的执行困境。家政行业目前缺少统一的行业标准，相同的服务内容质量标准、收费标准、服务等级的订立都不一样，而各个部门出于不同的政策视角针对家政行业出台了不同的政策规定，但实际执行时却没有一个主管部门能“说一不二”。比如市场上大量中、小型家政公司集中在保洁、小时工等技术含量较低、利润较薄的服务种类的提供上，为了争夺市场，公司往往采取降低服务质量以降低成本的方式形成恶性竞争，损害的是家政工、雇主和公司的多方利益。广州市鹊桥家政的方经理就提到在广州有很多黑家政的存在，但要整治黑家政却是一个需要多个部门协同配合、联合执法的过程。谁有执法权、谁能来执法、依据哪个部门的法律、怎么处罚都缺乏相应的政策依据和政策部门的支持。

四　原因分析

（一）法律和制度层面

1. 宏观、实体立法存在就业和职业歧视

在2011年日内瓦国际劳工大会上通过的《2011年家庭工人公约》中有一条核心标准，那就是消除就业和职业歧视。目前国际上普遍认为，社会保险应提供预防性和治疗性的医疗保障服务，对残疾、年老或因工伤和职业病而暂时或永久丧失劳动能力的人、因家庭生活的赡养者死亡而失去收入来源的人等提供津贴。1995年我国劳动和社会保障部颁布的《关于贯彻执行〈中华人民共和国劳动法〉若干问题的意见》第一条“适用范围”中第四点明确指出：“公务员和比照实行公务员制度的事业组织和社会团体的工作人员，以及农村劳动者（乡镇企业职工和进城务工、经商的农民除外）、现役军人和家庭保姆等不

适用劳动法。”因此，家政工人作为事实上的劳动者并不享有《劳动法》规定的劳动者“平等就业和选择职业的权利、取得劳动报酬的权利、接受职业技能培训的权利、享受社会保险和福利的权利、提请劳动争议处理的权利以及法律规定其他劳动权利”，相应的，《合同法》、《社会保障法》、《工伤保险条例》等也无法适用。但多年来“社会保险关系必须以劳动关系为基础”的定论已经成为思维定式，而大部分家政工通过私人社会网络或中介的方式进入私人家庭工作，属于私人雇佣，并未与雇主或者家政公司形成真正的劳动关系，因此不符合《劳动法》对于“劳动者”的规定，被排除在《劳动法》的保护范围之外。同样，由于《劳动合同法》规范的工种必须是正式的就业工种，因此被定为非正规就业、灵活就业的家政服务人员也不受《劳动合同法》的保护。长期以来家政工的劳动者地位被边缘化，极少能享有社会保险，而又因为传统观念和偏见，其付出的劳动不被视为“真正的”、“生产性”的劳动。

表 17 中所示的 5 家员工制家政公司均在北京，它们都是由政府重点扶植、作为试点的大型家政公司。除此之外，大部分的家政公司还是属于中介制，因此能够获得《劳动法》保护、享受公司为其购买社会保险的也只有这 5 家家政公司的家政工。以武汉市为例，参与问卷调查的 423 名家政工中，选择回答享受养老保险的只有 157 名，占 37.1%，选择回答享受医疗保险、工伤保险及失业保险的分别只占 34.5%、9.0% 及 5.2%（见图 5）。

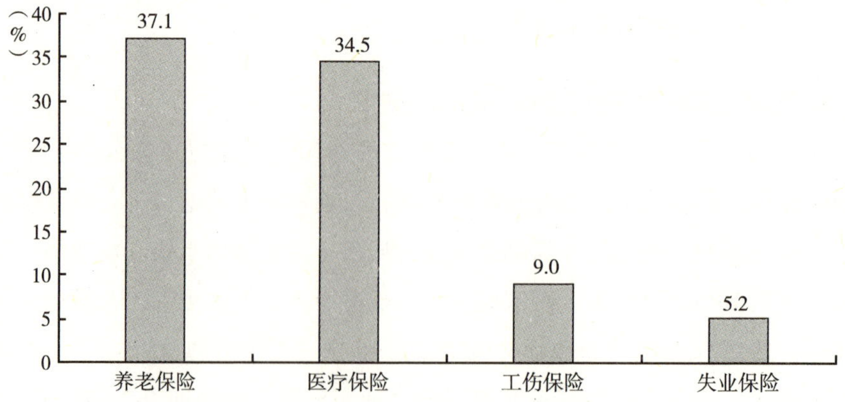

图 5　武汉市受访家政工享受各项社会保险比例（N = 423）

资料来源：本课题组 2013 年中国家政行业发展困境调查。

另一个问题是，家政服务业从业人员多为女性，同时由于家政服务的范围属于私人领域，被侵权的状况比其他服务业更为普遍。任意辞退与克扣工作、超时超边界劳动、性骚扰、节假日工作得不到应有的报酬、工作伤害无人承担责任等侵权行为的举证和维权更为困难。由于绝大多数家政工被排除在《劳动法》保护范围之外，而家政从业人员女性占90%以上，目前中国的实体立法缺乏对性别歧视的制度性规定，因此在客观上使得女性群体处于不利地位，这同样造成了对女性事实上的就业性别歧视。

2. 地方、程序性立法缺乏可操作性

家政工不仅缺乏基本的法律保护，在已颁布的地方法规和条例中，也存在诸多缺陷：虽然各地政府、工会和行业协会出台了许多地方性的法规与条例，如《北京市家政服务合同》《北京市家政服务通用要求》《广东省家政服务业管理规定》等，但这些地方性的法规和条例都只是建设性和规范性的，而家政工的权益不在基本法律的保护范围内，因此实际上地方规章的可操作不强，而且一旦出现侵权案件，由于缺乏实体立法对家政的相关规定，导致家政行业的法律关系认定混乱。

首先，地方部门多头管理，权责不清。同样一个行业，在同一个国家、不同的城市竟然由不同的政府部门主管。针对家政这个行业，现在商务部、人保部、妇联、工商、老年委、税务等13个部门都在分管，政府内部权责划分混乱。在这种混乱的管理模式下，政策的执行往往难以达到预期效果。有些家政行业的政策制定出来，其本意是为了家政行业得到更好的发展，但是由于各地主管部门不一，在部分政策的执行过程中就蒙上了利益的色彩，对自己部门有利的政策就大力宣传、贯彻执行；对自己部门没有利甚至是可能损害自身利益的政策就采取消极的态度，在如此政策执行的过程之下，政策难以获得预期的效果。我们在访谈中了解到，仅广州一地的家政培训就有两种架构，分别发放不同的证书：一种是商务部主导，经全国总工会，由家政服务工程组织发放的上岗证；另外一种是由人社部发放的资质等级证（如育婴员、养老护理员等证书）。如果想要成为一名正式的家政工，就必须把这两个证全都拿到手，不仅耗时较长，还需要另外交费。这对于以农村妇女和城市下岗妇女为主的家政工来说，是很高的时间成本和较大的经济压力。而且，是否拥有资质证书及获得何种资质证书并不对家政工的薪酬高低构成直接影响。不少家政工告诉调研人员，当他们花钱进行培训、考得了职业资格证书的时候，却又被告知还要考上岗证，本身自己文化水平就不高，考出来的证似乎又没起多大作用，所以很多人选择只拿一个健康证就草草上岗，家政公司也不好严格要求，毕竟大部分公司只是中介制，若要求太严格会导致家政工们选择去其他公司，反而会使自身面临招不到人的尴尬境地。在这样的情况下，从家政工们的角度来看，感觉政府绕来绕去似乎除了收点钱外并没有给自己太大的帮助，保险没人给买，技能也没学到多少，出来工作依然会面临不被人尊重的情况。

其次，员工制实施困难重重。北京市出台了很多政策对家政公司进行扶植，投入 30 万元作为宣传资金，设定了五家龙头企业作为试点基地，试验家政公司员工制。但仍然存在着一些问题，比如，政府根据“家七条”对员工制企业进行 50% 的社保补贴，同时也有针对员工制企业的税收优惠政策，但是“家七条”规定了享受社保补贴企业的范围，规定了认证员工制企业的标准，但是却没有相关政策帮助家政公司规避一旦转型员工制企业后的运营亏损甚至破产等风险，这就是典型的政策配套不足。其他三个城市的情况较北京更差，广州作为沿海城市，公民社会意识较为发达，家政服务业起步也较早，很多中介型公司发展得很好，但鲜有企业敢迈出全面转型员工制这一步；西安和武汉情况差不多，政府出台了相关财税补贴政策，但有的家政公司反映，税收减免只在第一年得到执行，后续的补贴和减免一直不到位。有些准备和正在努力向员工制转型的家政公司基本是靠其他非家政业务的收入，比如物业管理、装饰装修，甚至婚介、策划婚庆的收入来补贴因为实行员工制给员工上足社会保险增加的成本。

（二）文化和社会层面

调研人员在四地进行问卷调研时，发现绝大多数的家政从业人员来自乡镇和农村，只有少部分是来自城市（见表 18）。这绝大部分来自乡镇和农村的家政从业人员背井离乡，为了养家糊口来到大城市，选择从事家政服务业，他们必然存在一个融入城市群体的问题，但却有可能因为各方面的原因遭到城市居民、主流文化的排斥。

表 18　北京、广州、西安及武汉家政从业人员户籍统计（N = 1316）

项目	城市	乡镇	村落	总
频率(人)	379	472	465	1316
比例(%)	28.8	35.9	35.3	100

1. 社会排斥暗流涌动

（1）文化上的排斥：马太效应愈演愈烈

新中国成立后，以户籍制度为依托，中国逐渐形成了城乡二元社会结构格局的总体性国家治理模式，而从改革开放开始，国家的治理模式正向“大社会”的治理模式转变，农村进城务工人员的社会融合问题对于中国的社会稳定有着深远的影响。但是目前政府的制度还不能保证进城务工人员与当地居民享有平等的待遇，在选择就业时，一些“脏乱苦”、被人瞧不起的工作往往由他们来承担，譬如家政就是个非常典型的行业。而在社区，他们也与普通城市居民形成了明显的隔阂。在家政这个行业，这种现象表现得尤为明显，由于这个行业需要从业人员进入市民家中为其服务，在这个过程中，互相之间产生矛盾与隔阂的机会比其他普通农民工要高很多。

根据社会排斥理论，从人类生活领域进行划分，可以将社会排斥具体划分为经济、政治及文化层面上的社会排斥，其中从文化层面上来说，它体现最明显的就是种族中心主义或者说是文化中心主义，以自己或本民族的文化为标准来衡量其他人群或其他民族，同一民族中不同文化观念的群体也会排斥异于自己的群体。根据这种划分，从市民的角度来说，城市居民是相对现代的价值、规范和行为模式的典范，他们在对待外来家政从业人员时，也会以相同的标准来要求这部分群体，难免会出现偏差。因为一部分从农村来到城市的妇女，从事家政行业是因为这个行业门槛低，而实际上很多家政工的个人工作技能并不出众，甚至有些连较为现代化的家用电器都不会使用，再加上个人生活习惯、卫生习惯及价值理念的不同，很容易与雇主产生摩擦。这些雇主在经历过这些之后，往往都会口耳相传地说给他们的朋友和亲戚听，久而久之，由于从众的效应，外来家政从业人员在社会中的形象就成了“素质低、不讲卫生、工作技能差”，这就影响着这个群体的社会认同，由此造成的隔阂越来越深。家政工也越来越不愿意同城市居民进行交往。在与其接触的城市居民中，雇主是他们接触最多的对象，也就是说，雇主对待他们的态度，直接影响着家政从业人员的心态。以武汉市调研数据为例（见表19），在工作中是否感到快乐与怎么评价自己的工作的相关系数为0.132，说明两者之间存在正相关，家政从业者平日工作的心情指数与其对自己工作的评价、对自身的认可都有一定程度的关系，而能够决定家政工平日工作心情的，基本上就是雇主对其的直接影响了。

表19　平日工作是否满足快乐与对其自身工作评价的相关性分析（武汉，N＝423）

项目		您在工作中感到满足和快乐吗	您怎样评价自己的工作
您在工作中感到满足和快乐吗	Pearson 相关性	1	0.132**
	显著性（双侧）	—	0.007
	N	422	420
您怎样评价自己的工作	Pearson 相关性	0.132**	1
	显著性（双侧）	0.007	—
	N	420	421

注：* 在0.01水平（双侧）上显著相关。

资料来源：本课题组"2013年中国家政行业发展困境调查"。

尽管新中国成立已有60多年，改革开放到现在也已经30多年，但中国近千年来形成的传统文化观念依然没有消除，其中有关等级制度的一些观念依然禁锢着人们的思想。就目前社会来说，官本位思想依然严重，有一部分人往往想着往上更进一步，考公务员并不是为了更好地为人们服务，而是期待能够获得更多的权力。而且更重要的是，随着经济的发展，社会阶层慢慢在固化，贫富差距越拉越大，人人以向钱看为目标，在很多人眼里，做家政、做家政工似乎就是伺候人的，有的人聘请家政工并不仅仅只是为了做家务，而是为了那种驾驭他人的优越感。这种现象是确实存在的，当雇主是这种心态时，家政工作为事实上的弱势群体，受到歧视、不公平对待也就是必然的了。

传统价值观念对于家政工的影响根深蒂固，同时家政工的文化认同感差也是非常重要的原因。文化认同是指将所属文化以及文化群体内化并产生归属感，从而获得、保持与创新自身文化的社会心理过程①。大部分家政从业人员

① 沙莲香：《社会心理学》，中国人民大学出版社，2006，第132～133页。

来自乡镇与村落，他们的家乡与城市具有两种完全不同的文化氛围。文化认同在家政从业人员融入城市过程中是必不可少的一个环节，当两种不同的文化发生碰撞时，一种文化必然向另外一种文化做出妥协。

美国著名学者帕克（R. E. Park）提出的“社会同化”认为：移民一般要经历定居、适应和同化三个阶段。在刚进入迁入地时，由于大多不懂或不能熟练掌握当地语言，缺乏进入主流社会的渠道，因此只能先在边缘地区立脚，以廉价出卖劳动力为生。在这个过程中，越来越多的移民接受主流社会的文化，认同了主流族群，进而被主流社会完全同化。[①] 戴维·波普诺归纳了少数族群成员的社会适应反应与心理反应：①被动接受；②个人攻击行为与暴力，有些社会学者指出，少数族群成员所犯的许多罪行可以解释为是他们受压迫的环境的攻击性反应；③集体抗议；④自我隔离，群体成员找不到满意的方式与主导群体相处，他们就通过这一过程努力限制与群体外成员的接触；⑤自愿同化。[②] 就国内的家政工群体而言，能够做到上述第五点主动同化的人并不多，大部分属于被动接受城市文化，还有部分选择了自我隔离，与主流社会隔离开。这种情况是非常普遍的，而促成他们做出这种选择的原因有很大程度上是制度上的因素，也有一部分因素是主流城市价值观对于他们的不友好。这就好像是一个死循环，如果国家法律制度不做出改变，他们便永远不能改变自己的户籍身份；如果改变不了自己的身份，他们就依然是进城务工的家政工，就享受不到城里人的资源，享受不到相应的资源与福利，他们的个人素养、生活环境就得不到提高；同时城市里某部分居民就会继续对他们保有优越感，用不公正的眼光看待他们，他们就会郁郁寡欢，感觉工作中没有快乐，会认为自己的这份工作毫无价值。这就好像马太效应一样，好的越好，坏的越坏，到最后，他们依然无法正常地融入城市，无法获得公平的劳动所得与社会保障，无法获得真正的体面劳动。

（2）社会关系上的排斥：孤岛效应愈加明显

除了文化上的排斥外，社会关系的排斥也是将家政从业人员与主流社会隔

---

① 〔美〕帕克：《城市社会学》，宋俊岭、吴建华、王登斌译，华夏出版社，1987，第273页。

② 〔美〕戴维·波普诺：《社会学》，李强译，中国人民大学出版社，1999，第233页。

离开来的重要原因。社会关系的排斥性源自城市支配性利益和城市发展的逻辑，本土城市居民排斥外来家政从业人员除文化层面的原因之外，更深层次的因素在于这些代表了占据城市资源中心的族群需要确立自身对资源的控制权，保持与以家政从业人员为代表的处于边缘区域族群的分化。他们形成了自己的空间，构成了象征隔绝的社区，这些排斥实际上意味着对家政从业人员成为平等公民的拒绝，家政从业人员很难享有城市居民的资源配置。另外，就像上文提到的，很多城市居民总是乐于向他人宣传外来家政从业人员的负面形象，这是一种典型的"污名化"现象，即一个群体将人性的低劣强加到另一个群体之上并加以维持的过程。这种污名化的过程是一种社会关系排斥性壁垒形成的过程，极大地加剧了城市人口的分隔性。暗流涌动的社会排斥给家政从业人员带来了非常严重的发展困境，令他们成为一种孤立化、相互隔离、封闭性的群体存在，形成了一种孤岛效应。这种效应让家政工这个狭小的圈子与主流社会交流的机会很少，很有可能进一步恶化他们的生活质量。这种孤立化的情况让家政从业人员可能获得的信息仅仅局限于同一个空间中，这些信息质量不高并且具有同质性，很多属于过剩的信息，这非常不利于资源的流动，难以获得资源的积累，从而无法实现地位的向上流动。

(3) 社会支持网络的匮乏

家政从业人员大多数来自农村，"空降"到城市，散落在城市，个人所交往的圈子主要是同乡、同事等同质性群体，这些同质性群体处于社会底层，除了道义上的同情外，作为社会支持网络中的个体，其能调动的资源有限，支持能力不足。他们虽然有自己的行业协会，但很少开展联谊活动。他们中有草根精英，但资源和经济能力不足。他们有工会，但体制内的工会并不太接纳或者说接纳不积极，认为家政工同时为多个雇主工作，不容易界定其劳动关系，因此，作为家政工人社会支持的组织网络，其组织资源的程度过弱过低，支持力量不够。从社区来看，家政工人所居住的社区大多数是城市边缘、移民社区，所建立的的公共服务组织和提供的公共服务都还不够健全。而且调查显示，家政女工们几乎不参加社区的公共活动，与社区管理层没有建立密切的联系，因此，她们也很难通过社区来表达其利益诉求。总的来看，进城从事家政工作的女性社会支持网络匮乏。

2. 城市融入步履艰难

20 世纪 50 年代，在优先发展重工业的经济发展战略指导下，中国的户籍制度逐渐形成，持有农业户口的广大农村人口被排除在城市人口所能享有的就业、住房、养老及医疗等各种社会福利政策之外。这种情况导致了现在城市居民的社会经济地位在事实上明显高于农村及乡镇居民。尽管国家和社会在发展，但户籍制度其实仍没有发生实质性的变化，外来务工人员及其子女仍然很难将户口成功转化为城市居民，当下的政府户籍制度直接地影响着外来家政从业人员融入城市的进程。

从当前中国的制度来看，是否拥有城市户口所影响的不仅仅是身份的问题，而是直接关系到是否能获得各种社会福利与社会资源，以及直接的经济收入来源。众所周知，北京作为我国首都、政治文化中心，生活成本相当大，除每平方米高达几万元甚至上十万元的房价之外，不管是租房还是饮食开支都是一笔很大的开销。相应的，北京市民们也拥有着在全国名列前茅的平均工资，以应付这种巨大的生活开支。我们以北京市家政从业人员的问卷数据为例（见表 20）对这个群体的收入水平进行了分析，发现年收入在五万元以上的仅有 9 人，仅占 3%，年收入在 2 万 ~3 万元的最多，占 39.9%。从这个数据我们不难发现，即使是在全国平均收入最高城市之一的北京，家政工群体的年收入依然很低，不难想象在其他经济欠发达地区家政从业人员的收入水平是怎样的。

表 20　北京市家政从业人员年收入水平比例（N = 298）

项目	5000 ~ 10000 元	10001 ~ 20000 元	20001 ~ 30000 元	30001 ~ 40000 元	40001 ~ 50000 元	50001 元以上	总计
频率(人)	21	61	119	72	16	9	298
比例(%)	7.0	20.5	39.9	24.2	5.4	3.0	100

资料来源：本课题组“2013 年中国家政行业发展困境调查”。

户籍制度不仅仅影响着外来家政从业人员本身，甚至还影响着他们的下一代。很多家政从业人员带着他们的下一代来到大城市，目的很明确，除了方便照顾孩子之外，还希望能够利用城市的优质教育资源，让自己的孩子获得良好的教育。和大部分中国人一样，他们坚信“知识改变命运”，希望自己的下一代能有出息，能够获得良好的前程和令人尊敬的社会地位。可是户籍制度带给他们的却仍然是绝望。没有城市居民户口，就进不了那些优质的学校，只能进专门给外来务工人员开办的学校，而这样的学校通常在师资资源方面比城里孩子上的学校要低几个档次，同时校风环境可能会差一些。在面临高考时，拥有城市户口的孩子考取本地大学的机会比外来务工人员子女更大，能够获得更加明显的政策倾斜。如果说城市带给他们本身的只是失望，那么这种对其子女的歧视，带来的就可能是绝望了。

同时，外来家政从业人员的社会参与严重不足。调研人员发现绝大多数的外来家政从业人员的交际圈是与其来自同一地方的老乡或是同为来自乡镇、村落的姐妹，很少有家政工与城里人交朋友。在进行访谈的时候，哪怕他们现在居住在城市中，也绝口不提他们的城市邻居，好像除了换了个地方生活外，他们现在的生活状况与在老家无异。这种以农村社会的亲缘、地缘为主的社会网络妨碍着他们与城市居民的互动交流，形成了一道无形的墙壁。而实际上，很多家政从业人员愿意关心城市社会的发展，愿意参与到社区的管理选举活动中，但他们在城市中利益诉求的渠道是不够的。当调研人员问起若是权利受到侵害或是有利益诉求时他们会如何选择时，绝大多数人选择向公司报告、告诉老乡或是私了，很少有人选择向政府、媒体提起诉求。问其原因时，大多数人腼腆地回答："政府哪里会管我们这样的人。"这是很多家政工的共同想法。他们很少建立自己的社会组织，在社会群体利益博弈的过程中，难以发出共同的声音。这不利于家政工这个群体摆脱弱势地位，不利于其进入城市主流社会。

（三）个体与家庭层面

1. 家政工个体——职业定位模糊，职业预期非乐观

问卷调查显示，有12.7%的家政工经常有不再从事家政工作的想法，51%的家政工偶尔也有过这种想法（以北京市数据为例），很多人认为自己不会在这行长久地干下去，但多数人却也不知道自己不做家政还能做什么。不少家政工原本以为来到城市，生活环境好了，工作环境好了，能够快快乐乐、轻轻松松挣钱，业余时间也许还能学些知识和技能，以便将来还能从事更好的工

作，比在老家做农活要舒服得多。但现实却并不是如此，现实中他们非常疲劳，没有时间和精力去学习提高自己，长时间积累的各种负面情绪让他们疲惫不堪，有相当一部分家政工存在较大的心理压力，还有一部分家政工由于长期高强度工作，使得身体过度疲劳，出现了一些职业病（如肩膀疼、关节疼、头疼等）。在如此的迷茫之中，家政工越发觉得自己难以找到实现自身价值的路径。

对于很多家政工而言，家政行业只是迫不得已的选择。问卷调查显示，在四个城市受访的1324位家政工中，只有407位表示自己是因为对家政行业感兴趣才加入的，仅占30.7%，其余的家政工都是为了赚钱或是看中了家政行业的低门槛才加入。很多人在言语中流露出对这份职业的厌倦，但同时又表示，要是没有这份工作，养家糊口都难。这种既鄙视自身工作又无法离开的矛盾心态在家政工中普遍存在。这种心态对于家政工来说是正常的，但也是不正常的。人往高处走，水往低处流，他们作为事实上的弱势群体，想要改变自己的生活环境、提高自己的福利待遇这是人之常情，但同时连身为家政工本身的他们都很难正常地看待这份工作，潜意识里认为它并不体面、容易遭人歧视，更不要说其他群体对这个行业的看法了。

2. 家庭因素——亲人不认同，角色难兼顾

在社会支持理论中，家庭是重要而恒定的支持力量，是最有效和最经济的支持来源。四地全部问卷显示，大部分家政工的家人表示支持他们的工作，但仍然有16.1%的家政工表示得不到来自亲人的理解与认同。

从事家政行业的女性，尤其是住家家政工，除了需要在经济上对家庭进行支持外，还意味着很少或完全不能照顾自己的家庭，这对于已婚、有子女且子女还小的家政工来说，是一个非常大的压力。然而家政行业并不是一个高收入的行业，除极少数高端月嫂外，其余的家政工每月能挣的钱极其有限，大部分人的年收入在2万~3万元，这对于牺牲了照顾家庭时间的家政女工来说，是件付出与回报极其不对等的事情。长期的分离有可能使亲子关系疏离、夫妻感情失和、孩子行为失范等问题出现，对于扮演多重角色的女性家政工而言面临巨大的压力，很难兼顾。

其实感觉到有压力的并不是仅仅限于女性家政工，在家政工群体里占极少数的男性家政工同样会因为家庭压力而感到这份工作的不体面与辛酸。调研人员在武汉进行访谈时，曾经访问过一名姓万的男性家政工，这位万先生以前在文具店做营业员，后来下了岗，开过三轮车，目前白天做家政，晚上在一家学校做保安。他的爱人身患残疾，没有工作，赋闲在家；女儿大学毕业一年多，没有找到工作，又有些不太懂事，整日待在家中，时不时还要出去购物聚会。先生是位憨厚老实的人，他并没有抱怨妻子，也没有责备女儿只知道享受，作为一名生活在社会底层的男人，他用自己的胸怀与爱去包容她们。于是一家的重担便压在了他的身上，用每月辛苦做家政和保安挣的2000多元钱养着一家三口。他与调研者谈到，辛苦不说，在这个以女性为主体的家政行业里，似乎也存在着一种逆向的性别歧视。作为一名男性，很难得到雇主的信任与认同，他曾经因为自己的性别而被雇主拒之门外，即使进了雇主家，卧室、厨房这几个地方是不让进的，因为雇主没有安全感。即使他以自己的劳动技能获得了雇主的认可，但雇主偶尔问的一些问题还是会让他坐立难安。“为啥你一个大男人要来做这个?”每当听到这句话时，他都感受到了雇主怪怪的眼神，似乎自己身上又被贴上了“无用”的标签。碰到这种情况时他都特别不好受，他告诉调研人员，家政本身便是一份不受人尊重的工作，加上自己又是个男人，做这个总是会给人一种“这是个没用的男人”的印象。“这些苦就不提了吧，毕竟是别人，爱怎么看我也管不着。”说着他叹了口气，“主要问题还是家里。”妻子是较为体贴丈夫的，而女儿可能年纪还小，不懂事，他总是能感觉出女儿对他工作的不满，也许是觉得在同学面前丢人。现在的小姑娘们喜欢攀比吃穿，女儿也经常向父亲提出消费的要求，作为爸爸，能满足的尽量满足了，有时实在满足不了，女儿还是会生他的气，这让他很苦恼，想离开这个行业，但无奈没有其他技能傍身，找不到合适的工作，只能混一天是一天了。

五　国际经验借鉴

我国的家政服务行业起步较晚，现在仍处于发展的初期，要实现其行业的体面劳动还存在诸多问题与困难。要实现我国家政服务行业体面劳动，还需借鉴世界上家政服务行业起步较早、行业整体水平较高、发展较为成熟的国家或地区的先进经验。本报告主要探讨了作为发达国家的英、美、日和作为发展中国家的菲律宾等国在促进本国“家政服务行业体面劳动”方面的经验。[①]

1. 英国

英国的家政服务行业的发展首先得益于其殖民政策和20世纪30年代的难民庇护政策，这些政策为家政服务行业的兴起提供了很好的契机。从此，英国的家政服务从业人员不断增加。英国政府在促进家政服务行业体面劳动的努力，突出表现在英国政府促进家庭看护业健康发展方面。英国政府促进家政服务业体面劳动目标的具体表现如下。

第一，英国政府非常重视对女性家政工人的就业权利的保护。英国先后制定与出台的《公平付薪法》、《性别歧视法》与《就业保护法》，突出保护女性家政工人在就业等方面的权利。1970年的《公平付薪法》明确规定：“对于同等的工作而言必须领取同等的报酬，雇佣的条件和环境也不得因性别不同而有所区别。”[②] 该法律的实施，为所有家政工人享有平等的薪酬待遇提供了有力的法律保障。1976年的《性别歧视法》较《公平付薪法》而言，内容更加丰富而具体，要求雇主不可对应聘者或者雇员进行歧视，包括歧视性的解雇，或者直接和间接性的歧视，使得女性家政工人可免于遭受性别歧视。1975年的《就业保护法》则侧重于保护怀孕女工，规定雇主不可以因女性员工怀孕或生育而将其解雇，大大提高了对年轻的生育女性家政工特殊权利的保护。

第二，英国政府强调对家政工人的职业教育和技能的培训。世界著名的家政工学校——诺兰德学院已向世界各地输送了数万名的优秀家政工。在英国，从皇室贵族到普通家庭，能请到一名从诺兰德学院毕业的家政工都是一件引以为豪的事情。在对女性家政工人的培训方面，英国政府还通过立法要求为女性家政工提供免费培训，大大提高了女性家政工人参与培训的积极性，同时也大大促进了女性家政工人服务能力与技能水平的提升。

第三，英国政府将家政工服务行业的体面劳动目标与保护老人、儿童等特

① 熊越：《我国妇女体面劳动法律保障问题研究》，华东交通大学出版社，2009。

② Frank Caestecker, Bob Moore, Female Domestic Servants as Desirable Refugees: Gender, Labour Needs and Immigration Policy in Belgium, The Netherlands and Great Britain, *European History Quarterly*, 41 (2), 2011.

殊群体的利益有机结合。1998 年，英国政府提出了“国家儿童看护战略”，同年还发布《迎接儿童看护的挑战》绿皮书，提出保证 0～14 岁的适龄儿童都能享受高质量的看护计划。1999 年，英国政府托幼服务的提供者和居家家政工需要遵守的“八岁以下儿童日间照料与托幼的国家标准”于 2001～2003 年试行，2003 年正式实施。2000 年，英国议会通过了《照料标准法案 2000》，其中《住家照料的国家技术最低标准》和《护理公司的国家最低标准》两个具体文件，“对穿衣等个人照护服务、铺床等家务援助服务和换药等医疗服务都有详细介绍和阐述。进入新世纪，英国政府又制定和颁布了《成人安置照顾国家最低标准》等一系列国家标准”①。除了以上各方面的支持外，英国从 1997 年就开始实施“工作福利计划”，帮助单亲家庭、年轻人、残疾人及长期失业者就业。对小企业尤其是自谋职业创办的微型企业，自开办之日起免征 1～3 年的所得税；对自主创业的失业者提供每周 40 英镑的补贴。

第四，英国政府十分注重家政服务供给模式的创新。在英国家政服务的供给中，社区服务中心占有重要的地位。英国的社区服务中心拥有相对完善的基础设施条件，集成人教育、职业培训、老年保健、儿童看护、娱乐休闲、信息交流等功能为一体，面向社区家庭提供各方面的服务。英国对老年人社会福利性质的照顾服务类型主要有福利院与养老院、社区照顾、日间照顾、现场工作服务等形式。其中福利院与养老院的服务成本相对较高，居住开支几乎占成本总费用的一半；社区照顾不需要支付居住成本，而且可以维系服务对象的邻里关系，消除社会隔离感。

2. 美国

美国家政服务行业的兴起与殖民主义浪潮、美国经济社会的快速发展以及几次移民浪潮紧密联系在一起。因此美国初期进入家政行业的从业人员主要是来自非洲、拉丁美洲的外来移民或者移民后裔等。20 世纪初，美国国内一些中上层资产阶级开始出现，家政服务从业人员的人数随着这些群体的出现而迅猛增长，到 1910 年，美国出现了有史以来最大的家政服务从业人员队伍，20 世纪初期，由于受世界经济危机的冲击，美国家政服务行业从业人员人数下

① 姜长云：《家庭服务业发展的国际经验》，《经济研究参考》2010 年第 56 期，第 56 页。

降，服务人员所占比例从原来的50%下降到15%。这个数字一直持续到“二战”期间。战后，随着美国经济的复苏，尤其是20世纪六七十年代美国的女权运动浪潮的兴起，美国妇女的社会地位开始发生变化，进一步促进了美国家政服务行业的繁荣与妇女合法权益的保护。

由于美国经历了几次女权运动浪潮的洗礼，男女平等、反对就业歧视、保护妇女的特殊权利的理念深入人心。美国消除妇女就业歧视的立法已有100多年的历史，建立起了世界上堪称最为完备的反对就业性别歧视和保护妇女平等就业的立法体系。美国1964年的《民权法案》第七条规定：“禁止基于种族、肤色、宗教信仰、性别的就业歧视。”此外，美国还成立了平等就业机会委员会（Equal Employment Opportunity Commission，EEOC）。该机构是一个常设性机构，专门负责相关法律的强制实施工作，并接受劳动者有关就业歧视的申诉。在申诉经费方面，该委员会的专业律师将无偿提供服务，既减轻了女性劳动者的经济负担，还有利于促进其维权，避免因支付能力有限造成无法申诉的现象发生。1991年出台的《民权法则》则在1964年的《民权法案》的基础上增加了惩罚性和补偿性损害赔偿金的规定，并在举证上做出了更为详细的描述，有助于职工申诉时取证，减轻了劳动者就业歧视案件中的举证责任。1963年美国出台的《平等薪金法》是保障男女两性平等工作权利的重要法律，明确规定“男女必须同工同酬”。这对家政服务从业者的工作权利和有偿劳动权益的保护有着积极的意义。

美国对妇女的特殊权利保护也十分重视，突出表现在对女家政工人的包括人格尊严在内的权益保护。美国1978年的《怀孕歧视法》禁止对怀孕妇女差别对待，规定老雇主因雇员怀孕、分娩或者其他相关医疗情况而拒绝录用、晋升，拒绝给予津贴、医疗保险，甚至降职、解雇或强迫其自动离职等均构成雇佣歧视。另外，美国关于职场性骚扰的规定也较为完备，对性骚扰做出了明确的界定，也有丰富的判例。其中雇主的责任是美国反性骚扰的一个核心的概念，它强调雇主在性骚扰案件中负有主要责任。如果雇主没有明文规定禁止性骚扰，或者没有采取严格的措施防止这类事情发生，或者在接到被骚扰者的反映之后没有采取行动，不能制止事情的继续发生，雇主就要承担赔偿的后果。这些规定对于保护家政从业劳动者的尊严和推进企业和雇主的社会责任具有重要的意义。

目前，在美国，家政服务工人的职业教育与技能培训也备受重视。美国针对家政服务业的教育培训已逐渐形成系统、成熟、规范的课程设置与管理体系，家政学在美国的高等教育中日益占据重要的地位。50%的大学设立了家政系，有的甚至授予硕士、博士学位；选修家政学专业的学生约占职业教育注册学生总人数的1/4。美国政府对家政服务行业的教育培训支持主要表现在立法、资金和管理诸多方面。1917年美国联邦议会通过关于加强职业教育的《史密斯·休斯法》，规定，联邦政府每年拨款资助各州兴办学院级别以下的家政等职业教育，联邦政府与各州政府合作开办家政服务等科目的师资培训，资助开办家政科目师资培训的教育机构。20世纪60年代以后相继通过相关的教育法，提出了既能满足社会需要又能适应社会变化和促进个人发展的新的教育理念。

此外，美国还注重在财税、金融、公共服务等方面支持家政服务业的发展。从1997年起，美国开始实施新的税收抵免政策，为私营企业提供就业补贴与支持。政策规定，当年超过年工资总额的105%的超额部分或者根据联邦失业保险金上缴款超过上一年度102%的部分，选取数额中较低者，按50%抵免公司（或个人）的所得税。此外，美国还通过减少对企业的新投资的税收、对中小企业征收较低的所得税、推行加速折旧、特别科技税收优惠、对企业科研经费增长额实行税收抵免等方式，实行针对中小企业税收优惠的政策。美国政府规定，对于一年内购买看护类服务3000美元以上的支出，政府最高可以给予35%的税收抵免。

3. 日本

日本政府对家政服务行业体面劳动的促进主要体现在保护妇女的合法权益、促进老人看护业发展等方面。

在日本，妇女一直以来给人们的印象都是家庭妇女的形象，但是，在世界妇女运动浪潮的影响下，日本政府积极采取有力的措施，促进妇女就业、体面劳动，保护妇女各方面的合法权益和根本利益。日本在1972制定了《劳动妇女福利法》，1985年将其改为《男女雇佣机会均等法》，并在针对妇女的招聘、录用、晋升、退休、解雇和育儿假等方面都做了明确规定。1997

年，日本政府修改《男女雇佣机会均等法》，将旧法中要求雇主在招募、录用、配置、升迁及教育培训上之努力义务，改为禁止规定，提高了其在司法中的运用效力。2006 年，该法又得到第二次修正，将针对女性的性别歧视改为禁止对两性的性别歧视，以去除其片面性，并列举性别歧视的案例事项，转型成为性别歧视法。此外，新法还引进了欧美的间接歧视规定，即当雇主采用某一性别中立基准时，实则该基准对单一性别不利，若雇主无法举证其合理性，则视为性别歧视。1999 年，日本颁布并实施了《男女共同参与社会基本法》，强调从社会制度、社会传统方面改变男女不平等的状况，确保其可以根据自己的意愿参与社会活动。此外，为了消除歧视和促进平等就业，日本厚生劳动省还专门设立了雇佣均等局，为劳动者提供咨询和指导服务。

为了保护妇女的特殊权利，1997 年日本出台了《妇女保护和儿童教育保护法》，规定雇主不得以妇女怀孕而拒绝招聘该妇女或在试用期解除其劳动合同，或擅自调离其工作，禁止雇主查询有关当事人的妊娠情况。1991 年、1995 年，日本先后颁布和修改了《育儿休假法》，以维护女性劳动者在妊娠及生产之后的健康，避免孕后受歧视。该法规定，妊娠期、哺乳期妇女不得从事危险作业，雇主不得安排其加班或夜间工作，不得辞退在孕产期和产假期的女性职工，同时女性职工产后一年以内还可以获得每天一小时的育儿时间。另外，日本妇女生育时，其丈夫也享有一定时间的产假。为了鼓励企业加强对女性劳动者的特殊保护，日本政府自 1993 年开始向企业内部设有保育设施的企业支付每年不低于 360 万日元的“企业内托儿补助金”。另外，在日本政府的大力号召下，日本的企业从 1995 年开始给享受“育儿休假”的女性职员缴纳社会保险费。事实上，这也为保护女性家政服务从业者提供了有力的“安全防护网”。

1997 年，日本制定的《看护保险法》在很大程度上促进了看护质量的提高。根据该法，在市町村认定的基础之上，看护服务使用者可以根据自身需求选择理想的看护服务，也可以委托专业机构选择适合自己的服务项目或者调整看护服务企业，这在一定程度上促进了民间企业市场的积极参与和市场竞争。日本政府也比较重视看护人员的资格管理，日本的各种地方自治团体发挥了重要的功能性作用。除了部分教育课程之外，这些组织还要承担绝大多数的培训机构的监管和职业资格管理。日本相关看护人员资格繁多，最主要的看护人力是福利师和访问看护人员。他们在厚生劳动大臣指定机构毕业（多为大学毕业），或者积累三年以上的经验后参加看护福利国家考试，均可获得福利师资格证。但日本从2012年起取消从指定机构毕业即可获得资格证的方式，而是更加重视看护经验对获得福利师资格证的作用。

在改善看护人员的管理、提高看护人员的能力、确保看护人力以及保障、提高看护人员的社会福利保障方面，日本政府也积极做出了很大的努力。1992年，日本政府制定《关于改善看护劳动者雇佣管理法》等法律。厚生劳动省也专门设立了看护劳动安定中心，企业也可以向所属的都道府县知事提交看护劳动者改善福利计划，若获得批准则可以获得经费支援或支持。为了确保及稳定看护人力，积极促进大龄自由择业者就业，日本政府还增加了“看护人力确保职场稳定支援金”的投入，对雇佣无看护经验劳动者，尤其是雇佣大龄的自由择业者的雇主，增加支援金额。此外，为调动看护劳动者的积极性，日本政府还特别设立了模范奖励金；为了减轻看护劳动者的工作负担，政府对厚生劳动省批准的企业引进辅助机械计划，给予相当于引进费用一半（上限金额为250万日元）的支援与扶持。

另外，日本注重对家政服务工人的职业化培养。日本各都道府县为主要职业安定设置了“福利人才角”，向求职者提供职业介绍、职业咨询和求职指导等各个方面的服务。对于整个看护行业发展财税支持方面，日本的《看护保险法》明确规定，使用看护服务时，使用者只需支付总的看护保险费用的10%，其余90%的看护保险费用，国家支付25%，都道府县支付25%，市町村分摊12.5%，看护从业人员只需支付27.5%的看护保险费。如此，很大程度上减轻了看护使用者的负担。

4. 菲律宾

20世纪70年代末，由于政府决策失误和国际经济环境的恶化，人均国民生产总值曾经仅次于日本的菲律宾面临着国内经济的不景气和社会剧烈动荡的双重困境。时任菲律宾总统马科斯为了调整国民经济结构和改善国民的收入状况，决定打开国门，鼓励国民赴海外务工，鼓励劳务输出。从此，海外菲律宾劳工（Overseas Filipino Workers，OFW）逐渐成为国际劳动市场上的一支主力军，“菲佣”这个职业也逐渐形成与发展起来。

30 多年来，菲律宾政府高度重视并一直致力于积极主动拓展海外劳动力市场。海外劳工管理部门牵头，移民、外交等部门予以配合，实行联动机制，全力保障海外劳工的合法权益。菲律宾政府从总统到各部长，都把巩固和发展海外劳务市场和保护海外劳工切身利益作为一项重要的工作来抓。

首先，菲律宾政府高度重视海外劳工就业问题。菲律宾的总统每年在圣诞节前夕会前往机场迎接被誉为“国家英雄”① 的海外劳工，在涉及劳工重大权益问题上甚至亲自出面协调，副总统则是总统的海外劳工就业问题首席顾问。1982 年菲律宾政府设立了专门负责海外劳务的海外就业署，隶属劳工部，但也相对独立，该署已通过 ISO9001 质量管理体系认证。② 维护海外劳工的合法权益也是菲律宾驻外使领馆的重要职责之一，也是开设新馆的重要参考依据。在接收菲律宾劳工的主要国家和地区，菲律宾使领馆还下设海外劳工办公室。从 1998 年起，菲律宾政府规定海外劳工可以免交个人所得税。目前，菲律宾政府已与阿拉伯联合酋长国、韩国、巴林、加拿大等国家（或国家的某个省份）签署了派遣劳务的谅解备忘录，以扩大海外劳务就业，保护本国海外劳工的合法权益。

其次，菲律宾政府为加强海外劳工管理和保障海外劳工的合法权益提供了有力的法律援助。1974 年，马科斯政府颁布《劳动法案》（*Labor Code*），将推动海外人员就业纳入国家发展计划，并建立了海外就业发展署（OEDB）与国家海员银行，负责海外就业市场的发展、招聘及菲律宾工人的安置。菲律宾 1987 年的《宪法》进一步明确规定了菲律宾的海外劳工政策及国家在推动海外人员就业中的角色③。该《宪法》第十三条规定：“国家负有完全责任保护国内与海外劳工，包括组织的或个人出国的劳工，推动全面就业与平等机会就业。”1995 年，菲律宾政府颁布《海外劳工和海外菲人法案》（第 8042 号共和

① 李志强、罗红文：《菲佣是国家的“新英雄”》，摘自《环球时报》，载于《中国工会财会》2003 年第 4 期。

② 中国驻菲律宾经商处：《菲律宾劳动就业有关情况》，中国商务部于 2011 年 9 月 5 日发布，http://www.mofcom.gov.cn/aarticle/i/jyjl/j/201105/20110507538634.html。

③ 施雪琴：《亚太妇女跨国迁移及其性产业与公共治理——菲律宾 NGO 的社会行动探析》，《南洋问题研究》2010 年第 1 期。

法案)，对13种违反法律招募和安置劳工的做法制定了严格的处罚措施。同时，根据第8042号共和法案，菲律宾政府还设置了紧急遣返基金、海外移民工人贷款担保基金、法律援助基金和国民海外移民基金等四个海外工人基金。2007年，菲律宾政府又对此法案进行了修改和完善（第9422号共和法案）。此外，菲律宾海外就业署（Philippine Overseas Employment Administration，POEA）还分别就陆上及海上两类就业工种颁布了部门管理条例。为了更好地保护海外劳工的特殊权利与合法利益，菲律宾政府为海外劳工的外派制定了非常严格的程序，其基本程序是：①海外雇主到最近的菲驻外使领馆对雇主和岗位情况进行审批备案；②海外雇主向菲海外就业署授权的外派劳务机构（可通过菲律宾驻外机构或海外就业署网站查询）提供岗位信息情况；③具有授权的外派劳务机构通过媒体广告、人才储备信息库等招收合格人员，可向外派人员收取不超过合同规定的一个月工资的服务费；④外派人员到政府认可的医疗机构体检并到海外就业署办理海外就业证明；⑤外派人员出国就业，外派企业提供日常服务并到海外就业署进行年检。

最后，菲律宾政府注重对“菲佣”的职业技能的培训和输出模式的创新。为了保证“菲佣”的服务质量，菲律宾政府对有意出国的务工人员，尤其是女性有许多严格的限制和要求，如出国务工人员必须年满18周岁，而且必须是接受过正规的职业训练等。在菲律宾的劳动和就业部下设海外劳动就业技术培训中心，下至各省、市、县都配置有相应的家政服务培训机构和管理人员。所有出国务工的劳动人员都必须参加职业技术培训机构或当地就业技术培训中心举办的免费培训班参加培训，其学习和培训方案由海外就业署根据实际情况批准或拟定。对于专业的职业中介机构，政府要求必须建立自己的培训中心，缺乏条件的则可以和其他机构合作，以保证对外出劳工进行有效的培训。菲律宾的家政服务中介机构的培训也有其独特之处。对于缺乏相关职业技能和服务操作经验的新员工，他们将安排这些人员在国内一些家庭进行服务，在服务的过程中学习基本的家政服务技能，然后再采取不同的方式从这些员工中选拔优秀的成员进行培训，最后才将合格成员输到海外就业。

在菲律宾，“菲佣”职业发展如此迅速，并具有这么强的国内外影响力，除了有政府的高度重视、完善的政策支持与强有力的法律保障之外，非政府组织的推动也不可忽视。20 世纪 90 年代以来，菲律宾的海外移民与公民社会的发展呈现高度的互动特征。女性海外移民极大地推动了菲律宾公民社会的发展，反过来保护海外女性劳动者的合法权益成为菲律宾 NGO 组织的重要责任。1995 年，菲律宾政府颁布的《海外劳工与海外菲人法案》是菲律宾政府保护海外务工人员重要的里程碑，该法案很大程度上是在菲律宾公民社会的直接推动下产生的。2003 年，菲律宾通过的《海外菲律宾人选举权法案》也是菲律宾的公民社会推动菲律宾移民工人权益立法倡议运动的一项重要成果，保障了菲律宾海外务工人员的政治选举权利。

六　总结与思考

（一）总结

1. 实现家政工体面劳动面临的瓶颈

（1）瓶颈一：公共政策的供给乏力

政府作为公权力的行使者、市场失灵的矫正者以及社会正义的维护者，在家政工体面劳动领域的公共政策和福利供给的乏力表现为两种形式。

一是公共政策的缺乏，表现为在家政行业领域内政策空白或者是政策不足。以员工制家政政策的推行为例，各地的调研均反映了这样一个事实：家政公司众多，但符合员工制家政公司优惠政策扶持标准的企业凤毛麟角，与此同时，广大家政工也无法通过员工制公共政策的实施得到全面社会保障和福利的支持。我们的分析结果表明：在以 40 ~49 岁农村女性为主体的家政工群体中，相当多数的家政工非常关注社会保障各项费用，尤其是养老费用的支付来源，这成为家政工经济福利和社会福利的重要因素。如果广大家政工能够通过公共政策的惠及享受社会统筹医疗、生育保险、工伤保险，那他们遭遇经济排斥、因病致贫的概率会大大降低。

二是无效政策供给过剩。在经过较长作用期后，某些法规、政策虽然已与环境不相适应，但仍没有更新完善，这也是政策供给乏力的一种表现。目前的共识是，除非能开展全面的以改善立法框架为目标的一致行动，否则家政工的体面劳动将是一个无法实现的承诺。如果广大家政工不能充分维护自己的权益，就依然会被社会所排斥，因此积极有效的维权是实现体面劳动的重要手段。由于当前家政劳动法律关系风险控制机制的缺位，家政工的维权成为难解的困局，而家政工中约90%为女性的结构特征，使其在具有隐蔽性的私人家庭工作时成为易受伤害的弱势群体。不少研究人员指出，现行《劳动法》除了缺乏对家政工劳动者身份定位外，也没有从规范的逻辑层面对处于弱势的特殊群体的利益诉求给予倾斜性保护和机制保障。应当针对女性家政工的特殊性制定劳动基准，拓展监察内容，保护其人格尊严与隐私权，运用国家公权力对女性家政工劳动受到侵害的情况及时进行干预、制止和处罚。

（2）瓶颈二：家政企业的社会责任缺失

企业社会责任是指企业对投资者以外的利益相关者群体所承担的法律责任和道义责任，包括员工享有的工作条件、劳动报酬、安全保障、教育培训，以及是否造成环境的污染、资源的浪费等。目前家政行业呈现的是以中、小型中介性质家政公司为主导的业态，大部分家政公司处于一种低责任运行状态，这对企业的初始积累具有一定的作用，但是这种低责任状态带给企业的只能是表面之得、局部之得、眼前之得，甚至造成虚假的繁荣景象。它所产生的负面影响却是内在的、全面的、长远的。同时，低责任运行状态所产生的外部性使家政工的体面劳动问题难以化解。从经济学的角度考虑，作为民营企业的家政公司实现利润最大化的途径莫过于两种：一是尽量节约内部管理经营成本；二是尽可能地减少社会性支出。许多家政公司的经营者过分注重企业效益，将员工视为只要支付必要的使用费用的机器，甚至有意利用许多员工的性格弱点和知识缺陷，在家政工出现意外伤害时编造各种理由推卸应对员工承担的救助、补偿、协助维权等方面的责任。

同时，家政行业存在企业信用系统的普遍危机。个别家政公司信用低下，出现对外、对内失信现象。对外失信指公司与消费者之间经济失信，只管收取中介费用，出了问题一概不负责；对内失信指企业与员工之间的经济失信，不履行有关规定，不签订劳动合同，抽取过多的中介介绍费，引起劳资纠纷。我国民营企业是在市场竞争中逐步成长和发展起来的，现正面临着产业升级和企业制度变革的阵痛期。在这一特定的时期，民营企业伦理和企业一样正处于摸索时期，真正已经定型的几乎没有。企业可持续发展与企业履行社会责任之间是一个相互联系、相互促进的良性循环过程，企业越是发展，就越能够更好地履行其责任，同样，越是积极主动承担社会责任的企业，就越能获得更大的发展空间。家政企业的规范、有序发展是家政工体面劳动得以实现的立足根本，有责任感、自律的家政公司是家政工正常工作的重要保证。

（3）瓶颈三：职业－城乡－性别差异的累积劣势

长期以来，人们对家政工群体的研究往往只关注到地区差别、城乡差别而忽视了职业、城乡、性别差异带来的累积劣势对女性家政工群体的影响。

就分布来看，家政工大部分集中于40～49岁的已婚、有子女的妇女。而这个年龄段的女性家政工与男性家政工在生命历程上有很大差别。在生命早期，家政女工往往会遭遇更多的不平等待遇，如农村的重体力劳动、多次怀孕、繁重的家务劳动和哺育子女的经历等。到了生命历程的中期，女性与男性在生活和工作机会上存在很大差别。调研中很多家政女工表示，过了40岁以后工作很不好找。而家政行业又往往被贴上“女性化”、“低技能”的标签，因此对家政职业的认同较低。调研考察发现，家政从业者在这方面承受了相当大的身心负担，以西安市为例，10.8%的调查对象曾被“辱骂”，1.9%的调查对象曾被“软禁”，1.3%的调查对象曾被“打伤”，7.0%的调查对象曾被“威胁”。通过深度访谈，我们得知为数不少的家政从业人员有过形形色色的遭遇，比如吃剩饭、被呵斥、被怀疑等种种情况。由于所从事的是“伺候人的保姆”职业，再加上对农村女性的地域歧视，家政工所承受的由职业－城乡－性别差异导致的累积劣势极大地影响到其体面劳动的实现。

2. 突破瓶颈的关键——政府、市场与社会

所有的劳动者都应该享有体面的劳动、工作的尊严，任何让劳动者感到非体面性劳动的存在都是对平等劳动的背叛，对现代文明理念的践踏，而其本质是人为地对所有劳动划分等级，以此实行差别对待，限制了社会资源的正常流动以实现家政工体面劳动，突破瓶颈的关键还需要政府、市场与社会的协同治理。

（二）建议

1. 宏观上——顶层设计和制度安排

“顶层设计”原是工程学里的一个概念，本义是统筹考虑项目各层次、各要素，追根溯源，统揽全局，在最高层次寻求问题的解决之道。在政治、社会学领域则指的是以战略的眼光、全局的视角，自上而下地对政治社会治理的各方面、各层次、各要素进行统筹考虑，确定目标并为其制定正确的战略、路径，实现一系列的制度安排，以解决深层次的矛盾问题。家政工人体面劳动的全面推进首先要有一个完整的顶层设计，且这一顶层设计必须要阐明建构于实现体面劳动基础上的价值理念、关于实现体面劳动的路径演进以及内在结构。

（1）把握顶层设计之核心灵魂——维护社会公平正义

国际劳工组织从1919年6月成立至今，尽管发生了很大的变化，但其宗旨始终不曾变更，即“通过促进全世界劳动条件的改善和生活水平的提高，最终在实现社会正义的基础上建立世界的持久和平”。消除贫困、促进充分就业、完善社会保障以及保护工人权益始终是国际劳工组织的主要目标。[①] 1999年，国际劳工组织新任主席在第八十七届大会上提交了题为“体面劳动”的报告，“体面劳动”这一概念将就业、权利、保障以及对话等多种因素整合进了一个单一的议程，形成了一个具有多个分目标而内在一致的多维分析框架。但究其概念实质，“体面劳动”仍然忠实于国际劳工组织的宗旨，它完全遵从了国际劳工组织所倡导的将促进就业和维护劳工权益放在经济和社会政策的中心位置，重视对弱势群体的支持与保护，主张公平分享经济发展成果。由此可见，嵌入在“体面劳动”这一战略目标之中的是国际劳工组织对社会公平正义孜孜不倦的追求。中国作为国际劳工组织的缔约国之一，理应秉承国际劳工组织的信仰和追求，这是维系中国良好国际形象的必然要求。

“正义是社会制度的首要价值，正像真理是思想体系的首要价值一样。”[②]

① 丁开杰：《社会排斥与体面劳动问题研究》，中国社会出版社，2012，第123页。

② 〔美〕罗尔斯：《正义论》，中国社会科学出版社，1988，第1页。

美国著名学者罗尔斯如是说，而且“正义否认为了一些人分享更大利益而剥夺另一些人的自由是正当的，不承认许多人享受的较大利益能绰绰有余地补偿强加于少数人的牺牲”。[①] 总之，正义不是向现实的一味妥协，而是抗争；正义强调的不是GDP，而是人之为人的尊严。的确，中国仍然是发展中的大国，追求经济社会发展的高效率也无可厚非，但在发展的过程中一些深层次的矛盾、问题已然凸显，单纯地靠经济的增长、效率的提高不可能解决这些问题，甚至会恶化这些问题。同样的道理，家政行业的发展不仅仅是要看其对经济增长贡献率的高低，更要维护从业者最起码的尊严和权利，即“体面劳动”，这是行业的良心所在，社会的公正所在。

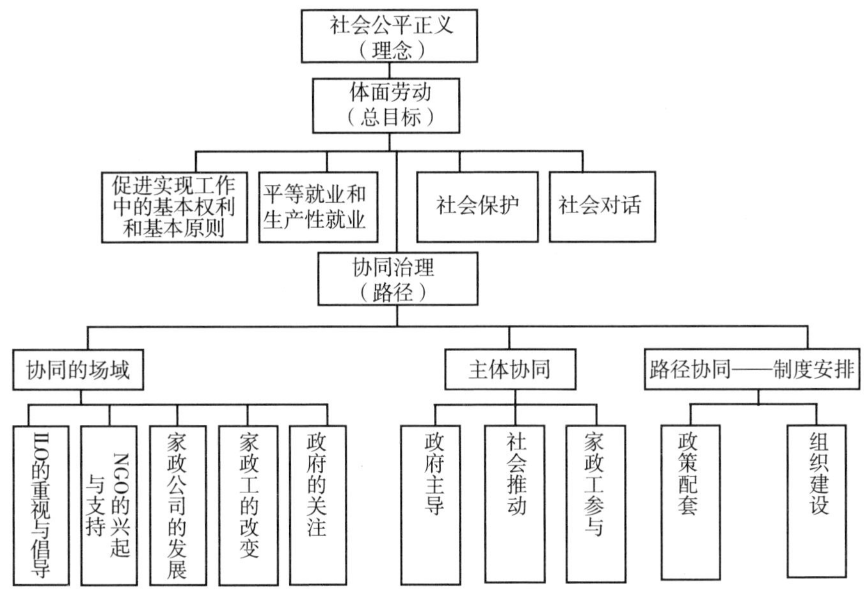

图6　家政工体面劳动目标实现之顶层设计

（2）达成路径——协同治理

20世纪70年代，物理学家哈肯系统地阐述了他的协同理论，协同学由此诞生。协同理论被应用到了很多领域，在“治理”领域形成了协同治理理论。

① 〔美〕罗尔斯：《正义论》，中国社会科学出版社，1988，第2页。

联合国全球治理委员会给出了协同治理的概念：协同治理是个人、各种公共或私人机构管理其共同事务的诸多方式的总和。它是使相互冲突的不同利益主体得以调和并且采取联合行动的持续的过程。它强调治理主体的多元性、治理权威的多样性、子系统的协作性、系统的动态性、自组织的协调性和社会秩序的稳定性。①

面对家政行业中纷繁复杂的问题，利益主体间强弱明显的力量差距，家政从业者体面劳动的四维困境，单中心的政府管制模式以及残缺的治理机制对此则显得捉襟见肘。协同治理强调相关利益主体的协同，在协同场域中展开对话、协商以及博弈，在一系列制度安排所形成路径协同机制作用下改变协同场域中的力量对比以及关系模式，并最终达成目标。家政工体面劳动的协同治理路径设计需要界定协同体系中的变量，变量的存在情况决定了协同体系中主体协同的可能与否以及主体协同的关系模式，路径的协同则是涉及具体的相关制度安排以形成某种机制来改变协同场域中不利于达成目标的因子。

（3）协同的场域

场域是抽象出来的行为主体参与社会活动的主要场所，其中充满了各种力量的互动，这些力量最终可归结为有助于达成目标的力量和与之相反的力量关系，这二者间的推拉张弛为主体间的协同提供了某种可行性，并决定了它们之间的关系模式。体面劳动协同治理场域中存在着以下变量对于达成主体的协同有着重要的意义。一是ILO的重视与倡导，这一点已在前文中进行了阐述。国际法委员会于1948年就已经提出应有法律来保护家政工的工作权利，《家政工体面劳动公约》于2011年又以压倒性的赞成票获得通过，这一切已经表明国际组织对家政从业者的重视，这对中国而言显然已经成为一股来自外部环境的强大压力。二是非政府组织（NGO）的兴起与支持。非政府组织是矫正政府失灵的重要力量，国际社会上，欧美妇女组织、欧洲工会联盟与移民组织、亚洲家政工联盟等非政府组织在表达家政工的利益诉求、游说公众和政府、谈判达成保护协议的工作上做出了重要贡献。中国家政行业的非政府组织尽管只是

① 刘伟忠：《我国协同治理理论研究的现状与趋向》，《城市问题》2012年第5期。

处于起步阶段，但终究是如春起之苗，不见其增，而日有所长。三是在家政公司的成长中尽管问题颇多，但不能否认的是它们仍有着良好的发展势头，这无疑有益于为家政工提供更多的保护。四是家政工自身的职业观念、维权意识、法律认知水平都在不断适应这个行业发展的过程中得到提升。五是政府对这个行业的关注由原来强调行业供给要满足市场需求转变为逐渐意识到家政工体面劳动的必要性。国家越来越频繁地为维护家政行业和家政工权益建章立制说明了这一点，而这一点是最为关键的。

（4）主体协同和路径协同

主体协同是要在协同场域中，通过一系列制度安排的保障界定各自所应扮演的角色，并通过体系内主体间的互动不断优化关系模式以最有利于协同治理。在此，政府需逐渐下放部分权力相应地给予家政行业协会、家政工会或者其他第三部门组织，并给予其人力、财力等方面的扶持，但必须要健全相应的政策体系以及监管机制，以此保证家政行业第三部门的行为和宗旨始终围绕强化行业自律和维护家政工的体面劳动，保障它们的纯洁性，由此实现政府从一个事必躬亲者转变为高屋建瓴的“元治理者”，社会组织从一个默默无闻的小角色转变为主要推动者。但在主体协同的过程中，家政工的参与是必不可少的。家政工是第三部门成立和发展的维系者以及受益者，政府或非政府组织在做出重大决策时应该听取家政工的意见，这也是对其基本权利的尊重；社会组织还应成为家政工与雇主、家政公司间进行对话、协商的平台，家政工的参与既是对政府、社会组织的督促，同时有利于他们自身人力资本、社会资本的积累和可行能力的发展。

协同治理还需要形成配套政策以及做好组织建设形成长效机制，以此保障协同体系达成目标的自我组织与自我发展能力。

第一，抓住核心、转变观念、明确目标，完善政策体系。抓住核心就是要抓住维系社会公平正义的价值取向，转变观念就是要转变某些不合适的理念。政府要形成“均利”的观念，扶持小微企业的发展，营造家政行业公平竞争的环境。明确政策目标，即明确各政策的短期、中期和长期目标，区分战略性目标和策略性目标。一个完整的政策体系要求各政策间的相互匹配，既不能存在“政策打架”的情况，也不单单是各政策要素的简单拼盘，而是一个有机整体。家政行业的政策体系就应该是关于财政补贴政策、社会保障政策、信息档案制、资质认证制等的调适与整合。

第二，政府协调内部行政。在政策过程中，有关主体并不是单纯接受或实施政策，他们会对政策进行解释，甚至进行创造，有多少个主体可能就会有多少种解释，这是典型的内部行政不协调。我们的调研也已经显示政府中家政行业各相关负责部门间的工作不协调，而这已严重影响到了一些政策的出台与执行。政府内部协同的脆弱性也有碍于整个协同体系的建设，进而无法实现协同治理。

第三，监督、激励机制的构建。监督的必要性不言而喻，且监督的关键在于形成监督网络，在这个网络中各监督主体都能依法依规有序地展开监督。政府、市场、社会三者在同一时空维度既是彼此的监督主体，又是被监督的对象。监督是为了抑制消极因素的产生，而激励则是为了促进正能量的发挥，激发协同主体的积极能动性是达成协同目标的先决条件。

组织发展重在强调非政府组织的推动作用以及成立虚拟网络组织。催化非政府组织的力量，使非政府组织成为既有意愿又有能力的行动主体对于实现协同治理的"民间化"具有重大的现实意义。而催化的关键是要在多个方面形成多方共识的基础上进行放权。

虚拟网络组织是希望利用互联网成立连通政府、社会组织、家政工、国际社会，超越时间和空间进行平等对话、协商，反映问题、回应需求、习得经验的虚拟社区。它的存在必能成为家政工发声以及协商治理操练的重要阵地。

2. 中观上——政策支持及政策运行

（1）构建家政工体面劳动的政策支持体系

近几年促进家政服务业发展的专门政策，国家层面多以财政资金扶持为主。2009 年，在商务部、财政部、全国总工会发布的《关于实施"家政服务工程"的通知》中明确指出"中央财政对家政服务人员培训经费予以全额补助"。2010 年，国务院在其发布的《国务院办公厅关于发展家庭服务业的指导意见》（简称《指导意见》）中首次提出对符合条件的员工制家政服务企业给予一定期限（3 年）免征营业税的支持政策。从地方层面而言，在国家相关政策的引导下，一些地方已采取财税扶持、注册登记等方面的措施为家庭服务业发展营造良好环境，为企业发展提供便捷服务。北京、广州、武汉、西安四地均发布了有关发展家庭服务业的指导意见或实施意见。

综观这些政策，其最为直接的指向是推动家政行业发展以满足社会需要，对于家政工权益的保护、体面劳动的保障最多只是具有间接的作用。国务院《指导意见》中所提到的“切实维护家庭服务从业人员合法权益”也缺乏可操作性和可监督性。在下文中，笔者将从财政政策、人才政策、社保政策、社会对话机制以及行业标准这五大方面构建政策支持体系，通过政府“有形之手”和市场“无形之手”以及社会“刚柔并蓄”之手共同推进家政工体面劳动实现进程。

加大财政支持力度。一是要改变过去中央商贸部门对家庭服务业专项发展资金更多用于扶持龙头企业的做法，加强对经营困难的家政公司、承担社区便民服务的家政公司、具有创新示范作用的家政公司以及家政服务信息平台建设的投入，发挥财政资金“四两拨千斤”的作用，鼓励和引导家政公司向着更加规范化、更加人性化的方向发展。二是落实地方政府配套资金，加大对家政行业重点功能性项目的扶持力度，地方政府根据各自的财力情况给予家政业以补贴，并将此以及对生活困难家政从业人员的补贴纳入地方政府预算，中央政府须对此进行审查。

发展更多家政人才。就目前而言，家政从业群体还算不上“正规军”，更像“游击队”，家政服务员整体的职业素养还是比较欠缺的，而人无素养，岂堪重任，也因此而难以得到别人的认可和尊重，所以要让更多的家政员转变为家政人才。为此政府要全面展开家政人才发展战略，这包括了家政人才的培养与使用、家政人才的吸引、家政人才的激励以及家政人才的流动。通过战略规划和战略运行最终实现家政工队伍的职业化、专业化、年轻化、多层次化、结构的合理化以及发展的可持续性。

调整家政工“参保”政策。家政工参保难题的解决相当棘手，但这一问题的解决不仅对于增强家政工作的体面性具有重要意义，对于优化家政队伍人力资源建设亦有不可忽视的现实意义。建议国家出台政策对所有的家政公司，不只是员工制的，都有一个最低参保的门槛，也就是说，只要是家政工就可以选择性地享受养老、医疗保险等，与此同时，解决好城乡社保的对接和跨区享受等问题。笔者认为可以积极借鉴北京市的解决方案。北京市政策规定在原籍缴纳的新农合，到了退休以后，在北京交的社保回去以后可以累计计算，但前提是没有缴满 15 年，再加入原先缴的新农合或新农保里面，就直接合并了。将前后两项方案付诸实施无疑可以扩大社保政策覆盖面，为家政工筑起一道防范风险的安全网。

建构社会对话机制。ILO 所提出的社会对话机制形成的首要条件是强大且独立的劳工与雇主组织的存在，这理所应当地是在建构社会对话机制时首先要考虑的。鉴于家政行业协会，尤其是家政工工会的发展举步维艰，政府要鼓励并给予适度扶持，待其发展有所突破时，政府必须要放手，而后由社会组织独立承担其社会责任。在这里，社会组织的责任在于引导家政工学会发声，然后引导家政工、雇主以及家政公司学会对话。最终实现以社会组织为依托、以网络虚拟组织为信息平台、以新旧传媒为媒介，形成政府引导，社会组织推动，家政工、家政公司、雇主多方主体积极参与的社会对话机制。

完善行业法规标准。针对家政行业进入门槛低、市场秩序混乱的问题，要加快完善行业法律和标准体系建设，从源头上严格控制“黑家政”的产生以及遏制对家政工权益肆意侵犯的乱象。

一是加快清理现有家政行业管理法律法规过时、陈旧等问题，修改过时的违禁条款或标准，并根据家政市场和业态细分的发展趋势，适时调整工商登记经营范围目录。据调研反馈，家政行业的发展亟须政府转变管理模式，真正为其开辟创业“绿色通道”；家政市场上的业态分化要求政府不能单纯地以“家政”来登记其经营范围，应该有更为明细的登记内容。

二是提高市场准入门槛。根据家政市场的业态分化，合理调整市场准入条件，完善实行家政行业市场准入制度，对不具备资格的企业严格限制进入市场。设立家政工的信息档案制度，规范家政培训工作，强化职业资质认证管理，督促所有的家政工都能实现持证上岗。

三是进一步加强行业标准体系建设，尽快推出家政行业标准体系，适时将推荐性标准上升为强制性标准，以提高行业发展水平。家政行业标准体系必须包含保障家政工四个维度上体面劳动的一系列规定、要求。

四是鼓励品牌家政的发展，提高家政行业各企业的品牌保护意识，加强对品牌家政的知识产权保护，规范行业秩序，为家政的发展营造公平竞争、诚实信誉、以人为本的良好市场环境。

（2）优化家政工体面劳动的政策运行过程

各种政策作为决策者的工具，并不像它们指导变化那样发生变化，必得通过政策执行过程才能将政策计划转变为现实。所以有人才会指出在实现政策目标的过程中，方案制定的作用占10%，而其余90%取决于有效的执行。狭义上的政策执行主体仅指政府部门，广义上的政策执行主体还包括了政策目标的群体，在此取其广义上的内涵，具体到家政政策的执行主体就包括了家政公司、社会组织。在通往政策目标的政策执行过程中有很多需要必须克服的障碍，资金投入、执行机构间的协调、执行机构的政策认知、家政公司、家政工和政府间的政策沟通以及相应的激励机制、监督反馈机制都在影响着政策执行的力度。

推动政策高效执行的基本动因应该包括：足够的资金投入、执行机构的协调以及精准的政策认知。

确保充足的资金投入。有足够的经济来源才能做长远的计划，使政策运转以及完成政策目标，否则一切都是空话。中央政策表明中央财政对家政工培训经费予以全额补助，地方财政可根据财力情况加大对“家政服务工程”有关工作的补贴力度。问题就出现了：地方政府可以有诸多借口逃避对家政工作的资金投入。为确保充足的资金投入，中央对于与地方上的事权划分、地方财政必须有的对家政工作的财政支出、东中西部的补贴标准等都需要进行更为明细的规定，如此以保障政策执行得到资金上的全力保证。

优化执行机构间的协调，打破碎片化的管理。前文已述及协调政府内部行政的必要性，但如何协调显然是核心问题。调研中，广州市家政行业协会的方女士告诉我们尽管政府相关部门出台了免税的政策，但实际上帮助并不大，主要是因为税务部门的不认可，这就切实地反映了政府职能部门协调不畅、各自为政、相互掣肘的问题。问题的背后则是部门利益在作祟。所以，应整合相关部门的部分职能、打破机械式合作、因时制宜地创新绩效考评内容和方式，推动形成跨组织界限的联动工作机制，并加强对联动工作机制的管理以防止因为流于形式而形成前台和谐、后台踢腿的局面，这同时将部门利益化解于无形，无疑保证了政策执行的协调、高效。

加强政策学习、提高政策认知水平。政策学习指的是学习政策背景、政策目标以及政策工具，全面把握政策内容及彼此间的相互关联，准确把握政策的实质意图，提高政策认知水平。无论是政府执行机构还是家政公司、社会组织以及家政从业者都应加强政策学习，因为“在政策架构内，对任何要产生的运转而言，需要社会各个阶层，从政府机构到公民个人的服从和合作”①。如果家政公司和从业者本人都对政策知之甚少，又如何知道政府执行得怎样；而执行机构如果对政策本身就存在认知偏差也就不能保证政策目标的最终实现。加强政策学习的关键在于两点：一是提高各执行主体学习的意愿；二是形成有效的学习方式。对政府执行机构来说，政策学习并非罕事，只是容易流于形式，究其根源在于其封闭性。所以强化政府执行机构的政策学习，自觉、自律是理想化的形式，更重要的是公开透明，依靠社会力量的监督、督促；家政公司和从业者的政策学习意愿并不相同，前者的意愿较强烈，后者相对较弱，但家政工对家政培训的需求强烈，所以在培训中展开政策学习不失为一种较好的学习途径。另一重要渠道就是通过各种社会媒介，当然，这还需要有完善的信息沟通机制。

对政府行为的监督是公民的权利，接受监督是政府民主法治化水平的体现。有力的监督是确保准确执行政策的最为有效的办法，是防止官僚机构用与政策设计相悖的方式来行使自由裁量权的有力手段。监督的展开首先要有完善的信息沟通机制，并形成“上下来去”的监督机制。

完善信息沟通机制。完善信息沟通机制不单是政策学习的需要，调研结果显示，政府、家政公司、社会组织以及政府部门之间存在着广泛的信息不对称，这就为隐蔽违规行为的存在提供了温室。在这里，这一沟通机制应以社会组织为中心，以家政工、公司的参与为关键，以新媒体的应用为主要的技术手段，形成政府社会组织家政工（家政公司）的沟通路径。社会组织催化政府与家政工、公司间深化沟通的意愿，同时架起他们之间沟通的桥梁，并充分利

① 〔美〕拉雷·N. 格斯顿：《公共政策的制定——程序和原理》，重庆出版社，2001，第110页。

用新媒体技术，及时传达各方信息。既有政府的政策信号，也包括政策执行的反馈信息，同时接受来自桥梁两端的监督，在这一双向运转过程中保证信息沟通及时、准确。

构建“上下来去”监督机制。各执行机构之上级部门设定有效的激励办法，敦促下级执行机构高质量地执行政策，是之为“上”；所谓“下”是指上级部门授权社会组织展开广泛的民意调查，了解各执行机构的政策落实情况、家政公司的政策遵循情况、家政从业者对政策执行的满意程度以及他们的政策期待等，并将调查结果纳入执行机构的绩效考评；“来”指的是从群众中来，这一点远不是说说那么简单，需要彻底转变思维。对于如何将政策执行好，运用什么工具去执行，不该仅仅局限于在执行机构内部的讨论，政府也该听取社会组织、家政从业者、家政公司的意见，这也是作为维护他们言论自由的一种方式，亦可称为执行前监督。前文提到信息沟通与政策学习，所谓“去”，即根据每一阶段政策执行反馈情况矫正执行偏差后继续接受各方监督，直至达成目标，执行与监督方才告一段落。在监督的方式方法上需充分运用各种新媒体，利用信息沟通机制，创新监督手段。

把激励变为另一种更具有生产性的监督。政府对家政公司和社会组织不仅要监管到位，还要激励到位。比如对家政公司，不仅仅要严查“黑中介”，对于那些始终遵守法律、符合政策性规定、严格履行政策要求的家政公司，政府应当对其予以褒奖。以此鼓励家政公司都能够严格执行政策规定，在树立正面典型的过程中对家政行业的不正之风产生一定的震慑效应。

对社会组织充分放权。社会第三部门既是政府失灵的矫治者，又是实现行业自律的有力推手，所以，对家政行业协会、家政工会，政府、家政工及家政公司都应多给予一份信任、一份支持。通过调查笔者认为，政府可以授权家政行业协会或者家政工会组织设定家政合同标准、职业资格的认定标准、家政工培训的验收以及根据验收情况发放资格证，并进行分级管理，依据级别来核定工资。与此同时，家政工保有积极参与的权利，以主人翁的身份对这些组织的行为进行监督、检举，以防其行为失范，这也是提升社会组织自我管理、自主治理的有效方法。

综上所述，家政政策的有效执行绝非任何一方主体一厢情愿所能实现的，政

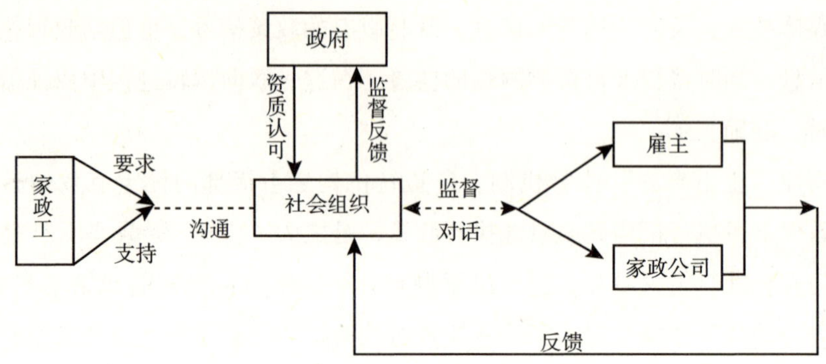

图7　家政政策执行监督反馈示意

策执行的本质——权力的行使和运作，这决定了在政策执行过程必然要受到监督，信息要得到及时反馈。监督反馈的有效性不是自发的，它离不开人力所为。

在家政政策执行监督反馈过程中需充分发挥社会组织的桥梁作用，它既是政府执行机构与家政工、公司、雇主之间的桥梁，又是后三者之间的桥梁，它既是监督的主体又是监督的客体；政府既是“元治理者”，又是谦恭的权力行使者，它既要监管市场运行，又要接受社会监督，既要在某些领域全身而退，又要下放部分权力；家政工是政策的服务对象，对政府、社会组织的执行、监督反馈行为保留最后的发言权。尽管政策决策和政策执行间关系脆弱，但对此并非无能为力，完善监督反馈机制无疑可以拉近政策预期和政策执行现实之间关系。

3. 微观上——家政工的个体努力和改善

推进家政工体面劳动实现，制度安排、政策执行自然十分重要，但如果家政工自身没有在观念和行动上积极地进行改善，尊重与体面的劳动恐怕还不能完全实现。

摒弃陈旧观念，转变职业认识。在家政从业人员中有不少人一直认为自己的工作很“低贱”，认为如果不是因为家庭生活所迫谁会来做这个工作，在他们的眼里“家政”，尤其是居家家政服务就是伺候人的活，有的受访者甚至不愿跟我们提起他们的工作情况。这样一种职业认识显然会影响到他们的工作情绪，凡持这种观念的从业者大都情绪消极。尊重是相互的，如果自身都无法尊重自己的职业，那么这份职业又怎会给予从业者以充分的尊重。因此，转变职业认识是首要的。从业者要看到自己工作的重要社会价值，一分为二地看待这个行业在发展过程中的问题，对问题的解决、自己的职业生涯要充满信心，如此才能收获工作的快乐和满足感。

积极参加培训，提升职业素养。有的家政工认为参加培训是浪费时间，减少了自己的经济收入，因而不愿参加培训或者很少参加培训。但通过调研我们了解到，大部分家政工参加培训后的效果还是比较好的。有的家政工反映上过家政工会组织的心理调适课后感觉自己的心态就开始变得很平稳，很能适应这份工作了，也有家政工反映自己上过法律知识宣讲课后开始重视签订合同，法律知识也有了些长进，还有的反映自己技能水平提高了。由此可见，规范且定期的培训有助于提高从业人员的职业素养。除政府、社会组织要进行宣传倡导外，家政工也要积极主动地参加培训，参与的同时还可就培训的内容、方式等方面提出改进意见。

树立权利观念，维权有理有力。权利观念是法治社会公民应有的基本观念，但仍有为数不少的家政工权利观念淡薄，这主要表现在两个方面：一是有些家政工的权利概念比较模糊；二是有的家政工不知道该如何维权，或者在别人以比较隐蔽的手段侵犯到自己权利的时候，他们或者表现为没有意识到事情的发生或者表现为没有维权的意识。这种淡薄的权利观念其实在很大程度上源于家政工“怕”的心理——怕“多事”惹来麻烦，怕有理说不清，怕看到别人异样的眼光等种种“怕”。殊不知，越是怕，就越是放纵了恶行，就越会伤及其他。所以，家政工自身一定要有正确的权利观，能够明辨侵权行为，有敢于维权的勇气和善于运用社会力量进行维权的方式方法，如此才能保证维权的有理有力。

勤关注多学习，为政府献言荐策。前文已述及协同治理需要家政工的参与、政策执行中需要家政工的监督、家政工要发出他们的声音，家政工的发声可以由社会组织来传达，或者利用网络等新媒体，但如何保证他们的要求能够被政府、被社会所广泛理解，他们的政策期待能够被政府采纳，这些不只需要有积极性，还要学会表达的技巧、学会运用新技术。多数家政从业者的年龄介于35岁到50岁之间，文化水平集中在初中、高中程度，由此可以推断他们对网络等新媒体的了解、运用等都是非常欠缺的，而这对虚拟网络组织、沟通机制的建立和运用都是相当不便的。虽然他们对此的学习需要帮助，但也需要他们自身的积极主动。

案 例 篇

Case Studies

B.5

北京市家政行业体面劳动现状调研报告

摘 要:

北京市家政工就业现状特点主要表现为：就业流程随意、工作满意度低；工作边界不清晰、劳动时间长。在工作权利上，北京家政工行业技能培训取得成效，但仍滞后于工作需要；职业化程度不高、职业歧视普遍存在。在社会保护上，劳动保护不到位、职业病不可避免；社会保险参保率低。在社会对话上，家政工对政策认知程度低、对话渠道有限；与雇主地位不平等、话语权丧失。北京市家政工体面劳动的发展障碍包括：文化性障碍：传统歧视观念、负面新闻影响职业认同感；制度性困境：基本法保护缺位、行业发展缺乏系统的政策指导与监督、公共政策与公共利益存在张力；行动者困境：维权能力有限、雇主态度与行为存在偏差。

关键词:

工作权利　社会保护　社会对话　发展障碍

一　北京市家政行业总体情况

北京市家政服务业始于20世纪70年代末，八九十年代得到迅速发展。2010年，北京市家政工总数已超过40万人，家政服务公司达3000多家。北京市作为首都，有着特有的人才、文化、品牌、政策、区域经济等优势资源，家政服务行业在服务供给层次与质量、企业经营理念、市场环境等方面都走在全国的前列。

（一）北京市家政工群体基本特征

北京市家政工群体性别结构中绝大多数为女性，比例为98%；以已婚中年为主体，其中已婚人员占78.9%，30～49岁的人员占76.0%；文化程度整体不高，初中及以下学历者占66.4%，高中及专科学历者占32.7%；大多来自农村，比例为55.9%，来自城市的家政工占15.8%，主要为下岗女工。从家政从业人员的整体分布上看，已婚、低学历、农家女，客观上使得大多数家政工只能做一般性的收拾家务、打扫卫生、洗衣做饭等传统类家政服务工作，能够从事专业技能和专业管理等新型家政服务工作的人员仍占少数。

另外，北京市家政工群体多为居家保姆，收入相对较高，工作满意度较低。其中，母婴护理（月嫂）占10.4%，家政钟点工占14.4%，居家保姆比例高达73.2%，远远高于广州市（42.0%）、武汉市（32.3%）和西安市（31.5%）。其中参加过家政行业相关培训的家政工占78.8%，持有证件情况见表1。

表1　家政服务人员持有职业证情况（北京，N=300）

项目	健康证	上岗证	育婴师证	烹饪证	月嫂证	其他
频率(人)	241	191	64	386	68	14
比例(%)	80.3	63.7	21.3	12.9	22.7	4.7

资料来源：本课题组“2013年中国家政行业发展困境调查”。

（二）北京市家政服务企业发展状况

北京市家政服务企业“起步早、发展快、势头好”与“规模小、实力弱、布局散”并存。家政服务企业在北京地区已有30多年的发展历史。1983年底，北京市妇联创办了“北京市朝阳家务服务公司”，这是国内第一个家庭服务公司，拉开了北京家庭服务业蓬勃发展的局面。20世纪90年代初，部分由街道、妇联等开办的家政机构转为个人承包经营，随后个体、私企、民营、股份制、中外合资企业等多种经济形式的家政公司纷纷出现，家庭服务业腾飞发展。2002年北京市家政企业有500多家，2005年达到1900多家，2008年有2985家，目前已超过3000家。虽然北京市家政服务企业数量众多，但总体上仍处于“小、弱、散”的状况，组织化、规模化和现代化程度不高，“讲信誉、重质量、创精品”的品牌家政服务企业十分有限，且多数家政服务企业培训不足，家政工服务质量难以保证，“雇主找人难，保姆喊委屈”，供需矛盾突出，春节家政服务业问题尤其突出。

就经营模式而言，北京市家政服务企业多实行中介制管理模式，部分家政企业实行会员制。中介制与会员制两类管理模式下的家政企业与家政工并不缔结正式的劳动关系，管理不规范，不利于行业稳定发展。2012年10月，北京市认定了北京三替家政服务有限公司、北京惠安居家政服务有限公司等5家家政服务企业为试点企业。参与试点的家政公司将保姆、月嫂等家政工按照“员工”的模式管理，与家政服务人员签劳动合同、依法缴纳社会保险，并提供免费培训。员工制管理有助于建立公司、家政工、雇主“铁三角”关系，促使家政行业健康、有序、快速发展。慈爱嘉公司员工某位妇女称，她以前进京打工时都不敢和家里说是干家政的，因为没有任何保障，“上了保险对我来说，这就像是一份正式的工作了。”①

（三）北京市家政服务雇主群体总体情况

北京市家政工的雇主多为“工作忙、收入高、家有老幼”的群体，雇佣

① 《家政试点员工制，保姆月嫂上社保》，新京报网，http：//www.bjnews.com.cn/news/2012/11/07/232134.html。

家政工途径主要通过中介公司。被访雇主中，81.6%的人已婚，81.6%的月收入在8000元以上，30.6%认为以目前的收入水平雇佣家政工完全没有压力。49%的雇主因为工作忙没有时间整理家务而使用家政服务，46.9%的人因为家里有老人需要照顾，36.7%的人因为家里有小孩需要照看。与其他地区相比，在北京市雇主雇用家政工的主要途径中以通过中介公司介绍的最多，占55.1%（见表2）。

表2 雇主雇用家政工主要途径情况（N=1324）

单位：%

城市	熟人介绍	网上查询	报纸	中介公司介绍	张贴广告或其他
北京	30.6	8.2	2.0	55.1	4.0
广州	66.0	3.8	0	28.0	1.9
西安	46.3	11.1	3.7	33.3	5.6
武汉	52.0	26.0	2.0	10.0	10.0

资料来源：本课题组“2013年中国家政行业发展困境调查”。

北京市家政服务行业中，雇主对家政服务满意度相对较低。59.1%的雇主对所接受的家政服务表示满意，低于西安（83.3%）、广州（77.4%）。北京市雇主不满的原因主要在于服务质量低（72.7%）、价格高（40.9%）、安全系数低（13.6%）。77.6%的雇主认为家政工提供的服务大致可以满足其需求，但仍有6.1%的雇主认为完全不能满足需求，30.6%的雇主表示还需要家务处理（保洁、维修等），28.5%的雇主需要照顾婴儿或孩子，20.4%的雇主需要照顾老人，2.3%的雇主需要家庭管家等家政服务。北京大学人力资源开发与管理研究中心主任萧鸣政于2013年两会期间表示：目前北京市家政服务行业需求群体仍占很大比重，家政服务劳动力资源亟待进一步开发。

二 北京市家政工体面劳动现状

2011年6月16日，国际劳工大会通过《家政工体面劳动公约》，指出家政工应该享有权利并应受到尊重。所谓“体面劳动”，就是指男女在自由、公平、安全和具备人格尊严的条件下，获得体面的、生产性的可持续工作机会，其核心是工作中的权利、就业平等以及社会保障和社会对话（国际劳工组织，1999）。北京市家政服务行业发展虽走在全国的前列，但家政工整体上仍处于劳工大军的边缘地位，享有体面劳动任重而道远。[①] 依据体面劳动的战略目的，本文从“就业状况”、“工作权利”、“社会保护”、“社会对话”等四个维度分析北京市家政工体面劳动现状。

（一）北京市家政工就业现状

1. 就业流程随意性大，工作满意度低

充分就业是家政工获得体面劳动机会从而实现体面劳动的前提和基础。北京市家政工找工作的途径主要是通过家政公司，占 49.3%，其次是靠亲友介绍，占 28.5%。然而，家政工与家政公司之间大多是中介关系，只有极少数是员工制的雇用关系。往往是家政工在家政公司缴费登记，由公司介绍给合适的雇主，雇主派发工资，其中家政公司主要负责工资谈判与交接奖惩，从中收入服务费。这种就业流程具有很大的随意性，家政工就业需借助于家政公司无法明确控制的客户资源与工作机会，失业也很可能只凭雇主的单方决定，一旦雇主不满意，家政工就面临失业的风险。

北京市家政工的工资结算方式主要按月结算，66.0% 每周休息一天。家政工年收入差距相对较为明显，84.6% 的人为 10001 ~ 40000 元。虽然北京市家政工收入与其他地区相比处于较高水平，但按照其收入占家庭收入的比例来看，北京市家政工收入占家庭收入五成以下的占 76.2%，不到两成的占 20.8%。与此同时，家政工在工作中感到快乐和满足的占 49.3%，比率低于西安（61.5%）、广州（60.0%）、武汉（50.0%），最重要的原因在于雇主太挑剔（54.3%），其次为对收入不满意（31.7%），第三为认为工作不体面，不受尊重（24.3%）。

2. 工作边界不清晰，劳动时间长

“体面劳动”视野下的就业不仅意味着家政工能够获得充分的就业机会，还意味着其劳动之余应能够满足其个人和家庭的生活需要。家政服务行业不同于其

---

① 黄维德、柯迪：《各国体面劳动水平测量研究》，《上海经济研究》2011 年第 11 期。

他职业，家政工工作场所是在私人家庭而不是公共领域，家政工与雇主虽然是雇用关系，但其工作性质与内容却使得他们是作为“虚拟家人”的角色进入雇主家庭当中，尤其是育婴师、老人护理等居家保姆，从而导致工作边界不清晰，在付出大量体力与脑力的同时，还需要付出大量的情感劳动。① 在北京市对家政工进行访谈时，多数人表示休息没有保证，基本是“眼睛一睁，忙到熄灯”。一些年轻家政工没有机会认识男朋友、没有时间恋爱，影响到个人与其家庭的正常生活。北京市家政工中有68.7%没有与雇主或家政公司约定工作时间，家政工需根据雇主需要决定工作时间。对于家政工有约定工作时间的，40.4%表示约定工作时间在10小时以上，实际工作时间在10小时以上的高达59.9%（见表3）。北京市家政工中有55.7%的人认为其劳动强度大（见表4）。

表3　家政工约定工作时间与实际工作时间（北京，N=300）

单位：%

项目	少于8小时	8小时	8~10小时	10小时以上
约定工作时间比例(%)	9.2	20.2	30.3	40.4
实际工作时间比例(%)	6.3	9.9	23.9	59.9

资料来源：本课题组“2013年中国家政行业发展困境调查”。

表4　家政工认为劳动强度程度情况（北京，N=300）

项目	很强	较强	一般	较轻	很轻
频率(人)	60	107	112	19	2
比例(%)	20.0	35.7	37.3	6.3	0.7

资料来源：本课题组“2013年中国家政行业发展困境调查”。

（二）北京市家政工工作权利

1. 技能培训取得成效，仍滞后于工作需要

2009年，北京市开始实施家政服务工程，并专门成立实施家政服务工程领导小组，具体负责专门培训机构的申报、验收、审核及市总工会负责

① 马丹：《北京市家政工研究》，《北京社会科学》2011年第2期。

的家政人员培训工作。家政服务工程通过政府“埋单”，对城镇下岗失业职工和农民工进行免费培训从而真正掌握一技之长，从事家政服务行业，以逐步形成规范、安全、便利的家政服务体系。这项工程使得北京市家政工工作技能、自身素质都得到很大改善，北京市家政服务工程第一批学员赵淑霞表示，通过培训掌握了包括家庭清洁卫生、家庭烹饪等技能，“家政服务不再是简单的‘洗衣做饭打扫卫生’，而是有程序、有步骤的规范操作”。[①]

然而，调研数据显示，北京市仍约有21.2%的家政工尚未参加任何家政服务行业相关培训。究其原因，现在有大多数家政服务公司规模普遍较小，很难在组织上、经费上落实对家政工的培训，致使家政工的职业技能滞后于工作需要，53.7%的北京市家政工最希望进行专业技能类培训，如护理、营养、育儿、家教等（见表5）。家政服务员的国家职业标准作为开展家政服务培训和职业资格鉴定的依据，早在2000年8月已发布，但由于行业法规标准建设相对滞后，北京市目前完全按照标准操作和运营的家政服务公司为数很少，多数企业的家政工未经培训就走进居民家中，致使供需双方经常在服务质量和标准上产生分歧、争议和纠纷。

表5　家政工最希望培训服务项目（北京，N＝300）

项目	家政劳务培训(比如做饭、洗衣、保洁等)	专业技能类培训(比如护理、营养、育儿、家教等)	专业管理类培训(比如高级家务管理、家庭理财等)	安全操作方面的培训	其他
频率(人)	131	161	112	55	25
比例(%)	43.7	53.7	37.3	18.3	8.3

资料来源：本课题组“2013年中国家政行业发展困境调查”。

2. 家政工职业化程度不高，职业歧视普遍存在

工作中的基本权利还包括消除就业歧视，然而，家政工俗称“保姆”，在历史上被称为“下人”，尚未得到社会的普遍认同，无论是社会还是雇主甚至是家政工自身对该行业的尊重程度都较低。同时对于在家庭这个私人密闭空间工

① 《家政服务工程培育放心家政员》，中工网，http：//acftu. workercn. cn/c/2011/11/04/111104091223186221024. html。

作的女性家政工由于性别与地位的弱势，常常遭受到性骚扰、性侵害等种种困境。受传统观念的影响，北京市25.5%的家政工认为家政服务行业“没地位、没身份、没发展、不受人尊重”，家政工为攒钱结婚、盖房、治病还债、孩子上学等阶段性原因，而“迫不得已，别无选择”只好从事家政服务工作。北京市家政工中有64.1%有过不再从事家政工工作的想法，其中，25.5%是因为工作不体面，不受尊重，27.9%担心社会上的歧视，31.1%对自己家政工职业发展没有期待。

在调研过程中，家政工反映受歧视的例子比比皆是，93.3%受访者表示遭遇过被辱骂、软禁、打伤等行为，有些雇主甚至直接将内裤抛给家政工洗，有些雇主对家政工吆三喝四，唯恐其有一时半会儿的休息。还有家政工告诉我们，有位雇主家不仅安装摄像头，甚至将其安在洗手间，这让他们感到非常尴尬和不满。

（三）北京市家政工社会保护

1. 劳动保护不到位，职业病不可避免

体面劳动要求健全的社会保护体系，首先体现在对从事高危工作提供安全措施方面，致力于减少家政工的痛苦、危险。据调查，北京市有18.3%的家政工在从事有危险性的工作时不曾有任何防护措施和设备，27.5%的需要自己主动采取防护措施并且自带设备。由于家政工最主要工作于私人领域，工作边界不清晰，工作累而且繁杂，工作时间长，65.0%的北京市家政工感到有头疼头晕等某方面的不舒服症状，30%感到腰痛，25.7%感到颈椎痛、肩痛。79.7%的人认为这些不舒服与所从事的家政工作有关系，这正是家政工典型职业病的体现。

月嫂曲业敏曾记工作日记：8点喂奶，8点半做早饭，9点给宝宝洗澡，9点半做抚触，10点喂奶，10点半煲汤……日记罗列了每天的工作内容，却唯独没有吃饭和睡觉的时间。如此循环，24小时连轴工作，睡眠就成了奢侈品。“最缺觉的时候，一天休息不到2个小时。”曲业敏指着自己的一头短发说，“我刚做月嫂的时候，头发可多可漂亮了，可后来睡眠不足就掉头发，一绺一绺地掉，现在头发稀多了。”①

① 《北京月嫂生存现状：24小时工作睡眠成奢望》，搜狐网，http：//news. sohu. com/20120515/n343220080. shtml。

2. 社会保险参保率低，多靠自己承担

体面工作所要求的社会保护还包括为全体劳动者提供广泛而有效的社会保障，以减少劳动者的风险与潜在危险。就参加社会保险而言，北京市家政工参保情况不容乐观，33.3%的家政工没有参加任何保险，且在参加保险的家政工中，有63.0%的人表示是全部由自己承担的。与此相应，所有家政工认为自己应该享有某种社会保险，且45.7%的人认为应当由政府、家政公司、雇主和自己按比例承担，前三方承担大部分。

家政工参保难的首要因素户籍限制除外，费用负担和法律上的疏忽各自分别占影响因子总数的28.6%和28.5%。且在“是否愿意为家政服务员购买人身意外险”的问题上，38.8%的雇主选择了不愿意，28.6%的人认为这是家政公司的责任，55.1%认为应当由其与家政工、家政工公司分摊。

（四）北京市家政工社会对话

1. 政策认知程度低，对话渠道有限

社会对话主要指的是劳动者的话语权和代表权，是劳动者维护自我利益、表达自我看法、参与协商和管理的一种途径，其中对涉及自身利益的相关政策认知是前提。北京市家政工中，有78.8%的家政服务人员并未听说过国家或当地政府关于家政服务人员的政策。工会等组织是为公民政治参与的重要途径，然而43.7%的家政工却没有自己的家政工会或者团体组织。对政策的不了解使家政工无法掌握参与所必需的知识，不懂得如何参与政策过程来保护和实现自己的合法利益，导致其不知道在政治生活中有哪些权利和义务，也不知道如何去参与，如何才能实现有效参与。部分家政工仍持有“官本位”观点，认为制定公共政策是政府的事情，与家政工自身无关，理应接受“自上而下”的公共政策。

2. 与雇主地位不平等，话语权丧失

由于传统观念和行业特殊性，家政工工作于雇主家庭，常常被看作是佣人，“在人家家里，端着别人的饭碗”，往往没有话语权。什么时间干活、怎样做，都需要听从受雇家庭成员的安排，做的结果是好还是不好，评价的标准来自受雇家庭成员。南非学者南德教授指出：“雇主与家政工人之间

的关系是相互依赖和家长权威的复杂混合体。家政工人对于自己的生活没有发言权，但可以得到雇主主动提供的某些援助，比如医疗费用、学费、培训费（如果家政工人还很年轻）及其子女的学费。然而这并不是合同规定的义务，主要取决于雇主的一时心血来潮，没有长期保障。”可见，雇主很大程度上扮演了家政服务活动规则的制定者乃至执行者的角色。北京市从事家政服务行业的人员中，75.7%经常出现烦躁心理，27.9%表示与雇主关系不融洽，14.0%曾与雇主在工作方面产生过纠纷，42.9%认为与雇主家的关系一般、不好，原因主要在于性格脾气、生活习惯、思维方式不同（见表6）。

表6　家政工认为与雇主家关系的影响因素（北京，N＝300）

项目	工作技能	语音障碍	思维方式	生活习惯	性格脾气	其他
频率(人)	61	54	100	127	136	43
比例(%)	20.3	18.0	33.3	42.3	45.3	14.3

资料来源：本课题组“2013年中国家政行业发展困境调查”。

三　北京市家政工实现体面劳动的困境分析

家政服务行业增加了就业机会，分担了政府责任，让老人、小孩与残障人士得到了更好的照料，对提高人民的生活水平、改善生活质量有着积极促进作用并做出了重要贡献。随着我国步入家庭小型化、人口老龄化、生活现代化和劳动社会化，家庭服务方面的需求呈急剧上升趋势。这亟须开发家政服务人力资源，首要的是确保家政工职业化与规范化，实现体面劳动。然而，家政工一直被忽视、价值一直被低估，其原因既有传统文化观念的影响，也有由行业特殊性所决定的制度困境，同时与家政工、雇主、家政公司三大主体性制约分不开。

（一）文化性障碍

1. 传统观念歧视家政服务工作

传统文化普遍将家政等同为家内劳动，并被认为是不需要职业训练就可以拥有的先天性技能，家事劳动并非“实在的工作”或“生产性工作”，此种劳动虽有价值但却不能产生利润，这使家政工的价值往往被低估，使社会各界特别是雇主对家政工缺乏基本的尊重。“奴婢”、“仆人”、“佣人”等作为下等人的称谓亘古有之，“保姆”一词也带有传统文化所赋予的歧视性，延传至家政工这一有着相似工作内容的职业，社会往往对家政工“另眼相看”，将家政工工作看作是“伺候人”的下等工作，甚至部分家政工自身职业认同感十分低，多迫于生计而无奈从业。家政工直接服务的对象更是如此。据调查，有些雇主将与家政工之间的关系看作消费而非劳动关系，把其当作自家商品，要求时时遵从，雇主歧视、虐待家政工的案件时有发生。2013 年三八妇女节前夕，60 多名家政工姐妹分别在北京、济南、西安三地发起了“集体为雇主定守则”的活动，其中“请不要叫我保姆”被列为首条。这也从反面折射出雇主以“保姆”等不礼貌的语态称呼家政工，以及家政工对“保姆”一词的反感。[①]

2. 家政工负面新闻影响职业认同

新闻媒体将信息传递给受众，而受众，尤其是城镇受众也会将其认知、观点传向媒介机构，其中往往是关于家政工的负面形象，这种双向的信息流动导致了媒体对家政工的偏见和歧视。由此，不少居民由于自身的优越感而对家政工的看法有所偏差，部分媒体为了迎合受众的此种需求进行片面的宣传，报道使得家政工人的形象直接掉入谷底，如“保姆虐童：雇保姆看小孩，你还放心吗?”“8 个月大女婴被保姆锁在储物柜闷死”。诸如此类的新闻事件在网络上层出不穷，并不断扩散。此类报道进行“不经意”的“渲染”，将负面情绪逐渐扩大到受众身上，致使社会各界用有色镜片观看这一群体，慢慢地把家政工推向劳动大军的边缘，距实现体面劳动更远。不容置疑，部分家政工确实也有职业道德问题，诸如偷东西、虐待儿童、虐待老人、泄露雇主的隐私等事件确有发生，但绝大多家政工遵循职业道德规范、兢兢业业，而这种善良、负责、勤劳的家政工形象却无人宣传。对于家政工负面形象的个别事件，媒体却

① 《家政工为雇主定守则：请不要叫我保姆》，网易新闻，http：//lady. 163. com/13/0308/10/8PEG277S002649P6. html。

往往夸大其词，将某一件事扩大为家政工群体的一切，致使社会对整个家政服务行业以及家政工的形象认知大打折扣。

（二）制度性困境

1. 基本法律保护缺位

《家政工体面劳动公约》规定：各成员国须采取措施，确保有效地保护所有家庭工人的基本人权。在国际社会中现已达成共识的是工作权和工作中的权利不仅是社会经济权利的核心，而且是基本人权的核心。这种人权标准同样适用于家庭工人。然而对我国相关法律进行审视，发现往往忽视了家政工群体的权利诉求。1994 年出台的《劳动法》及其解释将“家庭保姆”排除在适用范围之外，2007 年出台的《劳动合同法》却仅覆盖到类似劳务派遣类型的家政服务公司派到“用工单位”的家政工，而绝大多数家政工是通过中介和亲友介绍工作的，这部分家政工被排除在劳动保障体系之外。可见，家政工作为事实上的劳动者并不享有《劳动法》规定的劳动者的权利，相应的，《合同法》、《社会保障法》、《工伤保险条例》等也无法适用。家政工缺乏基本法的保护，家政工游走在法律规范保护范围之外，因此无论是工资还是劳动条件，都无法可依，任意辞退与克扣工资、超时超边界劳动、性骚扰等被侵权的状况较其他服务工作更为普遍。

2. 行业发展缺乏系统政策指导与监督

近些年，我国政府对家庭服务业行业的发展建设十分关心和重视，从宏观上提出了诸如出台扶持政策、搭建公共服务平台、实施家庭服务就业工程等指导方针，但仍然尚未形成明晰、科学、规范的支持家政服务业发展的系统政策，致使整个行业处于摸索、无序发展状态。目前对于家政服务行业并无统一的监管部门，仅靠行业协会自律，但加入行业协会非家政公司市场准入的必要条件，以致诸多未加入行业协会的中小家政公司处于无人监管状态，在其不按照行业标准提供服务遭客户投诉时无相应的处理机制和惩罚机制。行业缺乏统一的强制性规范、统一的服务标准、统一的监管机制，市场混乱不可避免。例如，在审查家政服务合同过程中发现：家政工服务期间因病不能从事家庭服务工作，将退回原籍，费用自理。问题是此条款如此冷酷却不违法，因为现行法律并未规定中介机构、家庭雇主承担家政工医药费的义务，也没有家政工生病期间有权住在雇主家，领取最低工资的规定。这与“劳动者有权领取病假工资、按法定标准报销医药费”的规定完全不同[①]，背离体面工作所蕴含的平等要义，直接导致家政工合法权益得不到保护。

3. 公共政策与公共利益存在张力

为实现家政服务行业健康、有序发展，以及维护家政工权益，北京市政府从政策层面也确实采取了许多优惠举措，如《员工制家政服务企业职业培训补贴政策》、《关于鼓励发展家政服务业的意见》（“家七条”）等，继而出台政策扶持家政服务企业率先启动“员工制”管理试点等。这些公共政策的相继出台，表明家政服务行业已被放在政府层面上予以指导规范，包括从家政行业发展的统筹规划、家政市场秩序的规范到从业人员培训、权益维护等方面均有涉及。本应为家庭服务业发展营造良好环境，但在实际运行中不可避免地与公共利益存在张力关系，从而无法达到预期的效果。一方面，作为建议性的政策指导，家政工的权益在法律保护的操作层面上存在根本性的缺陷，如政府支持员工制家政公司发展，对其实行免征营业税的规定，但这一优惠政策对大多数中介性质的家政公司形同虚设。另一方面，政府作为经济人，不可避免地趋向自利性，如政府某些部门在执行家政培训补贴政策时，为得到这一资金，与企业争夺培训机会，或者是与企业合作以此寻租。

（三）行动者困境

1. 家政工维权能力有限

家政工多为文化水平有限与专业技能普遍较低的女性，她们在雇主家庭为雇主或家庭从事工作，由于家庭具有“私人性”，一般不对外公开，使得家政工处于“私人”空间之中，特别是居家保姆，其工作更不易为外界觉察，其所从事与家庭有关的事务，如保洁、做饭、照顾老幼等工作，不易量化和确定，工作时间往往较为随意，从而致使劳动权益、人身安全更易受到损害。我们在调研过程中发现，北京市家政工中有93.3%曾遭遇过被辱骂、软禁、打

① 刘明辉：《家庭工人体面劳动公约对中国立法的影响》，《妇女研究论丛》2012年第5期。

伤等权利受到侵害事件。但家政工在人力资源、经济条件、社会保障等方面积累的资源一般处于劣势，其权益极易被边缘化。同时由于家政工的分散性、单独性，使得她们难以真正形成职业团体，又缺乏社会组织的有效引导，在进行劳动权益谈判方面实力必然弱小。家政工希望通过行政、司法等正规法律途径来解决问题的占28.7%，找公司协商解决的占50.0%，仍有23.4%表示会忍气吞声，不了了之。如此维权甚至忍气吞声的后果，致使其基本权利受损，进一步恶化对自身工作不体面的认知。

2. 雇主态度与行为存在偏差

由于家政工的工作环境比较特殊——雇主的家庭，雇主与其家庭成员对家政工的态度是家政工实现体面工作的重要影响因素，在某种程度上可能决定一个家政工的职业认同与工作成就感。没有相关法律从劳资双方的角度对这种雇用关系进行约束，对于家政工而言，雇主的行为是相对没有预期和底线的。有些素质较高的雇主，出于对家政服务人员的同情，能在实际行动上尊重家政工人，但更多雇主的行为是出于主观性判断，并没有量化标准，给予家政工非经济层面上的待遇可谓千差万别。雇主往往以为给家政工支付足够的劳动报酬就是友好的体现，并没有认识到，很多时候家政工更需要人性方面的关怀。此外，部分雇主对家政工抱有居高临下和不信任的态度，会对家政工个人物品和行为进行监视，限制她们与外人的交往，甚至出现虐待或骚扰。安徽大学李坤刚教授表示，劳动的严格从属性造成了雇主与家政工的不平等：家政工在雇主的直接命令和指挥下进行劳动，其工作过程和工作结果要接受雇主的检验和评价，与在企业中工作的劳动者相比，其行为受到更加严格的控制。当家政工的人格得不到尊重时，体面劳动无从谈起。

3. 家政公司规范性发展遇瓶颈

家政工要想“体面如职员，收入像白领”，实现体面工作，离不开家政公司的坚强后盾。当前，家政服务行业缺乏规范指导与有效监管，加之市场准入条件不明，没有统一有效的行业规范、服务标准、收费标准，家政公司繁多杂乱，不正当竞争泛滥。“我们有专业的团队，我们提供美国式专业的服务……”“我们的顶级月嫂经过严格的培训，提供标准化、流程化护理……”，诸如此类的宣传充斥着家政服务市场，但其实质很多是家政服务公司为争取客

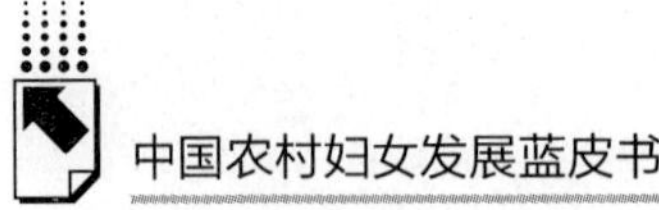

户而谎称与虚构的，在签约前做出各种无法兑现的口头承诺，甚至在人手不够、工作安排已满的情况下，仍与客户事先签订服务合同，日后随意派个家政工应付，这为后续的纠纷埋下了隐患。同时家政工的高流动性无疑增加了家政公司的运营成本与压力，若承担起培训家政工的任务，还要面对培训好的熟练工跳槽、私签的问题。当前国家扶持员工制家政公司，严格按照《劳动法》要求其进行运营，首先与员工签订劳动合同并必须依法缴纳“五险一金”，同时企业必须保障员工病假、工伤、产假及待岗期间基本工资的发放。这无疑增加了家政公司的运营成本，挫伤经营者的积极性。可见，想要使家政工如职员一样立足于家政公司，还面临许多错综复杂的现实问题。

B.6

广州市家政服务业发展困境研究报告

摘　要：

广州市家政行业相比内地城市来说，发展较为成熟，特色明显，政府主管部门、行业协会、家政企业都在努力履行职责，但受制于整体社会配套不完善，在体面劳动方面遭遇困境。主要体现在：第一，政府没有一个清晰的监管主体，政策落实难。第二，家政从业人员素质偏低，个体系统化专业技能培训缺失，行业人员流动性强，就业不稳定。第三，市场规范化程度低，市场环境不佳。第四，明显的行业偏见依然存在，社会保障缺失，社会组织缺位。

关键词：

监管　规范化　行业偏见　社会保障

一　广州市家政行业总体情况概述

2013年6月25～30日，调研人员来到广州市着手进行家政服务业发展困境研究的调研，此次调研共完成针对家政工的问卷300份、访谈50份，针对雇主的问卷50份、访谈5份，针对家政企业的问卷10份、访谈2份，家政行业协会访谈3份、相关政府主管部门访谈1份。

（一）主管政府部门：牧者的成果、不足与展望

广州市地处南方沿海地区，经济发达，社会公民意识较高，家政行业相比内地城市来说发展较为成熟，在这里，家政行业主要由市经信委进行管理。从2006年开始，广州市政府即为家政行业制定了相关标准规范，在全国范围内

率先要求家政公司与家政服务人员和雇主必须签订三方合同，从法律上保障了签订合同三方的权益。

同时，广州市政府树立并扶植了一批龙头企业，譬如广州正祥和家政服务有限公司，该公司拥有20多家分店，通过该公司进行工作的家政服务人员达5000余人，向蒙牛企业融资了2000万元，尽管并不是员工制企业，但发展态势良好，正向着员工制的目标前进。同时对于发展尚处于初级阶段的家政公司，由民政部门进行一定的费用补贴。

广州市政府对于家政服务人员的培训工作较为看重，相关部门专门组织编写了一套教材，按照教材对家政从业人员进行培训，同时这个教材也被广东省家政行业所沿用。同时，按照每人1500元的标准，由商务部直接拨款到广州市，通过四个培训机构进行培训，培训课程主要分为三方面：一是，按照市场需要进行培训；二是，按照商务部的要求进行上岗培训；三是，以获得劳动部门的职业技能证书进行的培训，培训课时共180课时。

但政府部门的不足之处也体现在这里，同样一个行业，在同一个城市，政府内部权责划分较为混乱，广州市关于家政从业资格有两种架构，分别发放不同的证书，一种是商务部主导、通过全国总工会，由家政服务工程组织发放的上岗证；另外一种是由人社部发放的资质等级证（如育婴师、养老护理员等证书）。但由于目前相关法律欠缺的因素，拿不拿这些证都可以通过黑中介去做家政工，家政公司并不会因为家政工拿了这些证书就给她们加工资，雇主也不会因为家政工拿了这些证书就对她们另眼相看，所以愿意通过培训拿到证书的家政工并不占多数。

除传统的家政服务内容外，广州市政府倾向于将养老服务放到社区，由民政局来管理，同时也有企业表示出对此领域的兴趣；政府相关负责人表示，政府部门希望改变陈旧思路，不再大包大揽，希望遵循市场规律，政府只起到一种宏观调控的作用，而不是事事参与。政府从2007年开始将生活服务搬进社区，其中包括了家政服务；而目前的难点在于信息的传播渠道较为狭窄，政府部门希望能同相应的网络通信部门成立一条生活服务专线，以解决此问题。当然，这一切都还只是初步规划，但政府希望办好家政行业的决心依然可以感受得到。

（二）行业协会：头羊的引导与无力

广州市家政协会（简称“家协”）共有会员100多家，工商登记的家政服务的公司有1476家，纯粹的家政公司有179家，其他的则散落在各个行业内。如果把相关政府主管部门比作牧者，那么家政行业协会则是牧者挑选出来的头羊，其作用在于引导与激励。对于牧者来说，无论他在羊群背后怎样抽打吆喝，都很难使这群羊按照同一方向前进，但是如果选好了领头羊，只需要牵着这头领头羊就可以实现有效指挥羊群的目的，家政行业协会扮演的这个角色可以说是至关重要。

广州市家协在2009年推出《广州市家庭服务业服务规范》，他们针对以往家政行业投诉没有规范合同可依的情况，组织人员着手此事，由家协拟定合同样本，由市工商局监制，确定了此合同的合法性；为了落实合同样本，把每份合同都编号，并盖上家协的公章，以防家政公司偷梁换柱；组织推介会，让家政工、雇主及公司知晓此合同并使用此合同。通过使用这个合同范本，减少了家政公司、雇主与家政工之间不必要的矛盾。消委会的数据统计，近两年家政行业的投诉率已经降到了十名之外（合同具体范本可以参见广州市家协网站）。

家协于2012年12月出台了行业公约与行业规范，同时还起草了雇主告知书，让雇主在雇佣家政工的过程中也承担相应的责任；同时通过申请政府补贴与自筹经费，开展服务进社区活动，帮助一些品牌企业进入社区。

同时，家政行业协会在尽力履行自身职责的时候，也会感到困惑与无力，毕竟家政行业协会只是一个NGO，它并不拥有一些政府才拥有的权力，不管是从资金来源，还是拥有的相关权限来说，在面对一些事情时，难免显得力不从心。比如，国务院43号文件在广州落实的情况是：解决了广州户籍家政工的社保问题，由家政工到户口所在地的劳保服务中心去办理，费用由自己承担一些，公司承担一些，公司不直接给家政工办理社保。但是这部分人，最多只占到广州家政从业人员的两成，还有约八成的外地籍从业人员，是没有办法在广州上社保的。作为行业协会，也一直在为此事想办法，家协近几年通过人大、政协的提案、议案，想方设法呼吁政府和社会关注此问题，但由于各级财政的困难，政府不得不优先关注本地居民的利益。面对此问题，连政府都无法妥善解决，家协就更加力不从心了。

（三）家政企业：羊群的努力与困惑

家政企业，是家政行业中的群羊，他们努力地活在这个圈子中，为了更好地发展和生存而奋斗着，但政策与市场机制的不完善，仍让他们在疲惫之余感到困惑：究竟如何才能过得更好？

调研人员在广州市选取了10家家政公司进行问卷调查，在这10家家政公司中，没有一家公司是员工制，仅仅有一家准员工制公司，其余全部为中介型公司（见表1）。

表1　广州参与调查家政公司的运营模式（N＝10）

项目	中介制	员工制	中介＋员工制	准员工制	合计
频率(家)	9	0	0	1	10
比例(%)	90	0	0	10	100

资料来源："2013年中国家政行业发展困境调查"。

这其中就有广州市政府重点扶植的正祥和家政公司，该公司在广州家政界来说可谓实力雄厚，培训了万名员工，不仅仅有5000多名注册家政工通过它来找工作，更是在广州最好的写字楼租下了一整层办公楼。但这样的公司仍然只敢保守于中介形式，遑论其他中小型家政公司了。

通过访谈了解到，家政公司的负责人普遍认为家政行业很难赢利，而且认为国家要求公司转型员工制是必要的发展方向，但对于何时能迈出这一步，没有一家公司的负责人能说出具体事宜。

不少家政公司的负责人表示，他们认为家政行业市场需求很大，是一种刚需的需求结构，但家政从业人员素质匹配不上，同时那些黑家政扰乱了市场秩序，它们没有太多成本也不缴税，虽然服务费用低但不能保证服务质量，造成了市场的混乱不堪。发展较好的几个公司认为他们的利润很微薄，处于不亏损的持平状态，对于想做出一番事业但在资金或其他方面受到限制的他们来说，是种很尴尬的局面。而另一些中小企业则表示很难赢利，处于亏损状态。对于政府的免税政策，他们也一致认为帮助不大，因为很多时候由于他们是工商注册的公司，免税得不到税务局的承认。

调研人员在之前的几个城市中通过访谈发现这些问题似乎都是大同小异，是由于政策配套跟不上和市场机制不完整造成的，而除了这些令人沮丧的问题之外，广州市的家政公司由于起步早，在服务上开创了一些值得其他城市家政公司学习的方法，其中很重要的就是标准化服务和无偿额外服务。广州鹊桥家政公司会对家政从业人员进行标准化培训，每次上门服务都必须携带派工单，要亲切明了地告诉雇主他们的身份，以打消雇主的顾虑，同时针对一些特殊的客户，如年纪较大的老年人提供特殊服务，老年人若是独自在家，电脑坏了或是其他电器坏了不会修理，只要是他们的客户，便可打电话通知鹊桥公司，由公司派员工上门免费为老年人修理，这样一来提升了企业的口碑，有利于企业今后的发展。

总体而言，家政企业在困境中前进，需要的不仅仅是其自身的努力，想要家政行业得到长足发展，配套的大环境必须得到改变。

二　广州市家政工体面劳动现状

目前在广州市从事家政服务工作的人员，来源主要是农村的剩余劳动力（主要为农村妇女），还有一部分为城镇企业的下岗失业人员，其中女性占绝大多数，且多为低学历者。认真研究这一群体的体面劳动现状，对于广州市家政服务业的健康发展具有非常重要的现实意义。

（一）家政工自身的疑问：我们的工作体面吗

城乡二元结构导致的教育资源不均衡，加上家政行业的低门槛，使得进入这个行业的从业人员普遍学历不高。广州市参与问卷调研的家政工中，小学及以下学历占22.8%，初中学历占57.7%，高中学历占16.4%，专科及本科一共只占了3%（见表2）。很明显，这个群体在就业时并不具备竞争力，家政行业只是很多人无奈之下为了生计的选择。

表2　广州市参与调查家政工学历统计（N＝298）

项目	小学及以下	初中	高中	专科	本科
频率(人)	68	172	49	6	3
比例(%)	22.8	57.7	16.4	2.0	1.0

资料来源：2013年中国家政行业发展困境调查。

当从业者对自身工作的认识仅仅是迫于现实无奈而进行的选择，而不是发自内心想要做好它时，通常会出现消极怠工的情绪。问卷结果显示，有8.3%的家政从业者经常有不再从事家政工作的想法，47.3%的从业者偶尔会有这种想法。大部分家政从业者因为收入太少而感到沮丧不堪，大部分家政从业者的年收入在4万元以下，月收入约为3000元左右（见表3）。在广州这种生活成本很高的一线城市中拿着这样的收入，仅仅只够基本生活与租房开支，与当初她们来到大城市之前的期望差距过大。

表3　广州市家政从业人员年收入水平比例（N＝299）

单位：%

项目	5000～10000元	10001～20000元	20001～30000元	30001～40000元	40001～50000元	50001元以上	合计
频率(人)	13	50	118	80	26	12	299
比例(%)	4.3	16.7	39.5	26.8	8.7	4.0	100

资料来源：2013年中国家政行业发展困境调查。

保障劳动者在自由、公正、安全和有尊严的条件下劳动，是体面劳动的最终目的，但是根据马斯洛需求层次理论，当一个人在物资条件尚且缺乏、无法满足生理需求时，妄谈尊重与自我实现的需求是不现实的。

除收入微薄让家政从业者们备感苦闷外，来自家庭内部与社会的压力也让她们感到沮丧。传统社会价值观对服务行业的歧视、社会排斥效应愈演愈烈、社会层级分化严重等问题都在无时无刻地影响着家政从业者对自身职业的认识。由于工作的特殊性（譬如住家家政工），家政从业人员可能面临亲子关系

疏离、夫妻感情失和等问题，社会意识对于自身家庭成员的潜移默化也使得家政从业者面临着双重压力。

当面临这些种种问题时，“我们的工作体面吗?”成了家政从业者心头挥之不去的一个疑问。

（二）法律制度层面的漏洞：是否真正将家政工纳入保障范围

法律对于家政服务业的规定过于模糊，不够明确，目前为止没有一部法律对家政服务工作和家政从业者的法律定位做出明确规定。1994年制定的《劳动法》把家政从业者摒弃在调整范围之外，“非正规就业”成了家政从业者的代名词。

目前广州市仅仅落实解决了拥有广州市户口的家政工的社保问题，但占大多数的外地家政从业者却无法在广州市购买社保。大部分公司仅仅为家政从业者购买工伤险（一年交20元，保险金额5万元）、商业险（一年交59元，保险金额20万元）；为数不多的准员工制企业会给家政从业者购买第三方险（企业一年交2000元~1万元不等），但根据表1可以看到，受访的10家家政公司当中只有一家是准员工制企业。大部分家政从业者均自掏腰包购买户籍当地的新农合。

广州市政府虽然全国首创签订三方合同，在一定程度上保障了家政从业者的利益，同时出台了一些相应的政策，但存在法律规定不完善的情况。现行法律将绝大多数家政从业者排除在劳动保障范围之外，家政从业者在面临任意辞退与克扣工资、超时超边界劳动、工作伤害无人承担责任等问题时无法可依，国家目前讲同工同酬，那么，同为事实上劳动者的家政从业者却得不到劳动者应有的保障，心有忧虑在所难免。

（三）社会层面的不友善：来了也不是广州人

在深圳有句很有名的话：“来了就是深圳人。”这句让深圳人引以为豪的话显示出了这个新兴移民城市的多元化与包容性。但是在广州不一样，相比深圳这样近几十年兴起的移民城市来说，广州有着更加悠久的历史积淀与人文优势，这是这个城市居民们引以为傲的地方，但是也很容易滋生另一种情绪，爱这个城市，就要排除那些污染这个城市的来源。

在深圳没有人说广东话，即便是为数不多的当地人，也会吃力地憋着普通话与你交流；广州一部分本地人不爱说普通话，想要融入他们，你得学会广东话。学会了广东话，也不是说就融入了他们，你的一言一行、你的社会地位、你的经济收入都要达到能够匹配他们心目中的“广州人”的标准。而家政从业者，恰恰是很难达到这种标准的一个群体。欲望让人类进步，同时欲望让人类渴望获得更多的资源，渴望控制更多的资源，当有同类可能会危及或占有到他们的资源时，欲望就会让人类去伤害自己的同类。社会排斥深层次的原因便是本土城市居民需要确立自身对资源的控制权，作为外来群体的家政从业者往往被他们排斥在边缘位置，他们乐意看到外来群体的负面消息，看到外来群体的苦难境地时也经常无动于衷。仅仅一个户籍制度便将同一个国家的人区分为三六九等，各个群体能够获得的资源相差巨大，让弱势群体及其下一代很难翻身。

大部分受访家政从业者不知道行业协会的存在（见表4），多数人选择抱团取暖，只与相同境地的群体交流，社会参与严重不足，利益诉求渠道严重缺乏。另外，社会大众因从众效应，普遍认为这个群体是低文化水平、低素质的群体，认为社会事务与社会活动并不需要她们的参与，即使她们参与了，对解决公共问题也没有帮助，外部的歧视加上自身的不自信，关闭了家政从业者社会参与的通道。

表4　您知道当地的家政行业协会吗（N＝300）

单位：%

项目	知道	不知道	合计
频率(人)	66	234	300
比例(%)	22.0	78.0	100

资料来源：2013年中国家政行业发展困境调查。

家政从业者在本身文化水平不高的情况下，受到社会部分群体的恶意排斥，只能故步自封，使得情况愈加恶化，无法融入主流社会，无法得到良好的经济保障，体面劳动情况堪忧。

三　广州市家政行业实现体面劳动的困境分析

（一）家政工个体维度的困境

1. 从业人员素质较低

表 5　广州市家政工学历情况（N=300）

项目	小学及以下	初中	高中	专科	本科	缺失
频率(人)	68	172	49	6	3	2
比例(%)	22.7	57.3	16.3	2.0	1.0	0.7

资料来源：2013 年中国家政行业发展困境调查。

广州市家政行业从业者普遍文化水平较低。从表 5 广州市的调研数据可以看出，家政从业人员主要文化水平为小学水平和初中水平，几乎占到全体从业人员的 90% 以上，高中及以上学历的人员比例很小，整体教育水平较低。文化层次较低直接影响了家政从业人员的技能水平的高低。另外，加上多方面原因很多从业人员没有得到相应的培训。这也从侧面导致了家政行业人员专业素质较低。

2. 系统化专业技能培训缺乏

家政行业的从业人员缺乏系统化专业技能培训。

表 6　广州市家政工参加家政行业相关培训比例（N=300）

项目	是	否	缺失
频率(人)	140	153	7
比例(%)	46.7	51.0	2.3

资料来源：2013 年中国家政行业发展困境调查。

从广州市的数据可以看出，广州市只有一半左右的家政从业人员参加过培训，并且还不能保证是专业的系统培训（见表 6）。虽然国家也有免费的培训课程让家政工自愿参与，但是为了赚钱不“浪费时间”，为了“节省开支”，因为更想要学习的课程是收费的，比如“月嫂培训”等，这些导致家政工技能更新速度缓慢。不能达到标准和程序化的水平。

3. 行业人员流动性强，就业不稳定

广州市本身所具有的地域和经济特色决定了这个城市的人口流动性，这也是家政行业从业人员所具有的特性。大多数从业人员只身或者跟随家人来到广州谋生，他们没有想过在家政行业中长久地干下去。这只是他们临时性的谋生手段。加上家政工与家政公司之间多半是中介关系，只有极少数是员工制的雇用关系。就业流程具有很大的随意性，就业需借助于公司一定范围内的客户资源与工作机会，失业则可能只凭雇主的单方决定，无论就业、失业都没有明确的规范。这一职业面临的问题既复杂又琐碎，家政工与雇主在期望值上经常存在偏差，致使家政工的就业非常不稳定。这些都导致了家政服务人员社会地位相对较低。

4. 家政行业女性居多存在的困境

在广州的家政行业中女性占有很大的比例。在访谈中有一位从事住家家政工作的阿姨聊到了她被监视的事。她在雇主家做事时总会被女主人批评什么时候做了什么不对的事情，于是她感觉家里装了摄像头。有一次她无意间在厕所发现了一个摄像头的装置，她发现自己的一举一动都被监视了，并且连自己的隐私都被侵犯了。但是这位阿姨采取隐忍逃避的方式，做满一个月领了工资才辞职。由于工作性质的关系，这些女性工作在私人的密闭空间，由于性别与地位的弱势，常常遭受到种种困境。同时由于工作场所单一、封闭，工作与生活高度重合，工作时间长，社会交往不足，许多家政服务员存在很大的心理压力。她们一方面要忍受着离乡之苦、思乡之痛，深感压抑；一方面不仅要进行体力劳动、脑力劳动，还要付出情感劳动。这使得她们的劳动量比单纯的体力、脑力劳动要大得多。

（二）家政公司维度的困境——市场规范化程度低、市场环境不佳

这主要体现在三个方面。一是市场准入条件不明，正规、守法、规范的家政公司与大量不规范的小型家政公司并存；目前开办家政公司的门槛太低，无证经营现象严重。有的家政公司甚至只有十几个人，只进行简单的卫生清理工作。二是没有统一有效的行业规范、服务标准、收费标准，不正当竞争泛滥；

企业生存发展的一个导向是自身利益的最大化。为了追求自身利益最大化，在发生冲突的时候，家政公司肯定是维护自身利益。在没有统一的标准和规范的情况下，企业为了赢利，可能会采取不正当的竞争手段。三是“撬行”、“私签”盛行，严重扰乱了市场秩序，使家政公司无法良性运转。这也使家政工的可信度受到了相当大的影响。

（三）社会维度的困境

1. 行业认识存在偏见

在调研访谈中，很多家政从业人员包括他们的家人也认为家政服务是低人一等的工作。若不是“迫不得已”，他们也不会从事这一职业。因此，广州市的家政行业供给者严重不足，而且不成规模，往往都是小打小闹，是“游击队”，而不是正规的服务队伍，这样的现状也不利于家政企业的品牌化经营。而一些主打高端家政品牌的企业，如汇爱公司也存在高端家政人员供应不足的情况。很多高学历、高素质的潜在从业者还是对家政行业抱有偏见不想从事这份工作，部分正在从业的人员也不稳定，很可能随时辞职。

2. 社会保障的缺失

随着农村城镇化的推进，更多的人离开土地，家政服务成了吸收农村剩余劳动力的重要行业。表7显示了广州市家政工来源，他们83%来自乡镇和村落，城市只占到了17%。我们在调研中了解到，家政行业从业者大多没有足够的钱自己购买社保，又由于挂靠的大多数家政公司不规范，所以由于身份上、工作性质上的限制，没能进入城镇社会保障系统。

表7　广州市家政工户籍情况（N＝300）

项目	城市	乡镇	村落
频率（人）	51	121	128
比例（%）	17.0	40.3	42.7

资料来源：2013年中国家政行业发展困境调查。

3. 社会组织的缺位

与家政行业相关的社会组织包括家协、工会、妇联等。在我们的调查中发现，社会组织有时候是有心无力。首先是政府不放权，社会组织实权并不大，并受到了政府的约束。比如说，广东省家协制定了关于家政行业的行业标准。但是上报了家政服务办公室后，职业鉴定中心认为家政服务业职业标准必须由人社部门来定，协会没有资格。其次是社会组织自身没有做到位。社会组织在保障家政工权利、培训技能、缓和社会冲突等方面并没有完全发挥其应有的作用。

（四）政府维度的困境

首先是家政行业涉及商务、人力资源和社会保障、工商、民政等部门，时常出现多头办理或办理“盲区”，没有一个清晰的监管主体，也难以建立统一的准入机制和设立公司在注册资金、经营场所、训练资质等方面的门槛。广州市经贸委的 D 处长在访谈中提到，广州市家政行业中，就持证上岗这一块，就有两种途径：第一种是商务部负责，要求参加商务部的培训，培训合格后发证上岗；第二种是劳动局负责，要求获得劳动部门的职业技能证，持证上岗。这样就产生了混乱。要求的是持证上岗，但是证书有多方来源，商务部和劳动局都有资质，到底哪个才是权威的，就只能靠雇主和家政工自己来理解了。这样的多头管理导致了市场的混乱。

其次是政策落实难到位。广州市鹊桥家政的 F 经理提到在广州有很多黑家政的存在，大量家政公司集中在保洁、小时工等技术含量较低、利润较薄的服务种类的提供上，为了争夺市场，公司往往采取降低服务质量以降低成本的方式，这导致了现在广州市市场的混乱，但是政府并没有大力出击打压黑家政。同时，政府虽然有一些免税的政策，但是实际帮助不大，当这些政策落实到税务局的时候，税务局并不承认，因为很多企业并不是国家所规定的员工制家政公司。这反映了两个问题：一是政府对家政行业的重视程度还不够，没能出台可操作性文件，也没有出台相关资金、政策等方面的具体扶持措施，真正来规范企业行为和行业秩序；二是即使出台制定了相应的政策措施，政策执行缺乏具体细则规定，可操作性低，存在落实不到位的情况。

最后是法律保障不完善。在《劳动法》中，家政工被视作受保护人群以外的灵活就业者。我国还没有明确的法律或者条款来保护家政行业从业者。

B.7

武汉市家政行业体面劳动现状调研报告

摘 要：

武汉市家政工群体的总体特点是：劳动强度大，休息权难以得到保证；地域性门槛影响家政工的就业；家庭支持是女性家政工职业持续发展的重要力量；女性家政工对职业发展充满期待。家政公司公共信息服务平台逐步完善，便利化水平明显，但行业秩序不佳。从体面劳动角度来看，武汉市家政工安全防护意识薄弱、维权成本高。家政公司的健康发展有待政府创新支持体系。政府的家政行业发展理念与家政行业体面劳动发展的理念有所冲突，而行业标准的执行也难以落实到位。

关键词：

家庭支持　信息服务平台　安全防护　发展理念

一　武汉市家政工群体总体情况

作为家政行业发展的关注主体，家政工群体主要呈现如下特点（见表1）。一是武汉市的家政从业人员的主要构成为：性别比例——92%的家政工是女性；文化程度——较低，多为初中及以下学历；来源地——68.1%的从业人员来自城镇和村落，31.9%来自城市；年龄——偏大，集中在40～49岁。由于年龄大，文化程度不高，因此家政工人员在业务素质提升方面空间有限，工作技能难以达到部分雇主的更高需求。二是不少家政工认为在整个工作介绍和提供服务的过程中，自己没有得到应有的尊重和认可，存在职业歧视，被当成了公司追求利润的产品和雇主享受的消费品。虽然调研数据显示权利受到侵犯的典型情况发生率较低，但83.9%的家政工认为维护自身权益很难。三是从调研统计来看，武汉过半数的家政工对目前的工作是感到满意的，但这个比率低于西安（61.5%）和广州（60%）的家政工群体对工作的满意度。四是武汉家政工的社保参保率偏低，不论是医疗保险还是养老保险的参保率均不超过40%。

表1　武汉家政工群体特点

地域	特点	
武汉	年龄段	年龄较高，40～49岁的从业者占了大多数（47.6%），其次是50岁以上（28.7%），30～39岁占一定比例（14.2%）
	户籍	来自乡镇的从业者占多数（41.9%），其次是城市（31.9%），村落也占一定比例（26.2%）
	学历	学历较低，初中学历者居多（49.3%），其次是高中学历（26.0%）
	工资收入	多数从业者年收入不到家庭年收入的一半（89.9%）
	满意度	一半的从业者表示从事家政工作感到快乐和满足（50%），其次是感到说不清楚（36%）
	享受保险情况	社保参保率较低。其中医疗保险（34.8%）和养老保险（37.4%）投保率相对较高
	身心健康状况	一半以上从业者认为其身心健康状况与从事家政工作有关系（59.3%）。其次是认为关系不大（24.3%）
	维权状况	家政工人权利受侵犯情况发生较少，但多数从业者认为家政工维护自身权益很难（83.9%）

资料来源：2013年中国家政行业发展困境调查。

二　武汉市家政行业体面劳动的现状

（一）家政工群体的现状

1. 劳动强度大，休息权难以保证

调查显示，武汉市有59.3%的被访者认为自己的劳动强度是在较强和很强的区间，相较于西安、北京和广州，武汉被访者的劳动强度排名第二，仅次于西安（见表2）。

表 2　家政工认为劳动强度“较强”和“很强”

项目	北京(N=300)	广州(N=300)	武汉(N=423)	西安(N=301)
频率(人)	167	148	251	195
比例(%)	55.7	49.3	59.3	64.8

资料来源：2013 年中国家政行业发展困境调查。

武汉地区的家政工有 58.2% 和雇主或家政公司约定了工作时间，但实际上，约定的工作时间和实际工作时间还是存在较大差异。表 3 和表 4 分别统计了家政工和雇主或家政公司约定的工作时间及实际工作时间，数据表明：约定工作时间在少于或等于 8 小时的雇主家中，实际工作时间比约定的要少，而约定时间在大于 8 小时及 10 小时以上的雇主家中，实际工作时间比约定时间还要多。访谈中我们也发现，不少家政工表示工作和休息的时间安排取决于雇主。约定工作时间在 8 小时以上的工作一般为月嫂、护工等工作内容无法严格控制时间的类型，因此这些工作往往会出现因为雇主的需要而实际延长的情况。而有半数左右的家政工的工作时间是超过 8 小时的，长期超负荷的劳动强度对家政工群体的生理和心理健康有显著影响，导致他们对于家政工作的不满意和抵触。

表 3　家政工和雇主或者家政公司约定的工作时间统计（武汉，N=423）

项目	工作时间	频率(人)	百分比(%)	有效百分比(%)	累积百分比(%)
有效	少于 8 小时	87	20.6	32.5	32.5
	8 小时	97	22.9	36.2	68.7
	8~10 小时	37	8.7	13.8	82.5
	10 小时以上	47	11.1	17.5	100.0
	合计	268	63.4	100.0	
缺失		155	36.6		
	合计	423	100.0		

资料来源：2013 年中国家政行业发展困境调查。

表 4　家政工实际工作时间统计（武汉，N=423）

项目	工作时间	频率(人)	百分比(%)	有效百分比(%)	累积百分比(%)
有效	少于 8 小时	96	22.7	23.6	23.6
	8 小时	141	33.3	34.6	58.2
	8~10 小时	78	18.4	19.2	77.4
	10 小时以上	92	21.7	22.6	100.0
	合计	407	96.2	100.0	
缺失		16	3.8		
	合计	423	100.0		

资料来源：2013 年中国家政行业发展困境调查。

2. 地域性门槛影响家政工的就业

表 5 显示武汉市的雇主多倾向于聘请籍贯是武汉市内或者周边区域的家政工，虽然有半数的雇主表示对家政工的来源区域无所谓，但在访谈中我们发现，他们在面试家政工时，更愿意选择来自本省、本市或附近区域的家政工，尤其是不太愿意选择地域跨度较广、语系差异较大的家政工。

表 5 雇主对家政服务人员是否有地域要求（武汉，N=50）

项目	要求	频率(人)	百分比(%)	有效百分比(%)	累积百分比(%)
有效	要求本省、本市人	19	38.0	39.6	39.6
	要求特定省、市人	4	8.0	8.3	47.9
	无所谓	25	50.0	52.1	100.0
	合计	48	96.0	100.0	
缺失		2	4.0		
	合计	50	100.0		

资料来源：2013 年中国家政行业发展困境调查。

究其原因，第一是因为地区文化或者个人偏见的影响，对来自某一地方的家政从业者先验地做出了不好的评价，自然将其拒之门外；第二是因为自己曾对来自某一地方的家政工的表现不满意，在定型效应的影响下，对所有来自这一地方的家政工都给予“差评”。这自然就限制了部分从业者平等择业的自由；第三是因为如果地域跨度较广，即意味着生活、饮食习惯和语言差异性较大，不论对于雇主还是家政工都存在需要较长时间适应彼此的问题。我们在访谈中也发现，来自武汉市附近区域、普通话水平较高的家政工有更高的就业率。

3. 家庭支持是女性家政工职业持续发展的重要力量

表6 您的家庭成员中谁最支持您的家政工作（武汉，N=423）

项目	家庭成员	频率(人)	百分比(%)	有效百分比(%)	累积百分比(%)
有效	丈夫	181	42.8	44.5	44.5
	儿女	103	24.3	25.3	69.8
	父母	78	18.4	19.2	88.9
	都支持	3	0.7	0.7	89.7
	都不支持	42	9.9	10.3	100.0
	合计	407	96.2	100.0	
缺失		16	3.8		
	合计	423	100.0		

资料来源：2013年中国家政行业发展困境调查。

在社会支持理论中，家庭是重要而恒定的支持力量，是最有效和最经济的支持来源。表6显示，大部分家政工的家人表示支持他们的工作，其中丈夫的支持（44.5%）是家政女工持续工作的重要动因，但仍然有10.3%的家政工表示得不到亲人的理解与认同。

从事家政行业的女性，尤其是住家家政工，除了需要在经济上对家庭进行支持外，还意味着很少或完全不能照顾自己的家庭，这对于已婚、有子女且子女还小的家政工来说，是一个非常大的压力。同时家政行业并不是一个高收入的行业，除少数金牌月嫂以外，其余的家政工每月能挣的钱并不多，大部分人的年均收入在2万~3万元，对于牺牲了照顾家庭时间的家政女工来说，长期的分离有可能使得亲子关系疏离、夫妻感情失和、孩子行为失范等问题的出现，扮演多重角色的女性家政工面临巨大的压力，很难兼顾。访谈中，不少家政女工表示除养家的原因外，如果不是丈夫支持自己做家政工作，自己很难坚持到现在。有的家政工很伤心地表示，孩子都瞧不起自己做家政工，不愿意跟同学和朋友说自己的妈妈是家政工，甚至不愿意妈妈去参加家长会以及去学校探望他。要不是家里丈夫一直表示理解认同的话，根本不会坚持做这项工作到现在，有时候实在很难过。

4. 女性家政工对职业发展充满期待

现代社会，随着经济的发展，女性地位得到认可并不断上升，职业女性已成为各行各业不可缺少的一部分。在家政行业里，女性从业人员占全部从业人员总数的90%以上，而且超过半数的家政女工30岁以上，已婚并育有子女，是集女儿、妻子、母亲、社会劳动者于一身的状态。因此，绝大部分从事家政工作的女性，面对着职业与家庭的双重负担，她们既为过去所规定，又被现代所塑造，思想观念的传统性和现代性并存，必然形成带有两极性特征的内在矛盾运动，无法回避“社会人”与“家庭人”之间的双重角色冲突。许多女性虽然是因为家庭经济等原因走上了家政服务的工作岗位，但她们同样期望在家政行业中可以施展自己的才能，将自己的聪明才智运用职业发展中去，渴望成就自己的事业。表7显示，60.5%的家政女工是对自己的家政工作有职业期待的。访谈中我们也发现，不少家政女工认为自己很擅长月嫂、护理、保洁等工作，表示只要公司有好的发展平台和培训机制，自己非常愿意多学习点东西，精进自己的技能，成为家政行家。

表7 作为女性，您对自己的家政工作职业发展是否有期待（武汉，N=423）

项目	期待	频率(人)	百分比(%)	有效百分比(%)	累积百分比(%)
有效	有	242	57.1	60.5	60.5
	没有	158	37.4	39.5	100.0
	合计	400	94.6	100.0	
缺失		23	5.4		
	合计	423	100.0		

资料来源：2013年中国家政行业发展困境调查。

（二）家政公司有关情况

1. 公共信息服务平台逐步完善，便利化水平明显呈现

2010年8月，武汉市被国家商务部、财政部列入全国家政服务业体系建设试点城市之一后，大力加强家政信息网络平台的建设工作，成效显著。2011年第一季度，96580家政网络平台网络浏览量、独立访客数计电话处理总量分别为97072个、33598个和3670个，分别占到平台自2010年5月开通以来累计总数的28%、49%和26%，呈明显上升态势。截至2011年3月底，8家家政试点企业共建立连锁门店185家，其中直营150家，加盟35家。8家企业业务量、品牌影响力提升，家政企业信息化程度得到提高，经营逐渐规范。

同时，武汉市在33个高端高层社区500多个楼宇中设置广告牌和发放宣传折页；网络中心开发并推广“家政通”软件，已在207家家政门店安装使用；积极探索服务业态创新，并积极探索三网融合新技术，设立了96580社区服务站、96580移动社区服务站等形式的网点5个。通过网络中心加强服务质量监督、规范服务行为，有效促进了服务供需对接，带动了家政工服务业的发展。

2. “撬行”、“私签”盛行

武汉市的家政行业缺乏统一有效的规范、服务标准，导致不正当竞争现象频发。比如在武汉市对雇主的访谈中有这样的个案。因为儿媳妇生了孩子，R女士一共雇了3位家政工。其中，一个育婴师，一个打扫卫生及做饭的，还有一个护理老人的，专门照顾她爸爸。她说：“我跟S家政公司的老板现在很熟，时不时要联络下感情，过年过节都要请吃饭、送东西、送购物卡、送钱、买衣服、买这买那，不然不会给你找好的。我们必须把家政公司老板‘供’着，你不把关系搞好，他就把那些临时的派你那去，而不会把那些做得好的介绍给你。说得不好听点，这个行业跟官场差不多，行贿受贿非常严重。现在有钱的人也多，需求也高，都想要做得好的家政工，但是做得好的就那么一点人，怎么办？只有跟我一样，给家政公司老板送钱送东西、请吃饭，这个市场非常乱。比如说，现在在我家做的这个，确实工作做得非常好，想请她的人也多，做一段时间，她就会借故说家里有小孩要带啊，家里有事啊要请假，实际上就是去别家做去了，是老板派去的，也就是说谁出的钱多他就派谁去那。你要留她在这，你就得加工资，你不加，她就去别人家了，这跟什么等级证完全无关，你不加，就被别人挖走了，他们也知道这个现象，所以他们不急，因为这个公司可靠的人就这么几个，大家都想请她。”从R女士的讲述中，也可以了解到这种现象是真实存在的。这严重扰乱了市场秩序，使家政公司无法良性运转，使整个行业无法规范运营，从而使家政工的可信度受到了相当大的影响。

三　武汉市家政行业实现体面劳动的困境

（一）家政工个体维度

1. 安全防护意识薄弱

由于家庭工作是一个与家庭的正常活动联系在一起的，常倾向于被错误地认为是安全和没有威胁的。但实际上家政工作包含着众多严重的风险，如由于长时间工作造成的疲劳，大量重复的弯腰、伸手、提举重物、高温（高温、熨烫）、尖锐物体（刀具）、使用可能有毒的清洁产品和长时间接触粉尘等。表 8 显示武汉的家政工在从事一些有危险性的工作时，有 36.7% 的人会主动采取防护措施并携带设备，有 59.1% 的雇主会提醒并提供防护设备，另外 80.5% 的受访家政工表示没有任何的防护措施和设备。这意味着每 5 位从事危险工作的家政工中可能就有一位不进行任何安全措施的防护，这极大地增加了意外伤害的发生概率。

表 8　家政工进行危险工作时的采取安全措施的情况（武汉，N =423）

项目	安全措施	频率(人)	百分比(%)	有效百分比(%)	累积百分比(%)
有效	自己主动采取防护措施,并且自带设备	151	35.7	36.7	36.7
	雇主提醒采取防护措施,并提供设备	92	21.7	22.4	59.1
	不曾有任何防护措施和设备	88	20.8	21.4	80.5
	其他	80	18.9	19.5	100.0
	合计	411	97.2	100.0	
缺失		12	2.8		
	合计	423	100		

资料来源：2013 年中国家政行业发展困境调查。

2. 维权成本高、阻碍维权路

按照国际劳工组织在《家政工人体面劳动公约》中的基本思路，认为家政工人应当适用劳动关系的国际劳动标准。但是，我国目前尚未将家庭雇佣关系的家政劳动纳入劳动法调整范围的现实使得家政工在维权过程中需要花费大量的时间和精力解决对具体案例中的法律关系认定问题。如果按照劳务关系处理，家政工的工伤问题就难以得到雇主的保护，在实践中，会出现一个案件由于执法机关对于家政行业法律关系认定不同而产生完全不同的结果。同时，在维权过程中要求大量举证，因为举证责任和服务标准认定的不同往往给家政工带来很大的障碍。

表 9　工作中出现侵权情况时，您会采取何种方式解决（武汉，N＝423，多选）

解决方式	私下了结	找政府部门解决	忍气吞声	找新闻媒体	找老乡出主意	其他	找家政公司商	直接向法院起诉	找有同样遭遇的同行集体示威	寻机报复
频率(人)	146	117	98	40	29	26	21	17	9	4
百分比(%)	35.9	28.7	24.1	9.8	7.1	6.4	5.2	4.2	2.2	1.0

资料来源：2013 年中国家政行业发展困境调查。

表 9 显示，当遇到侵权情况时，家政工采取最多的解决方式是私下了结（35.9%），其次分别是找政府部门解决（28.7%）、忍气吞声（24.1%）、找新闻媒体（9.8%）等，而采取直接向法院提起诉讼的比例只有 4.2%。在访谈中我们也了解到，部分家政工曾经就通过诉讼维权的事宜向律师或者同行进行了解，发现不仅要承担聘请律师的费用、长时间的搜集证据、承担交通费用和务工等诸多损失，而且有可能无法如愿以偿获得赔偿，绝大部分家政工放弃了通过法律途径维护个人权益。而私下了结由于能尽快获得现金等物质赔偿，还不耽误寻找新的工作，往往成为家政工首先考虑接受的解决方式。

（二）家政公司维度——家政市场的发展壮大需要政府创新支持体系

作为家政工工作发展的平台，家政公司的健康有序发展对于家政工体面劳动的实现有着关键性的作用。近些年来国家已开始重视家政工的社会保障问题，中央政府鼓励家政公司实行员工制，由家政公司为其员工购买社会保险，同时政府给予企业社会保险补贴，希望通过员工制对家政工进行更多的社会保护，促进体面劳动的实现。从中央到地方都制定了对实行员工制的家政公司的补贴和税收优惠政策。但在实际调研中，我们发现真正实行员工制的家政公司非常少。目前的家政行业现状是，中小家政公司占多数，大部分家政公司无力承担家政工的社会保障费用，由政府出资重点扶持的家政龙头企业也处于对员工制的探索实行中。有的正在实行员工制的家政公司反映，税收减免只在第一年得到执行，后续的补贴和减免一直不到位。有的准备和正在努力向员工制转型的家政公司基本是靠其他非家政业务增加收入。以武汉某家政公司为例，公司实行员工制管理，全员签订劳动合同，购买社会养老保险及意外伤害保险。但采访中我们发现，该公司的经营业务范围非常广泛，实行“以物业带动家政事业的发展，以家政服务促进物业壮大”，同时，组建了由该公司出资，经省妇联、省劳动厅、省民政厅同意、批准、登记注册，省商务厅主管的以培训初、中、高级家政服务员、育婴员、插花员、保洁员为主的职业培训学校，实行校企联合经营管理的模式。实际上单独依靠家政服务的收入很难维持为每一位员工缴纳社会保险的费用，需要依靠物业管理、装饰装修、绿化、水电维修，以及婚介、策划婚庆等营业项目的收入来补贴由于实行员工制给员工上足社会保险所增加的成本。

因此，为了促进更多的家政工实现体面劳动，有良好的工作环境、社会保障和保险，政府除了支持员工制的家政公司发展外，也需要探索新的制度对市场大范围存在的中小型家政公司进行支持。比如根据家政工群体的特殊性，适当降低家政公司为家政工缴纳社会保险的门槛和标准，在保险的选择上，优先考虑工伤保险、医疗保险和养老保险，使家政工人在面临因为长期劳损而出现的伤病和意外伤害时能得到及时的资金进行治疗，同时因为养老得到保障，对家政工群体的稳定也有积极的意义。

（三）政府维度

1. 发展家政行业的理念困境

目前中央和地方政府发展家政行业的总体指导思想是集中力量重点扶持一

批家政企业做大做强，进行规模化、专业化、规范化、品牌化经营，在行业发展中由这些龙头企业起带动作用。纵观目前出台的有关家政行业发展的政策文件，基本上是力导企业向员工制发展，对员工制企业给予补贴或者税收优惠，着眼点首先考虑的是促进就业和 GDP 的增长。“把发展家政服务业与落实各项就业扶持政策紧密结合起来，完善促进就业政策体系。……各级政府及有关部门要将国家和本市促进中小企业发展的政策措施落实到家政服务企业，为企业设立、经营、融资等提供便捷服务。”这些政策反映了政府看待家政行业的视角，但只看到了促进经济发展的一面，而没有看到应通过加强家政工个体发展和利益维护机制保障家政行业人力资源的可持续健康发展，从根本上提升家政行业的品质，实现优质经营。

2. 行业标准的执行困境

家政行业目前缺少统一的行业标准，相同的服务内容其质量标准、收费标准、服务等级的订立都不一样，而各个部门出于不同的政策视角针对家政行业出台了不同的政策规定，但实际执行时却没有一个主管部门能“说一不二”。比如市场上大量中、小型家政公司集中在保洁、小时工等技术含量较低、利润较薄的服务种类的提供上，为了争夺市场，公司往往采取降低服务质量以降低成本的方式形成恶性竞争，损害的是家政工、雇主和公司的多方利益。

3. 网络化平台重复建设

2009 年商务部、财政部发布了《关于推进家政服务网络体系建设的通知》，提出的工作目标包括：从 2009 年起，用 2 ~ 3 年的时间，推动全国各地级以上城市建设“家政服务网络中心”，通过电话、网络等信息手段，无偿为市民、企业提供供需对接服务，建立健全信息咨询、供需对接、人才调配、标准制订、资质认证、服务监督等功能，成为对接供需、规范服务、保障安全的重要载体。整合服务资源，培育服务企业，培训从业人员，形成比较健全的家政服务体系，为扩大城乡居民便利、安全的服务消费提供有力保障。

湖北省积极响应国家号召，于 2009 年当年就决定在湖北武汉、宜昌、襄樊、鄂州四个地区，分别支持建设四个家庭服务平台，每个平台前期补贴 200 万元。2010 年 1 月 1 日，湖北省首个家政服务平台——武汉家庭服务平台正式启动。该平台提出“武汉市民只需拨打一个电话，就能获得所有家庭方面的服务，比如搬家、维修，餐饮、甚至出行医疗等”口号，这是湖北省规模最大的一站式家庭服务中心座席平台。但2010年5月22日，这个湖北省首个家政服务平台——武汉家庭服务平台，在运营5个多月后，宣告暂停服务。在平台开办之初号称3年内投入千万元资金，打造专业的家庭服务管理团队，提升武汉市民生活品质，但实际上才经营不到半年，就偃旗息鼓了。

2010年5月8日，另一家获得政府资金支持的平台——武汉家政服务网络中心正式开通。“家政通”采用拨打统一服务热线的方式，2010年7月特服号96580也已开通。但在实际调研中我们发现，早在2007年5月，武汉市平凡新家政服务公司就成立了网络部，正式将“中国平凡新家政网”上线，是湖北地区第一家以互联网形式为市民提供社区服务的家庭服务平台，有全国的免费统一电话（400-111-5880）。这些由不同部门和公司建立的相对独立的网络平台，看似规模大、资源丰富，但却难以实现家政信息的互联共享，严重阻碍了信息资源的有效开发和利用，削弱了对家政行业规范有序发展的积极促进作用，造成了资源浪费。

B.8

西安市家政工体面劳动情况报告

摘　要：

西安市家政行业的特点是：家政公司规模小、数量多；雇主层次比较高；家政工以国企下岗女工为主体。多重主体整体联动是西安家政行业发展环境的一大亮点。在体面劳动方面，家政工择业自主性强、从业渠道广，但劳动强度大、工作时间长；工作环境相对安全，但就业安全缺乏保障；参与培训率高，职业上升空间大。西安家政工的工作认知良好，工作满意度较高。社会对话情况稍好于其他三个城市。导致西安市家政行业发展困境的因素，除了传统观念的影响外，还体现在政策支持与政策执行的不足、行业协会力量薄弱、家政工自我认知偏差、媒体报道错位等方面。

关键词：

整体联动　工作认知　社会对话

一　西安市家政行业总体情况

西安这个具有浓厚内陆风情的城市，其家政行业也有着鲜明的特色。

就家政行业的载体——家政公司来讲，规模小、数量多是其主要特点。据统计，目前西安市家政公司有300多家，家政协会的会员单位有100多家，注册资金在100万元以上的有16家，注册资金在50万元以上的有20多家，其余都是小公司。龙头企业蒸蒸日上、小型公司遍地开花的现状为该行业的发展带来机遇的同时也为监管带来困境。

就家政行业的客体——雇主来讲，已婚、中青年、高收入、闲暇时间相对较多是西安雇主群体的标签。在本次接受调查的雇主中，已婚雇主的比例高达90.7%；42.6%的雇主年龄为30～39岁，16.7%的雇主的年龄为40～49岁，中青年群体是雇用家政工人的中坚力量；27.8%的雇主月收入在8000元以上，42.6%的雇主月收入为4500～8000元，高收入是雇用家政工人的物质保障（见表1）。30.2%的雇主表示因为没时间整理家务才使用家政服务，低于广州地区（48.7%）、武汉（43.0%）和北京地区（31.6%），说明西安雇主生活节奏相对较慢，空闲时间较多。

表1　西安家政行业雇主基本情况

单位：%

婚姻状况		年龄状况		收入状况	
未婚	5.6	20～29岁	7.4	4500元以下	29.6
已婚	90.7	30～39岁	42.6	4500～8000元	42.6
丧偶	3.7	40～49岁	16.7	8000元以上	27.8
		50岁以上	33.3		

资料来源：本课题组2013年中国家政行业发展困境调查。

就家政行业的主体——家政工来讲，已婚、中年、中等学历、较低收入是该群体的标识，国企下岗女工占主体是西安家政工人的一大特色。在本次接受调查的家政工人中，已婚人群的比例为76.5%，占受访者的绝大多数；年龄为30～49岁的家政工人比例为80%，中年妇女是从业的主力军；受访者中58.1%具有高中以上学历，仍有近半受访者学历不高；高达73.9%的受访者年收入在20000元以下，较低的收入难以维持该群体在城市的生计（见表2）。与其他三个城市显著不同的是，西安从事家政工作的主要群体并不是农村剩余劳动力和城市散工人员，而是国企下岗女工，其比例高达49.2%。

就家政行业的环境——社会支持来讲，多重主体整体联动是西安家政行业发展环境的一大亮点。继国家出台相关政策后，陕西省出台了《陕西省就业专项资金使用管理暂行办法》，下发了《关于开展千户百强家庭服务企业创建

表 2　西安家政行业从业人员基本情况

单位：%

年龄		婚姻状况		学历		收入状况	
20～29 岁	3.4	未婚	2.8	初中及以下	41.9	20000 元以下	73.9
30～39 岁	20.7	已婚	76.5	高中	51.0	20001～30000 元	18.8
40～49 岁	59.3	离异	15.9	专科	6.4	30001～40000 元	4.8
50 岁以上	16.6	丧偶	4.8	本科及以上	0.7	40001 元以上	2.6

资料来源：本课题组 2013 年中国家政行业发展困境调查。

活动的通知》，有力地推动了家政企业规范化发展。2003 年，西安市组建了人社局，成立了联席会议，包括发改委、财政、民政、工会、工青妇以及商务部等部门。2004 年西安市家政行业协会成立，2005 年家政工人们拥有了自己的群体组织——西安家政工工会。它为打通家政工群体的沟通渠道以及 8 个维护家政工人的合法权益、保障家政工人体面劳动搭架了桥梁。

二　西安市家政工人体面劳动现状

（一）家政工人工作状况

1. 择业自主性强，从业渠道广泛

“体面的劳动”意味着工作的选择应该是自主的，就业渠道畅通。调查显示，西安家政工人选择“对家政工作比较感兴趣、愿意从事相关工作”的比例为 40.7%，高于北京（31.3%）、广州（35.7%）、武汉（20.9%），这种积极、自主的态度是做好工作的前提，是体面劳动的重要保障。55.1% 的家政工人通过中介公司（包括家政公司）得到现有工作，28.1% 通过亲友，14.4% 通过自己找到工作，较为广泛的就业渠道为寻找工作的人提供了就业机会（见表 3）。

表3 西安家政工人就业渠道（多选）

渠道	频数(人)	百分比(%)	有效百分比(%)
亲友介绍	82	27.2	28.1
通过中介公司(含家政公司)	161	53.5	55.1
自己找	42	14.0	14.4
其他	7	2.3	2.4
小计	292	97.0	100.0
缺失值	9	3.0	
总计	301	100.0	

资料来源：本课题组2013年中国家政行业发展困境调查。

2. 劳动强度大，工作时间长

国际劳工组织认为，实现体面劳动的目标并不只是为了创造就业岗位，还应该创造出质量可让人接受的就业岗位。表4显示，64.8%的西安被访者认为自己的劳动强度是在较强和很强的区间，高于北京、武汉和广州，居于被调查四地之首。

表4 家政工认为劳动强度“较强”和“很强”

项目	北京(N=300)	广州(N=300)	武汉(N=423)	西安(N=301)
频率(人)	167	148	251	195
比例(%)	55.7	49.3	59.3	64.8

资料来源：本课题组2013年中国家政行业发展困境调查。

值得欣慰的是，西安70.3%的家政工人和雇主约定了每天工作的时间，体现了平等协商的精神，但其中约定时间超过8小时的占50.7%，近半家政工人需要加班加点的工作，确切地来讲，63.7%的家政工人实际工作时间超过了8小时。高劳动强度、长工作时间使得家政工人的休息权和发展权难以得到保障，体面劳动也成为奢谈。

3. 工作环境相对安全，就业安全鲜有保障

保证安全的工作环境，避免工伤事故、伤害和职业病是体面劳动的基本要求。表5显示，西安有52.1%的家政工人在从事一些较危险的工作时自己主动

采取防护措施，并自带设备，21.8%的家政工人由雇主提醒并提供安全防护工具，相对于北京（27.5%、28.1%）、广州（29.3%、19.0%）、武汉（36.7%、22.4%）的自带和雇主提供安全工具比例，西安家政工人的工作环境相对安全。

表5　家政工人从事危险劳动采取防护措施情况统计

单位：%

防护措施	西安(N=301)	北京(N=300)	广州(N=300)	武汉(N=423)
自己采取	52.1	27.5	29.3	36.7
雇主采取	21.8	28.1	19.0	22.4
未采取	16.5	18.3	26.0	21.4
其他	9.6	26.1	25.7	19.5

资料来源：本课题组2013年中国家政行业发展困境调查。

相较于安全的工作环境，就业安全的保护网——社会保险的情况则不容乐观，西安市家政工人的养老保险和医疗保险的参保率为57.1%和64.3%，远高于北京（40.5%、61.0%）、广州（29.8%、34.0%）、武汉（37.4%、34.8%）三地水平。但这很大程度上是因为西安市家政工作主要从业者是当地下岗再就业人员，绝大多数在享受企业为她们缴纳的医疗保险和养老保险，还有其他从业者在享受国家的农村新型合作医疗保险和城市居民医疗保险。被调查的西安家政工人中仅有10.7%享有工伤保险，6.7%享有失业保险，在四地中处于中等水平。这意味着一旦出现工伤事故或失去工作，绝大部分家政工人不会得到应有的赔偿与帮助，后续生活成为难题，生计难以维持（见表6）。

表6　西安家政工人保险享受情况

享受情况	频数(人)	相应百分比(%)	个案百分比(%)
您目前享受养老保险	144	36.5	57.1
医疗保险	162	41.0	64.3
工伤保险	27	6.8	10.7
失业保险	17	4.3	6.7
生育保险	3	0.8	1.2
其他	42	10.6	16.7
总计	395	100.0	156.7

资料来源：本课题组2013年中国家政行业发展困境调查。

4. 参与培训率高，职业上升空间大

培训是帮助家政工人提升自我能力、获得上升空间的重要途径。调查显示，西安家政工人接受家政行业相关培训的比例为90.3%，远远高于北京（78.8%）、广州（47.8%）、武汉（48.9%）。接受培训直接的结果是能够获取相关职业资格证书，因获取证书工资待遇显著提升而见诸媒体的案例早已不再新鲜，本次调查也有力地印证了这一论点。以月嫂证书为例，月嫂证书与家政工人的年收入的相关系数为0.213，p值为0.001，说明二者显著相关，即拥有月嫂证书对获取收入具有较为显著的影响。培训为西安市家政工人职业发展拓宽了渠道，提供了更为广阔的平台与上升空间。

（二）家政工人自我感知状况

1. 工作认知良好，身心仍然疲惫

公正客观地看待自己的工作，认为自身工作是平等的、有社会价值的，改变家政工作“低人一等”、不体面的老传统与老观念是体面工作的开始。调查显示，60.8%的西安家政工人认为自身工作和其他工作一样，是平等的；22.0%的人认为自己的工作很有社会价值，社会很认可；仅有14.9%的家政工人认为工作没地位、没身份、没发展。相较于北京（51.0%、15.4%、25.5%）、广州（54.5%、13%、28.1%）、深圳（47.3%、11.6%、39.9%）三地，西安家政工人对于家政工作的认知最为良好（见表7）。

表7 家政工人对自身工作认知

单位：%

如何评价工作	西安（N＝301）	北京（N＝300）	广州（N＝300）	武汉（N＝423）
跟其他工作平等	60.8	51.0	54.5	47.3
没地位、没身份	14.9	25.5	28.1	39.9
有社会价值	22.0	15.4	13.0	11.6
其他	2.4	8.1	4.3	1.2

资料来源：本课题组2013年中国家政行业发展困境调查。

疲惫、孤独、无聊、烦躁这些负面情绪并没有因为良好的工作认知而消失。在接受调查的西安家政工人中有41.9%坦承从事家政工作后经常感到疲惫不堪，28.6%经常感到孤独与无聊、23.5%经常感到烦躁，相较于北京（29.8%、30.2%、17.7%）、广州（24.1%、15.7%、12%）、武汉（40.1%、18.4%、20.1%），压力大、身心疲惫是西安家政工人不得不面对的事实。工作压力如果不能得到有效的调节与缓解，其工作热情与积极性会受到很大影响。因此帮助家政工人有效应对压力、满足雇主要求应该作为今后工作的重点。

表8　西安家政工人疲劳、孤独、烦躁情况

单位：%

频率	疲惫不堪	孤独、无聊	心理烦躁
经常有	41.9	28.6	23.5
偶尔有	53.3	51.0	58.0
从来没有	4.2	15.6	13.7
其他	0.7	4.8	4.8

资料来源：本课题组2013年中国家政行业发展困境调查。

2. 工作满意度较高，离职想法犹存

在工作中感到快乐和满足是体面工作的一大基石。表9显示，西安家政工人中有61.3%在家政服务中感到了快乐，高于北京（49.3%）、广州（60.0%）、武汉（50.0%），快乐的工作能够有效提升工作效率，提升家政工人的幸福感。但是西安家政工人中有19.9%经常出现辞去目前工作的想法，高于北京（12.7%）、广州（8.3%）、武汉（15.3%）。一方面是较高的工作满意度和快乐，另一方面却是较高的辞去工作的想法，矛盾看似不可调和，但深入分析之后，我们会发现西安的家政工人大部分来自城市的下岗女工，与来自农村或者小城镇的居民相比，城市下岗女工的学历、技能、对于追求更好工作和生活的愿望似乎更强烈些，所以辞去工资相对较低的家政行业工作的想法稍高一些，应该不足为奇。此外，西安家政工工会还定期组

织带领会员去敬老院、寺院、公园等地做义工的活动，为社会做些有意义的事情，贡献出自己的力量也会让家政工人备感幸福，精神上得到满足与提升。

表9　家政工人在工作中感到快乐与满足状况

单位：%

感到快乐满足	西安(N=301)	北京(N=300)	广州(N=300)	武汉(N=423)
非常快乐	9.8	12.0	11.0	9.7
比较快乐	51.5	37.3	49.0	40.3
说不清	22.4	26.0	30.7	36.0
不快乐	10.2	22.7	6.7	11.6
非常不快乐	6.1	2.0	2.7	2.4

资料来源：本课题组2013年中国家政行业发展困境调查。

（三）雇主态度歧视与尊重并存

作为家政公司和家政从业人员的服务对象，雇主的消费需求和消费潜力是家政行业发展的引擎，雇主对于家政工人的态度更是影响家政行业和谐发展的重要因素。在调查中，57.4%的西安雇主对家政工人有地域要求。受传统或个人偏见的影响，很多雇主明确反映不喜欢要来自河南省的家政工人。这从一定程度上就限制了部分来西安工作的家政工人平等择业的自由，为部分家政工人体面劳动埋下了阴影。除了地域歧视之外，西安雇主对于家政工人表示出了足够的尊重。跟家政工人同桌吃饭是尊重、平等待人的重要表现，表10显示，48.1%的西安家政工人表示常常和雇主同桌吃饭，相对于北京（65%）、广州（78.9%）、武汉（25.1%）处于中等水平；仅7.8%的西安家政工人表示遇到过雇主安装摄像头监视自己的情况，远低于北京（19%）、广州（21.1%）、武汉（15.9%）。比起其余三地，西安的雇主较为尊重家政工人的隐私，给予家政工人较多的信任，有助于健康雇佣关系的形成与发展。

表 10　家政工人与雇主同桌吃饭状况统计

单位：%

是否同桌吃饭	西安(N=301)	北京(N=300)	广州(N=300)	武汉(N=423)
从来没有	9.3	11.1	7.4	35.4
偶尔会	42.6	23.9	13.7	39.5
常常会	48.1	65.0	78.9	25.1

资料来源：本课题组 2013 年中国家政行业发展困境调查。

（四）社会对话状况

社会对话包括就有关经济和社会政策中相关利益的议题，发生在政府、雇主和工人代表之间所有类型的谈判、磋商或仅仅是信息交流，是体面劳动的主要追求之一。行业协会和工会组织作为家政工人的“娘家”或者“发声筒”，对各方的交流有着重要的桥梁作用。知晓或加入工会或行业协会有助于提升家政工人社会对话水平。此次接受调查的西安家政工人中有 54.7% 知道当地的家政行业协会，高于北京（33.2%）、广州（22.0%）、武汉（32.6%）。此外，成立于2004 年的西安市家政工工会，作为全国第一个成立的家政工人自己的工会组织，在提升家政工人社会对话水平方面也起到至关重要的作用。该工会现有会员 1000 余人，多年来在主席王葳老师的带领下，举办了一场场丰富多彩的活动，把家政阿姨们的心凝聚到了一起。工会不仅通过举办法律讲座维护家政工人的权益，还带领家政阿姨们集体郊游，领略自然景色的美丽，让她们放松心情，在繁忙枯燥的工作后，享受生活带来的乐趣。

三　西安市家政行业实现体面劳动的困境分析

在调研中我们惊喜地发现了家政工体面劳动状况的进步，也清醒地认识到了问题仍然很严重。这其中的原因可从宏观、中观以及微观三个层面进行探讨。宏观层面既有纵向历史维度上的原因，亦有横向体制、机制、政策导向层面的原因；中观层面主要是政策贯彻执行以及社会组织方面的原因；而微观层面则是对家政工这一职业群体的思想与行为的探究。

（一）宏观层面

1. 残存的传统观念

“奴婢”、“女仆”、“女佣”等字眼虽早已退出历史舞台，但因为思想惯性的存在，并不能排除有的人仍然对家政工抱有此种观念，或者以一种“与时俱进”的新形式出现，而其本质上仍然是对家政工作价值的否定以及家政工人格尊严的践踏。在与雇主的访谈中，我们了解到有些雇主的价值认知偏差极为严重，将家政工物化为商品，认为自己作为雇主便有权力要求家政工事事遵从，俨然一副“老爷”、“太太”姿态。尽管这是比较极端的案例，但也在一定程度上折射出我们整个社会对劳动三六九等之分的观念仍然存在，将家政从业人员视为保姆、下人的思想并未消失。如此看来，人们的思想仍需解放，思想不能解放，行动就难以跟进。

2. 政策导向上的工具理性

工具理性，即将人作为实现某一目的的工具，漠视人的情感和精神价值。我们并不否认国家和地方政府出台各项政策的最终目的在于增进社会福祉，但是综观国家和陕西省、西安市出台的各项政策，工具理性的色彩浓厚。2009 年，商务部、财政部、全国总工会在其下发的《关于实施“家政服务工程”的通知》中明确表示，实施“家政服务工程”的目的在于“进一步促进家政服务就业，扩大家政服务消费”；陕西省则在其《关于加快发展家庭服务业的意见》中强调“各地要将家庭服务业作为促进服务业发展的支持重点”，并要“鼓励农村富余劳动力、就业困难人员和各类学校毕业生到家庭服务业就业创业”。对于实现家政从业者的体面劳动、维护她们合法权益类似的语句，全文仅有一处。家政行业对于吸纳就业困难人员确实能够起到可观的作用，而这对于改善民生、促进经济发展、维护社会稳定也着实有效，所以工具理性可以存在，但不能完全主导政府决策，机会均等、公平正义等价值理念不能缺失。

3. 财政支持机制与资源配置不佳

虽然国家已经出台相关财政支持政策，但它却没有实现预期的成效，就像西安市家协 S 会长所说，“这个蛋糕看着很诱人，但我们并没有享受到”。国家支持员工制家政公司发展，对其实行免征营业税的规定，但这一优惠政策在西安几乎是形同虚设，因为据S会长所说“我们陕西省，没有一家实行员工制的（家政）企业”。尽管没有员工制企业，但这一政策着实激发了准员工制企业的兴起，准员工制可以为家政工提供培训，但同样无法解决家政工的参保问题，所以准员工制与中介制没有本质上的区别。政府以能否提供培训为准向家政公司提供培训补贴，所以政府的大部分财政资源支持投向了规模较大的所谓“龙头企业”，忽略了小微企业，造成了资源配置的不均。另外，这些“龙头企业”和工会也没能做到为所有的家政工提供培训，这其中原因种种，有信息流通不畅、区域分割等，最终给家政工的发展造成了机会不公平和极大的限制。因此，政府财政支持机制的疏漏在无形中给家政行业的发展带来了困难。

4. 政策适配性有待提高

我国《劳动法》并没有把家政工纳入社会保护范围之内，使得家政工人无法享受工伤、医疗、失业、养老等社会保障。而那些被社会保障覆盖到的家政工人，也多是自己承担着社会保险费用。在西安，一名林姓从业者告诉我们，由于自己下岗早，并没有任何保险。为了能让自己在老年时有份保障，她一直在缴纳城市居民社会保险，但缴纳费用较高，一年的工钱都花在这上面了。她每天做两份工，上班来回倒车，从早忙到晚，非常辛苦，但之所以能坚持下来，就是为了赚钱来缴纳社会保险金。然而还有很多家政工人们，她们很清楚缴纳社会保险金的重要性，却无奈承担不起缴付额度，被排除在社会保险之外。

虽然国家正在鼓励家政公司实行员工制发展模式，由企业为家政工购买社会保险，但受资金和政策的限制，西安的家政公司目前仍是以中介式为主，还没有一家完全意义上的员工制家政企业。家政工人和公司签订的是劳务合同，并非劳动合同，而劳务合同并没有五险一金。虽然部分所谓“准员工制”的企业已在为员工购买意外伤害险等商业保险，但这对于全面保障家政工人仍显得力所不及。要实现让家政企业为家政工人购买社会保险，仍有很长的路要走。

（二）中观层面

宏观层面的原因与顶层设计联系较密切，中观层面更多地涉及对政府政策执行以及政府与社会组织间关系等方面的探讨，中观层面较之宏观层面的原因可能起着更直接的作用。

1. 政策执行中的利益争夺

首先，政府部门各自为政，并未形成合力。据西安市人社局S局长所述，“按照国家和省人社厅三号文件的安排，他们成立了联席会议，联席会议除西安市人社局之外还包括了其他七个部门”。调研中我们了解到这七个部门并没有如人们所期望的那般，而是各有其部门利益。陕西省家协L副会长直言：“政府应该形成系统化的思维，也就是说可以由一家政府部门解决的事情，就不要再让其他政府部门干预，而且政府制定的政策不要在这个部门行得通，在那个部门却行不通，这样让企业就很为难。”

其次，政府某些相关部门直接参与到与民争利中。政府某些部门在执行家政培训补贴政策时，为得到这一资金，与企业争夺培训机会，或者是政府与企业合作，以此寻租。家政是微利行业，这是众所周知的，国家为鼓励家政发展，给家政工提供更多、更好的培训，给企业和家政工减负推出了资金补贴，但即便如此，有的政府部门还不依不饶。既然如此，又拿什么来实现家政工人的体面劳动。

2. 群体失语的监管

监管应该贯穿政府政策制定、执行以及企业政策遵循的过程。监管需是有力的，监督主体的声音该是响亮的。监管机制应是一套能够反映家政工的需求与愿望、反馈政策执行的实情，进而调节政策执行、矫正执行偏差的系统。然而，期望与现实之间总还有一段距离。

对于政策的制定与执行，陕西省家协L副会长说，“希望政府在制定政策时也听听我们的意见”，由此可见，政策的制定过程是比较封闭的，加之在政策执行中，无论是家协、家政工工会抑或家政公司与政府间都没有形成顺畅的沟通、协调机制，所以对政府政策执行的监管很是困难。

作为理论上监管企业政策执行最为直接、有效的主体——家政工，她们的

监管意愿却比较低，主要因为她们对政策法规的了解太少，对诸如劳动者的合法权益究竟有哪些、签订劳动合同有何必要性、具体又包括哪些内容、自己和家政公司、雇主间的关系定位到底是怎样的等问题，她们缺少非常清晰的认识。在这种认识模糊的情况下，她们怀着不给自己找麻烦的心态，不愿去过问公司的任何情况，对雇主多是迁就、顺从，而这也给政府、社会了解她们的真实情况造成了极大的滞后性。表 11 显示，面对雇主的辱骂、威胁、拖欠工资等不合理、不合法的行径，14.8% 的西安家政工人选择私了解决，12.9% 选择忍气吞声，其比例虽然低于北京（16.3%、23.4%）、广州（21.4%、19.3%）、武汉（35.9%、24.1%），但也说明仍有不在少数的家政工面对合法权益侵犯时，敢怒不敢言，体面劳动仍只是空中楼阁。整个行业因此形成了大面积的监管失语状态，所以即便政府专门出台针对家政工体面劳动的政策，如此状态，又怎能保证有效落实。

表 11　西安家政工人维权情况

解决方法	频数(人)	相应百分比(%)	个案百分比(%)
与权利同被侵犯的同行集体示威来解决	7	1.7	2.7
私了	39	9.7	14.8
忍气吞声	34	8.4	12.9
报复	2	0.5	0.8
找新闻媒体解决	18	4.5	6.8
找老乡帮忙	23	5.7	8.7
找政府相关部门解决	104	25.7	39.4
直接将对方告向法院	9	2.2	3.4
找公司协商解决	153	37.9	58.0
其他	15	3.7	5.7
总计	404	100.0	153.0

资料来源：本课题组“2013 年中国家政行业发展困境调查”。

3. 家协、家政工工会力量孱弱

家协、家政工工会作为推进行业自律、传达家政工利益诉求、维护劳动者合法权益的社会组织理应发展壮大，发挥更大的积极作用。但是在实际运行过程中，它们近乎在夹缝中求生存，发展艰难，面临着严重的资金瓶颈，没有资金便不能开展各种活动，也就无法让会员切实得到实实在在的好处，社会影响力也就随之下降，甚至导致协会生存成为难题。据西安家协 S 会长所说，会员单位都很不情愿向家政协会缴纳会费。这种情况无疑进一步削弱了家协的力量与影响力。

家协、家政工工会力量的孱弱根源于政府对社会组织发展条件反射式的忧虑，这又何尝不是政府治理能力、风险应对能力脆弱的表现。就目前情况来看，家政工工会、家协孤立无援的发展环境对家政工最为不利，最重要的原因是家政工会是家政工体面劳动最主要的支持者，家政工会是家政工与雇主、公司，甚至政府间沟通最坚固的桥梁，也是家政工最可信赖的“代言人”。然而，它的脆弱注定了只能是有心无力，这对家政工来讲是一个残酷的现实。

（三）微观层面

1. 自我认知偏差

能力是体面劳动的“本钱”。在与雇主的访谈中，我们了解到有的家政工人职业技能水平比较低，如不会讲普通话、缺少烹饪和一些基本的生活常识等，这给她们之间的沟通、共处带来了很大不便，但在有的家政工看来，这并不算什么大问题，是雇主过于挑剔了。本次接受调查的西安家政工人中仅有 22.5% 持有育婴师证书，13.3% 持有烹饪证书，23.9% 持有月嫂证。持有证书并不能说明一切，但至少可以在一定程度上证明家政工人在相关领域具备从业资格和能力，较低的证书持有率说明家政工人自身的职业能力与水平亟须提升。同时，有 49.8% 的家政工人认为雇主太挑剔而萌生辞掉目前工作的想法。打铁还需自身硬，除了职业能力之外，家政工人沟通能力、危机意识、适应能力较差也是不争的事实。体面劳动的关键在于自身能力的锻炼与提升。现状也许无法立马改变，自身却可以产生日新月异的变化。

2. 媒体报道略有错位

除了职业技能上的不足外，也确实存在部分家政工职业操守不高的问题。诸如偷东西、虐待儿童、虐待老人、泄露雇主的隐私等事件确有发生。尽管只是个别事件，但对整个行业以及家政从业人员的形象造成的影响是相当恶劣

的。访谈中西安家政协会 S 会长提到，他们调查发现，像静脉曲张、肩周炎、颈椎病、骨质增生、手指关节变形，都是这个行业的职业病，是长年累月辛勤劳作留下的病根，但是新闻媒体不报道。但是只要出一点事，比如某个家政工人虐待了孩子或者老人，媒体就会宣传得满天飞。新闻媒体的舆论导向对于家政行业的发展、家政工人的体面劳动有着至关重要的影响。片面的媒体宣传与报道使得家政工人的形象直接坠入谷底。但是如果家政服务人员不提高自身的职业道德修养，又怎能赢来别人的认可与尊重，而这从根本上还是要靠家政工自身的积极主动，否则，一切努力都是无用的。

B.9

后 记

本书是基于三个公益项目的调研结果撰写而成，其中包括：由广东省绿芽乡村妇女发展基金会资助、湖北省如若妇女发展研究中心执行的“流动女性城镇融入调研项目”；由乐施会资助、北京农家女文化发展中心及广东省绿芽乡村妇女发展基金会合作开展的“中国家政行业发展困境调研与研讨会项目”及“广州流动女性青少年发展项目”。项目开展过程中，我们得到了北京、西安、武汉、广州四地相关政府部门、行业协会、公司企业、学校的大力支持。中山大学劳工研究与服务中心团队对广州地区的调研贡献良多。本书出版得到了乐施会及热心人士洪亿民先生的资助。对于各方支持，项目团队在此一并致谢。

城镇化建设进程中乡村妇女的发展，需要乡村妇女主体的自觉自强，也需要政府、行业、学界、NGO 等社会各界的关注与支持，冀望未来有更多的公共资源与社会资源有效投入乡村妇女发展事业中来，为广大乡村妇女创造更美好的人生助力。

中国皮书网

www.pishu.cn

发布皮书研创资讯，传播皮书精彩内容
引领皮书出版潮流，打造皮书服务平台

栏目设置：

□ 资讯：皮书动态、皮书观点、皮书数据、 皮书报道、皮书新书发布会、电子期刊
□ 标准：皮书评价、皮书研究、皮书规范、皮书专家、编撰团队
□ 服务：最新皮书、皮书书目、重点推荐、在线购书
□ 链接：皮书数据库、皮书博客、皮书微博、出版社首页、在线书城
□ 搜索：资讯、图书、研究动态
□ 互动：皮书论坛

中国皮书网依托皮书系列“权威、前沿、原创”的优质内容资源，通过文字、图片、音频、视频等多种元素，在皮书研创者、使用者之间搭建了一个成果展示、资源共享的互动平台。

自2005年12月正式上线以来，中国皮书网的IP访问量、PV浏览量与日俱增，受到海内外研究者、公务人员、商务人士以及专业读者的广泛关注。

2008年、2011年中国皮书网均在全国新闻出版业网站荣誉评选中获得“最具商业价值网站”称号。

2012年，中国皮书网在全国新闻出版业网站系列荣誉评选中获得“出版业网站百强”称号。

首页 数据库检索 学术资源群 我的文献库 皮书全动态 有奖调查 皮书报道 皮书研究 联系我们 读者荐购 搜索报告

权威报告　热点资讯　海量资源

当代中国与世界发展的高端智库平台

皮书数据库　www.pishu.com.cn

皮书数据库是专业的人文社会科学综合学术资源总库，以大型连续性图书——皮书系列为基础，整合国内外相关资讯构建而成。该数据库包含七大子库，涵盖两百多个主题，囊括了近十几年间中国与世界经济社会发展报告，覆盖经济、社会、政治、文化、教育、国际问题等多个领域。

皮书数据库以篇章为基本单位，方便用户对皮书内容的阅读需求。用户可进行全文检索，也可对文献题目、内容提要、作者名称、作者单位、关键字等基本信息进行检索，还可对检索到的篇章再作二次筛选，进行在线阅读或下载阅读。智能多维度导航，可使用户根据自己熟知的分类标准进行分类导航筛选，使查找和检索更高效、便捷。

权威的研究报告、独特的调研数据、前沿的热点资讯，皮书数据库已发展成为国内最具影响力的关于中国与世界现实问题研究的成果库和资讯库。

皮书俱乐部会员服务指南

1. 谁能成为皮书俱乐部成员？

- 皮书作者自动成为俱乐部会员
- 购买了皮书产品（纸质皮书、电子书）的个人用户

2. 会员可以享受的增值服务

- 加入皮书俱乐部，免费获赠该纸质图书的电子书
- 免费获赠皮书数据库100元充值卡
- 免费定期获赠皮书电子期刊
- 优先参与各类皮书学术活动
- 优先享受皮书产品的最新优惠

社会科学文献出版社 SOCIAL SCIENCES ACADEMIC PRESS (CHINA) 皮书系列
卡号：804227805369
密码：

3. 如何享受增值服务？

（1）加入皮书俱乐部，获赠该书的电子书

第1步 登录我社官网（www.ssap.com.cn），注册账号；

第2步 登录并进入“会员中心”—“皮书俱乐部”，提交加入皮书俱乐部申请；

第3步 审核通过后，自动进入俱乐部服务环节，填写相关购书信息即可自动兑换相应电子书。

（2）免费获赠皮书数据库100元充值卡

100元充值卡只能在皮书数据库中充值和使用

第1步 刮开附赠充值的涂层（左下）；

第2步 登录皮书数据库网站（www.pishu.com.cn），注册账号；

第3步 登录并进入“会员中心”—“在线充值”—“充值卡充值”，充值成功后即可使用。

4. 声明

解释权归社会科学文献出版社所有

皮书俱乐部会员可享受社会科学文献出版社其他相关免费增值服务，有任何疑问，均可与我们联系
联系电话：010-59367227　企业QQ：800045692　邮箱：pishuclub@ssap.cn
欢迎登录社会科学文献出版社官网（www.ssap.com.cn）和中国皮书网（www.pishu.cn）了解更多信息

B经济蓝皮书
LUE BOOK OF CHINA'S ECONOMY
B金融蓝皮书
LUE BOOK OF FINANCE
G气候变化绿皮书
REEN BOOK OF CLIMATE CHANGE
SSAP

B社会蓝皮书
LUE BOOK OF CHINA'S SOCIETY
B法治蓝皮书
LUE BOOK OF RULE OF LAW
B西部蓝皮书
LUE BOOK OF WESTERN CHINA
SSAP

B新媒体蓝皮书
LUE BOOK OF NEW MEDIA
B欧洲蓝皮书
LUE BOOK OF EUROPE
Y世界经济黄皮书
ELLOW BOOK OF WORLD ECONOMY
SSAP

法律声明

“皮书系列”（含蓝皮书、绿皮书、黄皮书）由社会科学文献出版社最早使用并对外推广，现已成为中国图书市场上流行的品牌，是社会科学文献出版社的品牌图书。社会科学文献出版社拥有该系列图书的专有出版权和网络传播权，其 LOGO（ ）与“经济蓝皮书”、“社会蓝皮书”等皮书名称已在中华人民共和国工商行政管理总局商标局登记注册，社会科学文献出版社合法拥有其商标专用权。

未经社会科学文献出版社的授权和许可，任何复制、模仿或以其他方式侵害“皮书系列”和 LOGO（ ）、“经济蓝皮书”、“社会蓝皮书”等皮书名称商标专用权的行为均属于侵权行为，社会科学文献出版社将采取法律手段追究其法律责任，维护合法权益。

欢迎社会各界人士对侵犯社会科学文献出版社上述权利的违法行为进行举报。电话：010－59367121，电子邮箱：fawubu@ssap.cn。

社会科学文献出版社

权威·前沿·原创

社会科学文献出版社

皮书系列

2014年

盘点年度资讯 预测时代前程

社会科学文献出版社 学术传播中心 编制

社长致辞

我们是图书出版者，更是人文社会科学内容资源供应商；

我们背靠中国社会科学院，面向中国与世界人文社会科学界，坚持为人文社会科学的繁荣与发展服务；

我们精心打造权威信息资源整合平台，坚持为中国经济与社会的繁荣与发展提供决策咨询服务；

我们以读者定位自身，立志让爱书人读到好书，让求知者获得知识；

我们精心编辑、设计每一本好书以形成品牌张力，以优秀的品牌形象服务读者，开拓市场；

我们始终坚持“创社科经典，出传世文献”的经营理念，坚持“权威、前沿、原创”的产品特色；

我们“以人为本”，提倡阳光下创业，员工与企业共享发展之成果；

我们立足于现实，认真对待我们的优势、劣势，我们更着眼于未来，以不断的学习与创新适应不断变化的世界，以不断的努力提升自己的实力；

我们愿与社会各界友好合作，共享人文社会科学发展之成果，共同推动中国学术出版乃至内容产业的繁荣与发展。

社会科学文献出版社社长

中国社会学会秘书长

2014 年 1 月

“皮书”起源于十七、十八世纪的英国，主要指官方或社会组织正式发表的重要文件或报告，多以“白皮书”命名。在中国，“皮书”这一概念被社会广泛接受，并被成功运作、发展成为一种全新的出版形态，则源于中国社会科学院社会科学文献出版社。

皮书是对中国与世界发展状况和热点问题进行年度监测，以专家和学术的视角，针对某一领域或区域现状与发展态势展开分析和预测，具备权威性、前沿性、原创性、实证性、时效性等特点的连续性公开出版物，由一系列权威研究报告组成。皮书系列是社会科学文献出版社编辑出版的蓝皮书、绿皮书、黄皮书等的统称。

皮书系列的作者以中国社会科学院、著名高校、地方社会科学院的研究人员为主，多为国内一流研究机构的权威专家学者，他们的看法和观点代表了学界对中国与世界的现实和未来最高水平的解读与分析。

自 20 世纪 90 年代末推出以经济蓝皮书为开端的皮书系列以来，至今已出版皮书近 1000 余部，内容涵盖经济、社会、政法、文化传媒、行业、地方发展、国际形势等领域。皮书系列已成为社会科学文献出版社的著名图书品牌和中国社会科学院的知名学术品牌。

皮书系列在数字出版和国际出版方面成就斐然。皮书数据库被评为“2008~2009 年度数字出版知名品牌”；经济蓝皮书、社会蓝皮书等十几种皮书每年还由国外知名学术出版机构出版英文版、俄文版、韩文版和日文版，面向全球发行。

2011 年，皮书系列正式列入“十二五”国家重点出版规划项目，一年一度的皮书年会升格由中国社会科学院主办；2012 年，部分重点皮书列入中国社会科学院承担的国家哲学社会科学创新工程项目。

经 济 类

经济类皮书涵盖宏观经济、城市经济、大区域经济，提供权威、前沿的分析与预测

经济蓝皮书

2014 年中国经济形势分析与预测

李 扬 / 主编 2013 年 12 月出版 定价 :69.00 元

◆ 本书课题为“总理基金项目”，由著名经济学家李扬领衔，联合数十家科研机构、国家部委和高等院校的专家共同撰写，对 2013 年中国宏观及微观经济形势，特别是全球金融危机及其对中国经济的影响进行了深入分析，并且提出了 2014 年经济走势的预测。

世界经济黄皮书

2014 年世界经济形势分析与预测

王洛林 张宇燕 / 主编 2014 年 1 月出版 定价 :69.00 元

◆ 2013 年的世界经济仍旧行进在坎坷复苏的道路上。发达经济体经济复苏继续巩固，美国和日本经济进入低速增长通道,欧元区结束衰退并呈复苏迹象。本书展望 2014 年世界经济，预计全球经济增长仍将维持在中低速的水平上。

工业化蓝皮书

中国工业化进程报告（2014）

黄群慧 吕 铁 李晓华 等 / 著 2014 年 11 月出版 估价 :89.00 元

◆ 中国的工业化是事关中华民族复兴的伟大事业，分析跟踪研究中国的工业化进程，无疑具有重大意义。科学评价与客观认识我国的工业化水平，对于我国明确自身发展中的优势和不足，对于经济结构的升级与转型，对于制定经济发展政策，从而提升我国的现代化水平具有重要作用。

金融蓝皮书

中国金融发展报告（2014）

李　扬　王国刚 / 主编　2013 年 12 月出版　　定价 :65.00 元

◆　由中国社会科学院金融研究所组织编写的《中国金融发展报告（2014）》，概括和分析了 2013 年中国金融发展和运行中的各方面情况,研讨和评论了 2013 年发生的主要金融事件。本书由业内专家和青年精英联合编著，有利于读者了解掌握 2013 年中国的金融状况，把握 2014 年中国金融的走势。

城市竞争力蓝皮书

中国城市竞争力报告 No.12

倪鹏飞 / 主编　　2014 年 5 月出版　　定价 :89.00 元

◆　本书由中国社会科学院城市与竞争力研究中心主任倪鹏飞主持编写，汇集了众多研究城市经济问题的专家学者关于城市竞争力研究的最新成果。本报告构建了一套科学的城市竞争力评价指标体系，采用第一手数据材料，对国内重点城市年度竞争力格局变化进行客观分析和综合比较、排名，对研究城市经济及城市竞争力极具参考价值。

中国省域竞争力蓝皮书

“十二五”中期中国省域经济综合竞争力发展报告

李建平　李闽榕　高燕京 / 主编　　2014 年 3 月出版　定价 :198.00 元

◆　本书充分运用数理分析、空间分析、规范分析与实证分析相结合、定性分析与定量分析相结合的方法，建立起比较科学完善、符合中国国情的省域经济综合竞争力指标评价体系及数学模型，对 2011~2012 年中国内地 31 个省、市、区的经济综合竞争力进行全面、深入、科学的总体评价与比较分析。

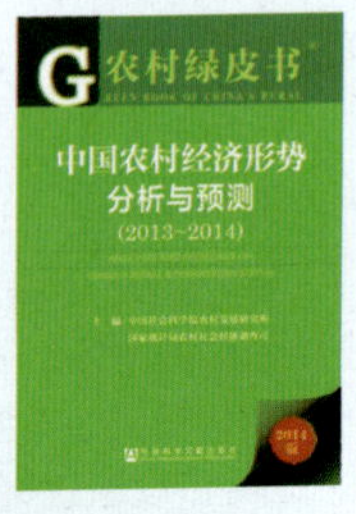

农村经济绿皮书

中国农村经济形势分析与预测 (2013~2014)

中国社会科学院农村发展研究所　国家统计局农村社会经济调查司 / 著

2014 年 4 月出版　　定价 :69.00 元

◆　本书对 2013 年中国农业和农村经济运行情况进行了系统的分析和评价，对 2014 年中国农业和农村经济发展趋势进行了预测，并提出相应的政策建议，专题部分将围绕某个重大的理论和现实问题进行多维、深入、细致的分析和探讨。

西部蓝皮书

中国西部发展报告（2014）

姚慧琴　徐璋勇 / 主编　　2014 年 7 月出版　　定价 :89.00 元

◆　本书由西北大学中国西部经济发展研究中心主编，汇集了源自西部本土以及国内研究西部问题的权威专家的第一手资料，对国家实施西部大开发战略进行年度动态跟踪，并对 2014 年西部经济、社会发展态势进行预测和展望。

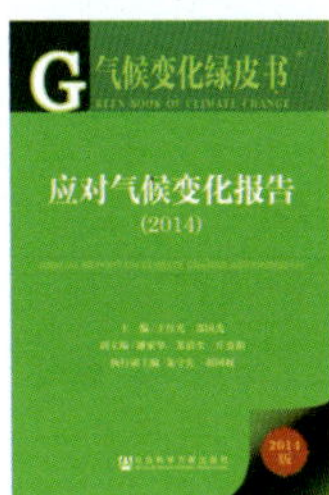

气候变化绿皮书

应对气候变化报告（2014）

王伟光　郑国光 / 主编　　2014 年 11 月出版　　估价 :79.00 元

◆　本书由社科院城环所和国家气候中心共同组织编写，各篇报告的作者长期从事气候变化科学问题、社会经济影响，以及国际气候制度等领域的研究工作，密切跟踪国际谈判的进程，参与国家应对气候变化相关政策的咨询，有丰富的理论与实践经验。

就业蓝皮书

2014 年中国大学生就业报告

麦可思研究院 / 编著　王伯庆　周凌波 / 主审
2014 年 6 月出版　定价 :98.00 元

◆　本书是迄今为止关于中国应届大学毕业生就业、大学毕业生中期职业发展及高等教育人口流动情况的视野最为宽广、资料最为翔实、分类最为精细的实证调查和定量研究；为我国教育主管部门的教育决策提供了极有价值的参考。

企业社会责任蓝皮书

中国企业社会责任研究报告（2014）

黄群慧　彭华岗　钟宏武　张　蒽 / 编著
2014 年 11 月出版　估价 :69.00 元

◆　本书系中国社会科学院经济学部企业社会责任研究中心组织编写的《企业社会责任蓝皮书》2014 年分册。该书在对企业社会责任进行宏观总体研究的基础上，根据 2013 年企业社会责任及相关背景进行了创新研究，在全国企业中观层面对企业健全社会责任管理体系提供了弥足珍贵的丰富信息。

社会政法类

社会政法类皮书聚焦社会发展领域的热点、难点问题，
提供权威、原创的资讯与视点

社会蓝皮书

2014年中国社会形势分析与预测

李培林　陈光金　张　翼 / 主编　2013年12月出版　定价 :69.00 元

◆　本报告是中国社会科学院“社会形势分析与预测”课题组2014年度分析报告，由中国社会科学院社会学研究所组织研究机构专家、高校学者和政府研究人员撰写。对2013年中国社会发展的各个方面内容进行了权威解读，同时对2014年社会形势发展趋势进行了预测。

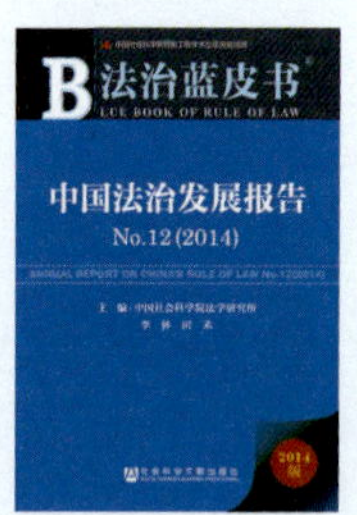

法治蓝皮书

中国法治发展报告 No.12（2014）

李　林　田　禾 / 主编　　2014年2月出版　　定价 :98.00 元

◆　本年度法治蓝皮书一如既往秉承关注中国法治发展进程中的焦点问题的特点，回顾总结了2013年度中国法治发展取得的成就和存在的不足，并对2014年中国法治发展形势进行了预测和展望。

民间组织蓝皮书

中国民间组织报告（2014）

黄晓勇 / 主编　　2014年11月出版　　估价 :69.00 元

◆　本报告是中国社会科学院“民间组织与公共治理研究”课题组推出的第五本民间组织蓝皮书。基于国家权威统计数据、实地调研和广泛搜集的资料，本报告对2013年以来我国民间组织的发展现状、热点专题、改革趋势等问题进行了深入研究，并提出了相应的政策建议。

社会保障绿皮书

中国社会保障发展报告（2014）No.6

王延中 / 主编　2014 年 9 月出版　定价 :79.00 元

◆　社会保障是调节收入分配的重要工具，随着社会保障制度的不断建立健全、社会保障覆盖面的不断扩大和社会保障资金的不断增加，社会保障在调节收入分配中的重要性不断提高。本书全面评述了 2013 年以来社会保障制度各个主要领域的发展情况。

环境绿皮书

中国环境发展报告（2014）

刘鉴强 / 主编　2014 年 5 月出版　定价 :79.00 元

◆　本书由民间环保组织“自然之友”组织编写，由特别关注、生态保护、宜居城市、可持续消费以及政策与治理等版块构成，以公共利益的视角记录、审视和思考中国环境状况，呈现 2013 年中国环境与可持续发展领域的全局态势，用深刻的思考、科学的数据分析 2013 年的环境热点事件。

教育蓝皮书

中国教育发展报告（2014）

杨东平 / 主编　2014 年 5 月出版　定价 :79.00 元

◆　本书站在教育前沿，突出教育中的问题，特别是对当前教育改革中出现的教育公平、高校教育结构调整、义务教育均衡发展等问题进行了深入分析，从教育的内在发展谈教育，又从外部条件来谈教育，具有重要的现实意义，对我国的教育体制的改革与发展具有一定的学术价值和参考意义。

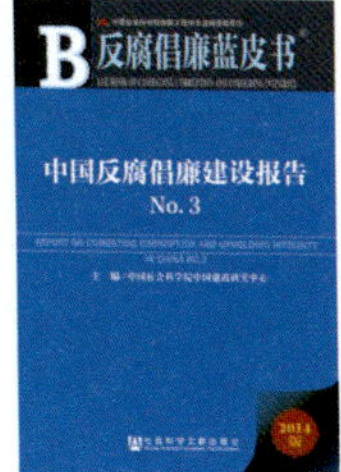

反腐倡廉蓝皮书

中国反腐倡廉建设报告 No.3

李秋芳 / 主编　2014 年 1 月出版　定价 :79.00 元

◆　本书抓住了若干社会热点和焦点问题，全面反映了新时期新阶段中国反腐倡廉面对的严峻局面，以及中国共产党反腐倡廉建设的新实践新成果。根据实地调研、问卷调查和舆情分析，梳理了当下社会普遍关注的与反腐败密切相关的热点问题。

行业报告类

行业报告类皮书立足重点行业、新兴行业领域，
提供及时、前瞻的数据与信息

房地产蓝皮书

中国房地产发展报告 No.11（2014）

魏后凯　李景国 / 主编　　2014 年 5 月出版　　定价 :79.00 元

◆　本书由中国社会科学院城市发展与环境研究所组织编写，秉承客观公正、科学中立的原则，深度解析 2013 年中国房地产发展的形势和存在的主要矛盾，并预测 2014 年及未来 10 年或更长时间的房地产发展大势。观点精辟，数据翔实，对关注房地产市场的各阶层人士极具参考价值。

旅游绿皮书

2013~2014 年中国旅游发展分析与预测

宋　瑞 / 主编　　2013 年 12 月出版　　定价 :79.00 元

◆　如何从全球的视野理性审视中国旅游，如何在世界旅游版图上客观定位中国，如何积极有效地推进中国旅游的世界化，如何制定中国实现世界旅游强国梦想的线路图？本年度开始，《旅游绿皮书》将围绕“世界与中国”这一主题进行系列研究，以期为推进中国旅游的长远发展提供科学参考和智力支持。

信息化蓝皮书

中国信息化形势分析与预测（2014）

周宏仁 / 主编　　2014 年 8 月出版　　定价 :98.00 元

◆　本书在以中国信息化发展的分析和预测为重点的同时，反映了过去一年间中国信息化关注的重点和热点，视野宽阔，观点新颖，内容丰富，数据翔实，对中国信息化的发展有很强的指导性，可读性很强。

企业蓝皮书

中国企业竞争力报告（2014）

金　碚 / 主编　　2014 年 11 月出版　　估价 :89.00 元

◆　中国经济正处于新一轮的经济波动中，如何保持稳健的经营心态和经营方式并进一步求发展，对于企业保持并提升核心竞争力至关重要。本书利用上市公司的财务数据，研究上市公司竞争力变化的最新趋势，探索进一步提升中国企业国际竞争力的有效途径，这无论对实践工作者还是理论研究者都具有重大意义。

食品药品蓝皮书

食品药品安全与监管政策研究报告（2014）

唐民皓 / 主编　　2014 年 11 月出版　　估价 :69.00 元

◆　食品药品安全是当下社会关注的焦点问题之一，如何破解食品药品安全监管重点难点问题是需要以社会合力才能解决的系统工程。本书围绕安全热点问题、监管重点问题和政策焦点问题，注重于对食品药品公共政策和行政监管体制的探索和研究。

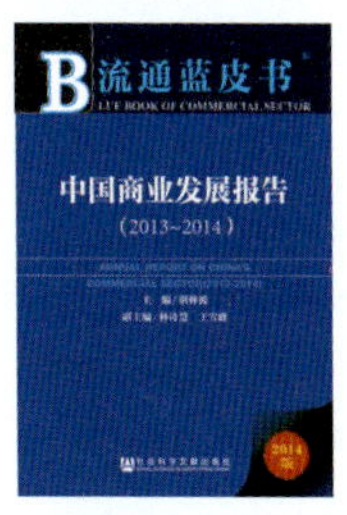

流通蓝皮书

中国商业发展报告（2013~2014）

荆林波 / 主编　　2014 年 5 月出版　　定价 :89.00 元

◆　《中国商业发展报告》是中国社会科学院财经战略研究院与香港利丰研究中心合作的成果，并且在 2010 年开始以中英文版同步在全球发行。蓝皮书从关注中国宏观经济出发，突出中国流通业的宏观背景反映了本年度中国流通业发展的状况。

住房绿皮书

中国住房发展报告（2013~2014）

倪鹏飞 / 主编　　2013 年 12 月出版　　定价 :79.00 元

◆　本报告从宏观背景、市场主体、市场体系、公共政策和年度主题五个方面，对中国住宅市场体系做了全面系统的分析、预测与评价，并给出了相关政策建议，并在评述 2012~2013 年住房及相关市场走势的基础上，预测了 2013~2014 年住房及相关市场的发展变化。

国别与地区类

国别与地区类皮书关注全球重点国家与地区，
提供全面、独特的解读与研究

亚太蓝皮书

亚太地区发展报告（2014）

李向阳 / 主编　　2014 年 1 月出版　　定价 :59.00 元

◆　本书是由中国社会科学院亚太与全球战略研究院精心打造的又一品牌皮书，关注时下亚太地区局势发展动向里隐藏的中长趋势，剖析亚太地区政治与安全格局下的区域形势最新动向以及地区关系发展的热点问题，并对 2014 年亚太地区重大动态作出前瞻性的分析与预测。

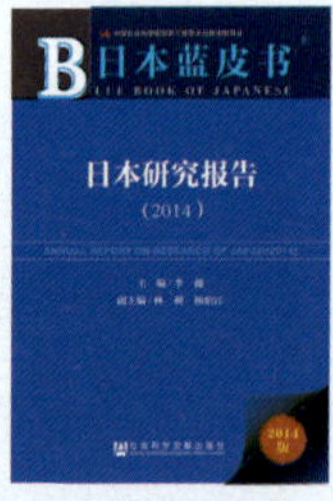

日本蓝皮书

日本研究报告（2014）

李　薇 / 主编　　2014 年 3 月出版　　定价 :69.00 元

◆　本书由中华日本学会、中国社会科学院日本研究所合作推出，是以中国社会科学院日本研究所的研究人员为主完成的研究成果。对 2013 年日本的政治、外交、经济、社会文化作了回顾、分析与展望，并收录了该年度日本大事记。

欧洲蓝皮书

欧洲发展报告 (2013~2014)

周　弘 / 主编　　2014 年 6 月出版　　定价 :89.00 元

◆　本年度的欧洲发展报告，对欧洲经济、政治、社会、外交等方面的形势进行了跟踪介绍与分析。力求反映作为一个整体的欧盟及 30 多个欧洲国家在 2013 年出现的各种变化。

拉美黄皮书

拉丁美洲和加勒比发展报告（2013~2014）

吴白乙 / 主编　2014 年 4 月出版　定价 :89.00 元

◆　本书是中国社会科学院拉丁美洲研究所的第 13 份关于拉丁美洲和加勒比地区发展形势状况的年度报告。本书对 2013 年拉丁美洲和加勒比地区诸国的政治、经济、社会、外交等方面的发展情况做了系统介绍，对该地区相关国家的热点及焦点问题进行了总结和分析，并在此基础上对该地区各国 2014 年的发展前景做出预测。

澳门蓝皮书

澳门经济社会发展报告（2013~2014）

吴志良　郝雨凡 / 主编　2014 年 4 月出版　定价 :79.00 元

◆　本书集中反映 2013 年本澳各个领域的发展动态，总结评价近年澳门政治、经济、社会的总体变化，同时对 2014 年社会经济情况作初步预测。

日本经济蓝皮书

日本经济与中日经贸关系研究报告（2014）

王洛林　张季风 / 主编　2014 年 5 月出版　定价 :79.00 元

◆　本书对当前日本经济以及中日经济合作的发展动态进行了多角度、全景式的深度分析。本报告回顾并展望了 2013~2014 年度日本宏观经济的运行状况。此外，本报告还收录了大量来自于日本政府权威机构的数据图表，具有极高的参考价值。

美国蓝皮书

美国研究报告（2014）

黄　平　倪　峰 / 主编　2014 年 7 月出版　定价 :89.00 元

◆　本书是由中国社会科学院美国所主持完成的研究成果，它回顾了美国 2013 年的经济、政治形势与外交战略，对 2013 年以来美国内政外交发生的重大事件以及重要政策进行了较为全面的回顾和梳理。

地方发展类

地方发展类皮书关注大陆各省份、经济区域，
提供科学、多元的预判与咨政信息

社会建设蓝皮书

2014年北京社会建设分析报告

宋贵伦 冯 虹 / 主编 2014年7月出版 定价：79.00元

◆ 本书依据社会学理论框架和分析方法，对北京市的人口、就业、分配、社会阶层以及城乡关系等社会学基本问题进行了广泛调研与分析，对广受社会关注的住房、教育、医疗、养老、交通等社会热点问题做出了深刻的了解与剖析，对日益显现的征地搬迁、外籍人口管理、群体性心理障碍等内容进行了有益探讨。

温州蓝皮书

2014年温州经济社会形势分析与预测

潘忠强 王春光 金 浩 / 主编 2014年4月出版 定价：69.00元

◆ 本书是由中共温州市委党校与中国社会科学院社会学研究所合作推出的第七本"温州经济社会形势分析与预测"年度报告，深入全面分析了2013年温州经济、社会、政治、文化发展的主要特点、经验、成效与不足，提出了相应的政策建议。

上海蓝皮书

上海资源环境发展报告（2014）

周冯琦 汤庆合 任文伟 / 著 2014年1月出版 定价：69.00元

◆ 本书在上海所面临资源环境风险的来源、程度、成因、对策等方面作了些有益的探索，希望能对有关部门完善上海的资源环境风险防控工作提供一些有价值的参考，也让普通民众更全面地了解上海资源环境风险及其防控的图景。

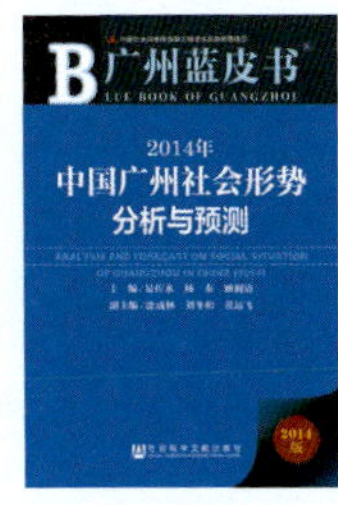

广州蓝皮书

2014年中国广州社会形势分析与预测

张　强　陈怡霓　杨　秦/主编　2014年5月出版　定价:69.00元

◆　本书由广州大学与广州市委宣传部、广州市人力资源和社会保障局联合主编，汇集了广州科研团体、高等院校和政府部门诸多社会问题研究专家、学者和实际部门工作者的最新研究成果，是关于广州社会运行情况和相关专题分析与预测的重要参考资料。

河南经济蓝皮书

2014年河南经济形势分析与预测

胡五岳/主编　2014年3月出版　定价:69.00元

◆　本书由河南省统计局主持编纂。该分析与展望以2013年最新年度统计数据为基础，科学研判河南经济发展的脉络轨迹、分析年度运行态势;以客观翔实、权威资料为特征，突出科学性、前瞻性和可操作性，服务于科学决策和科学发展。

陕西蓝皮书

陕西社会发展报告（2014）

任宗哲　石　英　牛　昉/主编　2014年2月出版　定价:65.00元

◆　本书系统而全面地描述了陕西省2013年社会发展各个领域所取得的成就、存在的问题、面临的挑战及其应对思路，为更好地思考2014年陕西发展前景、政策指向和工作策略等方面提供了一个较为简洁清晰的参考蓝本。

上海蓝皮书

上海经济发展报告（2014）

沈开艳/主编　2014年1月出版　定价:69.00元

◆　本书系上海社会科学院系列之一，报告对2014年上海经济增长与发展趋势的进行了预测，把握了上海经济发展的脉搏和学术研究的前沿。

广州蓝皮书

广州经济发展报告（2014）

李江涛　朱名宏 / 主编　2014 年 5 月出版　定价 :69.00 元

◆　本书是由广州市社会科学院主持编写的“广州蓝皮书”系列之一，本报告对广州 2013 年宏观经济运行情况作了深入分析，对 2014 年宏观经济走势进行了合理预测，并在此基础上提出了相应的政策建议。

文化传媒类

文化传媒类皮书透视文化领域、文化产业，
探索文化大繁荣、大发展的路径

新媒体蓝皮书

中国新媒体发展报告 No.4(2013)

唐绪军 / 主编　2014 年 6 月出版　定价 :79.00 元

◆　本书由中国社会科学院新闻与传播研究所和上海大学合作编写，在构建新媒体发展研究基本框架的基础上，全面梳理 2013 年中国新媒体发展现状，发表最前沿的网络媒体深度调查数据和研究成果，并对新媒体发展的未来趋势做出预测。

舆情蓝皮书

中国社会舆情与危机管理报告（2014）

谢耘耕 / 主编　2014 年 8 月出版　定价 :98.00 元

◆　本书由上海交通大学舆情研究实验室和危机管理研究中心主编，已被列入教育部人文社会科学研究报告培育项目。本书以新媒体环境下的中国社会为立足点，对 2013 年中国社会舆情、分类舆情等进行了深入系统的研究，并预测了2014年社会舆情走势。

经济类

产业蓝皮书
中国产业竞争力报告（2014） No.4
著(编)者:张其仔 2014年11月出版 / 估价:79.00元

长三角蓝皮书
2014年率先基本实现现代化的长三角
著(编)者:刘志彪 2014年11月出版 / 估价:120.00元

城市竞争力蓝皮书
中国城市竞争力报告No.12
著(编)者:倪鹏飞 2014年5月出版 / 定价:89.00元

城市蓝皮书
中国城市发展报告No.7
著(编)者:潘家华 魏后凯 2014年9月出版 / 估价:69.00元

城市群蓝皮书
中国城市群发展指数报告(2014)
著(编)者:刘士林 刘新静 2014年10月出版 / 估价:59.00元

城乡统筹蓝皮书
中国城乡统筹发展报告（2014）
著(编)者:程志强、潘晨光 2014年9月出版 / 估价:59.00元

城乡一体化蓝皮书
中国城乡一体化发展报告（2014）
著(编)者:汝信 付崇兰 2014年11月出版 / 估价:59.00元

城镇化蓝皮书
中国新型城镇化健康发展报告（2014）
著(编)者:张占斌 2014年5月出版 / 定价:79.00元

低碳发展蓝皮书
中国低碳发展报告（2014）
著(编)者:齐晔 2014年3月出版 / 定价:89.00元

低碳经济蓝皮书
中国低碳经济发展报告（2014）
著(编)者:薛进军 赵忠秀 2014年5月出版 / 定价:69.00元

东北蓝皮书
中国东北地区发展报告（2014）
著(编)者:马克 黄文艺 2014年8月出版 / 定价:79.00元

发展和改革蓝皮书
中国经济发展和体制改革报告No.7
著(编)者:邹东涛 2014年11月出版 / 估价:79.00元

工业化蓝皮书
中国工业化进程报告（2014）
著(编)者: 黄群慧 吕铁 李晓华 等
2014年11月出版 / 估价:89.00元

工业设计蓝皮书
中国工业设计发展报告（2014）
著(编)者: 王晓红 于炜 张立群
2014年9月出版 / 估价:98.00元

国际城市蓝皮书
国际城市发展报告（2014）
著(编)者:屠启宇 2014年1月出版 / 定价:69.00元

国家创新蓝皮书
国家创新发展报告（2014）
著(编)者:陈劲 2014年9月出版 / 定价:59.00元

宏观经济蓝皮书
中国经济增长报告（2014）
著(编)者:张平 刘霞辉 2014年10月出版 / 估价:69.00元

金融蓝皮书
中国金融发展报告（2014）
著(编)者:李扬 王国刚 2013年12月出版 / 定价:65.00元

经济蓝皮书
2014年中国经济形势分析与预测
著(编)者:李扬 2013年12月出版 / 定价:69.00元

经济蓝皮书春季号
2014年中国经济前景分析
著(编)者:李扬 2014年5月出版 / 定价:79.00元

经济蓝皮书夏季号
中国经济增长报告（2013~2014）
著(编)者:李扬 2014年7月出版 / 定价:69.00元

经济信息绿皮书
中国与世界经济发展报告（2014）
著(编)者:杜平 2013年12月出版 / 定价:79.00元

就业蓝皮书
2014年中国大学生就业报告
著(编)者:麦可思研究院 2014年6月出版 / 定价:98.00元

流通蓝皮书
中国商业发展报告（2013~2014）
著(编)者:荆林波 2014年5月出版 / 定价:89.00元

民营经济蓝皮书
中国民营经济发展报告No.10（2013～2014）
著(编)者:黄孟复 2014年9月出版 / 估价:69.00元

民营企业蓝皮书
中国民营企业竞争力报告No.7（2014）
著(编)者:刘迎秋 2014年9月出版 / 估价:79.00元

农村绿皮书
中国农村经济形势分析与预测（2013~2014）
著(编)者:中国社会科学院农村发展研究所
国家统计局农村社会经济调查司 著
2014年4月出版 / 定价:69.00元

农业应对气候变化蓝皮书
气候变化对中国农业影响评估报告No.1
著(编)者:矫梅燕 2014年8月出版 / 定价:98.00元

企业公民蓝皮书
中国企业公民报告No.4
著(编)者:邹东涛 2014年11月出版 / 估价:69.00元

企业社会责任蓝皮书
中国企业社会责任研究报告（2014）
著(编)者:黄群慧 彭华岗 钟宏武 等
2014年11月出版 / 估价:59.00元

气候变化绿皮书
应对气候变化报告（2014）
著(编)者:王伟光 郑国光　2014年11月出版 / 估价:79.00元

区域蓝皮书
中国区域经济发展报告（2013~2014）
著(编)者:梁昊光　2014年4月出版 / 定价:79.00元

人口与劳动绿皮书
中国人口与劳动问题报告No.15
著(编)者:蔡昉　2014年11月出版 / 估价:69.00元

生态经济（建设）绿皮书
中国经济（建设）发展报告（2013~2014）
著(编)者:黄浩涛 李周　2014年10月出版 / 估价:69.00元

世界经济黄皮书
2014年世界经济形势分析与预测
著(编)者:王洛林 张宇燕　2014年1月出版 / 定价:69.00元

西北蓝皮书
中国西北发展报告（2014）
著(编)者:张进海 陈冬红 段庆林
2013年12月出版 / 定价:69.00元

西部蓝皮书
中国西部发展报告（2014）
著(编)者:姚慧琴 徐璋勇　2014年7月出版 / 定价:89.00元

新型城镇化蓝皮书
新型城镇化发展报告（2014）
著(编)者:沈体雁 李伟 宋敏　2014年9月出版 / 估价:69.00元

新兴经济体蓝皮书
金砖国家发展报告（2014）
著(编)者:林跃勤 周文　2014年7月出版 / 定价:79.00元

循环经济绿皮书
中国循环经济发展报告（2013~2014）
著(编)者:齐建国　2014年12月出版 / 估价:69.00元

中部竞争力蓝皮书
中国中部经济社会竞争力报告（2014）
著(编)者:教育部人文社会科学重点研究基地
南昌大学中国中部经济社会发展研究中心
2014年11月出版 / 估价:59.00元

中部蓝皮书
中国中部地区发展报告（2014）
著(编)者:朱有志　2014年10月出版 / 估价:59.00元

中国省域竞争力蓝皮书
“十二五”中期中国省域经济综合竞争力发展报
著(编)者:李建平 李闽榕 高燕京　2014年3月出版 / 定价:198.

中三角蓝皮书
长江中游城市群发展报告（2013~2014）
著(编)者:秦尊文　2014年11月出版 / 估价:69.00元

中小城市绿皮书
中国中小城市发展报告（2014）
著(编)者:中国城市经济学会中小城市经济发展委员会
《中国中小城市发展报告》编纂委员会
2014年10月出版 / 估价:98.00元

中原蓝皮书
中原经济区发展报告（2014）
著(编)者:李英杰　2014年6月出版 / 定价:88.00元

社会政法类

殡葬绿皮书
中国殡葬事业发展报告（2014）
著(编)者:朱勇 副主编 李伯森　2014年9月出版 / 估价:59.00元

城市创新蓝皮书
中国城市创新报告（2014）
著(编)者:周天勇 旷建伟　2014年8月出版 / 定价:69.00元

城市管理蓝皮书
中国城市管理报告2014
著(编)者:谭维克 刘林　2014年11月出版 / 估价:98.00元

城市生活质量蓝皮书
中国城市生活质量指数报告（2014）
著(编)者:张平　2014年11月出版 / 估价:59.00元

城市政府能力蓝皮书
中国城市政府公共服务能力评估报告（2014）
著(编)者:何艳玲　2014年11月出版 / 估价:59.00元

创新蓝皮书
创新型国家建设报告（2013~2014）
著(编)者:詹正茂　2014年5月出版 / 定价:69.00元

慈善蓝皮书
中国慈善发展报告（2014）
著(编)者:杨团　2014年5月出版 / 定价:79.00元

法治蓝皮书
中国法治发展报告No.12（2014）
著(编)者:李林 田禾　2014年2月出版 / 定价:98.00元

反腐倡廉蓝皮书
中国反腐倡廉建设报告No.3
著(编)者:李秋芳　2014年1月出版 / 定价:79.00元

非传统安全蓝皮书
中国非传统安全研究报告（2013~2014）
著(编)者:余潇枫 魏志江　2014年6月出版 / 定价:79.00元

妇女发展蓝皮书
福建省妇女发展报告（2014）
著(编)者:刘群英　2014年10月出版 / 估价:58.00元

妇女发展蓝皮书
中国妇女发展报告No.5
著(编)者:王金玲　2014年9月出版 / 定价:148.00元

妇女教育蓝皮书
中国妇女教育发展报告No.3
著(编)者:张李玺　2014年10月出版 / 估价:69.00元

公共服务满意度蓝皮书
中国城市公共服务评价报告（2014）
著(编)者:胡伟　2014年11月出版 / 估价:69.00元

公共服务蓝皮书
中国城市基本公共服务力评价（2014）
著(编)者:侯惠勤 辛向阳 易定宏
2014年10月出版 / 估价:55.00元

公民科学素质蓝皮书
中国公民科学素质报告（2013~2014）
著(编)者:李群　许佳军　2014年3月出版 / 定价:79.00元

公益蓝皮书
中国公益发展报告（2014）
著(编)者:朱健刚　2014年11月出版 / 估价:78.00元

管理蓝皮书
中国管理发展报告（2014）
著(编)者:张晓东　2014年9月出版 / 估价:79.00元

国际人才蓝皮书
中国国际移民报告（2014）
著(编)者:王辉耀　2014年1月出版 / 定价:79.00元

国际人才蓝皮书
中国海归创业发展报告（2014）No.2
著(编)者:王辉耀 路江涌　2014年10月出版 / 估价:69.00元

国际人才蓝皮书
中国留学发展报告（2014） No.3
著(编)者:王辉耀　2014年9月出版 / 估价:59.00元

国际人才蓝皮书
海外华侨华人专业人士报告（2014）
著(编)者:王辉耀　苗绿　2014年8月出版 / 定价:69.00元

国家安全蓝皮书
中国国家安全研究报告（2014）
著(编)者:刘慧　2014年5月出版 / 定价:98.00元

行政改革蓝皮书
中国行政体制改革报告（2013）No.3
著(编)者:魏礼群　2014年3月出版 / 定价:89.00元

华侨华人蓝皮书
华侨华人研究报告（2014）
著(编)者:丘进　2014年11月出版 / 估价:128.00元

环境竞争力绿皮书
中国省域环境竞争力发展报告（2014）
著(编)者:李建平 李闽榕 王金南
2014年12月出版 / 估价:148.00元

环境绿皮书
中国环境发展报告（2014）
著(编)者:刘鉴强　2014年5月出版 / 定价:79.00元

基金会蓝皮书
中国基金会发展报告（2013）
著(编)者:刘忠祥　2014年6月出版 / 定价:69.00元

基本公共服务蓝皮书
中国省级政府基本公共服务发展报告（2014）
著(编)者:孙德超　2014年3月出版 / 定价:69.00元

基金会透明度蓝皮书
中国基金会透明度发展研究报告（2014）
著(编)者:基金会中心网　清华大学廉政与治理研究中心
2014年9月出版 / 定价:78.00元

教师蓝皮书
中国中小学教师发展报告（2014）
著(编)者:曾晓东　2014年11月出版 / 估价:59.00元

教育蓝皮书
中国教育发展报告（2014）
著(编)者:杨东平　2014年5月出版 / 定价:79.00元

科普蓝皮书
中国科普基础设施发展报告（2014）
著(编)者:任福君　2014年6月出版 / 估价:79.00元

劳动保障蓝皮书
中国劳动保障发展报告（2014）
著(编)者:刘燕斌　2014年9月出版 / 估价:89.00元

老龄蓝皮书
中国老龄事业发展报告（2014）
著(编)者:吴玉韶　2014年9月出版 / 估价:59.00元

连片特困区蓝皮书
中国连片特困区发展报告（2014）
著(编)者:丁建军　冷志明　游俊　2014年9月出版 / 估价:79.00元

民间组织蓝皮书
中国民间组织报告（2014）
著(编)者:黄晓勇　2014年11月出版 / 估价:69.00元

民调蓝皮书
中国民生调查报告（2014）
著(编)者:谢耕耘　2014年5月出版 / 定价:128.00元

民族发展蓝皮书
中国民族区域自治发展报告（2014）
著(编)者:郝时远　2014年11月出版 / 估价:98.00元

女性生活蓝皮书
中国女性生活状况报告No.8（2014）
著(编)者:韩湘景　2014年4月出版 / 定价:79.00元

汽车社会蓝皮书
中国汽车社会发展报告（2014）
著(编)者:王俊秀　2014年9月出版 / 估价:59.00元

青年蓝皮书
中国青年发展报告（2014）No.2
著(编)者:廉思　2014年4月出版 / 定价:59.00元

全球环境竞争力绿皮书
全球环境竞争力发展报告（2014）
著(编)者:李建平　李闽榕　王金南　2014年11月出版 / 估价:69.00元

青少年蓝皮书
中国未成年人新媒体运用报告（2014）
著(编)者:李文革　沈杰　季为民　2014年11月出版 / 估价:69.00元

区域人才蓝皮书
中国区域人才竞争力报告No.2
著(编)者:桂昭明　王辉耀　2014年11月出版 / 估价:69.00元

人才蓝皮书
中国人才发展报告（2014）
著(编)者:黄晓勇　潘晨光　2014年8月出版 / 定价:85.00元

人权蓝皮书
中国人权事业发展报告No.4（2014）
著(编)者:李君如　2014年8月出版 / 定价:99.00元

世界人才蓝皮书
全球人才发展报告No.1
著(编)者:孙学玉　张冠梓　2014年11月出版 / 估价:69.00元

社会保障绿皮书
中国社会保障发展报告（2014）No.6
著(编)者:王延中　2014年6月出版 / 定价:79.00元

社会工作蓝皮书
中国社会工作发展报告（2013~2014）
著(编)者:王杰秀　邹文开　2014年11月出版 / 估价:59.00元

社会管理蓝皮书
中国社会管理创新报告No.3
著(编)者:连玉明　2014年11月出版 / 估价:79.00元

社会蓝皮书
2014年中国社会形势分析与预测
著(编)者:李培林　陈光金　张翼　2013年12月出版 / 定价:69.00元

社会体制蓝皮书
中国社会体制改革报告No.2（2014）
著(编)者:龚维斌　2014年4月出版 / 定价:79.00元

社会心态蓝皮书
2014年中国社会心态研究报告
著(编)者:王俊秀　杨宜音　2014年9月出版 / 估价:59.00元

生态城市绿皮书
中国生态城市建设发展报告（2014）
著(编)者:刘科举　孙伟平　胡文臻　2014年6月出版 / 定价:98.0

生态文明绿皮书
中国省域生态文明建设评价报告（ECI 2014）
著(编)者:严耕　2014年9月出版 / 估价:98.00元

世界创新竞争力黄皮书
世界创新竞争力发展报告（2014）
著(编)者:李建平　李闽榕　赵新力　2014年11月出版 / 估价:128.0

水与发展蓝皮书
中国水风险评估报告（2014）
著(编)者:苏杨　2014年11月出版 / 估价:69.00元

土地整治蓝皮书
中国土地整治发展报告No.1
著(编)者:国土资源部土地整治中心　2014年5月出版 / 定价:8

危机管理蓝皮书
中国危机管理报告（2014）
著(编)者:文学国　范正青　2014年11月出版 / 估价:79.00元

形象危机应对蓝皮书
形象危机应对研究报告（2013~2014）
著(编)者:唐钧　2014年6月出版 / 定价:149.00元

行政改革蓝皮书
中国行政体制改革报告（2013）No.3
著(编)者:魏礼群　2014年3月出版 / 定价:89.00元

医疗卫生绿皮书
中国医疗卫生发展报告No.6（2013~2014）
著(编)者:申宝忠　韩玉珍　2014年4月出版 / 定价:75.00元

政治参与蓝皮书
中国政治参与报告（2014）
著(编)者:房宁　2014年7月出版 / 定价:105.00元

政治发展蓝皮书
中国政治发展报告（2014）
著(编)者:房宁　杨海蛟　2014年5月出版 / 定价:88.00元

宗教蓝皮书
中国宗教报告（2014）
著(编)者:金泽　邱永辉　2014年11月出版 / 估价:59.00元

社会组织蓝皮书
中国社会组织评估报告（2014）
著(编)者:徐家良　2014年9月出版 / 估价:69.00元

政府绩效评估蓝皮书
中国地方政府绩效评估报告（2014）
著(编)者:贠杰　2014年9月出版 / 估价:69.00元

行业报告类

保健蓝皮书
中国保健服务产业发展报告No.2
著(编)者:中国保健协会 中共中央党校
2014年11月出版 / 估价:198.00元

保健蓝皮书
中国保健食品产业发展报告No.2
著(编)者:中国保健协会
中国社会科学院食品药品产业发展与监管研究中心
2014年11月出版 / 估价:198.00元

保健蓝皮书
中国保健用品产业发展报告No.2
著(编)者:中国保健协会 2014年9月出版 / 估价:198.00元

保险蓝皮书
中国保险业竞争力报告（2014）
著(编)者:罗忠敏 2014年9月出版 / 估价:98.00元

餐饮产业蓝皮书
中国餐饮产业发展报告（2014）
著(编)者:邢影 2014年6月出版 / 定价:69.00元

测绘地理信息蓝皮书
中国地理信息产业发展报告（2014）
著(编)者:徐德明 2014年12月出版 / 估价:98.00元

茶业蓝皮书
中国茶产业发展报告（2014）
著(编)者:杨江帆 李闽榕 2014年9月出版 / 估价:79.00元

产权市场蓝皮书
中国产权市场发展报告（2014）
著(编)者:曹和平 2014年9月出版 / 估价:69.00元

产业安全蓝皮书
中国烟草产业安全报告（2014）
著(编)者:李孟刚 杜秀亭 2014年1月出版 / 定价:69.00元

产业安全蓝皮书
中国出版与传媒安全报告（2014）
著(编)者:北京交通大学中国产业安全研究中心
2014年9月出版 / 估价:59.00元

产业安全蓝皮书
中国医疗产业安全报告（2013~2014）
著(编)者:李孟刚 高献书 2014年1月出版 / 定价:59.00元

产业安全蓝皮书
中国文化产业安全蓝皮书(2014)
著(编)者:北京印刷学院文化产业安全研究院
2014年4月出版 / 定价:69.00元

产业安全蓝皮书
中国出版传媒产业安全报告（2014）
著(编)者:北京印刷学院文化产业安全研究院
2014年4月出版/ 定价:89.00元

典当业蓝皮书
中国典当行业发展报告（2013~2014）
著(编)者:黄育华 王力 张红地
2014年10月出版 / 估价:69.00元

电子商务蓝皮书
中国城市电子商务影响力报告（2014）
著(编)者:荆林波 2014年11月出版 / 估价:69.00元

电子政务蓝皮书
中国电子政务发展报告（2014）
著(编)者:洪毅 王长胜 2014年9月出版 / 估价:59.00元

杜仲产业绿皮书
中国杜仲橡胶资源与产业发展报告（2014）
著(编)者:杜红岩 胡文臻 俞瑞
2014年9月出版 / 估价:99.00元

房地产蓝皮书
中国房地产发展报告No.11（2014）
著(编)者:魏后凯 李景国 2014年5月出版 / 定价:79.00元

服务外包蓝皮书
中国服务外包产业发展报告（2014）
著(编)者:王晓红 刘德军 2014年6月出版 / 定价:89.00元

高端消费蓝皮书
中国高端消费市场研究报告
著(编)者:依绍华 王雪峰 2014年9月出版 / 估价:69.00元

会展蓝皮书
中外会展业动态评估年度报告（2014）
著(编)者:张敏 2014年11月出版 / 估价:68.00元

互联网金融蓝皮书
中国互联网金融发展报告（2014）
著(编)者:芮晓武 刘烈宏 2014年8月出版 / 定价:79.00元

基金会绿皮书
中国基金会发展独立研究报告（2014）
著(编)者:基金会中心网 2014年8月出版 / 定价:88.00元

金融监管蓝皮书
中国金融监管报告（2014）
著(编)者:胡滨 2014年5月出版 / 定价:69.00元

金融蓝皮书
中国商业银行竞争力报告（2014）
著(编)者:王松奇 2014年11月出版 / 估价:79.00元

金融蓝皮书
中国金融发展报告（2014）
著(编)者:李扬 王国刚 2013年12月出版 / 定价:65.00元

金融信息服务蓝皮书
金融信息服务业发展报告（2014）
著(编)者:鲁广锦 2014年11月出版 / 估价:69.00元

抗衰老医学蓝皮书
抗衰老医学发展报告（2014）
著(编)者:罗伯特·高德曼 罗纳德·科莱兹
尼尔·布什 朱敏 金大鹏 郭弋
2014年11月出版 / 估价:69.00元

客车蓝皮书
中国客车产业发展报告（2014）
著(编)者:姚蔚 2014年12月出版 / 估价:69.00元

科学传播蓝皮书
中国科学传播报告（2013~2014）
著(编)者:詹正茂 2014年7月出版 / 定价:69.00元

流通蓝皮书
中国商业发展报告（2013~2014）
著(编)者:荆林波 2014年5月出版 / 定价:89.00元

临空经济蓝皮书
中国临空经济发展报告（2014）
著(编)者:连玉明 2014年9月出版 / 估价:69.00元

旅游安全蓝皮书
中国旅游安全报告（2014）
著(编)者:郑向敏 谢朝武 2014年5月出版 / 定价:98.00元

旅游绿皮书
2013~2014年中国旅游发展分析与预测
著(编)者:宋瑞 2014年9月出版 / 定价:79.00元

民营医院蓝皮书
中国民营医院发展报告（2014）
著(编)者:朱幼棣 2014年10月出版 / 估价:69.00元

闽商蓝皮书
闽商发展报告（2014）
著(编)者:李闽榕 王日根 2014年12月出版 / 估价:69.00元

能源蓝皮书
中国能源发展报告（2014）
著(编)者:崔民选 王军生 陈义和
2014年8月出版 / 定价:79.00元

农产品流通蓝皮书
中国农产品流通产业发展报告（2014）
著(编)者:贾敬敦 王炳南 张玉玺 张鹏毅 陈丽华
2014年9月出版 / 估价:89.00元

期货蓝皮书
中国期货市场发展报告（2014）
著(编)者:荆林波 2014年6月出版 / 估价:98.00元

企业蓝皮书
中国企业竞争力报告（2014）
著(编)者:金碚 2014年11月出版 / 估价:89.00元

汽车安全蓝皮书
中国汽车安全发展报告（2014）
著(编)者:中国汽车技术研究中心
2014年4月出版 / 估价:79.00元

汽车蓝皮书
中国汽车产业发展报告（2014）
著(编)者:国务院发展研究中心产业经济研究部
中国汽车工程学会 大众汽车集团（中国）
2014年7月出版 / 定价:128.00元

清洁能源蓝皮书
国际清洁能源发展报告（2014）
著(编)者:国际清洁能源论坛（澳门）
2014年9月出版 / 估价:89.00元

群众体育蓝皮书
中国群众体育发展报告（2014）
著(编)者:刘国永 杨桦 2014年8月出版 / 定价:69.00元

人力资源蓝皮书
中国人力资源发展报告（2014）
著(编)者:吴江 2014年9月出版 / 估价:69.00元

软件和信息服务业蓝皮书
中国软件和信息服务业发展报告（2014）
著(编)者:洪京一 工业和信息化部电子科学技术情报研究所
2014年11月出版 / 估价:98.00元

商会蓝皮书
中国商会发展报告 No.4（2014）
著(编)者:黄孟复 2014年9月出版 / 估价:59.00元

上市公司蓝皮书
中国上市公司非财务信息披露报告（2014）
著(编)者:钟宏武 张旺 张蒽 等
2014年12月出版 / 估价:59.00元

食品药品蓝皮书
食品药品安全与监管政策研究报告（2014）
著(编)者:唐民皓 2014年11月出版 / 估价:69.00元

世界旅游城市绿皮书
世界旅游城市发展报告（2013）（中英文双语）
著(编)者:周正宇 鲁勇 2014年6月出版 / 定价:88.00元

世界能源蓝皮书
世界能源发展报告（2014）
著(编)者:黄晓勇 2014年6月出版 / 定价:99.00元

私募市场蓝皮书
中国私募股权市场发展报告（2014）
著(编)者:曹和平 2014年9月出版 / 估价:69.00元

体育蓝皮书
中国体育产业发展报告（2014）
著(编)者:阮伟 钟秉枢 2014年7月出版 / 定价:69.00元

体育蓝皮书·公共体育服务
中国公共体育服务发展报告（2014）
著(编)者:戴健 2014年12月出版 / 估价:69.00元

投资蓝皮书
中国企业海外投资发展报告（2013~2014）
著(编)者:陈文晖 薛誉华 2014年9月出版 / 定价:69.00元

物联网蓝皮书
中国物联网发展报告（2014）
著(编)者:龚六堂　2014年9月出版 / 估价:59.00元

西部工业蓝皮书
中国西部工业发展报告（2014）
著(编)者:方行明 刘方健 姜凌等
2014年9月出版 / 估价:69.00元

西部金融蓝皮书
中国西部金融发展报告（2013~2014）
著(编)者:李忠民　2014年8月出版 / 定价:75.00元

新能源汽车蓝皮书
中国新能源汽车产业发展报告（2014）
著(编)者:中国汽车技术研究中心
日产（中国）投资有限公司
东风汽车有限公司
2014年8月出版 / 定价:69.00元

信托蓝皮书
中国信托投资报告（2014）
著(编)者:杨金龙　刘屹　2014年11月出版 / 估价:69.00元

信托市场蓝皮书
中国信托业市场报告（2013~2014）
著(编)者:李旸　2014年1月出版 / 定价:198.00元

信息化蓝皮书
中国信息化形势分析与预测（2014）
著(编)者:周宏仁　2014年8月出版 / 定价:98.00元

信用蓝皮书
中国信用发展报告（2014）
著(编)者:章政 田侃　2014年9月出版 / 估价:69.00元

休闲绿皮书
2014年中国休闲发展报告
著(编)者:刘德谦　唐兵　宋瑞
2014年11月出版 / 估价:59.00元

养老产业蓝皮书
中国养老产业发展报告（2013~2014年）
著(编)者:张车伟　2014年9月出版 / 估价:69.00元

移动互联网蓝皮书
中国移动互联网发展报告（2014）
著(编)者:官建文　2014年6月出版 / 定价:79.00元

医药蓝皮书
中国医药产业园战略发展报告（2013~2014）
著(编)者:裴长洪　房书亭　吴滌心
2014年3月出版 / 定价:89.00元

医药蓝皮书
中国药品市场报告（2014）
著(编)者:程锦锥 朱恒鹏　2014年12月出版 / 估价:79.00元

中国总部经济蓝皮书
中国总部经济发展报告（2013~2014）
著(编)者:赵弘　2014年5月出版 / 定价:79.00元

珠三角流通蓝皮书
珠三角商圈发展研究报告（2014）
著(编)者:王先庆 林至颖　2014年11月出版 / 定价:69.00元

住房绿皮书
中国住房发展报告（2013~2014）
著(编)者:倪鹏飞　2013年12月出版 / 定价:79.00元

资本市场蓝皮书
中国场外交易市场发展报告（2013~2014）
著(编)者:高峦　2014年8月出版 / 定价:79.00元

资产管理蓝皮书
中国资产管理行业发展报告（2014）
著(编)者:郑智　2014年7月出版 / 定价:79.00元

支付清算蓝皮书
中国支付清算发展报告（2014）
著(编)者:杨涛　2014年5月出版 / 定价:45.00元

中国上市公司蓝皮书
中国上市公司发展报告（2014）
著(编)者:许雄斌　张平　2014年9月出版 / 定价:98.00元

文化传媒类

传媒蓝皮书
中国传媒产业发展报告（2014）
著(编)者:崔保国　2014年4月出版 / 定价:98.00元

传媒竞争力蓝皮书
中国传媒国际竞争力研究报告（2014）
著(编)者:李本乾　2014年9月出版 / 估价:69.00元

创意城市蓝皮书
武汉市文化创意产业发展报告（2014）
著(编)者:张京成　黄永林　2014年10月出版 / 估价:69.00元

电视蓝皮书
中国电视产业发展报告（2014）
著(编)者:卢斌　2014年9月出版 / 估价:79.00元

电影蓝皮书
中国电影出版发展报告（2014）
著(编)者:卢斌　2014年9月出版 / 估价:79.00元

动漫蓝皮书
中国动漫产业发展报告（2014）
著(编)者:卢斌　郑玉明　牛兴侦　2014年7月出版 / 定价:79.00元

广电蓝皮书
中国广播电影电视发展报告（2014）
著(编)者: 杨明品　2014年7月出版 / 估价:98.00元

广告主蓝皮书
中国广告主营销传播趋势报告N0.8
著(编)者:中国传媒大学广告主研究所
中国广告主营销传播创新研究课题组
黄升民　杜国清　邵华冬等
2014年11月出版 / 估价:98.00元

国际传播蓝皮书
中国国际传播发展报告（2014）
著(编)者:胡正荣　李继东　姬德强
2014年7月出版 / 定价:89.00元

纪录片蓝皮书
中国纪录片发展报告（2014）
著(编)者:何苏六　2014年10月出版 / 估价:89.00元

两岸文化蓝皮书
两岸文化产业合作发展报告（2014）
著(编)者:胡惠林 李保宗　2014年7月出版 / 定价:79.00元

媒介与女性蓝皮书
中国媒介与女性发展报告（2014）
著(编)者:刘利群　2014年11月出版 / 估价:69.00元

全球传媒蓝皮书
全球传媒产业发展报告（2014）
著(编)者:胡正荣　2014年12月出版 / 估价:79.00元

视听新媒体蓝皮书
中国视听新媒体发展报告（2014）
著(编)者:庞井君　2014年11月出版 / 估价:148.00元

文化创新蓝皮书
中国文化创新报告（2014）No.5
著(编)者:于平　傅才武　2014年4月出版 / 定价:79.00元

文化科技蓝皮书
文化科技融合与创意城市发展报告（2014）
著(编)者:李凤亮　于平　2014年11月出版 / 估价:79.00元

文化蓝皮书
中国文化产业发展报告（2014）
著(编)者:张晓明　王家新　章建刚
2014年4月出版 / 定价:79.00元

文化蓝皮书
中国文化产业供需协调增长测评报（2014）
著(编)者:王亚楠　2014年2月出版 / 定价:79.00元

文化蓝皮书
中国城镇文化消费需求景气评价报告（2014）
著(编)者:王亚南　张晓明　祁述裕
2014年11月出版 / 估价:79.00元

文化蓝皮书
中国公共文化服务发展报告（2014）
著(编)者:于群 李国新　2014年10月出版 / 估价:98.00元

文化蓝皮书
中国文化消费需求景气评价报告（2014）
著(编)者:王亚南 张晓明 祁述裕 郝朴宁
2014年11月出版 / 估价:79.00元

文化蓝皮书
中国乡村文化消费需求景气评价报告（2014）
著(编)者:王亚南　2014年11月出版 / 估价:79.00元

文化蓝皮书
中国中心城市文化消费需求景气评价报告（2014）
著(编)者:王亚南　2014年11月出版 / 估价:79.00元

文化蓝皮书
中国少数民族文化发展报告（2014）
著(编)者:武翠英 张晓明 张学进
2014年11月出版 / 估价:69.00元

文化建设蓝皮书
中国文化发展报告（2013）
著(编)者:江畅　孙伟平　戴茂堂
2014年4月出版 / 定价:138.00元

文化品牌蓝皮书
中国文化品牌发展报告（2014）
著(编)者:欧阳友权　2014年4月出版 / 定价:79.00元

文化遗产蓝皮书
中国文化遗产事业发展报告（2014）
著(编)者:刘世锦　2014年9月出版 / 估价:79.00元

文学蓝皮书
中国文情报告（2013~2014）
著(编)者:白烨　2014年5月出版 / 定价:49.00元

新媒体蓝皮书
中国新媒体发展报告No.5（2014）
著(编)者:唐绪军　2014年6月出版 / 定价:79.00元

移动互联网蓝皮书
中国移动互联网发展报告（2014）
著(编)者:官建文　2014年6月出版 / 定价:79.00元

游戏蓝皮书
中国游戏产业发展报告（2014）
著(编)者:卢斌　2014年9月出版 / 估价:79.00元

舆情蓝皮书
中国社会舆情与危机管理报告（2014）
著(编)者:谢耘耕　2014年8月出版 / 定价:98.00元

粤港澳台文化蓝皮书
粤港澳台文化创意产业发展报告（2014）
著(编)者:丁未　2014年9月出版 / 估价:69.00元

地方发展类

安徽蓝皮书
安徽社会发展报告（2014）
著(编)者:程桦　2014年4月出版 / 定价:79.00元

安徽经济蓝皮书
皖江城市带承接产业转移示范区建设报告（2014）
著(编)者:丁海中　2014年4月出版 / 定价:69.00元

安徽社会建设蓝皮书
安徽社会建设分析报告（2014）
著(编)者:黄家海 王开玉 蔡宪　2014年9月出版 / 估价:69.00元

北京蓝皮书
北京公共服务发展报告（2013~2014）
著(编)者:施昌奎　2014年2月出版 / 定价:69.00元

北京蓝皮书
北京经济发展报告（2013~2014）
著(编)者:杨松　2014年4月出版 / 定价:79.00元

北京蓝皮书
北京社会发展报告（2013~2014）
著(编)者:缪青　2014年5月出版 / 定价:79.00元

北京蓝皮书
北京社会治理发展报告（2013~2014）
著(编)者:殷星辰　2014年4月出版 / 定价:79.00元

北京蓝皮书
中国社区发展报告（2013~2014）
著(编)者:于燕燕　2014年6月出版 / 定价:69.00元

北京蓝皮书
北京文化发展报告（2013~2014）
著(编)者:李建盛　2014年4月出版 / 定价:79.00元

北京旅游绿皮书
北京旅游发展报告（2014）
著(编)者:北京旅游学会　2014年7月出版 / 定价:88.00元

北京律师蓝皮书
北京律师发展报告No.2（2014）
著(编)者:王隽 周塞军　2014年9月出版 / 估价:79.00元

北京人才蓝皮书
北京人才发展报告（2014）
著(编)者:于淼　2014年10月出版 / 估价:89.00元

北京社会心态蓝皮书
北京社会心态分析报告（2013~2014）
著(编)者:北京社会心理研究所
2014年9月出版 / 估价:79.00元

城乡一体化蓝皮书
中国城乡一体化发展报告·北京卷（2014）
著(编)者:张宝秀 黄序　2014年11月出版 / 估价:79.00元

创意城市蓝皮书
北京文化创意产业发展报告（2014）
著(编)者:张京成 王国华　2014年10月出版 / 估价:69.00元

创意城市蓝皮书
重庆创意产业发展报告（2014）
著(编)者:程宁宁　2014年4月出版 / 定价:89.00元

创意城市蓝皮书
青岛文化创意产业发展报告（2013~2014）
著(编)者:马达 张丹妮　2014年6月出版 / 定价:79.00元

创意城市蓝皮书
无锡文化创意产业发展报告（2014）
著(编)者:庄若江 张鸣年　2014年11月出版 / 估价:75.00元

服务业蓝皮书
广东现代服务业发展报告（2014）
著(编)者:祁明 程晓　2014年11月出版 / 估价:69.00元

甘肃蓝皮书
甘肃舆情分析与预测（2014）
著(编)者:陈双梅 郝树声　2014年1月出版 / 定价:69.00元

甘肃蓝皮书
甘肃县域经济综合竞争力报告（2014）
著(编)者:刘进军　2014年1月出版 / 定价:69.00元

甘肃蓝皮书
甘肃县域社会发展评价报告（2014）
著(编)者:魏胜文　2014年9月出版 / 估价:69.00元

甘肃蓝皮书
甘肃经济发展分析与预测（2014）
著(编)者:朱智文 罗哲　2014年1月出版 / 定价:69.00元

甘肃蓝皮书
甘肃社会发展分析与预测（2014）
著(编)者:安文华 包晓霞　2014年1月出版 / 定价:69.00元

甘肃蓝皮书
甘肃文化发展分析与预测（2014）
著(编)者:王福生 周小华　2014年1月出版 / 定价:69.00元

广东蓝皮书
广东省电子商务发展报告（2014）
著(编)者:黄建明 祁明　2014年11月出版 / 估价:69.00元

广东蓝皮书
广东社会工作发展报告（2014）
著(编)者:罗观翠　2014年6月出版 / 定价:89.00元

广东外经贸蓝皮书
广东对外经济贸易发展研究报告（2014）
著(编)者:陈万灵　2014年6月出版 / 定价:79.00元

广西北部湾经济区蓝皮书
广西北部湾经济区开放开发报告（2014）
著(编)者:广西北部湾经济区规划建设管理委员会办公室
广西社会科学院 广西北部湾发展研究院
2014年11月出版 / 估价:69.00元

广州蓝皮书
2014年中国广州经济形势分析与预测
著(编)者:庾建设 沈奎 郭志勇 2014年6月出版 / 定价:79.00元

广州蓝皮书
2014年中国广州社会形势分析与预测
著(编)者:张强 陈怡霓 2014年5月出版 / 定价:69.00元

广州蓝皮书
广州城市国际化发展报告（2014）
著(编)者:朱名宏 2014年9月出版 / 估价:59.00元

广州蓝皮书
广州创新型城市发展报告（2014）
著(编)者:李江涛 2014年7月出版 / 定价:69.00元

广州蓝皮书
广州经济发展报告（2014）
著(编)者:李江涛 朱名宏 2014年5月出版 / 定价:69.00元

广州蓝皮书
广州农村发展报告（2014）
著(编)者:李江涛 汤锦华 2014年8月出版 / 定价:69.00元

广州蓝皮书
广州青年发展报告（2014）
著(编)者:魏国华 张强 2014年9月出版 / 估价:65.00元

广州蓝皮书
广州汽车产业发展报告（2014）
著(编)者:李江涛 2014年10月出版 / 估价:69.00元

广州蓝皮书
广州商贸业发展报告（2014）
著(编)者:李江涛 王旭东 荀振英
2014年6月出版 / 定价:69.00元

广州蓝皮书
广州文化创意产业发展报告（2014）
著(编)者:甘新 2014年8月出版 / 定价:79.00元

广州蓝皮书
中国广州城市建设发展报告（2014）
著(编)者:董皞 冼伟雄 李俊夫
2014年11月出版 / 估价:69.00元

广州蓝皮书
中国广州科技和信息化发展报告（2014）
著(编)者:邹采荣 马正勇 冯元 2014年7月出版 / 定价:79.00元

广州蓝皮书
中国广州文化创意产业发展报告（2014）
著(编)者:甘新 2014年10月出版 / 估价:59.00元

广州蓝皮书
中国广州文化发展报告（2014）
著(编)者:徐俊忠 陆志强 顾涧清
2014年6月出版 / 定价:69.00元

广州蓝皮书
中国广州城市建设与管理发展报告（2014）
著(编)者:董皞 冯伟雄 2014年7月出版 / 定价:69.00元

贵州蓝皮书
贵州法治发展报告（2014）
著(编)者:吴大华 2014年3月出版 / 定价:69.00元

贵州蓝皮书
贵州人才发展报告（2014）
著(编)者:于杰 吴大华 2014年3月出版 / 定价:69.00元

贵州蓝皮书
贵州社会发展报告（2014）
著(编)者:王兴骥 2014年3月出版 / 定价:69.00元

贵州蓝皮书
贵州农村扶贫开发报告（2014）
著(编)者:王朝新 宋明 2014年9月出版 / 估价:69.00元

贵州蓝皮书
贵州文化产业发展报告（2014）
著(编)者:李建国 2014年9月出版 / 估价:69.00元

海淀蓝皮书
海淀区文化和科技融合发展报告（2014）
著(编)者:陈名杰 孟景伟 2014年11月出版 / 估价:75.00元

海峡西岸蓝皮书
海峡西岸经济区发展报告（2014）
著(编)者:福建省人民政府发展研究中心
2014年9月出版 / 估价:85.00元

杭州蓝皮书
杭州妇女发展报告（2014）
著(编)者:魏颖 2014年6月出版 / 定价:75.00元

杭州都市圈蓝皮书
杭州都市圈发展报告（2014）
著(编)者:董祖德 沈翔 2014年5月出版 / 定价:89.00元

河北经济蓝皮书
河北省经济发展报告（2014）
著(编)者:马树强 金浩 张贵 2014年4月出版 / 定价:79.00元

河北蓝皮书
河北经济社会发展报告（2014）
著(编)者:周文夫 2014年1月出版 / 定价:69.00元

河南经济蓝皮书
2014年河南经济形势分析与预测
著(编)者:胡五岳 2014年3月出版 / 定价:69.00元

河南蓝皮书

2014年河南社会形势分析与预测
著(编)者:刘道兴 牛苏林 2014年1月出版 / 定价:69.00元

河南蓝皮书
河南城市发展报告（2014）
著(编)者:谷建全 王建国 2014年1月出版 / 定价:59.00元

河南蓝皮书
河南法治发展报告（2014）
著(编)者:丁同民 闫德民 2014年3月出版 / 定价:69.00元

河南蓝皮书
河南金融发展报告（2014）
著(编)者:喻新安 谷建全 2014年4月出版 / 定价:69.00元

河南蓝皮书
河南经济发展报告（2014）
著(编)者:喻新安 2013年12月出版 / 定价:69.00元

河南蓝皮书
河南文化发展报告（2014）
著(编)者:卫绍生 2014年1月出版 / 定价:69.00元

河南蓝皮书
河南工业发展报告（2014）
著(编)者:龚绍东 2014年1月出版 / 定价:69.00元

河南蓝皮书
河南商务发展报告（2014）
著(编)者:焦锦淼 穆荣国 2014年5月出版 / 定价:88.00元

黑龙江产业蓝皮书
黑龙江产业发展报告（2014）
著(编)者:于渤 2014年10月出版 / 估价:79.00元

黑龙江蓝皮书
黑龙江经济发展报告（2014）
著(编)者:张新颖 2014年1月出版 / 定价:69.00元

黑龙江蓝皮书
黑龙江社会发展报告（2014）
著(编)者:艾书琴 2014年1月出版 / 定价:69.00元

湖南城市蓝皮书
城市社会管理
著(编)者:罗海藩 2014年10月出版 / 估价:59.00元

湖南蓝皮书
2014年湖南产业发展报告
著(编)者:梁志峰 2014年4月出版 / 定价:128.00元

湖南蓝皮书
2014年湖南电子政务发展报告
著(编)者:梁志峰 2014年4月出版 / 定价:128.00元

湖南蓝皮书
2014年湖南法治发展报告
著(编)者:梁志峰 2014年9月出版 / 估价:79.00元

湖南蓝皮书
2014年湖南经济展望
著(编)者:梁志峰 2014年4月出版 / 定价:128.00元

湖南蓝皮书
2014年湖南两型社会发展报告
著(编)者:梁志峰 2014年4月出版 / 定价:128.00元

湖南蓝皮书
2014年湖南社会发展报告
著(编)者:梁志峰 2014年4月出版 / 定价:128.00元

湖南蓝皮书
2014年湖南县域经济社会发展报告
著(编)者:梁志峰 2014年4月出版 / 定价:128.00元

湖南县域绿皮书
湖南县域发展报告No.2
著(编)者:朱有志 袁准 周小毛 2014年11月出版 / 估价:69.00元

沪港蓝皮书
沪港发展报告（2014）
著(编)者:尤安山 2014年9月出版 / 估价:89.00元

吉林蓝皮书
2014年吉林经济社会形势分析与预测
著(编)者:马克 2014年1月出版 / 定价:79.00元

济源蓝皮书
济源经济社会发展报告（2014）
著(编)者:喻新安 2014年4月出版 / 定价:69.00元

江苏法治蓝皮书
江苏法治发展报告No.3（2014）
著(编)者:李力 龚廷泰 2014年11月出版 / 估价:88.00元

京津冀蓝皮书
京津冀发展报告（2014）
著(编)者:文魁 祝尔娟 2014年3月出版 / 定价:79.00元

经济特区蓝皮书
中国经济特区发展报告（2013）
著(编)者:陶一桃 2014年4月出版 / 定价:89.00元

辽宁蓝皮书
2014年辽宁经济社会形势分析与预测
著(编)者:曹晓峰 张晶 2014年1月出版 / 定价:79.00元

流通蓝皮书
湖南省商贸流通产业发展报告No.2
著(编)者:柳思维 2014年10月出版 / 估价:75.00元

内蒙古蓝皮书
内蒙古反腐倡廉建设报告No.1
著(编)者:张志华 无极 2013年12月出版 / 定价:69.00元

浦东新区蓝皮书
上海浦东经济发展报告（2014）
著(编)者:沈开艳 陆沪根 2014年1月出版 / 估价:59.00元

侨乡蓝皮书
中国侨乡发展报告（2014）
著(编)者:郑一省 2014年9月出版 / 估价:69.00元

青海蓝皮书
2014年青海经济社会形势分析与预测
著(编)者:赵宗福 2014年2月出版 / 定价:69.00元

人口与健康蓝皮书
深圳人口与健康发展报告（2014）
著(编)者:陆杰华 江捍平 2014年10月出版 / 估价:98.00元

山东蓝皮书
山东经济形势分析与预测（2014）
著(编)者:张华 唐洲雁 2014年6月出版 / 定价:89.00元

山东蓝皮书
山东社会形势分析与预测（2014）
著(编)者:张华 唐洲雁 2014年6月出版 / 定价:89.00元

山东蓝皮书
山东文化发展报告（2014）
著(编)者:张华 唐洲雁 2014年6月出版 / 定价:98.00元

山西蓝皮书
山西资源型经济转型发展报告（2014）
著(编)者:李志强 2014年5月出版 / 定价:98.00元

陕西蓝皮书
陕西经济发展报告（2014）
著(编)者:任宗哲 石英 裴成荣 2014年2月出版 / 定价:69.00元

陕西蓝皮书
陕西社会发展报告（2014）
著(编)者:任宗哲 石英 牛昉 2014年2月出版 / 定价:65.00元

陕西蓝皮书
陕西文化发展报告（2014）
著(编)者:任宗哲 石英 王长寿 2014年3月出版 / 定价:59.00元

陕西蓝皮书
丝绸之路经济带发展报告（2014）
著(编)者:任宗哲 石英 白宽犁 2014年8月出版 / 定价:79.00元

上海蓝皮书
上海传媒发展报告（2014）
著(编)者:强荧 焦雨虹 2014年1月出版 / 定价:79.00元

上海蓝皮书
上海法治发展报告（2014）
著(编)者:叶青 2014年4月出版 / 定价:69.00元

上海蓝皮书
上海经济发展报告（2014）
著(编)者:沈开艳 2014年1月出版 / 定价:69.00元

上海蓝皮书
上海社会发展报告（2014）
著(编)者:卢汉龙 周海旺 2014年1月出版 / 定价:69.00元

上海蓝皮书
上海文化发展报告（2014）
著(编)者:蒯大申 2014年1月出版 / 定价:69.00元

上海蓝皮书
上海文学发展报告（2014）
著(编)者:陈圣来 2014年1月出版 / 定价:69.00元

上海蓝皮书
上海资源环境发展报告（2014）
著(编)者:周冯琦 汤庆合 任文伟
2014年1月出版 / 定价:69.00元

上饶蓝皮书
上饶发展报告（2013~2014）
著(编)者:朱寅健 2014年3月出版 / 定价:128.00元

社会建设蓝皮书
2014年北京社会建设分析报告
著(编)者:宋贵伦 冯虹 2014年7月出版 / 定价:79.00元

深圳蓝皮书
深圳经济发展报告（2014）
著(编)者:张骁儒 2014年7月出版 / 定价:79.00元

深圳蓝皮书
深圳劳动关系发展报告（2014）
著(编)者:汤庭芬 2014年6月出版 / 定价:75.00元

深圳蓝皮书
深圳社会发展报告（2014）
著(编)者:吴忠 余智晟 2014年11月出版 / 估价:69.00元

深圳蓝皮书
深圳社会建设与发展报告（2014）
著(编)者:叶民辉 张骁儒 2014年7月出版 / 定价:89.00元

四川蓝皮书
四川文化产业发展报告（2014）
著(编)者:侯水平 2014年2月出版 / 定价:69.00元

四川蓝皮书
四川企业社会责任研究报告（2014）
著(编)者:侯水平 盛毅 2014年4月出版 / 定价:79.00元

温州蓝皮书
2014年温州经济社会形势分析与预测
著(编)者:潘忠强 王春光 金浩 2014年4月出版 / 定价:69.00

温州蓝皮书
浙江温州金融综合改革试验区发展报告（2013~20
著(编)者:钱水土 王去非 李义超
2014年9月出版 / 估价:69.00元

扬州蓝皮书
扬州经济社会发展报告（2014）
著(编)者:张爱军　　2014年9月出版 / 估价:78.00元

义乌蓝皮书
浙江义乌市国际贸易综合改革试验区发展报告（2013~2014）
著(编)者:马淑琴 刘文革 周松强
2014年9月出版 / 估价:69.00元

云南蓝皮书
中国面向西南开放重要桥头堡建设发展报告（2014）
著(编)者:刘绍怀　　2014年12月出版 / 估价:69.00元

长株潭城市群蓝皮书
长株潭城市群发展报告（2014）
著(编)者:张萍　　2014年10月出版 / 估价:69.00元

郑州蓝皮书
2014年郑州文化发展报告
著(编)者:王哲　　2014年11月出版 / 估价:69.00元

国别与地区类

G20国家创新竞争力黄皮书
二十国集团（G20）国家创新竞争力发展报告（2014）
著(编)者:李建平 李闽榕 赵新力
2014年9月出版 / 估价:118.00元

阿拉伯黄皮书
阿拉伯发展报告（2013~2014）
著(编)者:马晓霖　　2014年4月出版 / 定价:79.00元

澳门蓝皮书
澳门经济社会发展报告（2013~2014）
著(编)者:吴志良 郝雨凡　　2014年4月出版 / 定价:79.00元

北部湾蓝皮书
泛北部湾合作发展报告（2014）
著(编)者:吕余生　　2014年11月出版 / 估价:79.00元

大湄公河次区域蓝皮书
大湄公河次区域合作发展报告（2014）
著(编)者:刘稚　　2014年11月出版 / 估价:79.00元

大洋洲蓝皮书
大洋洲发展报告（2013~2014）
著(编)者:喻常森　　2014年8月出版 / 定价:89.00元

德国蓝皮书
德国发展报告（2014）
著(编)者:郑春荣 伍慧萍 等　　2014年6月出版 / 定价:69.00元

东北亚黄皮书
东北亚地区政治与安全报告（2014）
著(编)者:黄凤志 刘雪莲　　2014年11月出版 / 估价:69.00元

东盟黄皮书
东盟发展报告（2013）
著(编)者:崔晓麟　　2014年5月出版 / 定价:75.00元

东南亚蓝皮书
东南亚地区发展报告（2013~2014）
著(编)者:王勤　　2014年4月出版 / 定价:79.00元

俄罗斯黄皮书
俄罗斯发展报告（2014）
著(编)者:李永全　　2014年7月出版 / 估价:79.00元

非洲黄皮书
非洲发展报告No.16（2013~2014）
著(编)者:张宏明　　2014年7月出版 / 定价:79.00元

国际形势黄皮书
全球政治与安全报告（2014）
著(编)者:李慎明 张宇燕　　2014年1月出版 / 定价:69.00元

韩国蓝皮书
韩国发展报告（2014）
著(编)者:牛林杰 刘宝全　　2014年11月出版 / 估价:69.00元

加拿大蓝皮书
加拿大发展报告（2014）
著(编)者:仲伟合　　2014年4月出版 / 定价:89.00元

柬埔寨蓝皮书
柬埔寨国情报告（2014）
著(编)者:毕世鸿　　2014年11月出版 / 估价:79.00元

拉美黄皮书
拉丁美洲和加勒比发展报告（2013~2014）
著(编)者:吴白乙　　2014年4月出版 / 定价:89.00元

老挝蓝皮书
老挝国情报告（2014）
著(编)者:卢光盛 方芸 吕星　　2014年11月出版 / 估价:79.00元

美国蓝皮书
美国研究报告（2014）
著(编)者:黄平 郑秉文　2014年7月出版 / 定价:89.00元

缅甸蓝皮书
缅甸国情报告（2014）
著(编)者:李晨阳　2014年8月出版 / 定价:79.00元

欧洲蓝皮书
欧洲发展报告（2013~2014）
著(编)者:周弘　2014年6月出版 / 定价:89.00元

葡语国家蓝皮书
巴西发展与中巴关系报告2014（中英文）
著(编)者:张曙光 David T. Ritchie
2014年11月出版 / 估价:69.00元

日本经济蓝皮书
日本经济与中日经贸关系研究报告（2014）
著(编)者:王洛林 张季风　2014年5月出版 / 定价:79.00元

日本蓝皮书
日本发展报告（2014）
著(编)者:李薇　2014年3月出版 / 定价:69.00元

上海合作组织黄皮书
上海合作组织发展报告（2014）
著(编)者:李进峰 吴宏伟 李伟　2014年9月出版 / 定价:89.00元

世界创新竞争力黄皮书
世界创新竞争力发展报告（2014）
著(编)者:李建平　2014年9月出版 / 估价:148.00元

世界社会主义黄皮书
世界社会主义跟踪研究报告（2013~2014）
著(编)者:李慎明　2014年3月出版 / 定价:198.00元

泰国蓝皮书
泰国国情报告（2014）
著(编)者:邹春萌　2014年11月出版 / 估价:79.00元

土耳其蓝皮书
土耳其发展报告（2014）
著(编)者:郭长刚 刘义　2014年9月出版 / 定价:89.00元

亚太蓝皮书
亚太地区发展报告（2014）
著(编)者:李向阳　2014年1月出版 / 定价:59.00元

印度蓝皮书
印度国情报告（2012~2013）
著(编)者:吕昭义　2014年5月出版 / 定价:89.00元

印度洋地区蓝皮书
印度洋地区发展报告（2014）
著(编)者:汪戎　2014年3月出版 / 定价:79.00元

中东黄皮书
中东发展报告No.15（2014）
著(编)者:杨光　2014年10月出版 / 估价:59.00元

中欧关系蓝皮书
中欧关系研究报告（2014）
著(编)者:周弘　2013年12月出版 / 定价:98.00元

中亚黄皮书
中亚国家发展报告（2014）
著(编)者:孙力 吴宏伟　2014年9月出版 / 定价:89.00元

皮书大事记

☆ 2014年8月，第十五次全国皮书年会（2014）在贵阳召开，第五届优秀皮书奖颁发，本届开始皮书及报告将同时评选。

☆ 2013年6月，依据《中国社会科学院皮书资助规定（试行）》公布2013年拟资助的40种皮书名单。

☆ 2012年12月，《中国社会科学院皮书资助规定（试行）》由中国社会科学院科研局正式颁布实施。

☆ 2011年，部分重点皮书纳入院创新工程。

☆ 2011年8月，2011年皮书年会在安徽合肥举行，这是皮书年会首次由中国社会科学院主办。

☆ 2011年2月，“2011年全国皮书研讨会”在北京京西宾馆举行。王伟光院长（时任常务副院长）出席并讲话。本次会议标志着皮书及皮书研创出版从一个具体出版单位的出版产品和出版活动上升为由中国社会科学院牵头的国家哲学社会科学智库产品和创新活动。

☆ 2010年9月，“2010年中国经济社会形势报告会暨第十一次全国皮书工作研讨会”在福建福州举行，高全立副院长参加会议并做学术报告。

☆ 2010年9月，皮书学术委员会成立，由我院李扬副院长领衔，并由在各个学科领域有一定的学术影响力、了解皮书编创出版并持续关注皮书品牌的专家学者组成。皮书学术委员会的成立为进一步提高皮书这一品牌的学术质量、为学术界构建一个更大的学术出版与学术推广平台提供了专家支持。

☆ 2009年8月，“2009年中国经济社会形势分析与预测暨第十次皮书工作研讨会”在辽宁丹东举行。李扬副院长参加本次会议，本次会议颁发了首届优秀皮书奖，我院多部皮书获奖。

社会科学文献出版社
SOCIAL SCIENCES ACADEMIC PRESS (CHINA)

社会科学文献出版社成立于1985年，是直属于中国社会科学院的人文社会科学专业学术出版机构。

成立以来，特别是1998年实施第二次创业以来，依托于中国社会科学院丰厚的学术出版和专家学者两大资源，坚持“创社科经典，出传世文献”的出版理念和“权威、前沿、原创”的产品定位，社科文献立足内涵式发展道路，从战略层面推动学术出版的五大能力建设，逐步走上了学术产品的系列化、规模化、数字化、国际化、市场化经营道路。

先后策划出版了著名的图书品牌和学术品牌“皮书”系列、“列国志”、“社科文献精品译库”、“中国史话”、“全球化译丛”、“气候变化与人类发展译丛”“近世中国”等一大批既有学术影响又有市场价值的系列图书。形成了较强的学术出版能力和资源整合能力，年发稿3.5亿字，年出版新书1200余种，承印发行中国社科院院属期刊近70种。

2012年，《社会科学文献出版社学术著作出版规范》修订完成。同年10月，社会科学文献出版社参加了由新闻出版总署召开加强学术著作出版规范座谈会，并代表50多家出版社发起实施学术著作出版规范的倡议。2013年，社会科学文献出版社参与新闻出版总署学术著作规范国家标准的起草工作。

依托于雄厚的出版资源整合能力，社会科学文献出版社长期以来一直致力于从内容资源和数字平台两个方面实现传统出版的再造，并先后推出了皮书数据库、列国志数据库、中国田野调查数据库等一系列数字产品。

在国内原创著作、国外名家经典著作大量出版，数字出版突飞猛进的同时，社会科学文献出版社在学术出版国际化方面也取得了不俗的成绩。先后与荷兰博睿等十余家国际出版机构合作面向海外推出了《经济蓝皮书》《社会蓝皮书》等十余种皮书的英文版、俄文版、日文版等。

此外，社会科学文献出版社积极与中央和地方各类媒体合作，联合大型书店、学术书店、机场书店、网络书店、图书馆，逐步构建起了强大的学术图书的内容传播力和社会影响力，学术图书的媒体曝光率居全国之首，图书馆藏率居于全国出版机构前十位。

作为已经开启第三次创业梦想的人文社会科学学术出版机构，社会科学文献出版社结合社会需求、自身的条件以及行业发展，提出了新的创业目标：精心打造人文社会科学成果推广平台，发展成为一家集图书、期刊、声像电子和数字出版物为一体，面向海内外高端读者和客户，具备独特竞争力的人文社会科学内容资源供应商和海内外知名的专业学术出版机构。

中国皮书网

发布皮书研创资讯，传播皮书精彩内容
引领皮书出版潮流，打造皮书服务平台

栏目设置：

- □ 资讯：皮书动态、皮书观点、皮书数据、 皮书报道、皮书新书发布会、电子期刊
- □ 标准：皮书评价、皮书研究、皮书规范、皮书专家、编撰团队
- □ 服务：最新皮书、皮书书目、重点推荐、在线购书
- □ 链接：皮书数据库、皮书博客、皮书微博、出版社首页、在线书城
- □ 搜索：资讯、图书、研究动态
- □ 互动：皮书论坛

www.pishu.cn

中国皮书网依托皮书系列“权威、前沿、原创”的优质内容资源，通过文字、图片、音频、视频等多种元素，在皮书研创者、使用者之间搭建了一个成果展示、资源共享的互动平台。

自2005年12月正式上线以来，中国皮书网的IP访问量、PV浏览量与日俱增，受到海内外研究者、公务人员、商务人士以及专业读者的广泛关注。

2008年10月，中国皮书网获得“最具商业价值网站”称号。

2011年全国新闻出版网站年会上，中国皮书网被授予“2011最具商业价值网站”荣誉称号。